事務管理の
構造・機能を考える

平田 健治

大阪大学出版会

はしがき

　民法 697 条から 702 条までの 6 条文で構成される事務管理制度は事務管理
意思を伴う介入に対する優遇制度として制度趣旨や存在意義が一見自明であ
るかのように従来思われてきたがために、さらに進んで研究されることが多
くなかった。まとまった著作としては、鳩山秀夫「事務管理の起源及び本質」
『民法研究』第四巻（1930）49 頁以下（初出 1917）、小池隆一『準契約及事
務管理の研究』（1935）があるものの、後者については事務管理制度の存在
理由の解明と言いつつ、各国法の解釈論に堕しているという批評（我妻栄
『民法研究Ⅴ』253 頁以下（初出：法協 53 巻 12 号（1935）））がある。また、
磯村哲『不当利得論考』（2006）にまとめられた一連の論文を逸することは
できない。前掲書の内容は、独仏系それぞれにおける転用物訴権、不当利得、
事務管理の分化の歴史であるが、その中で事務管理の独自性が徐々に承認さ
れていく過程が法系を問わずみられることが鮮やかに描かれ、以下にしばし
ば引用する。

　しかし、少し立ち入ると決して自明ではないことがわかる。目下、ヨー
ロッパで共通の法典を作ろうという動きがあるが、その際にたたき台として
提出された事務管理法草案がヨーロッパ各国法の多様性を反映していないと
議論を呼んでいるように、ルーツであるヨーロッパでさえ、このような状況
である。ローマ法以来、その時々の要請に応えるものとして、制度内容が激
変し、また諸機能が並存してきた。この制度の実際的機能を多角的に追及し
た上で、あるべき事務管理像を検討する本書は、日本においても、予想され
る民法改正（法定債権の部分）の動向の中で、そのような検討の糸口を与え
るものとしての意義があると考える。

　まず、第一部において、近時のドイツ法の議論を参照しつつ、大陸法にお
ける事務管理制度像の変遷過程の明晰化，現代における再構成のための前提
の析出を試みる。ドイツの判例は事務管理制度に多様な機能を与えてきた。
それは学説において、肥大化傾向とさえ酷評されるに至ったが、その原因は

何か、立ち返って、この制度に本来与えられるべき機能、範囲は何かをドイツの判例とその批判としての諸学説を素材に検討する（第一部第一章）。その前提としてのドイツ民法における事務管理の成立過程を普通法からの構造変動の観点で検討する（第一部第二章）。さらに、近時のヨーロッパ事務管理法の提案とそれにかかわる議論を検討する（第一部第三章）。そこで特に示唆されたことは、現代において、事務管理法とその他の法領域（契約法、不当利得法、不法行為法）を機能的に分担させる観点が自明ではなくなっていることである。

　第二部においては、事務管理制度を有さない法圏としての英米法における議論状況を比較する。事務管理が慈善的介入だとすれば、そのような介入を原則として拒否する英米法において、緊急事務管理に対応する救助義務はどう位置づけられるのかを検討する（第二部第一章）。法と経済学派からの分析と提案も合わせて検討する。さらに、近時のアメリカ回復法リステイトメントの第三次アップデートを素材に、アメリカ法における事務管理的機能がどう実現されているかを分析し、日本法もそれに含まれるところの大陸法系の規律への示唆を得る（第二部第二章）。

　第三部では、以上の検討をふまえ、日本における事務管理法はどのように改正されるべきかを念頭に置きつつ、その前提である諸論点を検討する。まず、事務管理の特別法とされる第三者弁済制度を事務管理の側面から検討し、他利促進的な介入と本人の自己決定尊重の観点からの制約のジレンマの観点から、あるべき要件構成を本人の意思探求義務という構成を手がかりに模索する（第三部第一章）。さらに、具体的素材として、救助行為（第三部第二章）、行政代執行（第三部第三章）を取り上げる。求償利得（第三部第四章）を不当利得法との関連性の検討の素材として取り上げ、最後に、今までの検討を振り返りつつ、日本法における課題をまとめる（第三部第五章、第六章）。

目　次

はしがき　　1

第一部　ヨーロッパ大陸における事務管理法

第一章　近時のドイツ判例の動向と学説の反応 …………………… **9**

第一節　問題の所在　　9

第二節　Auch-Gestion 判例の検討　　10

第三節　若干の理論的検討とまとめ　　50

第四節　近時のドイツ判例の変化　　64

第二章　ドイツ民法の起草過程 ………………………………… **91**

第一節　はじめに　　91

第二節　キューベル部分草案の理由書　　91

第三節　部分草案の第一次委員会における検討過程　　101

第四節　第一草案の第二次委員会における検討過程　　108

第五節　最後に　　109

第三章　ヨーロッパ事務管理法の提案と学説の反応 …………… **115**

第一節　共通参照枠草案（DCFR）における事務管理法の提案　　115

第二節　ヤンゼンの「事務管理」制度分解論　　156

第二部　英米法における事務管理に対応する機能

第一章　救助義務の可否　―法と経済学からの政策的検討― ……175

第一節　はじめに　―救助義務の是非についての一般的議論状況―　175

第二節　エプスタイン論文（責任ルールの自由侵害）　177

第三節　ランデス・ポズナ論文（責任ルールの非効率性）　183

第四節　ランデス・ポズナモデルの批判・改善　193

第五節　義務化と補償ないし報酬の関係　―レヴモア、コルトマン―　204

第六節　おわりに　205

第二章　アメリカ回復法リステイトメント（第三次）（2011）　―事務管理及び支出利得類型の比較法的定位― ………209

第一節　はじめに　209

第二節　回復法リステイトメントの比較分析　210

第三節　まとめ　236

［付録］　回復法リステイトメント（第三次）（2011）第3章の設例　240

第三部　日本の事務管理法

第一章　第三者弁済　―介入の促進と本人保護の要請との調整― ‥305

第一節　問題の所在　305

第二節　旧民法から現行民法へ　308

第三節　近代法における事務管理法の変化と周辺の制度への影響　315

第四節　事務管理法の類型論　319

第五節　現行法の解釈のあり方　320

第二章　救助行為 ·· **329**

第三章　行政代執行 ·· **333**

第四章　支出利得 ·· **343**

第一節　はじめに　343

第二節　本類型の適用範囲　344

第三節　本類型の特徴、既存の制度との関係　344

第四節　利得の押しつけ防止　345

第五節　横断的にみた、押しつけ防止の法的技術　347

第六節　当事者の数による相違　349

第七節　残された課題　351

第五章　日本法の課題 ·· **357**

第一節　立法論　357

第二節　事務管理法の将来　361

初出一覧　373

主要引用文献　375

索引　379

凡例

BGB：民法典

RG：ライヒスゲリヒト（第二次大戦前のドイツ最高裁）

BGH：連邦通常裁判所（最高裁）

OLG：高等裁判所

LG：地方裁判所

AG：簡易裁判所

第一部
ヨーロッパ大陸における事務管理法

第一章

近時のドイツ判例の動向と学説の反応

第一節　問題の所在

　本節は、ドイツにおける事務管理法に関する最近の判例・学説の動向を検討し、日本法におけるこの制度の構造・機能・存在意義に関する示唆を得ようとするものである[1]。最近のドイツ判例に関して、事務管理法の適用領域の氾濫という事実が学説により指摘され、学説はこの状況に対して、理論的に正当化あるいは限界づけの試みをなすに至っている。

　さらに最近では、判例自体にも歯止めをしようとする傾向が現れている。判例における適用領域の拡張においては従来、二つの法律構成がとられてきた。すなわち、まず、第三者に対して負う事務処理についての管理者自身の義務は事務本人に対する事務管理の成立を妨げないという普通法以来の原則を前提として、客観的他人の事務においては事務管理意思は推定されるという判例法上の原則を、少なくとも客観的他人の事務でもある場合にも同様に意思が推定されるという形で拡大するものである。これは第三者に対する義務において「自己の事務であると同時に少なくとも他人の事務で<u>も</u>（auch）ある」事務という意味で一般に「Auch-Gestion」と総称されている。次に、BGB 686 条は事務本人についての錯誤によって真の本人との間での事務管理の成立は妨げられないことを規定するが、この規定の錯誤要件をはずすことによって、「関係人のためにする事務管理」（Geschäftsführung für den, den es angeht）[2]を承認し、本人性を拡大するに至っている。かような二つの構成によって、事務管理意思の内容はごくわずかな要求しかされないか、あるいは事実上擬制されることになり、適用範囲は広範に拡大され、その歯止めが主張されているのである。

9

第一部　ヨーロッパ大陸における事務管理法

　日本においても、事務管理意思は不当利得と異なる法律効果を担うが、効果において具体的相違をもたらさない場合には事務管理意思の強調は意味がなく、効果面での優遇の程度に比例して意思を要求すべしという主張[3]があり、他方、現実の機能は一般に言われている人類扶助ではなく、授権補完的あるいは親族扶助的機能に存するという指摘[4]もあり、日本法の視点からも事務管理法は再検討を迫られているように思われる。

　そこで、事務管理制度の中心的メルクマールである事務管理意思は、適用範囲の限界づけ、効果の根拠づけの機能を現実に果たしているのか（判例の状況）、果たしうるのか（裁判規範としての有効性）、果たすべきなのか（現在の民法体系の中での位置づけ）、あるいは、かような機能は事案類型ごとに異ならざるをえないのか[5]、という問題が設定される[6]。このような問題意識の下で、以下においては、まず、事務管理法の適用領域の拡張とされている、Auch-Gestion と本人性の拡大に関する判例を検討し（第二節）、次に、若干の理論的検討（第三節）に言及する。

第二節　Auch-Gestion 判例の検討

　本項では判例における拡張傾向とその歯止め、学説の対応を紹介、検討する。まず、Auch-Gestion については以下の類型が判例より抽出される[7]。

　〔Ⅰ〕契約にもとづく義務（別居中の妻との治療契約に関して医師が夫に報酬を請求する場合、警察の委託に応じて事故車を運搬したレッカー業者から車保有者に対する報酬請求の場合）。

　〔Ⅱ〕官庁が自己の公法上の義務・職務に応じて活動する場合（消防隊の消火活動、紛失したイカリの探索・引き上げ、戦時失踪者と考えられた父の非嫡出子に孤児年金を援護局が支払ったこと、工場営業で汚れた道路の清掃などに関する費用の償還請求の場合）。

　〔Ⅲ〕法律にもとづく義務（不法行為にもとづく被害者の扶養義務者が扶

養義務履行により、加害者の損害賠償義務をも履行したとして償還請求を加害者に対してなす場合）。

〔Ⅳ〕無効な契約にもとづく事務本人に対する事務処理（法律相談法違反で無効な経営コンサルタント契約にもとづく報酬請求の場合）。

　以上の類型で例示したほとんどの事案において判例は事務管理の成立を肯定している。このような拡張傾向の発端は、扶養義務者による（不法行為にもとづく）損害賠償義務者に対する償還請求の事案（RG（Ⅵ）1908. 1. 14 〔RG Gruchot 53, 1028〕）（上記〔Ⅲ〕類型、詳しくは後述）であり、教会ドーム火事事件（RG（Ⅵ）1913. 4. 26〔RGZ 82, 206〕）（〔Ⅲ〕類型、後述）では、教会の火事において建物維持についての公法上の義務を負う国が建物を修復したのちに失火者（不法行為にもとづく損害賠償義務者）に対して償還請求した事案において、RG は前記判例を引用して、自己の公法上の義務の履行は最終的義務者からの償還請求意図と調和するとして、事務管理にもとづいて訴を肯定した。さらに、地方自治体所属の消防隊が連邦鉄道の機関車の火の粉により生じた森火事の消火費用を請求した事件（BGH（Ⅶ）1963. 6. 20 〔BGHZ 40, 28〕）（〔Ⅱ〕類型、後述）で、同様に自己の公法上の義務の存在は同時に第三者の私法上の義務（他人の事務）の処理の妨げとならないとし、少なくとも客観的他人の事務でもある場合には事務管理意思は推定されるとして、従来の判例法上の原則（客観的他人の事務においては事務管理意思は推定される）を拡張した。

　学説はかような動向に対しては一般的に否定的である[8]。すなわち、Auch-Gestion の肯定は、事務管理とりわけ出費償還請求権を衡平理由にもとづく一般的受皿構成要件としてしまう結果、事務管理法の輪郭を失わしめるものであり、たとえ例外を認めざるをえない場合があるとしても、一般的に肯定することはできないとする。他方、判例でもかような学説の影響を受けて、かような事案を自己の事務として、事務管理意思の推定を否定するケースが若干現れている。

　また、前述した本人性の拡大の事例（〔Ⅴ〕類型）（例えば、被保険者に応

第一部　ヨーロッパ大陸における事務管理法

急処置を与えるために援助活動する者は、同時に健康保険組合のための事務
管理となるとした事案）においても、初期2判例が学説による批判を受けた
ため、続く4判例はいずれも法律関係の直接性がなく、他人の事務たりえな
いとして事務管理を否定している。

　以上のような判例、学説の状況を以下では各類型に即して検討する。

I　契約にもとづく義務

A　医療給付の報酬請求

〔1〕**LG Berlin 1960. 3. 28（NJW 1960, 1390）**

　原告（病院）は被告（夫）に対して、別居中の妻の入院費用、治療費用を
訴求。LG は以下のように判示してこの訴を棄却。まず、日常家事処理権（§
1357：Schlüsselgewalt）にもとづく義務は同居を前提としており、本件には
妥当しないこと、次に、事務管理にもとづく責任は入院、治療が被告の事務
であること、すなわち被告の扶養義務の枠内であることを前提とするが、別
居中の扶養は別居の原因、財産状態、収入状態を考慮して衡平に合する場合
にのみ与えられるが（§1361 Abs. 1）、本件では被告の生活に支障をきたし
衡平に反するものとして認められないことがその理由である。

〔2〕**LG Konstanz 1960. 8. 5（FamRZ 1960, 403）**

　夫の経済上の困窮から、被告（妻）は商店の従業員として働かざるをえな
くなり、子を児童福祉施設（原告）にいれる必要が生じた。施設への収容に
ついての交渉は夫のみが行い、その際、書面による契約はかわされなかった。
原告は未払いの収容費用につき、支払不能となっている夫に対して強制執行
をしたが一部の満足を得たにとどまった。そこで被告も、契約、不当利得、
不法行為（故意の良俗違反：§826）にもとづき費用支払義務を負うとして
訴求。AG は原告の請求を全額認容。被告の控訴は不成功におわった。判決
理由は以下のとおりである。夫は親権の共同行使において被告の名において
も行動しており、被告も契約上義務づけられる。また、少なくとも夫は推断
的行為にもとづき収容契約を妻の名においても締結することを授権されてい
る。たとえ、このような見地に立たないとしても、被告は子の扶養義務（§

§ 1601 ff.）を負い、子の施設での収容は被告の事務処理として償還義務を負う。

〔3〕 **LG Stuttgart 1961. 2. 8（NJW 1961, 972）**

原告（歯医者）は被告（夫）に対し妻の治療費を訴求。LG は事務管理にもとづく夫の責任を認めた。すなわち、一般的には治療を求める本人が契約当事者であり夫は契約にもとづく責任は負わない、次に、日常家事処理権にもとづく義務は家事作用圏（häuslicher Wirkungskreis）の枠内にあることを前提とするが、本件のように妻が自己の個人的必要を満たす場合には当てはまらない。しかし、（原告の主張にあるように）事務管理にもとづく責任は承認しうる。原告は治療により同時に被告の事務（法定の扶養、配慮義務より生ずる）を処理しており、妻との契約関係は同時に扶養義務の履行の意識と意思を有することを妨げない。

〔4〕 **LG Bielefeld 1965. 10. 6（MDR 1966, 234）**

原告（医師）は被告（妻）に対して夫の医療費について支払請求。原告は被告の夫との治療契約履行において同時に被告の事務（§§ 1601, 1608 より生ずる法定の扶養義務）を処理したとして、事務管理にもとづく責任を肯定。

〔5〕 **OLG Stuttgart 1966. 9. 9（Justiz 1966, 330）**

原告（歯医者）は被告（夫）に対して妻の治療費の支払を請求。LG は訴を認容。妻は家事執行の責任者として、家族の配慮をする義務があり、その前提として自己の健康維持は不可欠であり、本件のような歯の治療は家事作用圏に含まれ、夫のみが責任を負うとして OLG も認容。

〔6〕 **BGH（VI）1967. 2. 3（BGHZ 47, 75）**

原告（整形外科医から治療費債権を譲り受けた者）は被告（夫妻）に対して妻の治療費支払を訴求。LG は不当利得の観点から、OLG は契約にもとづき認容。BGH は妻の治療を日常家事処理権の枠内と解することは学説、判例における支配説であるとし、原則として夫のみが責任を負い、例外は法の規定する二つの場合、すなわち、事情より別のことが明らかな場合と夫が支払不能の場合に限られる（§ 1357 Abs. 1 Satz 2）として、妻の責任をも認めた OLG の判断については棄却した。

13

第一部　ヨーロッパ大陸における事務管理法

〔7〕**LG Bonn 1970. 1. 28（FamRZ 1970, 321）**

　原告（大学付属病院）は被告の夫が自己の治療費の一部しか支払いえなかったので被告（妻）を連帯債務者として訴求。以下の理由により、被告の事務管理にもとづく責任を認容した。すなわち、夫の治療費は扶養義務（§§1360, 1360 a）に含まれ、原告は契約履行により同時に被告の扶養義務を履行しており、この状況の下では事務管理意思は客観的他人の事務として推定される。原則としては、第三者の委託により活動を義務づけられている者は、この第三者とのみ権利義務関係を有するにすぎないが、この原則は第三者が他人との内部関係において最終的に負担を負う場合にのみ妥当し、他人が負担する場合（本件のように）には、すなわち、自己の義務の履行でその他人を義務から解放する場合には、行為者は他人の事務をも処理するということを承認しうる。

〔8〕**LG Saarbrücken 1971. 4. 16（NJW 1971, 1894）**

　夫と別居している被告（妻）は原告（医師）に娘の治療（へんとう腺化膿）を委託。請求書は被告の申立てに応じて被告の夫に送付されたが、書面で支払を拒絶、治療の追認も拒否した。原告はそこで被告に支払を訴求。AG は訴を認容したが、被告の控訴により、訴は棄却された。すなわち、娘の病気により被告は扶養義務ある父（夫）の名で治療委託をなす権限（§§679, 164）が生じ、治療契約は父との間で成立する。もっとも、この契約の存在によって、被告の事務管理にもとづく責任は排除されるわけではないが、原告は同時に被告の事務を処理したことの立証をしていない。このためには父が支払不能であり、被告が扶養義務を全部負うことが必要であるが、別居中には母は原則として人的監護のみを扶養義務として負い（§1606 Abs. 3 Satz 2）、父は経済的負担を負うのであり、父が支払能力を有する本件では、両親の連帯債務者としての責任は生せず、被告は治療費支払義務を負わない。

　上に列挙した判決例を検討する前に、日常家事処理権をめぐる規範状況を概観しておく必要がある[9]。

　基本法（GG）117 条 1 項は、男女同権（GG Artikel 3 Abs. 2）に反する法

第一章　近時のドイツ判例の動向と学説の反応

が 1953 年 4 月以降、効力を失うことを規定していたため、日常家事処理権を妻のみに与えている BGB 1357 条がこれに触れるのではないかが判例、学説において問題とされた。一部の判例、学説は基本法違反は存せずとして、その理由を婚姻共同体における両配偶者の活動の相違に求めた。これに対して、違反が存するとする判例、学説は、両配偶者の平等責任、婚姻生活の機能変化（家事は妻の専権ではもはやなくなったこと）を根拠に、夫にも日常家事処理権を与え、両配偶者は連帯責任を負うものと解した（LG Hamburg, FamRZ 55, 137; LG Berlin, NJW 57, 1324〔夫の無資力の場合に限定して〕）。

　この点の立法的解決は同権法（Gleichberechtigungsgesetz）（1957 年 6 月 18 日公布）による改正によりなされた。この改正（1958 年 7 月 1 日施行）により、夫の日常家事処理権を承認することが目論まれていたにもかかわらず、政府草案（Regierungsentwurf）は立法者の採用するところとならず、確定案は従来の妻の代理人的表現を廃し、夫が支払不能の場合の妻の補充的責任を規定するにとどまった。

　第二の改正は、1976 年 6 月 14 日公布の「婚姻法・家族法改正のための第一法」（Erstes Gesetz zur Reform des Ehe- und Familienrechts）にもとづくものであり、これによって日常家事処理権はもはや家事遂行から解放されあるいは、日常家事処理権（Schlüsselgewalt）という概念・制度自体が解消され、「生活需要を適度に満たすため」（zur angemessenen Deckung des Lebensbedarfs der Familie）という要件のもとで両配偶者の処理権限、連帯責任が明文化されるに至った。このような経緯において、列挙した判決例は第一の改正と第二の改正の間の時期に位置することになる。

　まず、請求される者が夫である場合は、〔1〕〔3〕〔5〕〔6〕であるが、〔1〕は別居中の妻の治療費について、日常家事処理権を否定し、かつ、扶養義務（特別給付）にも事案としては含まれないとして事務管理をも否定したもので若干特殊であるとしても、〔3〕〔5〕〔6〕において、同居している妻の治療費について〔3〕が日常家事処理権の範囲内ではないが事務管理として夫の責任を肯定したのに対して、〔5〕〔6〕では日常家事処理権の範囲内としている点に判例の推移がうかがわれる（もっとも、〔3〕以前に日常家事債務を肯

15

第一部　ヨーロッパ大陸における事務管理法

定したものとして、LG Hagen 1958. 5. 8（FamRZ 58, 466））。

　妻が請求された場合として、〔2〕〔4〕〔7〕〔8〕があり、〔4〕〔7〕が夫の治療費、〔2〕〔8〕が子の治療または扶養に関するものである。前者においては、いずれも契約当事者である夫が無資力であるため医師が収入かつ資力ある妻に対して、夫に対する扶養義務を履行したとして事務管理にもとづく責任を追求し認められている。後者においては、〔2〕は契約交渉をした夫が無資力で強制執行も効を奏しなかった場合に妻に対して請求した事案において、第一に黙示の授権にもとづく契約責任、第二に、子の扶養義務の事務管理責任を認めたものであり、〔8〕は別居中の妻のもとにある子の緊急治療においては妻は夫を代理して契約締結する権限10)を有するとし、夫の契約責任を肯定、妻の事務管理にもとづく責任は夫が支払不能であることが前提であるとして否定された。

　ここにおいて、実質問題は、契約当事者である一方配偶者が無資力の場合に他方の配偶者にどのような法的構成11)によるのであれその責任を転嫁しうるのかという点であり、この点を肯定すれば、夫婦間の財産上の内部関係を知らない債権者を保護することになるが、他方、かような処理は夫婦それぞれの財産を危うくする危険が指摘されねばならない。

　事務管理は、このような実質問題に対処するための法的構成の一つにすぎず、不当利得、不法行為、契約責任（外見代理（Anscheinsvollmacht）や忍容代理（Duldungsvollmacht）などにもとづく）などの構成と実質的には大差ないといえる。

　なお、現在の規定では、夫婦は相互に生活需要に関する債務につき義務づけうるのであり、事務管理にもとづく責任が実益を有するのは、家族構成員が家庭的共同生活外で生活需要を満たすために負担した債務、すなわち、別居中の妻、修学中の子の債務に限られている12)。

　以上の点を前提として、本類型における事務管理にもとづく責任をめぐる賛成論、反対論を検討する。賛成論は、日常家事債務における医療給付の特殊性を強調する。すなわち、扶養請求権は内容上、人的生存保障という特別な目的拘束を受けており、扶養給付をもたらす債権者の特別な担保と考える

16

ことができ実体法上での直接責任が債権者優遇の最も簡明な手段であること[13]、さらに、通常の場合、債権者は任意に契約相手方を選択しえ、従ってその無資力リスクを負担することが妥当であるとしても、医療給付の場合においては、相手方選択の任意性が制限されており、明らかに無資力の者とも少なくとも緊急時においては治療契約を締結せざるをえないこと[14]を根拠とする。

　これに対して、反対論は、転用物訴権との関係で論ずる者、事務管理の構造との不適合性に着目する者、日常家事処理権との関連に着目する者がある。第一の視角からは、本件のような場合は、医師と一方配偶者、配偶者間のそれぞれにおいて、治療契約、扶養義務の関係が存在するにもかかわらず、医師から契約当事者ではない配偶者への直接請求を認めることは、立法者の排除したはずの転用物訴権の復活につながり、否定さるべきだとする[15]。

　第二の視角は第一の視角とも関連するが、まず、事務管理意思の点からは、自己の契約義務履行の意思と他の配偶者の扶養義務履行の意思の並存は困難であることが挙げられる。すなわち、夫婦間の内部関係である扶養義務の存否自体、外部から認識しがたい上に、さらに事務管理意思をも有することは通常は肯定しえないからである[16]。効果の面では、契約と事務管理が並存することになり、通知義務・報告義務[17]について医師は契約相手方と事務本人のどちらの意思・指図に従うべきかが問題となりうる（通常は契約相手方に従うのが妥当である）ことをはじめとして、立法当時転用物訴権拒否の理由とされた、三当事者間の権利・義務関係の錯綜をもたらす点が指摘される[18]。

　第三の視角として、日常家事処理権の範囲に含まれない給付を事務管理にもとづき、債権者の保護のもとにもたらすことは、立法者による日常家事処理権の範囲画定を債権者保護の限界を画定したものとみるならば、かような立法者の評価を回避することになるという疑問がある[19]。

　賛成論が現実の救済の必要性に根差しているのに対し、反対論の第一、第二の視角は制度の本質をめぐる理由であり、いわば、原則論と例外的救済の承認の可否という関係にあるといえる。賛成論と反対論の第三の視角はすでに指摘したように、家族共同体の家計の一体性と両配偶者の固有財産の確

第一部　ヨーロッパ大陸における事務管理法

保[20]、医療給付債権者の保護という三面性の調整にかかわっている[21]。

B　事故車等の運搬費用の請求

〔1〕 LG Limburg 1965. 4. 14.（MDR 1965, 742）

　レッカー業者（原告）は車の保有者（被告）に対して、事故車の運搬費用（報酬）を事務管理にもとづいて請求。警察の招致による業者の行動はその履行が公的利益に存する被告の義務（完全に破損した車の道路上からのすみやかな除去）であり、被告の反対の意思は考慮されない（§679）として認容した。

〔2〕 LG Braunschweig 1965. 11. 9（NJW 1966, 1820）

　レッカー業者（原告）は警察の委託において事故車の運搬をしかつ保管し、この費用を車の保有者に請求したが、請求書は本人死亡として返送されてきたため、譲渡担保権者である銀行（被告）にこれらの費用を訴求した。被告は、この活動が被告の真の又は推定上の意思と一致していないこと、車はくず鉄の価値しか現存していないこと、原告は警察の委託において行動したこと、を挙げて支払を拒否。AG、LG ともに訴を認容。その理由として、被告は所有権者かつ担保権者として、この車を保持する利益を有していたこと、原告は業として他人の事務を処理するのであり、誰が事務本人かを明確に知る必要はないこと、警察による委託は事務本人のためにも行動することを妨げず、原告は保有者のためのみならず、所有者としての被告のためにも行動したこと、を挙げる[22]。

〔3〕 OLG Nürnberg 1966. 3. 30（JZ 1967, 61）

　原告（車の所有者）は訴外 K にこの車を貸与し、K は用事をすます間、駐車場にとめておいた。N 市の警察官 R はパトロール中に、タイヤの全く摩耗している原告の車を発見し、レッカー業者 V に指図して警察本部まで運搬させたが、この作業中に原告の車が毀損された。レッカー業者 V は車の修理費用を承諾したにもかかわらず支払わなかったので、N 市にこの費用を損害賠償として訴求した。LG はこの訴を棄却。OLG も以下のような理由づけで棄却した。すなわち、本件は自治体の高権的活動の典型例であり、運

搬の指示のみが高権的で運搬自体は被告（N市）の財政的活動領域となるとする原告の考えはとれないこと、従って、国家あるいは公的団体の賠償責任（GG Art. 34; BGB §839 I S.2）が問題となるが、この責任は補充的であり、原告は自己に他の賠償可能性がないことを立証せねばならないが、本件の場合、V会社に対するBGB 823条にもとづく損害賠償請求の可能性がある以上、この責任は生じない[23]。

〔4〕**AG Dülsseldorf 1966. 7. 20**（仲裁判決）（**JZ 1967, 62**）

原告（車保有者）の車が駐車違反で警察の指図により、被告（レッカー業者）により運搬された。原告は車を利用する必要が切迫しており、心ならずも運搬費用を被告に支払い、車を回収した。原告は被告が不当利得しているとして訴求。被告の主張によれば、被告は警察と契約を締結しており、これにもとづき受託的現金回収という形で警察に代わって料金請求の権限を有し、収取額を警察に引き渡す義務を負っている。さらに、被告は収取料金を警察に引き渡し、自己の報酬と相殺したので利得は存しないと主張した。原告の訴は以下の理由により認容された。すなわち、なるほど被告は警察との契約において他の会社が運搬した場合の現金回収を警察に代わってなす権限を有してはいるが、このことから被告が自ら行ったレッカー作業の料金をも受託的に受領する権限は出てこない。さらに、かような受託的受領権限の合意は、私人に公的性質の料金請求を許してはならないとするノルトライソ＝ヴェストファーレン行政執行法58条に反している。被告は車の運搬によって原告の事務を処理する意思を有せず、むしろ警察の捕助者として自己の事務を処理していることにより、料金受領による利得は法律上の原因を有していない。被告の側においても、原告が受領ないしは請求権限を有しないことにより、被告に対する支払後も、警察に対する支払義務から解放されるわけではなく、損失が生じている。被告の警察への料金引渡も報酬との相殺という形でなされているから、本件の料金に関しては引き渡したことになっていない[24]。

〔5〕**LG Stuttgart 1972. 1. 7**（**VersR 1973, 517**）

原告（自動車車体保険者）の保険する車が盗難にあい被害者にこの損害を

支払った。他方、盗難車はN市で発見され、被告（レッカー業者）が警察の委託にもとづき運搬の上保管。被告は2年ほど後に車の保有者を確認し、運搬費用、保管費用を請求。原告は被告に対し車の引渡を訴求し、損害額の支払によって所有権は原告に移転していること、被告が外に保管しておいたため生じた車の減価と被告の請求は相殺されると主張した。これに対して、被告は事務管理にもとづく運搬・保管費用債権にもとづき棄却されると主張。AG は訴を認容。LG も以下の理由で認容した。すなわち、被告の費用債権は事務管理にもとづくものとして一応考えうるが、被告は通知義務（§681）に反し積極的債権侵害として車の減価を生じさせており、被告の債権と相殺されることにより留置権（§273）は生じないことになり、引渡義務を負う。

〔6〕 **LG Stuttgart 1972. 6. 23**（決定）（**MDR 1973, 48**）

　原告（レッカー業者）は、警察の委託にもとづき、事故車の運転者（被告）の弁明について再検討（ブレーキの機能性の鑑定）するため専門の会社まで運搬し、その費用を訴求。判決は以下の理由づけで事務管理の成立を否定し、訴を棄却した。すなわち、事務管理にもとづく償還請求権は事務本人のために行動しようとする意思を管理者が有していることであり、かつこのような意思は何らかの形で外界に現れていることを要件とするが、この点の主張は原告によってなされていない。なるほど、BGHZ 40, 31（消防隊事件、後述〔II〕類型参照）では、事務の性質上、それが全く客観的他人の事務であるか、少なくとも客観的他人の事務でもある場合には事務管理意思は推定されるとする。しかし、本件では外形的に中性の行為（äußerlich neutrale Handlungen）が存すると考えられ、事務管理意思の推定は許されない。委託は証拠確保の目的での車の運搬に向けられており、かような推定を本件でなすとすれば、現実離れの観察という非難を免れない。

〔7〕 **LG München I 1974. 4. 4**（**NJW 1976, 898**）

　原告（車保有者）の車が禁止に反して、消防隊乗りつけ地帯（Feuerwehranfahrtszone）に駐車していたため、警察の委託にもとづき、被告（レッカー業者）が運搬する際に生じた毀損について、損害賠償が原告から被告に訴求された。AG は訴を認容したが、LG は以下の理由から棄却した。

第一章　近時のドイツ判例の動向と学説の反応

すなわち、被告は自己の使用人によって原告に生じた損害につき、履行補助者責任（§278）も使用者責任（§831）も負わない。というのは被告の活動は急迫せる危険防止の目的であり、680条にもとづき重過失についてのみ責を負い、この責任制限は上述した二つの責任根拠にも等しく妥当するからである。事務管理は被告の活動が客観的他人の事務であること、事務管理意思が事案の全状況、両当事者の利益の衡量の下において原告に対して、警察に対する義務履行と並んで、認めうることから肯定される。

〔8〕**AG Lübbecke 1974. 10. 22（MDR 1975, 228）**

酩酊した運転者（被告）の車を警察の委託で警察署まで運搬したレッカー業者（原告）が運搬費用を保有者に訴求。以下の理由で認容。運搬は被告の意思に反したが公的利益（§679）の存在ゆえに事務管理にもとづく請求権が認められる。被告は当夜すでに二度も飲酒運転で検挙されており、三度目の犯行をしないように交番に車を運搬することが最適の措置であった。

〔9〕**BGII（VI）1976. 12. 14（NJW 1977, 628）**

原告は、シュトゥトガルト市（被告）の警察との間で要請に応じて車の運搬を引き受けることを業とするレッカー業者であり、警察はかような業者の登録リストをもとに市の中心部と市外部においてそれぞれ一定の手続の下に業者に委託していた。原告も登録リストにある業者であったが、原告の夫が酩酊のすえ、捜査中の爆破予告についてデマを電話連絡したため直ちにレッカー作業委託の割当は排除されることを書面で通知された。のちに警察行政がラントによって引き受けられた時点で原告は再び登録リストに採用された。原告は被告によって一時的に委託から排除されたことによって生じた損害の賠償を訴求。LG は訴を棄却。OLG は公的団体の機関の責任または使用者責任（§§89, 831）にもとづく責任を肯定したが、BGH は、警察が原告の夫（レッカー作業にも従事していた）の行動に照らして、委託を排除したことは恣意的判断ではないとして、いずれの責任も否定した。

〔10〕**LG München I 1977. 5. 25（VersR 1978, 1076）**

原告（車保有者）の車が駐車絶対的禁止区域にあったため、警察の委託による運搬がなされたが、その作業中に毀損が生じたため、原告は被告（レッ

21

カー業者）に対して損害賠償を請求。AG は認容。LG は、本件では被告は事務処理の緊急性（§680）ゆえに軽過失によっては責は負わないとして棄却した。被告が事務管理あるいは不法行為にもとづいて責を負うかはいずれにせよ責任制限（§680）が妥当するので、不問に付しうるとし、このような場合、被告は警察によって指図された運搬は緊急のものであることを前提とすることができ、自ら緊急性の程度を調査する義務を負わないとした。

〔11〕 **LG München I 1977. 9. 28（NJW 1978, 48[25]）**

原告（車の所有者）は被告（レッカー業者）が警察の委託において駐車違反の自己の車を運搬中、毀損したことにより損害賠償を請求。AG は訴を棄却したが、LG は以下の理由づけにより認容した。すなわち、被告の行動は客観的には原告の事務を処理しているが、被告が原告の事務をも処理しようとしたか（wollte）は疑わしい。むしろ、被告は業としてレッカー作業に従事しており、通常その意思は利益取得に向けられているのであり、自己事務の処理意思と並んで、他人の事務を管理する意思を帰結しうるには特別の事情を必要とする。本件は、原告の車がバス停車場に交通法規に違反して駐車していた場合であり、LG München I 1974. 4. 4 判決（前掲〔7〕判決・消防隊乗りつけ地帯での駐車）が直ちに除去する必要がある場合であったことと比較すると、むしろ日常的な違法駐車の事件であり、このような場合にも事務管理意思を肯定することは請負人の不当な責任制限になろう。従って、事務管理は成立せず責任制限（§680）は適用されないので、被告はあらゆる過失について責を負い（§823 I）、損害賠償義務を負う。

〔12〕 **BGH（VI）1978. 7. 11（NJW 1978, 2502）**

警察がレッカー業者（第一被告）に駐車禁止地帯（車道の右側）に駐車してある原告の車の運搬を委託。後輪駆動の車であったので、後部からフックでつりあげるため、レッカー車は進行方向と逆に作業をせざるをえず、進行方向に向きを変える途中で、逆の方向からの車と原告の車が接触して両方に毀損が生じた。第一被告の保険会社（第二被告）は原告に損害の一部を支払ったのみであり、原告は、第一被告、第二被告に対して連帯債務者として残額の支払を訴求。LG、OLG は認容。BGH は以下の理由により、第一被告

に対する請求を認容、第二被告に対する請求を棄却した（以下、第二被告に対する請求については省略）。すなわち、本件においては、警察と第一被告の間の法律関係を総合的に評価するならば、警察が第一被告に対して扱害賠償に関して保険で予防策を講じることを要求していた点から明らかなように、警察と第一被告の間の合意において、原告に直接第一被告に対して損害賠償請求権を与えること、すなわち第三者のための契約（§328）が成立していることを認めうる。他方、本件の事情の下では、事務管理は成立せず、責任制限の前提としての急迫する危険も存しないがゆえに680条は適用されないとした控訴審の判断は正当である。

　以上の判決例を大別すると、三つのグループに分かれる。まず、事故車の運搬に関するものとして、〔1〕〔2〕〔6〕があり、駐車違反車の運搬に関するものとしては、〔4〕〔7〕〔10〕〔11〕〔12〕がある。残りの〔3〕〔5〕〔8〕〔9〕は以上のグループに含めることのできないものである。第一グループにおいては、〔1〕〔2〕がレッカー業者による運搬料金請求を事務管理にもとづき肯定している。〔2〕は保有者のみならず、譲渡担保権者をも事務本人として含めうるとした点で、後述する本人性の拡大のケース（〔Ⅴ〕類型）にも分類しうるものである。他方、〔6〕は後述する消防隊事件（〔Ⅱ〕類型、BGHZ 40, 28）を引用した上で、少なくとも客観的他人の事務ではなく、中性の事務の場合であるとし、事務管理意思の推定は生ぜず、立証もないとして、事務管理にもとづく請求を否定した。

　第二グループにおいては、〔4〕を除くと、残りの〔7〕〔10〕〔11〕〔12〕はレッカー業者が運搬中に車を毀損し損害賠償を請求されたものである。このうちで、〔7〕〔10〕は急迫する危険を防止する目的での事務管理において責任を重過失のみに限定する規定（§680）にもとづき、業者の責任を否定した。他方、〔11〕〔12〕は責任を肯定しているが、〔11〕はその理由づけとして、〔7〕が緊急性が存したのに比して、日常的違法駐車として事務管理意思は認めがたいとし、従って、責任制限規定は適用されないとしたのに対して、〔12〕では警察とレッカー業者の関係から、第三者のための契約を認定し、傍論と

第一部　ヨーロッパ大陸における事務管理法

して、緊急性（§680）の不存在から事務管理の成立を否定している。〔4〕
は特殊な事案であるが、業者を警察の履行補助者として事務管理意思を否定
した点において、〔9〕と比較すると、必ずしも警察と業者の関係は地域に
よって一定のものではないことのわかる点で興味深い。

　この類型の特殊性は、運搬の委託を与える者が警察という公機関であり、
私法のみで律しきれない点、警察と業者の関係が判決理由において必ずしも
明確に言及されていない点[26]、にある。

　この類型を、他人の警察義務（Polizeipflicht）の私人による履行という視
点でとらえる者[27]は、以下のような問題性を指摘する。すなわち、行政法上
の原則によれば、義務者は強制執行の方法で通常より高い料金を負担させら
れる前に、まず自己の資金で自己の義務を履行する機会を得ていなければな
らないとされており、先行する警察処分のない直接のコスト責任は、即時執
行（sofortiger Vollzug）、例えば、直接の実行が急迫する危険の防止のために
必要である場合に限定されている。従って、この要件が守られない場合に
は、義務者は警察からコスト負担を課せられない。このような制約のない民
法上の求償によって、義務者の地位が悪くなるべきではないから、私人が事
務管理にもとづく求償をなしうるためには、即時執行の要件が与えられてい
ることが必要である。これに対して、警察が行政行為の直接的実行の権限は
あるが義務は存しない場合（例えば、違法駐車その他の日常的交通法規違反
で何ら第三者の直接的危険が生じない場合）には、官庁の裁量権限は私人に
よって行使しえず、事務管理の成立はありえない。次に、直接請求の可否に
ついて、実質問題は、義務者の行政法上の手続利益と償還請求権者の利益と
の衡量にあるとし、前者の利益に優位が与えられるべきとして、直接請求を
否定する[28]（但し、業者が官庁に対して請求権を有しない場合には直接求償
を承認する）。

　このような実質問題に対して、事務管理法とりわけ事務管理意思が判断基
準として有効かは学説において一様に疑問視されている。転用物訴権の排除
（無資力リスクの不当な転嫁[29]、管理者の責任が委任者と本人とのそれぞれ
に対して責任基準が異なってくることの不都合[30]）という視点と並んで、履

24

行補助者（Verwaltungshelfer）と構成する見解[31]がある（〔4〕判決参照）。

　以下の二点についても、事務管理法の適用を問題とさせる。まず、車の運搬を中性の事務として、BGH の消防隊判決が少なくとも客観的他人の事務でもある場合に事務管理意思の推定を確立したのに対して、ここでは推定は生ぜず、意思の立証を要するとして事務管理の成立を否定した判決があり（〔6〕）、学説も賛成する[32]が、中性の事務が、管理者の意思方向によってのみ他人の事務となるもの[33]、とすれば、ここでは、車の保有者が負う警察義務を前提としており、管理者の意思方向によってのみ、とはいえないのではなかろうか。むしろ、問題は、BGH 判決の確立した推定原則そのものにある（詳しくは、第三章参照）と考えられる。次に、〔11〕判決では、〔7〕判決を引用して、消防隊乗りつけ地帯ではなく日常的違法駐車の場合として、緊急性が存しないとして事務管理意思を否定し、責任制限規定（§680）は適用されなかったが、法的構成としては、事務管理意思と責任制限における急迫の危険の防止の目的との関係は明確ではない[34]。むしろ、責任制限を排除する前提として、詳しい検討なくして、事務管理意思を否定してしまっている[35)36]。

Ⅱ　官庁が自己の公法上の義務・職務に応じて活動する場合[37]
〔1〕 BGH（VII）1958.11.20（BGHZ 28, 359）

　被告（年金を受けた非嫡出子の父）は戦時失踪（Kriegsverschollenheit）の宣告を受け、子は父の扶養年金に代わって、援護局からの年金を受領していたが、この年金許可は子に対する返還請求留保の付された暫定的決定にもとづくものであった。援護局は被告の生存を知り、暫定的決定を撤回し、子に対して返還を命じた。さらに、援護局は原告（児童福祉局）に被告から返還を求めることを委託し、一部を回収したのち、残額を訴求した。すなわち、援護局は年金支払によって被告が生存していた場合について、被告の扶養義務を履行しようと欲しかつ履行したとして事務管理にもとづく償還を請求した。LG は訴を棄却、OLG は認容、BGH は破棄差戻。すなわち、事務管理を肯定した OLG 判決に対して、以下のような理由づけでこれを否定した。

25

第一部　ヨーロッパ大陸における事務管理法

事務管理にもとづく費用償還請求権（§683）の前提として、援護局が被告の債務（非嫡出子の扶養義務）を支払ったこと（§267〔第三者弁済〕）を要するが、本件のように、返還請求の留保の下に第三者（援護局）によってなされた給付は債務の完全な履行には導かない。留保支払の場合には留保が行使しうる条件の発生または消滅ののちにはじめて、支払意思あるいは目的設定が判断しうる。本件では留保が行使されたのであるから、第三者弁済は存せず、事務管理も成立しない。

〔2〕BGH（VII）1959. 6. 4（BGHZ 30, 162）

被告は認知により非嫡出子に対する扶養定期金を支払う義務を負ったが、戦争終結後、この義務を履行していない。子の母は被告を失踪したものと考え、孤児年金の付与を申請し、援護局は決定にもとづき、年金を支払ってきたが、被告の生存を知るに及んで、支払を休止した。本来の請求権者であるラントから授権された国（原告）が被告に対して、年金の償還をとりわけ事務管理にもとづいて訴求。三審とも棄却。BGH は以下のように理由づける。事務管理にもとづく原告の請求は、援護局が被告の事務を処理することを欲しかつ処理したことを前提とする。公法上の援助義務は同時に被告のための事務処理の可能性を排除しないとしても、事務管理の要件が存するか否かは、固有の決定自由を有しない官吏の意思ではなく、法規にもとづいて答えられねばならない。判例は年金について官庁が元来の扶養義務者に対して事務管理にもとづいて返還請求しうるかという問題をしばしば扱ってきた。当初はこの点を原則として否定したが[38]、のちの判例は事務管理の適用を示唆している[39]。本件で問題となる連邦援護法（Bundesversorgungsgesetz）については、若干の裁判所（OLG Frankfurt, Düsseldorf）が事務管理にもとづく請求を認めているが、この立場には従いえない[40]。まず、この種の問題では、法律上の規律が存在すれば、事務管理の介入する余地はないが、本件では、連邦援護法（§81 Abs. 2）が官庁の補償を一定の場合における債権移転によって考慮しており、この規定は完結的であり、年金受領者に対する扶養義務者に求償する余地はない。

第一章　近時のドイツ判例の動向と学説の反応

〔3〕 BGH（VII）1963. 6. 20（BGHZ 40, 28）

　連邦鉄道（被告）は運行中の機関車からの火花飛散により、線路ぞいの森の数カ所に火事を生じさせた。原告（地方自治体）の運営する消防隊がこの森火事の消火のため投入され、原告は被告から消火費用の償還を請求した。LG は棄却、OLG は不当利得にもとづき認容。BGH は以下の理由づけにより、事務管理にもとづき認容した。すなわち、OLG は訴を不当利得の見地から根拠づけているが、以下に示すように、事務管理にもとづいて根拠づけうるのでこの点には触れない。OLG は、消防隊の活動は被告の利益圏に関連し、被告の事務を処理したといえるが、消防隊は公法上の義務に対応して自己の事務を処理しているのであり、かような場合には被告のためにも活動したことを立証せねばならず、原告はかような意思をも有したことの立証またはかような意思を推定させる事実の提出をしていないとして、事務管理を否定した。しかし、BGH はこのような立場には従いえない。自己の公法上の義務の履行は同時に第三者の私法上の事務の処理を妨げないことは判例上承認されているが、かような場合の事務管理意思は確定が困難であり、この意思を外的に認識させうる手がかりが存する場合にのみ考慮に価いする。この手がかりは事務の性質から生ずることがある。すなわち、事務がその本性上、全くまたは少なくとも同時に客観的他人の事務である場合には、事務管理意思は推定され、それを否定する者が反証せねばならない。これに対して、外的に中性の行為の場合には事務管理を主張する者が事務管理意思とその認識可能性の立証を要する。消防隊の活動の目的は第三者のための救助行為であり、この第三者には火事の継続、拡大によって損失をこうむる者すべてが含まれる。すなわち、消防隊の介入は彼らの利益であり、従って、彼らの事務を同時に処理している（mitbesorgt）。このような利害者の範囲に、森林の所有者と並んで連邦鉄道も含まれる。連邦鉄道は法[41]にもとづき無過失で損害について責を負うので、その損害の減少について、さし迫った利害を有することは明らかであり、原告は被告をも救助しようと欲し、事務管理意思を有していたことが推定される。もっとも、法が行為者に無償の活動を義務づけている場合には管理者は自ら出費を負担せねばならず、償還請求権は

第一部　ヨーロッパ大陸における事務管理法

生じない。ヘッセンの消防法第14条は消防隊が第三者からどの程度償還請求しうるかを以下のように規定する。「火災の生じた建物の所有者または占有者がその火事を故意または過失で惹起した場合には、地方自治体は消火によって生じた費用を請求しうる。これ以外の場合には消火は無償でなされる」。この規定を OLG は無償性を所有者または占有者に限定し、第三者は含まれないと解釈し、この解釈は上告審を拘束するので[42]、原告に消火費用負担義務があるとする被告の主張は採用しえない。

〔4〕 BVerfG（Beschluß）1965. 3. 31（BVerfG 18, 429；FamRZ 1965, 308）

　被告は非嫡出子の父として扶養料支払を約していたが、戦後は義務を果たしていなかった。子の母は失踪年金を申請し承認されたが、被告の生存が援護局の知るところとなり、給付は中止された。援護局は父（被告）に対して給付の償還を請求したが拒否され、国の代理として Koblenz のラント援護局長が LG Mainz に事務管理に依拠して償還を訴求。LG Mainz は手続を中止して、改正後の連邦援護法52条1項が違憲ではないかという疑義を連邦憲法裁判所に提出した。BVerfG は以下の理由づけで LG Mainz の呈示決定を正当とし、当該規定を違憲とする決定を下した。本決定は、まず、決定の前提となる状況を以下のように説明する。違法に支払われた失踪年金が扶養義務者から事務管理にもとづき償還請求されうるかという問題は当初は若干の下級審で肯定され、他方では否定された。BGH（VII）1958. 11. 20 判決（前掲〔1〕）では問題の提起にとどまったが、BGH（VII）1959. 6. 4 判決（前掲〔2〕）では、事務管理にもとづく償還を否定した（同旨、BGH（VII）1960. 6. 13（LM Nr. 11 zu §683）；BGH（VII）1963. 3. 19（FamRZ 1963, 352））。立法者は BGH（VII）1959. 6. 4 判決を意識して、連邦援護法を以下のように改正した、すなわち、52条1項に二文、三文を付加した。「その遺族に年金が帰属するであろう者が失踪した場合、失踪者の死亡が高い蓋然性により肯定しうる場合には、死亡宣告前に遺族に年金が与えられる。失踪者がなお生存していることが明らかとなった場合には、第一文による給付は自己の法定扶養義務履行のために与えられたものとみなされる[43]、自己の法定扶養義務を自己の責に帰すべき理由から履行しない時点から失踪者は事務管理にもとづく償

28

還に義務づけられる。その他の請求権は妨げられない」。さらに改正を命ずる法律において、以下のように規定された。「52 条 1 項二文と三文は給付が1960 年 6 月 1 日〔新法の施行日〕より前になされた場合においても妥当する」。この立法の審議に際しての報告書は、かような改正は設権的効力（konstitutive Wirkung）ではなく宣言的効力（deklaratorische Wirkung）を有するにすぎないとする。他方、BGH（VII）1960. 6. 13（LM Nr. 11 zu §683）判決は設権的効力を有するとする。LG Mainz はこの改正が遡及効を有し違憲であるとする。さらに、連邦憲法裁判所法 80 条 4 項にもとづき、連邦社会裁判所（Bundessozialgericht）、労働・社会秩序に関する連邦大臣は、それぞれ宣言的効力にすぎず、合憲であるという意見を提出した。以上の状況を前提として、本決定は以下のように述べる。新規定が遡及効を有するかどうかは改正前後のそれぞれの法状態の検討に依存し、もし法的状態が同じならば、法治国家原則に含まれている、遡及的に負担を課する法律の禁止に触れることはない。改正前は、援護局は年金を表見失踪者である扶養義務者から返還請求することはできず、とりわけ事務管理に依拠することはできなかった。本件のような場合に事務管理規定を適用可能と考えるとしても、本件では行為者が対象上自己の事務を処理する場合であり、意思は自己の任務と給付義務の履行に向けられており、事務管理にもとづく責任を否定した一連のBGH 判決は正当である。かくして、新法は従前の法状態を変更した。新法はみなし規定（gelten...als auch zur Erfüllung...gewährt）を置くことで、事務管理の要件の<u>立証</u>を不要としている。これは立法者も事務管理にもとづく返還請求権が成立しないことを前提としていることを示すものである。

〔5〕**BayObLG 1968. 7. 29（MDR 1968, 920）**[44]

警察官 G は自殺未遂者（被告）の救助のためできるだけ早く救急車を呼ぼうとして、通りに出るためにさくを飛びこえた際に負傷した。この警察官の雇主である原告（バイエルン市）は被告に対して、原告が G に支払った限りで、出費償還を求めた。その際、三つの根拠づけを援用した。すなわち、第一に、警察義務者に対する必要費償還請求権を規定するバイエルン警察職務法 58 条、第二に、原告の事務管理にもとづく請求、第三に、G の事務管

理にもとづく請求権が原告に移転したもの、である。これに対して、OLG
は以下のように述べる。まず、第一の根拠については、行政裁判所の管轄で
あること、第二の根拠については、バイエルン警察職務法 58 条が特別規定
として事務管理規定に優先すること、要件の面では前者は警察義務違反を前
提とし、効果の面では必要費に限定され、ここで事務管理を適用すれば不当
であること、を理由に認めなかった。第三の根拠については、事実の確定が
必要であるとし、結論を留保しながらも、警察官の援助行為には事務管理意
思の推定は妥当せず、むしろ逆に、もっぱら警察に委ねられた任務の履行の
意思で活動し、同時に被害者の管理者としても活動するのではないという推
定が、少なくともかような服務義務を越えない限りではたらく、とした。

〔6〕 BGH（II）1969. 4. 10（NJW 1969, 1205；VersR 1969, 562）

　運河を航行中の船から主錨が二つとも取付具からはずれ落ち、川底でこす
られたのち、ちぎれて紛失。運行者は連邦水路・航行管理局（原告）にイカ
リの紛失について通知をしたので、管理局は探査・引上ののち所有者に費用
を請求した。航行裁判所、その上級裁判所はともに訴を棄却。BGH も以下
のように述べて棄却。原告は被告に存する法的義務を履行することによって
被告の事務を処理したとする控訴審の判断は正当である。原告に河川所有者
として存する交通安全義務の履行は事務管理の承認と矛盾しない。しかし、
この事務管理にもとづく出費償還請求権は時効にかかっており、原告の訴は
認められない。

〔7〕 BGH（IV）1970. 5. 22（BGHZ 54, 157）

　燃料油を積んだタンクローリーが事故を起こし、油が流出したので、官庁
（原告）は車の運転者と保有者に対して、水道施設汚染の危険により路上の
油除去の必要性を表明した。のちにこの処置の費用償還が保有者と被告（保
有者の責任保険者）に対して求められたが、両者ともに支払わなかったので
（保有者は破産していた）、第三債務者としての被告に対する保有者の債権を
差押えることによって、出費償還を、事務管理にもとづくものと、差押によ
る移転した権利により請求した（以下では、前者についてのみ引用する）。
LG は訴を認容したが、OLG、BGH ともに棄却。BGH は以下のように述べ

る。控訴審は正当にも事務管理にもとづく請求を否定している。保有者のための事務管理と考えることができるとしても、責任保険者の事務の処理とすることは行きすぎである。損害の防止、減少、従って本件のような処置について被告が利害を有するとしても、このような間接的関係はかような処置を被告の権利領域に属する事務の処理と考えるには十分ではない。本件のような利益関連の場合においても、かような関係が出費償還請求権の根拠づけに引用されうるとすれば、事務管理規定は不当に拡張されよう。かような場合には、管理者には引受の通知義務、本人の意思、利益への従属が生じ、さらには利得責任を越える本人の責任が生じうる（vgl. Medicus, Bürgerliches Recht, 2 Aufl. §17 II）。BGHZ 33, 251[45]は今述べた立場と矛盾しない。この判決においては、管理者は被害者に対して病人監護の任務を果たしたがそれは本人である疾病保険金庫の任務領域に属していたからである。

〔8〕**OLG Düsseldorf 1972. 10. 4（VersR 1973, 64）**

　原告が責任保険を負担するP商会のタンクローリーが路上で転覆した。町（被告）の消防隊がクレーン車で引き起こしたが、この事故で運搬中の油は大部分流出し、このため油の残留する土を除去し、路面を新しく作りかえねばならなかった。この事故のために、原告はP商会に保険金を支払った。被告は、原告に救助費用を請求した。原告は被告に対して、タンクローリーの救助において、充てん状態を調査せず、指示にもかかわらず油を抜かないで引き起こしがなされ、正しい処置をすれば流出しなかった油まで流出させたとして、原告がP商会に支払った保険金額に対応する額を損害賠償として請求した。LGは請求額の一部を認容、OLGはやや増額させて認容した。すなわち、訴は他人の事務の瑕疵ある事務処理による損害賠償の見地から根拠づけられる。被告とP商会の間には事故車の救助について事務管理関係が成立し、事務管理意思は被告が原告から出費償還請求しかつ受領したことによって確証される。被告の事務処理において重過失が存し、P商会に対し損害賠償義務を負う（§680）。他方、救助によって原告と被告の間に直接的法律関係は成立していない。救助において責任保険の事務の処理をみることはできない（前掲〔7〕判決参照）。しかし、P商会から原告への損害賠償債

第一部　ヨーロッパ大陸における事務管理法

7 権が保険契約法 67 条（保険者が被保険者に保険金を支払う限りで第三者に対する被保険者の損害賠償請求権が移転することを規定）にもとづき移転しているので、訴は認容できる。

〔9〕BGH（VII）1974. 10. 24（BGHZ 63, 167）（〔8〕判決の上告審）

　〔8〕と同じく、原告の訴を認容した[46]。

〔10〕BGH（VII）1975. 12. 4（BGHZ 65, 354；NJW 1976, 619）[47]

　被告は通りにまで傾斜して分布する軽石鉱を営業として産出していた。雨期には何度も氾濫が生じ、その都度、軽石や廃物により道路が汚損され、原告（ラント）が除去していた。道路管理者から被告に除去費用の負担を通告したが、被告は道路管理者の任務であるとして、支払を拒否。それ以後の除去は通告なくしてなされた。原告の訴に対して、被告は採鉱に必要な予防手段はすべてとっており、自然災害の結果について責を負わないと主張。一、二審とも、事務管理意思（本人への通知）の表明されている、前半の除去作業についてのみ、費用償還請求を認容した。BGH はこれに対して原告の請求を以下のように理由づけてすべて認容した。すなわち、控訴審は後半の部分については、被告の事務をも同時に処理するという意思が表明されていないとして償還を認めない。被告に対して、その都度新たにかような意思が表明されねばならず、通知義務（§681）に反しているからという理由である。しかし、事務管理意思と通知義務は別の観点であり、通知義務の履行から事務管理意思を推論することはできるが、その逆はできない。つまり、通知義務は付随義務として、違反によって損害賠償義務を生じうるが、出費償還請求権を排除することはない。従って、後半の部分については、客観的他人の事務における事務管理意思の推定がはたらき、反証もなされていないので、償還請求が許される。

〔11〕BGH（II）1975. 12. 15（BGHZ 65, 384；NJW 1976, 748）

　被告所有の船がドイツ中央運河を航行中、強い嵐によって、アルミニウム製のハッチおおいを吹きとばされた。この事故を知ってのちに、この運河の交通安全義務・維持義務を負うドイツ連邦共和国（原告）はハッチおおいを探索し、引き上げ、被告に対して費用償還を求めた。船舶航行裁判所とその

32

上級裁判所は認容。BGH も以下の理由で認容した。すなわち、道路交通と同じく、船舶航行についても、他人の危たい化を考慮し、危険源が生じた場合には第三者保護のための必要な予防措置をとるべき一般的法義務が存する（〔6〕判決）。原告が中央運河についての交通安全義務をすでに負っていること、国が自己の被用者を用いて危険を除去したことは、事務管理にもとづく償還請求を妨げない。

〔12〕LG Frankfurt 1977. 7. 21（NJW 1977, 1924）[48]

　原告であるラントはハンガーストライキ中の未決囚であった被告に強制栄養（Zwangsernährung）をほどこし、のちにその費用を償還請求した。AG、LG ともに棄却。すなわち、事務管理の規定がそもそも国家と私人の間、とりわけ特別権力関係において適用しうるかは問題のあるところであるが、いずれにせよ、本件では事務管理の要件は満たされていない。ここでは、未決拘留者の責任能力、訴訟能力の維持、従って、未決拘留の目的確保のための、あるいは特別権力関係における、国家の配慮義務が問題となっており、他人の事務であると同時に自己の事務という複合した事務である。かような事務においては、事務管理意思は推定されず、むしろ、行為者の意思が本人の事務を処理するという点にも向けられていたことが立証されねばならない（同旨、〔5〕判決）。本件ではかような立証はなされていない。さらに、刑事手続に関連する費用負担については、刑事訴訟法 464 条以下に特別規定が存し、本件の請求はこの規定にもとづき、刑事裁判所の専権である。

　以上の判決例は、いずれも官庁が公法上の義務・職務・権限にもとづいて活動し、その際に生ずる出費または損害について、償還または賠償の請求が事務管理にもとづいて訴求されたものである。大別すると、官庁が特別法にもとづいて給付したものを第三者から償還請求する場合と、官庁が公的活動、とりわけ代執行[49]（Ersatzvornahme）において生じた費用を償還請求するか、逆に公的活動において生じた損害を事務管理者として賠償請求される場合である。まず、前者に含まれる判例としては、〔1〕〔2〕〔4〕がある[50]。この三判例はともに非嫡出子に年金を、父の戦時失踪にもとづき与えていた

第一部　ヨーロッパ大陸における事務管理法

官庁が生存確認後、父に対して扶養義務の履行を事務管理として処理したとして償還請求したものであるがいずれも認められていない。〔1〕では子に対する返還請求の留保とその行使にもとづき、第三者弁済の前提としての終局的履行がなかったとして、〔2〕では事務管理の成否は決定自由を有しない官吏の意思ではなく、関連法規の解釈すなわち規律の完結性にもとづいて、それぞれ、事務管理による償還を否定した。〔4〕では遡及的に事務管理にもとづく償還義務を規定した立法の合憲性判断の前提として、〔2〕の BGH 判決を援用して立法前は事務管理にもとづく請求はできなかったことを確認している。このような経緯から明らかなように、ここでの実質問題は、官庁の償還請求という利益と、扶養義務者としての父の利益の衡量であり、年金給付に関する特別法に扶養義務者に対する請求についての規定が存する場合または存しない場合に、事務管理という一般的手段が認められるかという形で、〔II〕類型に共通する問題[51]につながっている。規定が存する場合にはそこでの要件・効果が事務管理規定を介することによって回避または無視される結果となり、規定の存しない場合に事務管理を承認すれば、立法者が意識的にかような調整規定を置かなかった場合にはかような法の意義・目的が無意味なものとなり、たとえそうでない場合でも、司法の手段で新たに調整義務を創設することは立法権との関係で疑問であり、むしろ、公権力がそのコストを負担する趣旨である場合が多いと考えられる。〔2〕では、問題がこのようなところにあることが意識はされているが、なお事務管理規定とりわけ事務管理意思との関連性を断ち切ってはいない。すなわち、事務管理意思は官吏の決定自由が存しないという理由で言及せず、事務管理の成否は法規の解釈にもとづいて判断されるという技巧[52]により、結局は、年金給付に関する公法規定の完結性に根拠を求めている。〔4〕では、原告が自己の事務の処理、自己に存する任務の履行をしたからという理由で否定しており、実質問題への言及すらなされていない。

　次に、官庁が公的活動をなすに際して生ずる出費または損害についての調整が事務管理にもとづいて訴求される場合として、〔3〕〔5〕〔6〕〔7〕〔8〕〔9〕〔10〕〔11〕〔12〕がある。事務管理の成否という面からみると、肯定したも

のは、〔3〕〔6〕〔10〕〔11〕があり、他方、否定したものは、〔5〕〔7〕〔8〕〔9〕
〔12〕[53]である。前者においては、〔3〕がすでに前述したように、戦後におけ
る Auch-Gestion の基本的判例として重要である。この判決に対しては、実
質問題として、活動のコストが一般租税により（すなわち無償）、または個
人により（すなわち有償）負担されるべきかは、公法の立法者の判断すべき
ことであって、かような償還を事務管理にもとづいて肯定することは、行政
の法律適合性の原則（GG Art. 20 Abs. 3）に反するという指摘がなされてい
る[54]。事務管理という構成を用いることに対しては、本判決は、そもそも消
火活動が連邦鉄道の事務（すなわち他人の事務）であったかという事務管理
の成立要件（§677）の検討を経ずして、物的損害について無過失責任を負
う連邦鉄道が、損害減少について利益を有する点から直ちに出費償還の成立
（§683）を認めていることは問題であり、消火の準備も意図も有しない連邦
鉄道の事務ではなく、消防隊の事務（自己の事務）であるとする指摘[55]、本
件での特別法において物的損害賠償額が制限されているのに対して事務管理
によれば無益な出費償還も請求される場合がありえバランスを失するこ
と[56]、消防隊の連邦鉄道に対する意思の上での従属性、報告義務について語
りえないこと[57]、などが挙げられている。さらには、消火に利害を有する者
すべてが事務管理の本人として考慮されうるとした点に対しては、本人性の
拡大に対する歯止め、事務管理の適用領域の歯止めがなくなり不当であると
いう指摘がある[58]。Auch-Gestion は義務履行が同時に第三者（事務本人）の
事務処理としても評価しうるという発想を前提としており、そこでの第三者
の範囲を画定する基準を内在させていないことは決定的弱点である。BGH
も〔7〕判決で法律関係の間接性を理由として事務管理を否定して以後、本
人性の拡大に対する歯止めが一応なされているようにみえるが、この直接
性、間接性の区別も限界づけの機能を果たしうるかは問題のあるところで
ある[59]。

　次に、否定した判決を検討する。〔5〕[60]では、警察官の救助活動に際して
の出費償還について、服務義務を越えない限り、任務の遂行であり、それと
並んで私人のための事務管理意思は推定されないとして、〔3〕判決以来の定

式を否定した点で注目される[61]。他方、警察官庁の事務管理は、警察法と事務管理法の要件・効果が異なり、前者の規定が無意味とならないためにも、承認されなかった[62]。〔7〕は官庁が事故による油流出の除去費用を車の責任保険者に償還請求した事案で、保有者に対しては事務管理を認めうるとしても、責任保険者の事務の処理とはいえないとして、このような間接的関係でも出費償還の根拠づけとなるとすれば、事務管理の不当な拡張となり、さらには、通知義務、本人の意思・利益への従属、利得返還を越える責任、は当事者間の規律としてふさわしくないことが指摘された。BGH のレベルではじめて制限づけが試みられたものとして重要である[63]。但し、本人性の拡大に対する歯止めという意味であって、車保有者に対する Auch-Gestion は（傍論であるが）肯定されている。〔8〕〔9〕では、車の転覆救助にあたった消防隊の瑕疵ある事務処理にもとづく損害賠償請求が責任保険者から事務管理にもとづく責任として問われた事案で、賠償請求自体は車保有者の請求権の移転により認めたものの、責任保険者と消防隊の間での事務管理は間接的法律関係を理由に否定した。〔7〕と請求の対象は異なるが、発想を一にしている。〔12〕では、〔5〕判決を引用し、事務管理意思の推定ははたらかないこと、加えて、特別権力関係における事務管理規定の不適合性、刑事訴訟法規定の存在を挙げて、事務管理の成立を否定した。

　ここで、代執行と事務管理の関係について検討しておく[64]。まず、代執行による費用の償還に関する要件・効果は今日では広範に警察法等において規律されているが、例えば、代執行がなされることの警告と確定という手続を介さずしてなされた代執行につき、官庁が事務管理規定にもとづき償還請求しうるとすれば、かような手続違反は無視されてしまうことになる[65]。すなわち、法治国家的根拠から明確に画定された警察の権限の危険な緩和をもたらし、市民の保護に資する警察法上の強行規定が容易に回避されてしまうのである。従って、原則として、法的に制約のある一定の権限領域の枠内での官庁の活動に、私的自治を前提とする個人間での自発的援助を典型とする事務管理という制度は適合していないといわねばならない[66][67]。

第一章　近時のドイツ判例の動向と学説の反応

Ⅲ　法律にもとづく義務[68]

〔1〕 RG（Ⅳ）1907. 2. 7（RGZ 65, 162）

　原告（被害者）が被告（不法行為にもとづく損害賠償義務者）に対して、損害賠償請求をした事案で、被告は、原告の請求権は原告の父が治療費を支払ったことで消滅し、原告適格は父のみに存すると主張した。三審ともこの主張を認めず、上告は以下の理由で棄却された。すなわち原告の父による治療費負担が原告の損害賠償請求権に影響を与えないことは、843 条 4 項[69]の規定の解釈から明らかであるという理由による。原告の父が被告に対して償還請求しうるかの点は、傍論として、以下の理由で否定された。すなわち、第三者弁済（§267）においては、第三者（原告の父）によって履行された対象と、債務者（被告）に存する義務の対象が同一であることを要するが、このことは本件では当てはまらない。扶養義務においては、義務者は扶養（本件では治療）の方法、態様を自ら決定することができる（§1612 Abs. 1）ので、被告の負う金銭賠償義務（§249）と対象の上で必ずしも同一ではない。父が原告に、治療に必要な金額を支払った場合にのみ、第三者弁済が考慮されるにすぎない。この場合に事務管理にもとづく償還請求権が成立するか、あるいは被害者による損害賠償請求ののちではこの請求は悪意の抗弁に服するかの点は本件では言及する必要はない。

〔2〕 RG（Ⅵ）1908. 1. 14（Gruchot 53, 1028）[70]

　原告（被害者の父）は子と共同で、自己の出費した治療費の償還を加害者（被告）に請求。三審とも認容。上告は以下の理由で排斥された。被告は、原告は自己の扶養義務を履行したにすぎないとして、事務管理は成立しないと主張するが、本判決部はすでに何度も、843 条 4 項の規定は出捐した扶養義務者の請求を排除しないことを表明してきた。この請求は、第三者による扶養権利者の加害を知る扶養義務者が自己の扶養義務履行において同時に自己の出費を第三者の負担とする意図をもって行動した場合に、事務管理にもとづき主張しうる。また不当利得の根拠にもとづいても主張しうる。この請求は、同じ給付が二度払いされないという条件の下で肯定しうるが、本件のように、被害者とその扶養義務者が共同して訴求する場合にはこの要件は満

37

第一部　ヨーロッパ大陸における事務管理法

たされている。

〔**3**〕**RG（VI）1913. 4. 26（RGZ 82, 206）（教会ドーム火事事件）**

　ある教会において、ボニファチウス祝賀祭典が挙行されることになり、その祝典委員会において、花火・照明を設置することが決議された。委員会のメンバーの一人であるMが委員会の名で薬種商人Pにこの計画の実施を依頼。電気による滝のしかけによって当日、火災が発生し、ドームが焼失した。原告であるプロイセンは、除去作業と暫定的修復を実行。原告は、自己の建築維持義務と、ドームの所有者としての司教座（bischöflicher Stuhl）が有する賠償請求権の譲渡文書にもとづいて、MとPの両被告に対して、出費償還を請求した。原告の申立てを不法行為にもとづき認容したOLG判決は破棄差戻された。RGは以下のように述べる。まず、国の自己の権利にもとづく請求、すなわち不法行為（保護法規違反）にもとづく請求（§823 Abs. 2）の点については、刑法における放火罪の規定は原告のための保護法規ではないこと、さらに、譲渡にもとづく請求については、教会財産の処分としてその要件が満たされていないことを挙げて否定したのち、差戻審での審理について、以下のような指針を与えた（RGZ 82, 214-216）。すなわち、第三者の不法行為によって侵害された子の治療のために出費した扶養義務ある父が不法行為者に対して、事務管理、不当利得という法的観点から請求しうるのと同じく、本件でも、建築維持義務を負う国が自己の義務に従い、第三者の過失によって焼失したドームの修復をした場合、この出費を加害者に対して請求しうる。なるほど、国は自己の公法上の義務の履行を欲してはいるが、同時に、最終的義務者である加害者から、この出費を償還してもらう意図で出捐している[71]。従って、有益的事務管理にもとづいて請求しうる。自己の公法上の義務と償還請求意図が十分調和しうることはすでに当判決部で言及してきた[72]。さらに、原告は自己の損失で加害者に出費を節約させているので、不当利得という法的観点からも根拠づけうる。事務管理における、事務管理意思、償還請求意図は、提出されている事実と、原告が司教座の損害賠償請求権を譲渡させたという状況から明らかである。

第一章　近時のドイツ判例の動向と学説の反応

〔4〕**OLG Düsseldorf 1960. 10. 25（NJW 1961, 608）**

　原告（被害者の父）は被告（加害者）に対して、治療費の償還を請求。OLG は以下の理由で請求を棄却。すなわち、被告が損害賠償義務を拒否することを原告に対して明確に表明した時点からは、683 条の要件を満たさず、事務管理にもとづく請求権は成立しない[73]。

　本類型では、主として扶養義務者から損害賠償義務者に対する求償が判例上多いが、以下の叙述にとって重要なものに限定して掲げた。〔1〕は被害者による賠償請求を認容しているので、傍論であろうが、扶養義務者としての父による治療費負担は第三者弁済の要件を必ずしも満たさずとして事務管理の成立について消極的判断を示唆している点で注目される。この翌年の〔2〕判決においては事務管理、不当利得にもとづいて、扶養義務者の求償をはじめて肯定した。〔3〕はいわゆる教会ドーム火事事件として、たびたび学説に引用され、戦前における Auch-Gestion 判例の典型として評価されている。戦前におけるこのような流れは、〔2〕〔3〕判決とそれに先行する注 72）引用の判決で明らかなように、民事第六判決部が主導的役割を演じた。このような事務管理にもとづく扶養求償を前提としたものとして、〔3〕判決以後では、RG（VI）1914. 4. 20（RGZ 84, 390）（将来の出費償還についての確認の訴は認められないとした）、RG（VI）1915. 1. 14（RGZ 86, 96 ＝ JW 1915, 325）（教会ドーム火事事件の差戻による再上告審、事務管理または不当利得にもとづく請求権は不法行為に関する短期消滅時効には服さないとした）、RG（VI）1918. 1. 17（RGZ 92, 57 ＝ Recht 1918, Nr. 370）（養父による扶養給付は加害者の義務履行の目的でなされたのではないので、第三者弁済は成立しない）、RG（VI）1931. 5. 26（RGZ 132, 223）（医者である夫が自ら被害者である妻を治療した場合でも、妻の賠償請求権は成立する）、RG（VI）1932. 7. 4（RGZ 138, 1）（夫による治療費支払による事務管理または不当利得にもとづく請求権の成立を傍論で肯定）がある。このような判例の傾向は戦前から学説の批判を受け、賠償債権の譲渡、法定代位などの方法によるべきとされたためか、戦後において、この点に関する BGH 判決は少ない。わずかに、

第一部　ヨーロッパ大陸における事務管理法

BGH（VII）1978. 12. 21（NJW 1979, 598）が事故によって負傷した妻の近親者が、治療を受けているリハビリテーションセンターに妻を訪問する費用について、妻の治療費に属するとして事務管理にもとづく夫の償還請求を認容している。下級審判決では、〔4〕（否定例）以外に、LG Göttingen 1958. 11. 27（VersR 1959, 843）、LG Köln 1962. 6. 28（MDR 1963, 677）が事務管理にもとづく求償を肯定している。

　以下では、扶養求償、広くは不真正連帯債務関係に事務管理を用いることの適合性についての学説の批判を検討する。この点で早くから鋭い批判をしたのは、Rabel[74]である。彼は1919年公表の論文で、すでに本章ⅠのAで扱った問題と並べて、本類型を二段階の内部関係を伴う連帯関係として、それぞれにおいてかかわる民法上の諸制度、法律構成における拡張傾向、あいまい化傾向を指摘し、その明確化を目指す。すなわち、まず、RG判例は扶養求償において事務管理を適用するが、それは古典期ローマ法以来の任意性という要件の例外としての、管理者が第三者から事務処理を委任された場合ではなく、実はローマ法源の刷新がなされている。やはり、事務管理を画定するメルクマールは人類扶助に求めねばならない。従来の例外においては、管理者は委任者の利益を満足させると同時に、それと異なる第三者の利益を満足させようとする意図を有するが、RG判例を含めて、管理者が第三者に対する既存の、売買、消費貸借にもとづく義務、扶養義務などを履行する場合には、管理者は単に自己の義務のみを履行する意図である点で全く異なる。このような場合をも事務管理の対象とすることは、この制度をゆがめ、破壊するものである、とする[75]。

　さらに、以下のような、個別的問題点が指摘される。事務管理意思は、管理者が不法行為または第三者の損害賠償義務を知らない場合には存在しないといわざるをえないこと[76]、RGは加害者を債務から解放させないにもかかわらず、加害者の利益が満たされたとして、扶養義務者に求償を認めていることの矛盾、これによって加害者は二度払いの危険にさらされること[77]、である。不当利得についても、不法行為において間接損害の賠償が原則として排除されていることから、この請求が異なる法的構成（事務管理、不当利得）

40

第一章　近時のドイツ判例の動向と学説の反応

において認められてはならないとして、否定する[78]。

　かくして、事務管理は不当利得とともに、元来の不法行為にもとづく請求権とは異なる要件、効果を有し、不十分なものしか与えないかまたは与えすぎる（例えば消滅時効期間が長い）として、他の法的構成が求められねばならないとする[79]。

　現在の学説は、このような Rabel の批判の延長線上にあり、事務管理ではなく、一般求償法の問題の一環として論ずるものが支配的である[80]。すなわち、本類型において問題となる扶養求償では、843 条 4 項により、不法行為にもとづく損害賠償請求権は未履行の扶養義務によって排除されない、つまり並存することは明らかであるが、既履行の扶養給付（治療費支払）の場合は規定がないためその限りで被害者の損害は消滅するのかが問題となった。しかし、扶養求償判例では、前述したように（〔2〕判例参照）、扶養義務者による事務管理（第三者弁済）にもとづく求償権と被害者の損害賠償請求権を並存させたため[81]、後者の消滅が前者の成立の要件であるはずだから論理的に矛盾しているという学説の批判をあびた。すなわち実質問題は損益相殺と第三者（扶養義務者）の求償権の関係であり、今日では、前者の点については、相当因果関係ではなく評価問題として分化的考察が必要とされている。すなわち、損害賠償が被害者の利得に導いてはならないが、他方、被害者に代わって加害者に利益を与えることも必ずしも正当ではなく、どちらの観点が決定的なものかは、第三者（ここでは扶養義務者）の給付の性質・目的により、個別的に決定されるべきものである[82]。従って、本類型において、扶養義務者の給付は加害者の利益となるべきでないこと、扶養義務は損害賠償義務に対して補充的性質のものであること、843 条 4 項の根底にある評価などにもとづき、損益相殺を否定し、その論理的帰結として、扶養義務者は被害者に対して、賠償請求権の譲渡請求をするという解決が学説では支配的である[83]。

　以上のように、本類型においても、事務管理制度はその要件・効果において、実質問題を十分処理するための適合的手段ではないことが示された[84]。

41

第一部　ヨーロッパ大陸における事務管理法

Ⅳ　無効な事務処理契約の場合

〔1〕 BGH（VII）1962. 6. 25（BGHZ 37, 258）

　経済的困窮にあった原告は、経営・経済コンサルタントとして活動していた被告に自己の債務整理を依頼した。被告は原告の債権者と交渉し、債務の軽減を得た。被告はこの事務処理との関連で原告の財産を取得し、その一部を債権者に対する弁済に、他の一部を自己の活動にもとづく報酬に算入した。原告は被告による報酬請求額を過大であると考え、そのうちの一部を返還請求した。LG は原告の請求額を全額認容、OLG はほぼ認容。被告のみが上告したが効を奏しなかった。BGH は以下のように述べる。控訴審は、法律相談法[85]1条1節における禁止は一方当事者（被告である法律相談者）に対してのみ向けられており、134条（法規違反の法律行為の無効）は適用されず、本件契約は有効とするが、134条が、禁止が契約両当事者に向けられている場合にのみ適用されると一般的にいうことはできない。その判断はその都度の規定の意義・目的から取り出される。本件の場合、法の目的は不適当な相談を阻止することにあり、これは委任者の履行請求権が無効となることによってのみ到達しえ、契約は無効である。次に、原告の、被告によって事務処理にもとづいて取得したものの引渡請求権について、以下のように述べる。管理者が給付義務ありと考えた場合には事務管理は排除されるという立場があるが、これは法の文言にも意味にも依拠しえず、従いえない。他方、事務本人の側に生ずる権利の部分についてのみ、無効から除外する立場がある。どちらの立場に従うにせよ、原告の引波請求権は根拠づけられる[86]。これに対して、被告の報酬債権は、被告の活動が法規により禁止された活動であり、「状況に従い必要と考えうる」ものでない以上、670条にもとづく出費償還請求権は生ぜず、不当利得規定のみが考慮されうる[87]。

〔2〕 BGH（VII）1963. 1. 31（BGHZ 39, 87）

　原告、被告ともに G の息子である。G は外国に預金と有価証券の寄託を有していたが、当時、アムステルダムに居住していた被告にこれらの財産を移転した。G は原告の母を単独相続人として指定したのち死亡。母の死によって原告が単独相続人となり、この地位にもとづき、被告に対して遺産の

引渡、計算報告をなすことを求めた。被告は、まず贈与を主張、さらに原告の主張する信託契約は租税法、外国為替法の回避として良俗違反（§138）で無効であり、かつ不当利得返還請求は不法原因給付として成立しないと主張した。LG は計算報告請求につき認容、OLG もほぼ認容、BGH は以下のように述べて、原告の上告を認容。OLG は信託契約が良俗違反で無効であるとし、原告の不当利得請求権は、信託財産は被告に終局的にとどまるものではないから不法原因給付により排除されることはないとする。これに対して、原告は契約の良俗違反でないこと、被告は不法原因給付に当たることをそれぞれ主張して上告した。しかし、OLG の立場、両当事者の主張は考慮に価いしない。被告の引渡義務、計算義務はいずれにせよ、666 条、667 条により生ずる。すなわち、有効である場合には上述の諸規定が適用され、無効の場合には 681 条を介して同じく 666、667 条が介入する。817 条二文（不法原因給付）は刑罰的性質を有する例外的規定であり、従来の RG、BGH 判例は不当利得法以外の法律関係へのこの規定の準用を拒否しており、本件でもこの立場を変更する必要を見いだせない。

〔3〕 **LG Düsseldorf 1963. 5. 29（NJW 1963, 1500）**[88]

　原告は長年、納税代理人の資格において相続共同体Nのために活動してきた。原告は相続共同体の代理人として、被告と用益賃貸借契約の予約を締結した。この契約は原告が作成し、その作成費用は賃借人である被告の負担とされていた。この契約の法的有効性について当事者間で争いが生じ、原告は被告に対して、契約起草についての報酬支払を訴求。LG は、原告の活動は法律相談法に反し無効であること、不当利得については利得の存在の立証がなく、その上不法原因給付の適用があること、原告は自己の相談義務の履行において活動し、事務管理も成立しないこと、により請求を棄却した。

〔4〕 **BGH（VII）1967. 9. 25（BB 1968, 147）**

　事案不明。BGH は今まで繰り返し、委任が法規違反または良俗違反により無効な場合における事務管理規定の適用可能性について語ってきており、本件でこの判例から離れる理由は見いだせない。かような場合に事務管理にもとづく請求権が排除されるという立場は、事務管理に不法原因給付という

43

第一部　ヨーロッパ大陸における事務管理法

異質な思考を持ち込むものである。利得請求権すべてについてすら必ずしも妥当しないこの規定は事務管理にもとづいて根拠づけられる権利関係に準用しえない。本件のように他人の債権の回収の場合に、回収額を本人に引き渡す義務から管理者を解放する必要も存しない。

　まず、〔1〕においては、法規違反で無効の事務処理契約において、事務本人の管理者に対する引渡請求権が事務管理にもとづいて肯定された。もっとも、事務本人の請求権については有効として契約上の請求権にもとづかせる立場も引用し、法律構成の上でどちらをとるかは結論が同じだからとして明確な立場を示していない。〔2〕では、良俗違反で無効と主張された契約において、契約の有効、無効どちらの立場をとるにせよ、委任法の規定する引渡義務、計算報告義務が生ずるとしており、〔1〕と同じく、法律構成の上で不明確である。〔3〕は、法規違反の事務処理契約について、事務管理については自己の義務の履行であるとして報酬請求を否定している。〔4〕は他人の債権の回収において、事務本人からの回収額引渡請求を事務管理にもとづいて肯定している。なお、〔2〕〔3〕〔4〕において、それぞれの請求について、〔2〕〔4〕は817条二文（不法原因給付）の適用を否定、〔3〕は肯定している。

　本類型における問題は、無効な事務処理契約の後始末について、いかなる規範が適合的かという点にある。この点を無効な契約一般に広げれば、無効原因、無効原因についての知・不知、行為能力制度、給付利得制度がかかわる。すなわち、具体的には、無効原因に応じて無効効果を制限するか（〔1〕判決参照）、不法原因給付として返還が排除されるか、非債弁済として返還が排除されるか、現存利益に返還範囲は制限されるか、双務契約にかかわるまきもどし規律は適用されるか、などが考慮されねばならない。最近の学説は事務管理法にはこのような規律が含まれていないことを理由に適用を否定する者が多くなりつつある[89]。すなわち、事務管理法を適用することによって、既存の規律が回避されることになるからとする。ここでも、他の類型の場合と同じく、事務管理の適用は実質問題における法的評価をみえにくくさせるのである。それでは、判例が事務管理を適用した背景は何に求められるのであろうか。一つには、後期普通法以来、BGB立法者を介して、現在の

44

学説にまで至る法伝統がこの点を肯定していること[90]、他方では、〔1〕〔2〕
〔4〕判決で明らかなように、委任と事務管理の、事務処理という点での親縁
性にもとづき、事務管理法が681条において委任法における報告義務、計算
義務、引渡義務を準用しており、委任が無効な場合に事務管理（「委任なき
事務処理」(Geschäftsführung ohne Auftrag)）規定に依拠することは、事務処
理関係特有の規律に、無効の場合においても[91]、服せしめることができ、便
利であること、に求められよう。肯定説は法伝統と引渡、計算請求権の根拠
づけ可能性を念頭に置いているが、事務管理法適用の前提としての事務管理
意思の存否の点からみると、本煩型への事務管理法適用は問題がある。

　すなわち、前述した三類型においては、第三者との既存の法律関係にもと
づいて管理者が活動する場合、かような自己の義務履行の意思と並存して、
事務本人に対する事務管理意思を肯定しうるかが問題であったのに対して、
ここでは、自己の義務履行の相手が事務本人となりうるか、換言すれば、同
一人物に対して、契約義務履行の意思と事務管理意思が並存しうるかが問題
なのである。論理的に考えるならば、両者は並存しえず、管理者が契約の有
効性を疑う場合または無効を知る場合においてのみ、事務管理意思の存在の
可能性が存する[92]。否定説は多く、この点から、自己の事務のみが存すると
して自説を根拠づけるのに対し、肯定説は、履行目的ではなく、他人の権利
領域で活動する意思あるいは行為内容に着目すべし[93]とするが説得的ではな
い。このような立場の対立は、法伝統に依拠し、ローマ法以来の受皿構成要
件的機能を温存するか、事務管理法を事務管理意思を要件メルクマールとし
て自覚的に適用範囲を画定するかの態度の差でもある[94]。

　さらに、今日では、締結上の過失、事実的契約関係などの、より分化した、
しかも適合的な法制度がBGB立法当時と異なり、発展していることも否定
説を一層支持する理由となろう[95]。

第一部　ヨーロッパ大陸における事務管理法

V　本人性の拡大の事例

〔1〕 BGH（VII）1960. 11. 7（BGHZ 33, 251）

　原告は深夜、廃墟から助けを求める声を聞きつけ、接近したところ、男が立っており、その背後に傷つけられた婦人が横たわっていた。原告が婦人に目をやった時に、男はハンマでなぐりかかり、原告は意識を失った。意識を回復してのち、通りまではってゆき、通行人に負傷した婦人のいることを知らせ、その結果、婦人は病院に収容された。被害者である婦人の夫が加入する疾病保険金庫（Krankenkasse）（被告）は家族扶助の枠内で妻の治療費を支払った。原告は事務管理の見地から、被告に対して、救助の際に受けた頭部の傷害より生じた収入喪失損害を償還請求した。LG はほぼ認容、OLG は棄却。BGH は以下の理由で認容した。すなわち、控訴審は、事務管理意思について、関係人のために活動する意思（Wille, für den zu handeln, den es angeht）で十分としながら、事務本人は妻と夫のみで疾病保険金庫は含まれないとし、その理由として、金庫は治療の金銭的負担の除去のみを使命とし、治療行為自体は含まないとして、訴を棄却した。しかし、金庫は病人の看護（Krankenpflege）とりわけ治療行為を給付せねばならない、さらにここには治療を可能にさせるすべての給付が含まれている。従って、原告の行為は被害者または夫の事務のみならず、被告である金庫の事務をも処理している。収入の喪失が 683 条の出費に含まれることは問題なく原告は事務管理にもとづき償還を請求しうる。

〔2〕 BGH（VI）1965. 3. 16（BGHZ 43, 188）

　第一被告は、わら圧縮機（Strohpresse）が故障したので、機械職人のところまで修理のため、これを牽引して運転中、暗くなったので、トラクターの後尾燈をつけたが、圧縮機にかくれて、後方からは見えない状態であった。原告は被告の車の後尾燈が見えないことに気づき、一旦追い越した後で、車を右によせ、第一被告に対して、圧縮機に照明をつけることを忠告した。この会話中に、第二被告は第三被告の所有であるトラックによって圧縮機に衝突し、付近にいた原告と第一被告は重傷を負った。原告はこの事故について被告らに対して責を問い、連帯責任での損害賠償を請求した。被告らは損害

賠償義務を否認しなかったが、原告に自己過失があると抗弁した。すなわ
ち、第一被告は国道をあとほんの少し走れば目的地に到着したのであり、原
告が止めなければ事故にはならなかったこと、停車している圧縮機は後続の
交通にとっては、運行中の圧縮機より危険であること、原告は道路中央に立
つことによってより高められた危険に自らをさらしたこと、第一被告に干渉
することは警察の任務であり原告の任務ではないことを根拠として挙げた。
三審ともかような抗弁を容れなかった。BGH は以下のように述べる。原告
が自己過失の責を負うかについて、LG は自己過失を否定、OLG は 680 条
（緊急事務管理における責任軽減）により軽過失は考慮されないとした。
OLG の立場を維持することができる。原告は第一被告の車を止めさせ、衝
突の危険を注意することによって、被告らの事務を処理している。第二、第
三被告については、彼らが事務本人であることを原告が未だ知らなかったこ
とは妨げとならない。彼らが関係人であったこと（sie diejenigen waren, die
es anging）で十分である。

〔3〕 BGH（IV）1970. 5. 22（BGHZ 54, 157）（〔II〕の〔7〕判決）

〔4〕 BGH（VII）1971. 1. 21（BGHZ 55, 207）

　H 市（原告）の工場の敷地内にガス配管のための穴が掘られ、訴外建築会
社は歩行者用の板を渡したが、組み方が悪く、照明も十分ではなかった。あ
る朝、この工場に勤める婦人 P が工場に行く途中で穴に落ち、重傷を負い、
助けを求めた。同じくこの工場に勤める職人 W がこの声を聞き、工場建物
に行き、包帯、添え木、担架などの救出用具をもってこようとした途中でこ
ろび、3 カ月ほど就業不能となった。P も W も法定事故保険である雇主責任
保険組合（Berufsgenossenschaft）（被告）の被保険者であった。原告は W に
対し、休業期間中、労働法規、労働協約に従い、賃金と社会保険の雇主分担
金などを支払った。W は原告に自己の不就業による「損害賠償」請求権を
譲渡。原告はこの譲渡にもとづき、すなわち W は P のための救助行為によ
り被告がライヒ保険法により負う義務を履行したとして、事務管理にもとづ
く出費償還請求権（の譲渡）にもとづき、被告に出費償還を請求した。LG
はこの訴を、W から同様に原告に譲渡された、訴外建築会社に対する損害

第一部　ヨーロッパ大陸における事務管理法

賠償請求権の譲渡と引換に認容。OLG は訴を棄却。BGH も以下のように述べて訴を棄却した。原則として、雇主責任保険組合についても、BGHZ 33, 251（〔1〕判決）における被保険者に対する給付義務が妥当する。しかし、本件では治療行為の枠内で準備的処置について責を負う被告の義務は存しない。すなわち、本件のような雇用者の工場敷地内で従業員が負傷した場合の救助については、雇主責任保険組合連合が作成した事故予防規定において、雇主が応急処置を与える義務が確立されており、雇主の事務とされているからである。

〔5〕**OLG Düsseldorf 1972. 10. 4**（VersR 1973, 64）（〔II〕の〔8〕判決）（上告審として〔II〕の〔9〕判決）

〔6〕**BGH**（**VI**）**1978. 7. 4**（BGHZ 72, 151；NJW 1978, 2030；JZ 1978, 719）

　W 運送会社（第一被告）の保有するタンクローリーが地下タンクに燃料油を注いでいる際にあふれ、原告が依頼されないでこの油を除去した。原告は、運送会社と自動車保険者（第二被告）に対して、事務管理にもとづき、出費償還を請求。LG は一部判決により、第二被告に対する訴を棄却。この点に関する原告の控訴、上告はともに効を奏しなかった。BGH は以下のように述べる。原告と第二被告は間接的関係であり、流出油のせきとめ、除去という処置において、第二被告の権利領域に属する事務の処理をみるには不十分である[96]。1965 年の義務保険法（Pflichtversicherungsgesetz）が被害者の責任保険者に対する直接訴権を導入したことによって事情は変わらない。この法は加害者の事務を処理したにすぎず、自らは被害を受けてはいない第三者に直接関係を媒介するものではなく、原告は交通犠牲者（Verkehrsopfer）とはいえず、本法の保護対象には含まれない。

　本類型は、ⅠからⅣまでの類型が管理者の第三者に対する義務・権限を前提として、さらに事務管理がそれ以外の者（但しⅣでは第三者そのもの）に対して成立するかという意味で Auch-Gestion と総称しえたのに対して、ここでは、事務管理における事務本人が複数現れるという意味で本人性の拡大と総称しうる。もっとも、Auch-Gestion においてさらに本人性の拡大が問題

第一章　近時のドイツ判例の動向と学説の反応

となりうることは、すでにⅡ類型でも言及した、〔3〕〔5〕判決で明らかで
ある[97]。

　まず、〔2〕を除いて、〔1〕〔3〕〔4〕〔5〕〔6〕はすべて保険者の関係する事
案であり、そのうち、〔1〕〔3〕〔4〕〔6〕が救助者から被救助者の保険者に対
して出費償還請求をするもの、〔5〕が、被救助者の保険者から救助者に対し
て、不適切な事務処理にもとづく損害賠償請求をするものである。

　事務管理の成否の点では、〔1〕〔2〕が肯定、〔3〕〔4〕〔5〕〔6〕は否定され
ている。法律構成の面からは、〔2〕が関係人のためにする事務処理[98]で十分
として事務管理を肯定したのに対して、〔3〕〔5〕〔6〕は法律関係の間接性[99]
を理由に、〔4〕は自己の事務[100]であるという理由で否定している。

　実質的にみるならば、本類型では、緊急事務管理において救助者が事務処
理に際して、こうむったあるいは与えた損害リスクの分配が問題となってい
る。〔1〕〔3〕〔6〕では救助者が自己の保険または被救助者からカバーするこ
とのできない損害を被救助者の保険から回収しようとするものであり、〔4〕
では救助者の損害を一旦負担した雇主が保険者に求償する場合、〔5〕では被
救助者の損害を一旦負担した保険者から救助者に対する求償が問題となっ
た。〔1〕〔3〕〔4〕〔6〕ではそれぞれに関連する保険法の規定の解釈にもとづ
いて、このような実質問題の解決が導き出され、〔5〕においても事務管理は
否定されたものの、保険法にもとづく賠償代位により結論としては求償が認
められている。

　このような判例の前提となったのが、686条「管理者が本人に関して誤信
した場合、真の本人がこの事務処理にもとづき権利・義務を取得する」の規
定である。立法者はこの規定を適用する前提として、規定上、本人性につい
ての錯誤を要求している[101]。すなわち、事務管理意思の内容として、本人
性の錯誤は妨げとならないが、少なくとも他人のためにする意思が存在して
いることを前提としている。しかし、判例[102]・学説[103]はこの錯誤要件を早
くからはずすことにより、事務管理意思の内容をますます希薄化させた。こ
の際、援用された構成が「関係人のためにする事務処理」である。ここにお
いて、686条では、ある特定人のために事務を処理したところが、実は他の

49

特定人の事務を処理していたという場合が念頭にあったのに対し、今や、事務本人が主観的に知られていない場合、つまり、何らかの他人のために事務を処理する意思で行為しのちに本人が判明する場合のみならず、ある事務本人のために事務処理をなし、さらに別の事務本人（例えば、保険者）が存在しうることに導いた[104]。これは、Auch-Gestion が、自己の義務履行の対象である主体のほかに、事務本人を観念しうるかという問題であったのに比し、より一層承認しがたく思われる。このような構成を許せば、例えば、第一の事務本人（例えば、被救助者）から償還を得られない場合に第二の事務本人に対して、事務処理との何らかの法的関係のみにもとづいて、かような無資力リスクを転嫁しうることになるからである[105]。このような不合理性は、Auch-Gestion において、さらに本人性の拡大がなされた場合にはより明白である（〔Ⅰ〕Bの〔2〕、本類型〔3〕〔5〕判決参照）。

　このような不合理性は、〔3〕判決以後、多くは法律関係の間接性という理由づけで拒否するという形で認識されているが、不法行為における間接損害の原則的排除、不当利得における直接的財産移転の要求と同じく、間接性は便利だが実際の役には立たないあいまいな基準[106]である。ここでは、第二の事務本人に対する管理者の意思方向は事実上全く存しないにもかかわらず、事務管理関係を承認することになり、Auch-Gestion の場合と同じく、あるいはより一層事務管理法の構造とりわけ事務管理意思の要件メルクマールとしての機能が問われることになる。

　以上のⅠからⅤ類型の検討によって、それぞれにおいて生じている実質問題を解決するには、事務管理法とりわけ事務管理意思という判断基準は適合的でないことが明らかとなったと考える[107]。次節では、このような判例の実態を理論的に整理して検討することにする。

第三節　若干の理論的検討とまとめ

　判例における拡張傾向をふまえて、学説は事務管理法の構造を新たに再構

成しようとしている。

　まず、一方では事務管理の本質を利他的な意思にもとづく任意の活動としての人類扶助（Menschenhülfe）[108]に求める従来の通説の立場を立法過程や判例の状況に対応しないものとして不適当として、判例の包括的検討にもとづき、事務管理は判例上通常は自利的あるいは自己の義務にもとづくものが大半であり、事務管理にもとづく償還の真の根拠は事務管理意思ではなく、事務本人の帰属性（Zuständigkeit）すなわち他人の事務（本人の義務、出費リスク、損害リスクなどの負担）に求められるとして、事務管理意思には債務を根拠づける力はないとして最大限形骸化させる Wollschläger[109]の立場がある。すなわち、彼の研究の出発点は判例の包括的検討にある。そこから、事務管理法の分野における判例法（適用の実態）を抽出し、従来の事務管理法理論を批判し、独自の事務管理法理論を樹立しようとする。その前提作業として、BGB の立法過程を検討し、自己の見解が立法者意思にも一致するものであることも論証する。彼によれば、最近の学説は判例における事務管理法適用を変質化あるいは無制限な拡大として非難しているが、このような学説の非難の背後には、事務管理の本質は人類扶助であるという観念が存し、かような観念に立つ限り判例の大部分は誤まりとされざるをえないことは当然であるとする。しかし、このような立場は、立法過程の分析や判例の検討を通じて明らかとなる結果に矛盾するものであり、むしろ、事務管理の実際の裁判規範としての機能は一連の調整問題（Ausgleichsproblem）の解決であり、事務管理法理論もこの機能に対応したものに改造すべきだとする。彼の立法過程、判例の検討の結果は以下のようにまとめられる。

　人類扶助理論の理念型としての利他的援助行為（uneigennützige Hilfeleistung）は判例上かろうじて 2 件[110]現れるにすぎず、救助者は通常、危険からの救助を職業としてあるいは公的に処理し、対価（報酬）の期待においてあるいは公法上の任務にもとづいて活動する個人あるいは組織である。すなわち、大半が自己の利益または義務にもとづく行為として現れている。他方、全判決の 70 - 80％を占めるのは管理者の出費償還請求権であり、事務本人の義務が償還義務の根拠づけのモメントとして支配的であり、ここ

第一部 ヨーロッパ大陸における事務管理法

においても、自己の利益または義務にもとづく行為がほとんどであり、事務管理は過去一世紀半の実務において何ら人類扶助として総称しうるような統一的生活事実をカバーするものではなかった[111]。

　他方、人類扶助理論の創始者コーラー（Kohler）の 1887 年の主張[112]は BGB の立法過程と時期的に競合したが、BGB に対する影響はわずかであった。第一草案は自己の利益の追求は本規定〔事務管理法規定〕の適用を妨げないことを規定し（EI§759）、第一委員会における多数意見は、利他的行為は事務管理の対象としては周辺領域であり、決して事務管理の実際上の意義を決定するものではないという立場であった。出費償還請求権の要件に関して、「本人がその状況を知っていた場合には是認したであろうような出費」（EI§753）という定式に対して、弁護士会、ギールケらはコーラー説を援用して、利他的行為を優遇する見地から、管理者が出費の有益性を誤信したが客観的には有益性の要件を満たしていなかった場合にも償還を認めるべきであると主張したが、容れられなかった。同様に、緊急援助に際しての管理者の損害賠償請求権も認められなかった。かくして、BGB 起草者は事務管理の適用を利他的行為に制限しようとはせず、むしろ通常の大部分の事務管理においては、同時にまたはもっぱら自己の利益において活動することが前提として考えられていた。コーラー理論はギールケらの支持を得たが、委員会における多数意見はこの理論にもとづく法政策上の要求（出費償還請求権の要件の緩和、緊急救助における管理者の損害賠償請求権の承認）に対してほとんど譲歩を与えなかった[113]。

　このような検討にもとづいて[114]、彼は事務管理法適用の本質的メルクマールを「他人の事務」概念に求め、これを「帰属性」（Zuständigkeit）にもとづいて決定しようとする。すなわち事務の他人性は事務処理行為それ自体にもとづいて、しかも行為によって獲得された成果もしくは少なくとも獲得しようと努力した成果にもとづいて決定されるべきであり、意思にもとづくのではない。実定法はかような行為とその成果の帰属が存在することを前提としている。かような事物そのもののうちに存する事務（行為）の帰属性を発見することがドグマティクの課題である[115]。「他人の事務」概念の機能は、代

52

第一章　近時のドイツ判例の動向と学説の反応

理的行為（vertretungsweises Handeln）による財産増加または減少効果を最終
的に帰属すべき者に移転させることである。「帰属性」という概念がこのよ
うな機能を表現するのに最もふさわしい[116]。公表されている判例の 90％以
上が管理者が自己の利益もしくは義務にもとづいて行為する場合であり、事
務本人と管理者のそれぞれの利益が何らかの形で結合している場合が判例の
通常例であるという事態は、事務の他人性とは帰属性の順位の表現であると
いう理解によって解決される。すなわち、事務の他人性は相対的概念であ
り、ある者が他の者より、財産あるいは負担を保持することにより近いこと
を意味する。引渡請求権、出費償還請求権は、財産あるいは負担を一時的・
補充的・後順位の帰属者から、終局的・先順位の帰属者に移転させる機能を
有する。複数の事務処理関係が競合する場合（継起的帰属性（sukzessive
Zuständigkeit））、例えば、弁護士が自己の下で働く司法官試補（Referendar）
に出廷することを委任する場合、そのための旅費支弁は弁護士の事務である
が、弁護依頼者との関係では他人の事務となり、さらに勝訴の場合には訴訟
相手方より、この旅費を弁護士費用という形で回収しうる。このような連鎖
関係において、まきもどしの方法（Abwicklungsweg）は契約関係、訴訟法規
定によってあらかじめ規定されており、契約相手方の無資力リスク、訴訟リ
スクを事務管理意思の存在によって転嫁しうるわけではない。以上のような
代理的行為にもとづく法律効果（出費償還請求権、引渡請求権）が事務管理
特有でありかつ重要な法律効果であるのに対し、権利・義務関係が雇傭また
は労働契約に類似している側面（法律効果）が、「活動関係」
（Tätigkeitsverhältnis）として区別される。ここには、管理者の事務処理上の
注意義務、その違反から生ずる損害賠償、責任排除原因としての正当化（違
法性阻却）、責任軽減、管理者の報酬、緊急救助損害の賠償が含まれる[117]。

　以上のような立場から、債務を根拠づける力は事務管理意思[118]ではなく、
客観的規範的見地から定められる帰属性に求められ、事務管理意思は従属的
構成要件メルクマールとして、他人の事務の処理という構成要件を同様に基
礎に有する調整債権関係（不当利得、所有者占有者関係）からの限界づけの
意味が与えられるにすぎない。すなわち事務管理意識として、管理者は自己

53

第一部　ヨーロッパ大陸における事務管理法

の行為の到達したまたは努力した結果が他人に帰属することを認識していなければならない。他方、意識（Bewußtsein）と区別される意思（Wille）は通常は意識から導出される。利他的動機は人類扶助理論と異なり必要ではなく、自利追求の場合でも、例えば弁済権限を有する（ablösungsberechtigte）、質権を負担している物の所有者が自己の所有物を換価から守るという動機から債務を弁済する場合、債務の帰属性は債務者にのみ存し、質物の免責は物所有者にとっては反射利益（Reflexvorteil）である。かような利益を取得しようとする意思は出費償還請求権を根拠づける妨げとはならない。

　以上が彼の理論の骨子であるが、彼の分析は判例上事務管理意思が判断メルクマールとして実際上機能していないことを立証し、通説の立場を批判し、判例の根底にある実質的判断基準を「帰属性」という客観的基準として析出したことにおいて評価しうる[119)120)121)]。その反面、事務管理法をその他の法分野、とりわけ不当利得法、一般求償法から積極的に限界づけることが困難となっている[122)]。第二節で検討した Auch-Gestion の諸類型も Wollschläger のいう帰属性のみで判断しうるものではなかった[123)]。すなわち、彼の帰属性理論は判例の記述理論であり、「帰属性」はそれに先行する多様な利益の評価に依存し、そこから決定されている。従って、判例が事務管理と他の法制度との関係を不明確なままで、理由づけにおいて併用する点も肯定されることになる[124)]。全体として、彼の理論は、事務管理法の要件自体に限界づけの機能を与ええないこと、例えば、Auch-Gestion がこの制度の対象としてふさわしいものかどうかの判断は帰属性のみから判断しえないこと、において、法適用あるいは解釈の指針たりえず、一種の判例実証主義として、理論的把握を放棄しているといわざるをえない。さらには、Auch-Gestion を典型とする自利的事務管理を事務管理の典型像とすることによって、一方の極端に陥っていると考えられる。利他的援助行為は通常、倫理的あるいは道徳的規範に服することにより、裁判上紛争として現れることはまれであるとしても、全く無視することはできないはずだからである[125)]。

　この Wollschläger の立場に対して、Auch-Gestion に限定してではあるが、批判を試みた者として、Schubert[126)] がいる。彼によれば、Auch-Gestion は

54

BGB の根底に存する事務管理法の指導像（Leitbild）すなわち事務本人のためだけの任意性（Freiwilligkeit）を伴う活動という指導像に対応しておらず（vgl. EI§760（後述））、事務管理法の適用領域から排除さるべきであり、より適合的規範である不当利得法、求償法に委ねられるべきだとする。この主張の根底には、Wollschläger の立場と異なり、事務管理法の適用領域を、要件面からより厳密な制約を加えることにより、判例における拡大傾向の歯止めをかけようとする志向がある。このような立場から、従来の通説と帰属性理論を批判する。まず、通説に対しては、人類扶助理論として、利他性、任意性を要件として要求するものの、Auch-Gestion を肯定するため。利他性の点は構成要件を限定する機能を果たしていない。もっとも、任意性という要件は適用領域を大枠で確定する機能を果たしており、一般的調整規範となる歯止めとして維持されねばならない。他方、帰属性理論は、管理者に自己の義務が存しない限りで妥当するが、Auch-Gestion の場合には理論内在的な限界づけに欠け、そもそもこの場合に事務管理法が適用されるか否かが不明確である。従って、事務管理は第三者（事務本人）のみに帰属性の存する任意の活動として理解すべきで、Auch-Gestion の諸類型は適用領域から排除されるべきである。他方では、利他性の要求はあまりに適用領域を制限しすぎ、しかも管理者の意思方向の仮定または擬制に誤まり導くものとして要件として否定する。

彼の立場は、判例における Auch-Gestion 類型が、事務管理意思を判断基準とするに不適当な対象であるとする点で Wollschläger と等しいが、帰属性という基準により事務管理法の内部で処理しようとするのではなく、他のより適合的な規範に委ねようとする点で、諸制度相互の限界づけに示唆を与える[127]。

次に、Wollschläger とは逆に、事務管理意思を適用範囲の限界づけ、償務の根拠づけとして積極的に再構成しようと試みた者として、Wittmann[128]がいる。彼は自己の課題を事務管理の諸機能に適合した概念（funktional-adäquater Begriff）を確立することに設定する。すなわち、今日では立法者意思によって設定された事務管理法の輪郭は多様な法律関係に適用されるこ

55

第一部　ヨーロッパ大陸における事務管理法

とによって全く消失しているが、元来はこの法は厳密に画定された規律内容を有する法制度である。最近の判例においてようやく事務管理法の全き氾濫をはばもうとする傾向が看取しうる[129]。このような判例の傾向を検討し、法史上、比較法上確実な解釈論的基礎の下に置くことが彼の課題である[130]、とする。

　事務管理の機能には、管理者の出費償還請求権（管理者に事務処理と結合した危険により生ずる偶然損害の賠償（Ersatz von Zufallschäden）を含む）という形で現れる補償機能（Schadloshaltungsfunktion）、出費償還請求権の成立要件（本人の意思・利益に引受が一致すること（683条）、本人の意思に反する場合の損害の客観的帰責（678条）において現れる望まざる干渉からの防禦機能（Abwehrfunktion）、事務処理に結合した財産移転の法律上の原因、事務処理の目的によって画されている占有権、不法行為法の意味での違法性排除原因、刑法の意味での正当化原因として現れる適法化機能（Legitimierungsfunktion）がある[131]。

　これらの諸機能のうちで、補償機能は古典期ローマ法と比して、機能拡張、機能移転、機能変更をこうむっており、この点を考慮している立法者の事務管理概念を明確化する必要がある。まず、機能拡張はローマ法では不在者の財産の保持が事務管理の対象であり、他人の生命・健康などの法益は評価不可能という理由から補償は認められなかったのに対して、今日では他人の生命・健康保持のための援助が事務管理の適用領域に取り込まれたことによって補償機能が強化されている。次に、機能変更は外形的には事務管理規定を同様に適用しているが、他人のための任意かつ利他的活動とはかかわりのない生活事実について事務管理が肯定される場合、すなわち Auch-Gestion、無効な契約関係への事務管理規定の適用において生じている。機能移転は他人の債務の弁済がローマ法では弁済しないことによって生ずる強制執行とこれによって生ずる社会的不名誉を防ぐ目的であり、ほとんど緊急事務管理の性格を有していたのに対し、今日では本人の利益は第三者弁済によって受ける利益と同視されることにより生じている。

　すなわち事務管理の対象に生命・健康のための援助が含まれることによっ

56

第一章　近時のドイツ判例の動向と学説の反応

て生じた機能拡張を考慮した事務処理概念[132]を展開し、機能変更により生
じた事例を適用領域から排除し、機能移転は事務管理の有益性の要件におい
て考慮されねばならない[133]。

　彼は BGB が採用している立場は第一委員会においてヴィントシャイトが
提案した、事務管理意思にすべての事務管理の要件をみる事務管理観[134]で
あり、他人のための任意的かつ利他的活動の優遇のみが立法者が事務管理法
に与えた機能であるとする。このような機能設定から以下のような帰結が生
ずる。

　まず、義務の不存在という要件は管理者の意思方向と無関係なものではな
く、かような要件は利他的意思に含まれている任意性の帰結であり、利他的
意思の要件そのものである。従って、無効な双務契約あるいは事務処理契約
に事務管理法を適用することはできないことになる。但し、管理者が存在を
信頼していた義務が他人のための利他的活動をその内容とする場合、すなわ
ち無効な委任の場合にはかような信頼は事務管理意思の妨げとならない[135]。

　事務管理意思は管理者の活動の社会的意味（sozialer Sinn）に従い判断さ
れる。もっとも、このような立場に立つことにより、管理者の動機は考慮し
ないが、事務管理意識以外の主観的要素を全く無視する（Wollschläger の立
場）わけではない。自己の活動が少なくとも他人にも又利益となるように設
定されている必要があり、自己の義務の履行が単に第三者に有利に作用する
にすぎない場合とは区別される。同様に、救助行為において被救助者以外に
も救助行為が利益となるような別の人物が事務本人として考慮しうるかは、
管理者の事務管理意思がその活動の社会的意味に従い、被救助者以外に別の
本人をも指示しているかによって判断される[136]。

　Auch-Gestion に関しては、事務本人と異なる第三者に対する義務が事務管
理の成立について常に無害なのではなく、第三者の委任により生ずる義務の
場合のみが無害なのであり、判例・通説のようにこれ以外の場合にも事務管
理を肯定することは、事務管理を他人の利益の任意かつ利他的留意という指
導像から解放し、実質的には調整機能を担う求償請求権の承認に至るとして
否定される[137]。

57

第一部　ヨーロッパ大陸における事務管理法

　通説・判例が客観的他人の事務の場合に事務管理意思を推定することは、結果的には管理者の活動の社会的意味に従い事務管理意思を肯定するという作業と等しいとはいえ、通説・判例の立場からは、利他的意図での活動と間接的な利益付与との区別をなしえず、その上、Auch-Gestion における事務管理意思の推定は擬制といわざるをえないとする[138]。

　他人の債務の弁済においては、通説は利他的意思を事務管理概念から除去し、債務の消滅それ自体によって事務管理を根拠づけることによってこの法制度の内容を空洞化させている。事務管理の構成要件を同時に出費償還請求権の根拠とする見地からは、債務の消滅という点以上に、たとえ一時的にせよ債務者の財産状態の改善に目的が設定されている場合にのみ事務管理が肯定しうる（例、支払困難に陥っている債務者に、債権者に対する給付（弁済）によって、支払猶予を与えようとする場合）。事務管理の対象はもはや債務の弁済それ自体ではなく、そこにおいて実現される、債務者のための利他的活動である。かような利他的意図が存しない場合には不当利得法にもとづく求償のみが考慮される。従って、弁済が債務者にではなく債権者に利益を与えるための場合は利他的意思は存せず、事務管理は成立しない。利他性は事案の全状況にもとづき判断され、弁済者の動機が考慮されるわけではない[139]。

　彼の主張は最近のローマ法研究の成果[140]にもとづき、古典期ローマ法での事務管理の機能とその後代での変遷という視角から、現在の事務管理概念の、事務管理意思を媒介とする再構成を試みたものとしてユニークである。もっとも、活動の社会的意味（sozialer Sinn）にもとづく事務管理意思の判断が、従来の通説とどれほど異なるかは疑問である[141]。さらには、不当利得と異なる法律効果（出費償還）を事務管理意思が根拠づけうるのかの点も説得的理由づけがみられない[142]。要するに、Wittmann の見解は事務管理意思を本質的メルクマールとして適用領域の画定（他の法制度との区別）、出費償還請求権の根拠づけに用いようとするが、結果としては、構成の無理、法の非歴史的援用などにおいて、同意することができない。彼の試みは、Wollschläger とは逆の意味で、事務管理法の独自性確立の困難を露呈した。

58

第一章　近時のドイツ判例の動向と学説の反応

　以上の検討により、問題は事務管理の成立要件メルクマールである「他人の事務」と「事務管理意思」の内容・関係をいかにとらえるかにかかっていることが示唆された。とりわけ、事務管理法における「事務管理意思」はローマ法においてすでに、真の本人についての錯誤、本人の数についての錯誤、自己の行為の法律根拠についての錯誤（委任にもとづいて活動すると考える者、奴隷であると考えて活動する自由人、実際には存しない、またはもはや存しない権力関係にもとづいて活動する奴隷または家子）を考慮せずして成立するものとされていたこと[143]、このような処理は明文化されているか（BGB§686）否かを問わず、諸国の事務管理法でも受容され肯定されていること、は他の分野（契約法、不法行為法）におけるよりも一層、抽象化、規範化された「意思」が問題となっていることを示している。しかし、他方では、本人性の錯誤（BGB§686）の場合において、少なくとも他人のために処理する意思方向が存することを要する点で無制限に抽象化されているわけではない[144]（第二節の〔V〕類型でかような制限づけの除去がもたらす不都合を指摘した）。以上の点をふまえるならば、Wollschläger, Schubert, Wittmann の立場は、「他人の事務」「事務管理意思」という概念に何を盛り込むか、両概念の関係をどうとらえるかという法律構成の差であり、そこから導き出される結論は構成の差というよりも、それに先行する実質問題の評価の差といえるようである[145]。すなわち Wollschläger は「事務管理意思」を心理的・実在的意思とした上でかような意思の通常の不存在から、事務管理意思を事務管理意識＝他人性の認識に縮減し「他人の事務」に決定的判断メルクマールを求めるのに対し、Wittmann は「事務管理意思」自体を「活動の社会的意味」という極めて規範的・評価的判断を媒介させた上で、規範的意思に理解するため、事実上「他人の事務」は「事務管理意思」と結合している[146]。Schubert は「第三者（事務本人）のためだけの任意の活動」という要件によって「事務管理意思」「他人の事務」を枠づけ、Auch-Gestion を適用領域から排除する。

　しかし少なくとも、通説、判例の認める Auch-Gestion という構成が不適切であることは三者に共通して認められていた。すなわち、事務管理の成

59

第一部　ヨーロッパ大陸における事務管理法

立、より実態に即していうならば、出費償還請求権の成立は「他人の事務」「事務管理意思」という二つのメルクマールの存在を前提とする。まず、客観的他人の事務の場合には、判例・学説ともに事務管理意思が推定されることに異論はない。この点は BGB 立法者も言及しているところである[147]。しかし、この推定原則が自己の事務であると同時に他人の事務である場合に、その他人のためにも事務を処理する意思を推定するという原則として拡大される場合には（第二節〔Ⅱ〕の〔3〕消防隊事件参照）、いわば、事物の性質または社会通念を越えた擬制となり、衡平にもとづく求償手段となる危険性が生じてくる。かような原則を字義通り受け取る場合には事務管理の適用領域の要件面からの歯止めは存しないことになろう[148]。

　二つの要件メルクマールのうちで、事務管理意思は、少なくとも通常の裁判において現れる客観的他人の事務の場合においては、他人の事務に対して独立したメルクマールとしての機能を果たしていない。この場合には意思は他人の事務から派生するものとして、規範化・抽象化されたものにすぎない。ここでは、ある社会事実が法的評価を媒介とする選択をへて、「他人の事務」として抽出されれば十分だからである。かような意味において、Wollschläger が事務本人の義務地位→帰属性（他人の事務）という推論をとるのは、裁判における思考過程の忠実な反映といえる。「本人の利益」（出費償還請求権の要件（BGB § 683））から「事務管理意思」「他人の事務」（事務管理の成立要件（BGB § 677））の充足を導出するという一見逆転した思考は法律構成としては明らかに誤まりとしても[149]、判例法上の推定原則を前提とする限り必然的なものといえよう。

　しかし、かような構成が Auch-Gestion あるいは本人性の拡大に転用されるに及んで、往々その背後にある法的評価（コスト分配、リスク分配など）をみえなくさせ、実質的結論としても誤まりに導きやすいことは、すでに第二節の判例分析で明らかとなった。判例上歯止めとして現れた、法律関係の間接性、自己の事務という構成にも同じことが妥当しよう[150]。

　むしろ、自己の義務にもかかわらず、かような権利義務関係にかかわりをもたない第三者に対して出費償還請求をなしうるには、管理者の行為を二重

に、すなわち自己の義務履行行為を同時に第三者に対する事務管理行為として評価しうるだけの別個の根拠づけが必要であり、推定原則と事務本人の利益のみに依拠して肯定することはできないというべきである[151]。このことを第三者弁済の観点からみるならば、弁済意思（事務本人の債務を履行するという意思の方向）は帰属性（本人の義務）のみでは媒介しえず、結果的に他人の義務履行という効果を生ぜしめたとしても事務管理にもとづく求償はできないということである[152]。

　自己の第三者に対する委任にもとづく義務の存在が事務管理の成立を妨げないという命題はローマ法源からの普通法学説による抽象により生じたが、この原則の BGB 第一草案 760 条における成文化においては、原則として管理者と事務本人間には事務管理は成立せず、第三者と管理者間の委任関係のみが成立し、例外的に管理者が事務管理意思を立証した場合にのみ成立を認めるというものであった。ところが、その後の判例・学説はこの原則・例外関係を看過し、かつ推定原則を導入することによって事務本人に反証の負担を負わせるに至った[153]。他方では、普通法の依拠したローマ法源における例外的な事務管理許与の諸事例において、その判断基準は従来、注釈学派以来今日まで維持されてきた事務管理意思ではなく、客観的な考慮にもとづく判断であったとする最近のローマ法研究も現れている[154]。

　このような背景からすれば、少なくとも Auch-Gestion において事務管理意思を限界づけ基準として用いることは不適当であるといわねばならない。

　以上において、Auch-Gestion の場合における事務管理意思の判断基準としての不適合性について考察してきたが、事務管理法一般における事務管理意思の意義はどのようなものであろうか。まず、事務管理法においては適用領域と構成要件メルクマール（事務管理意思、他人の事務）あるいは指導像（人類扶助）との間にそごのあることが確認されねばならない。すなわち、事務管理法の本質あるいは機能を考える際には、指導像、主要な機能（出費償還請求としての求償）、その他の機能（引渡請求[155]、損害賠償請求など）という異なる三つのレベルを区別すること、さらには、個々の事案類型での機能の相違[156]を考慮することがなされねばならない。従来はかような機能の多

61

第一部　ヨーロッパ大陸における事務管理法

様性を意識しながらも漠然と事務管理意思にもとづく統一的体系を前提としていたきらいがある。この原因は、事務管理法がローマ法において、委任、後見などの、その他の事務処理関係と密接に発展し（現在でも委任との関係は法規定上も明らかである）、その制約、限界性を温存している点にある。他方では、ドイツ後期普通法あるいはフランス法学説において、事務管理法は事務管理意思をてこにして不当利得法から分化してきたが[157]、かような時期は意思ドグマの最も高揚した時期（19世紀）であり、今日からみれば、意思モメントの過度の強調がないかが再検討されねばならない[158]。客観的他人の事務の対としての「主観的他人の事務」においては、かような事務処理は管理者が他人のために取得行為を任意に実行し、そこから何ら争いが生じないような緊密な社会関係においてのみ存しうるのであり[159]、行為の性質上紛争＝法律問題としては現れえず実際上の意義にとぼしいにもかかわらず、Schulbeispiel として存在していることは、主観的他人の事務の場合、管理者の意思方向がはじめて他人の事務ひいては事務管理債務を根拠づけるという意味で、客観的他人の事務においては意思モメントが希薄であるにもかかわらず事務管理法全体としては意思ドグマを維持させる役目を果たしてきた[160]。

　さらに、現代における付加的状況として、不当利得法における類型論の展開に応じた要件・効果の分化・精密化、他方では、契約法における締結上の過失、事実的契約関係などにおける信頼関係、客観的モメントの前面化がある[161]。かような状況をふまえて、事務管理法のあるべき姿を模索する場合、問題は事務管理法の民法体系上での位置づけという困難な問題につらなっていく。

　すでに指摘した、事務管理法における構成要件メルクマールあるいは指導像と、適用領域（主要な機能）とのそご[162]は以下の点にもとづくと考えられる。すなわち一方では補完的受皿的機能（ohne Auftrag という限定）という沿革にもとづく消極的限定づけ、他方では事務管理意思（利他性、任意性）という構成要件メルクマールからの積極的限界づけ、という形で法律構成上において現れるそごがあり、これはローマ法においてすでに潜在的に存して

62

第一章　近時のドイツ判例の動向と学説の反応

いたものであるが（事例法（Fallrecht）のため矛盾は顕在化しない）、近代法が不当利得法からの分化の過程で事務管理意思に構成要件メルクマールとして限界づけの積極的意味を与えた時点において顕在化したものといえる（もっとも、従来この点が学説で意識されていたとはいえない）。さらには、事務管理の独自性として強調される、利得返還と異なる出費償還という法律効果が、必ずしも明確な差異を形成しているとはいえず、むしろ、事務管理意思（§677）ではなく、「本人の意思・利益との一致」（§683）が出費償還請求権の根拠として機能し、他方では不当利得法における「利得」概念に「本人の意思・利益との一致」という要件が内在化するに至れば（「利得」概念の柔軟化）、事務管理における出費償還請求権と利得返還請求権は同化、融合することになる[163]。この点は、ALR, ABGB から後期普通法への移行の時期において、必要的事務管理（出費償還）と有益的事務管理（利得返還）が統合され、規定の上で他の費用償還規定（自主占有者、賃借人など）とアンバランスが生じたことの功罪が問われねばならない[164]。両者の規律は実際上異なる必要がないと思われるからである。

　さらに、事務管理法の構造を Wollschläger のように「代理的関係」と「活動関係」の二重構造ととらえるとすると、訴訟上現れるケースは前者の側面が大部分であり、事務管理における行為の側面（事務処理上の権利義務）は生ずるのがまれであり、かつ人命救助における救助者の損害賠償請求権、報酬請求権という問題は今日では民法の枠を越えた問題であること[165]が認識されていることも指摘されねばならない。

　事務管理法を、事務管理意思の存する場合と存しないあるいは疑わしい場合に区別し、後者を行為の客観的側面に着目して「他人の事務への介入」という概念で分類すること[166]、あるいは、制度の統一性を維持した上で事案類型ごとに要件・効果の多様性を承認すること[167]など、再構成の方向は多々考えられるが、少なくとも、事務管理意思の過度の強調、委任類似の事務処理上の権利義務の強調[168]は避けるべきだと考えられる。

　最後に、日本法とドイツ法における状況の差について言及する。後期普通法の成果としての BGB は法典上も不真正事務管理[169]あるいは広範な事務管

第一部　ヨーロッパ大陸における事務管理法

理指示規定の存在を許し、しかも施行後も学説、判例の上で普通法が影響を及ぼしたことで、法的土壌の上で事務管理意思の規範的・抽象的理解へ傾斜しやすいものを有していた。かような事情が今日の判例における拡張傾向を準備したものと評価しうるであろう。これに対して、日本法では法継受に際して、その骨組のみを受け入れ、しかもそれに先行する普通法実務をも有していなかったため、事務管理意思の心理的理解が一般化しており、ひいては判例における事務管理法適用例の少なさをもたらしている。この限りでは日本法のあり方は健全であるといいえようが[170]、それは判例上の適用例の少なさが理論面での破綻を顕在化させなかったというにすぎないのではないかと考えられる[171]。

第四節　近時のドイツ判例の変化

　かつて、ドイツの事務管理に関する判例が、多くの側面で、制度趣旨から外れる動きを示しており、学説が批判していることを指摘した。近時の文献[172]によると、判例には、このような学説の批判に一部同調したような動きがみられるとされている。

　その兆しがみられる分野は以下の三つにまとめられる。第一に、事務管理者がすでに第三者との関係で何らかの義務を負っている類型、第二に、無効な契約関係の清算、第三に、契約交渉の挫折後の清算である。

　例えば、BGH（III）1998.11.26判決（BGHZ 140, 102）〔患者を搬送したが死亡した場合に、依頼した保険会社を越えて、本人の遺族に事務管理による費用償還請求することを否定〕、BGH（X）2003.10.21判決〔請負人が注文者を飛び越えて、利益を得た家屋所有者に事務管理による償還請求することを否定〕、BGH（VII）2004.4.15判決〔下請負人が元請負人をこえて注文者に報酬請求することを否定〕、BGH（VI）2011.6.28判決〔清掃業者が依頼した地方自治体をこえて道路を汚染した車保有者に償還請求することを否定〕、BGH（III）2012.6.21判決〔直前の判決と同旨〕は、いずれも、当初の契約

64

第一章　近時のドイツ判例の動向と学説の反応

相手方との間で、管理者の権利義務、とりわけ報酬問題が包括的に規律され
ている場合には、私的自治にもとづく契約の規律が、契約関係に立たない第
三者との調整規律に優先すると述べて、事務管理の成立を否定している。

〔注〕

1) 以下で検討する Auch-Gestion、本人性の拡大の事例が果たして事務管理法の適用
　領域といえるのかは、事務管理法の構造・機能、その要件メルクマールの理解如何
　にかかっていることは明らかであり、かような限界事例の検討を通じて、逆に事務
　管理法の本来のあり方、本質的構造を考える示唆を得ることができるはずである。
2) この概念については、広渡清吾「財産管理権論への一アプローチ」法学論叢 88
　巻 4・5・6 合併号 (1971) 247 頁以下参照。
3) 『注釈民法(18)』(1976) 161-162 頁 (高木多喜男執筆部分)。
4) 加藤雅信「類型化による一般不当利得法の再構成」(6) 法協 93 巻 5 号 (1976)
　56 頁注(52)。
5) 一つの試みとして、Dawson, NEGOTIORUM GESTIO, 74 Harvard L. R. 817 (1961).
　英米法からの、事務管理意思の有用性に対する疑問として、「行動が他人のために
　なされるという要件は、動機があまりにしばしば混合したものであることにより、
　程度を区別するという困難を伴っている。事務管理の適用は予見しえず、時にはほ
　とんど恣意的に思われる。……この要件は裁判所に他の逃げ道が効を奏しない場合
　の便利な逃げ道を提供している。」(Dawson, op. cit. p.825.)
6) このような問題意識は、拙稿「ドイツ法における賃借人の費用償還請求権(三)・
　完」法学論叢 111 巻 1 号 (1982) の第三章の問題から発展したものである。
7) 判例の類型化については、K.-H. Gursky, Juristische Analysen 1969, 103 ; W. Schubert,
　AcP 178 (1978), 425 を参考とした。管理者の義務の法的性質に着目した類型分化で
　ある。
8) Larenz, Schuldrecht II, 12 Aufl. (1981) S. 350.; Medicus, Bürgerliches Recht, 10 Aufl.
　(1981) S. 194 ff.; Esser-Weyers, Schuldrecht II, 2., 5 Aufl. (1980) S. 13 ff.; Fikentscher,
　Schuldrecht 6 Aufl. (1976) S. 498 ff.; Erman-Hauß, 6 Aufl. (1975) Vor § 677 Rdz. 6 ff.;
　RGR-Kommentar, 12 Aufl. (1974) (Steffen) Vor § 677 Rdz. 48 (判例、学説の無批判的
　記述にとどまる); Staudinger-Wittmann, 12 Aufl. (1980) Vorbem. zu § § 677-687
　(Wittmann 自身の学説 (R. Wittmann, Begriff und Funktionen der Geschäftsführung ohne
　Auftrag. (1981)) の解説の色彩が強く判例の客観的理解の面からは問題がある)
　(Wittmann 説の検討は後述); Soergel-Mühl, 11 Aufl. (1980) Vor § 677 Rdz. 1, 6; § 677
　Rdz. 4 ff. (Wollschläger, Die Geschäftsführung ohne Auftrag (1976) に賛意を表明し、
　事務管理法の調整規律の機能を肯定するため、判例の動向をほぼ受容肯定する)
　(Wollschläger 説の検討は後述); Münchener Kommentar-Seiler (1980) Vor § 677 (必ず
　しも明確な立場表明はみられないが、Wollschläger や判例には批判的であり、事務
　管理の指導像については自著 (Seiler, Der Tatbestand der negotiorum gestio im

65

第一部 ヨーロッパ大陸における事務管理法

römischen Recht. (1968)) におけるローマ法研究の成果の影響がうかがわれる）;
Gursky, Juristische Analysen 1969, 103; Berg, JuS 1975, 681; Schubert, AcP 178 (1978),
425; H. Müller, Der Fremdgeschäftsführungswille. Diss. Mannheim. (1980); Hauß,
Festgabe für H. Weitnauer, (1980) S. 333; M. Wolf, FS für O. Mühl (1981) S. 703; H.-M.
Neuffer, Der pflichtgebundene Geschäftsführer ohne Auftrag. Diss. Regensburg. (1970).;
K.-J. Melullis, Das Verhältnis von Geschäftsführung ohne Auftrag und ungerechtfertigter
Bereicherung. Diss. Hamburg (1971); W. Rother, Vom Sinn und Anwendungsbereich der
Regeln über die Geschäftsführung ohne Auftrag. Diss. Leipzig. (1941) (今日の学説の先
駆者として Wollschläger (a. a. O., S. 25 Anm. 7.) などにより、肯定的評価を与えられ
ている）.

9) 以下の叙述は、Erman-Heckelman, 6 Aufl. (1975) §1375 Rdz. 2. -6.; Reihe
Alternativkommentare Bd. 5 (1981) (Finger) §1357 Rdz. 1.-4.; Soergel-Lange, 11 Aufl.
(1981) §1357 Rdz. 1, 2による。
戦前の状況については、Brückmann, JW 1906, 76; Wasser, DJZ 1910, 405; Asch,
DJZ 1910, 759; Friedländer, DJZ 1910, 760; Staudinger-Engelmann, 7/8 Aufl. (1913) §
1360 Bem. 3; Rabel, Rheinische Zeitschrift fur Zivil- und Prozeßrecht 10 (1919/20),
112-121.

10) このような法的構成に対しては、事務管理者に代理権を認めることであり、日本
法での議論と同じく、学説の批判が強い（Soergel-Mühl, §679 Rdz. 6、同旨、
Olschewski, NJW 1972, 346; Berg, NJW 1972, 1117）。

11) 戦前から、さまざまな法的構成が主張され、判例上でも援用された。戦前ではと
りわけ、夫の招致による医師が妻を治療した場合で夫が無資力で妻が有資力の場合
に契約当事者ではない妻にいかにして請求するかが問題となった。不当利得を妻の
扶養義務にもとづき肯定した判例として、AG Rixdorf; LG Berlin II (1910. 4. 2); LG
Berlin III (1909. 11. 24)。夫の支払不能を黙秘した妻について不法行為責任（§826：
故意の良俗違反）を認めたものとして、LG Berlin III (1909. 4. 28)。契約解釈におい
て妻の締結意思を肯定したものとして、Breslau Rspr. 21, 216; Colmar Rspr. 23, 407。
他方、学説では、その他に、事務管理責任、信義則（§157）にもとづく妻の補充責
任などの構成がみられた。今日では、第三者のための契約という構成もみられる
（Gursky, a. a. O.; Fikentscher, a. a. O.）。

12) Wollschläger, a. a. O., S. 146; Soergel-Mühl, a. a. O., §677 Rdz. 7; Münchener
Kommentar-Seiler, a. a.O., §677 Rdz. 26.

13) Wollschläger, a. a. O., S. 148.

14) Wollschläger, a. a. O., S. 149; Münchener Kommentar-Seiler, §677 Rdz. 26.

15) Schubert, AcP 178 (1978), 437-439.; Esser-Weyers, a. a. O., §46 II. 2. d) (2); Rabel, a.
a. O., S. 101, 114. なお、立法上転用物訴権を排除したこと、不当利得請求権につい
ては直接性の要件の固執、との関連で、判例が直接代理、事務管理、Handeln im
Namen dessen, den es angeht にもとづく契約関係という三つの救済手段を寛大に用い
るに至ったことの指摘として、Wahl, Vertragsansprüche Dritter im französischen Recht
unter Vergleichung mit dem deutschen Recht dargestellt an Hand der Fälle der action directe
(1953), S. 143.

第一章　近時のドイツ判例の動向と学説の反応

16) Staudinger-Wittmann, a. a. O., §679 Rdz. 8; von Caemmerer, Festschrift für Rabel, (1954) Bd. I. S. 333, 370.

17) §§681, 666.

18) Schubert, AcP 178 (1978), 441-412.; Medicus, a. a. O., Rdz. 414.

19) Staudinger-Wittmann, a. a. O., §679 Rdz. 8. なお、この関連で、現在の法規定（§1357) は、配偶者間の所有関係にかかわらず強制執行をなしうる点で債権者の不当な保護であり、法政策上疑問であるという指摘（Medicus, a. a. O., Rdz. 89) がある。

20) 加藤雅信「類型化による一般不当利得法の再構成」(6) 法協 93 巻 5 号（1976) 41 頁以下、の指摘するところである。

21) 日本法における、診療と事務管理をめぐる問題については、『注釈民法(18)』(1976) 258-261 頁（金山正信執筆部分）参照。ドイツ法における判例のカズイスティクの検討について、Strutz, NJW 1972, 1110（夫婦が同居、別居、離婚、妻が未成年の場合の四類型をさらに、契約当事者、治療客体別に検討したもの）.

22) このような理由づけは、第一の根拠づけが、所有者としての保持利益を援用することを除くと、疑わしい。Auch-Gestion においては通常、契約相手方（ここでは警察）と並んで、第三者（ここでは車保有者）に対する事務管理が成立するかが問題となるのに対して、本事案では、これ以上に事務本人の拡大がなされている。従って、学説においては、運搬・保管費用が現在の車の価値を上回るがゆえに、683 条の意味での事務本人の利益に一致せず。償還請求権は成立しないという批判（Wollschläger, a. a. O., S. 154 Anm. 16; 210 ff.; Wendt, NJW 1966, 1820 (Anmerkung zu demselben Urteil); Erman-Hauß, a. a. O., §683 Rdz. 2; Soergel-Mühl, a. a. O., §683. Rdz. 3) に加えて、警察の委託にもとづく活動（Auch-Gestion）であること、被告である銀行には単なる譲渡担保権者として警察義務（Polizeipflicht）（交通の妨げとなる自動車のすみやかな除去）は負わされていないこと（Wollschläger, a. a. O., S. 154 Anm. 16) という構造上の批判がより根本的になされている。本人性の拡大の点は、後述する本人性の拡大のケース（〔V〕類型）と共通する問題性を有する。なお、本件では、原告が被告をすみやかに捜す義務（§§681, 666) はなく、むしろ事務本人が原告にいちはやく通知し、判断を下すべきであるとされているが、事務引受をした以上、事務本人を捜す努力をする必要があるとする批判（Wendt, NJW 1965, 1820) がある。

23) この判決に対しては、レッカー業者を占有媒介者又は占有補助者とし、保有者と警察の関係を公法上の寄託と構成して責任を肯定（§§278, 282) すべきとする立場（Medicus, JZ 1967, 64) がある。

24) 以下のような指摘がある（Medicus, JZ 1967, 64-65)。被告が原告との関係で警察の履行補助者として現れる以上、被告は警察（契約相手方）に対して給付（Leistung）、原告に対しては出捐（Zuwendung）をもたらすのであり、このような不当利得法上の観点は事務管理法にも移行されねばならない。すなわち、単なる出捐で事務管理の要件として十分とすれば、事務管理者の補助者が本人との関係で同時に自ら管理者であるとして本人に対して直接請求しうることになり、解決しがたい請求権の重畳をもたらし、転用物訴権の復活を意味しよう。従って、本件における原告・被告の間に事務管理を承認するには客観的要件がすでに欠けている。以上

67

第一部　ヨーロッパ大陸における事務管理法

の点については判決は正当であるが、他方、原告の被告に対する料金支払は第三者
への弁済（§§362 II, 185 I, 182 I）にもとづき、警察に対する支払義務から解放し、
原告は利得返還を請求しえないと考えるから、この点についての判断は不当と考え
る。そうでないとすれば、警察は、原告の被告に対する利得返還請求権が被告の支
払不能によって実効を有しない場合でも、原告にさらに支払請求をなしうることに
なろう。

25）判例の検討をしたものとして、Schubert, NJW 1978, 688 がある。すなわち、本判
　決は他人の事務処理意思を認めうるような特別の事情の必要を求めるが、かような
　立場が BGB 起草者の立場（vgl. E I §760）への再帰であることとして評価できると
　しても、問題の根本的解決となるかは疑問であり、真の解決は、管理者の主観的態
　度を基準とするのではなく、かような義務づけられた管理者（pflichtgebundener
　Geschäftsführer）を事務管理の適用領域から排除することであり、例外を認めると
　しても、義務衝突なくして危険の除去が事務本人の客観的利益となる場合のように
　客観的基準によって画定しうる場合に限るべきだとする。

26）初期の判例は、警察と業者の法的関係に言及しないか、無意識に看過していたと
　いう指摘（Gursky, a. a. O., S. 110）がある。

27）Wollschläger, a. a. O., S. 154-162.

28）同様な視点の下に立つ最近の判例として、AG Krefeld 1978. 4. 5（NJW 1979, 722）
　がある。すなわち、以前はレッカー業者の償還請求は事務管理にもとづいて認めら
　れていたが、今日では通常は事務管理意思の不存在を理由に否定されている。本審
　はしかし以下の理由で否定する。市民の権利、本件では被告の車所有権という基本
　法で保護された権利への官庁の介入権限は一定の公法規定の要件の下でのみ許され
　る。コスト負担規定も同様である。かような規定の要件の存しない官庁による介入
　は違法である。ところが、このような介入は私人を利用する場合も同様に存在し、
　処置の適法性は公法規定の要件に服する。事務管理規定の援用で処置の違法性が治
　癒され、公法規定の完結性、制限が回避されてはならないからである。本事案の判
　断は行政裁判所でなさるべきであるとして、訴は棄却された。

29）Esser-Weyers, a. a. O., §46 II 2 (2); Medicus, a. a. O. Rdz. 414; Medicus, JZ 1967,
　64-65（注 24）参照）.

30）すなわち、契約責任ではあらゆる過失について責を負い、他方、事務管理では、
　重過失についてのみ（§680）責を負うことが同一の事故について妥当するとすれば
　不合理であることの指摘について、Schubert, AcP 178, 442.

31）Staudinger-Wittmann, a. a. O., Vorbem. zu §§677-687 Rdz. 41; Medicus, JZ 1967,
　64-65; Soergel-Mühl, a. a. O., §683 Rdz. 11; Lent, Der Begriff der auftragslosen
　Geschäftsführung（1909）, S. 147-157.

32）Fikentscher, a. a. O., §83 I. 4. γ) ββ).

33）Larenz, a. a. O., §57 I a).

34）業者から車保有者への報酬請求の判例に比して、保有者から業者への損害賠償請
　求においては、むしろ、責任制限（§680）を排除して、直接的請求を認める傾向に
　あるといえようか〔〔7〕〔10〕から〔11〕〔12〕への変化、とりわけ〔12〕では第三
　者のための契約という構成で救済を与えている。vgl. Schubert, AcP 178, 442（第三

68

者のための保護効を伴う契約を承認しえない場合には、少なくとも第三者利益における損害請求（Schadensliquidation）の見地から、警察から保有者に対して、請負人に対する損害賠償請求権を譲渡させることを提案する).)。

35）事務本人から管理者に対する請求（いわゆる actio directa）における事務管理意思の機能については、後述。

36）違法駐車と急迫の危険の関係については、Münchener Kommentar-Seiler, §680. Rdz. 2.; Wollschläger, a. a. O., S. 157.

37）第二節における類型化は、管理者の義務に着目したものであり（第二節注7))、その理由は第一節で示したとおり、管理者の第三者に対する義務の存在は事務本人に対する事務管理の成立を妨げないという原則を判例に即して検討する必要があり、その際管理者の義務の法的性質が有用な基準を与えるからである。〔II〕類型では、管理者が官庁であり、しかも公的義務ないしは権限にもとづく活動であり、他の三類型が私人の私法上の義務にもとづく活動である点で大きく異なり、公法規定との関係という困難な問題を含んでいる（公法における事務管理については、(Gusy, JuS 1979, 69-72)。

なお、私人の公的義務にもとづく活動について事務管理を認めたものとして、BGH（II）1954. 12. 15.（BGHZ 16, 12）がある。すなわち、倒壊の危険ある切妻壁（Giebelmauer）の除去を土木工事監督官庁から命じられた一方の共有者が他の共有者に対し、除去費用の半額の償還を請求した事案において、原告が被告と並んで除去義務を負うこと、従って、自己の利益をも追求することは、同時に被告の事務の処理を排除しないとして、認容されている。

〔III〕類型で扱う教会ドーム火事事件（RGZ 82, 206）も、官庁の公的義務にもとづく活動であるが、便宜上、〔III〕で言及することにする。

38）RGZ 14, 197, 199; OLG Hamburg Seufferts Archiv 74, Nr. 66; OLG Kiel 36, 202.

39）OLG Hamm DR 1945, 53; LG Görlitz DR 1943, 1107; LG Göttingen JZ 1952, 32; LG München II NJW 1953, 304.

40）同旨、LG Berlin, NJW 1958, 831.

41）鉄道と市街電車の物的損害についての責任に関する法律第1条。

42）ZPO §§549, 562（ラントの法の解釈の違背は上告理由となしえない).

43）原文ではセミコロンでつながる。

44）Maurer, JuS 1970, 561; VersR 1968, 951 により補足した。

45）後述、本人性の拡大ケースを扱う〔V〕類型〔1〕判決参照。

46）BGH はかようにして、事務管理関係を車保有者との間においてのみ認容した〔8〕判決の立場を追認したのであるが、判決理由において、以下のように述べる点と整合性がないように思われる。すなわち、消防隊の活動の目的は一定の第三者のための救助行為でもある。ここには、危険の継続によって損害をこうむりうる者すべてが、従って危険発生について責を負う者も含まれる。…本判決部は森火事についてこの点を表明している（〔3〕判決を引用）。

というのは、〔7〕判決も引用して、車保有者との間でのみ事務管理を成立させる（BGHZ 63, 169）結論は今引用した判決理由から導き出されるわけではなく、別の制限づけを必要とするはずだからである（〔3〕・〔9〕が民事第七部、〔7〕が第四部

69

による判決であることが影響しているのだろうか）。vgl. Berg, JuS 1975, 684.

47）同様の事案として、BGH（V）1974. 3. 1（BGHZ 62, 186）（セメント工場より生ずるセメント粉によって隣接する道路においてスリップ事故が多発したため、道路維持官庁がアスファルト保護被膜をほどこし、工場に出費償還請求した事案で、自己の義務の履行として、事務管理意思の立証がないとして、事務管理としては否定されたが、相隣法上の調整請求権（§906 Abs. 2 Satz 2）として認容された）がある。

48）本判決の検討として、Schubert, NJW 1978, 687.

49）行政上の行為義務者の費用で他の者に義務者のなすべき行為をさせることで、行政法上の強制執行の一方法。

50）後述〔Ⅲ〕類型において言及する教会ドーム事件も、原告が教会建築維持義務という公法上の義務にもとづいてなした給付について失火者に対して償還請求するものであり、ここに含めることができよう。さらに、BGH（Ⅶ）1960. 11. 7（BGHZ 33, 243）は、被告が車を運転中、労働者Kに衝突し傷害を加え就業不能にさせたことにより、原告（生活保護連合会）がKに生活保護を与え、この給付の償還を被告に請求した事案で、事務管理はこのような調整について法が規定を有しない場合にのみ適用が可能であるが、本件では生活保誕義務法（Verordnung über die Fürsorgepflicht）21条aが第三者に対する受給者の請求権を書面で移転させうることを規定しており、かような制限づけは事務管理の適用によつて無視されてしまうとして、講求を棄却した。

51）Medicus, a. a. O., Rdz. 413；Esser-Weyers, a. a. O., §46 I. 2. d）(1)；Münchener Kommentar-Seiler, a. a. O., Vor §677. Rdz. 35, 36；Schubert, AcP 178（1978）, 444-447；Wittmann, a. a. O., S. 114-115.

52）Wollschläger, Geschäftsführung ohne Auftrag im öffentlichen Recht und Erstattungsanspruch（1977）, S. 67-68.〔以下では、この著作を、Wollschläger（Ⅱ）として略記引用し、前掲の Wollschläger, Die Geschäftsführung ohne Auftrag（1976）を Wollschläger（Ⅰ）として略記引用する。〕

注50）引用のBGH判決は、これとは対照的に公法規定と事務管理規定の関係を明確に指摘している。

53）否定した判例として、この他に、BGH（Ⅵ）1974. 10. 15（NJW 1975, 47）がある。すなわち、建築維持義務者としての国が連邦遠隔道路（Bundesfernstraße）の拡張工事に際して、連邦遠隔道路法に違反して作られた硫化鉱の穴を埋めた場合、この費用を硫化鉱採掘営業者から償還請求した事案において、原告の請求の私的衣装にもかかわらず実際は公法上の代執行の観点の下での出費償還が問題となっており、事務管理または不当利得の観点での償還請求は認められないとした。

54）Wollschläger（Ⅱ）, S. 79-80；Medicus, a. a. O., Rdz. 413；Esser-Weyers, a. a. O., §46 I 2 d）(1).

55）Larenz, a. a. O., §57 I. a）. もっとも、このような指摘は、「事務管理意思」と「他人の事務」の関係の理解、さらに出費償還請求権の根拠づけとも関連し、困難な問題につながっている。詳しい検討は、後述。

ただ、BGHは消火に利害を有する連邦鉄道の客観的事務であることは自明の前提として、むしろ Auch-Gestion においても事務管理意思の推定がはたらくという点

に叙述の重点を置いていると思われる。vgl. Beuthien, Ungerechtfertigte Bereicherung und Aufwendungsersatz, (1976) S. 135-139.

56) 注41) の法律第4条1項。Medicus, a. a. O., Rdz.412; Staudinger-Wittmann, a. a. O., Vorb. §§677-687, Rdz. 41.

57) Medicus, a. a. O., Rdz. 413; Schubert, AcP 178 (1978), 445.

58) Beuthien, a. a. O., S. 136; Larenz, a. a. O., §57. I. a).

59) 〔I〕Bの〔2〕判決参照。さらには、後述する〔V〕類型参照。〔7〕ではBGHZ 33, 251 (〔V〕類型〔1〕判決) と矛盾しないとしている点も説得性がないように思われる。

60) 詳しい検討は、Maurer, JuS 1970, 561.

61) 62)「公の施設に勤務し他人の事務を管理する公的義務を負う者は、その施設における職務権限に基づいて救助活動をするのであって、被救助者個人に対する関係は施設と個人との関係に吸収され、他方、公の施設の事務管理の成否は、それぞれの施設に関する法律の規定によって定まる。福祉国家として市民のためにその事務を処理することを目的とする公の施設については事務管理は成立しない。特別の場合に、被救助者から費用の償還を求める旨の規定があるときには、実質的には事務管理の費用の償還請求に該当するが、私法的な事務管理の成立を認める必要はない。」(我妻栄『債権各論下巻一 (民法講義 V₄)』(1972) 〔1371〕) という見解が参考となる。vgl. Maurer, JuS 1970, 566.

63) 今日では、この問題は、義務保険法 (§3 Nr. 1) による、責任保険者に対する直接請求権の承認によって、古くさくなっている。vgl. Wollschläger (I) S. 186-187 u. S. 186 Anm. 33; BGHZ 72, 151 (〔V〕類型〔6〕判決).

64) Wollschläger (II) S. 74 ff.; Münchener Kommentar-Seiler, a. a. O., Vor §677 Rdz. 35, 36; Schubert, AcP 178 (1978), 444-447.

65) かような場合に、完全に償還義務から解放するのは不当として節約利得返還の義務に限定して認める立場がある (Wollschläger (II) (S. 83-84.)。

66) 即時執行 (Sofortvollzug) の要件が通常は存するであろうから、事務処理の権限が発生し、事務管理の要件が欠けることにもなるという指摘 (Soergel-Mühl, a. a. O., Vor §677 Rdz. 6, 9; Wollschläger (II) S. 74; Schubert, AcP 178 (1978), 445 Anm. 80) もある。

67) 注53) 及び注28) 引用の判例は、このような立場に立っている。〔5〕〔12〕も同様である。

68) この類型では、私法上の義務 (例えば、損害賠償義務と扶養義務) が競合し、その二つの義務の関係は一般に不真正連帯債務関係と理解されている場合を扱う。本類型の判例・学説については、すでに以下の文献が若干言及している。植林弘「扶養義務者が被害者のために支出した治療費の賠償請求権者」大阪市大法学雑誌4巻3・4号 (1957・1958) 230-234頁、潮海一雄「不法行為により第三者に生じた『反射損害』(Reflexschaden) の救済(一)」六甲台論集17巻2号 (1970) 18-23頁。

69) 本請求権〔身体または健康の侵害により、被害者の収入能力が消滅または減少した場合の定期金給付義務、同条1項〕は、他人が被害者に対して扶養義務を負っていることによって排除されない。

第一部　ヨーロッパ大陸における事務管理法

70）同旨、RG（VI）1908. 11. 12（594/07）; RG（VI）1910. 1. 10（JW 1910, 186 Nr. 9）。

71）この叙述における償還請求意思による事務管理の根拠づけは、後期普通法における animus obligandi による actio contraria の根拠づけ（Windscheid-Kipp, Lehrbuch des Pandektenrechts, Bd. II 9. Aufl.（1906）§430. 2 a））が当時の実務において残存しており、事務管理意思の要件としての独立が徹底していなかったことを示している（この点については、磯村哲「不当利得・事務管理・転用物訴権の関連と分化（二・完）」法学論叢 50 巻 5・6 号（1944）448-449 頁参照）。

　　このような思考方法は今日でも、〔II〕類型の消防隊事件で示され、学説の批判するところである（前掲注 60））。詳しくは後述。

72）RG（VI）1911. 1. 30（RGZ 75, 276）（未成年者を補導した上で扶養した地方自治体の、地方自治体連合体への事務管理にもとづく償還請求を認容）、RG（VI）1910. 1. 10（RG JW 1910, 186 Nr. 9）（地方自治体（Wiesbaden）が公共の場所での事故に対して、馬車と応急用品を設備して活動させた費用を事務管理として、国（プロイセン）に請求、一部認容）、RG（VI）1910. 12. 22（RGZ 75, 188）（河川施設管理局がオーデル川に沈んだはしけの除去を誤まって所有者と考えた者の負担で命じかつ実行した場合において真の所有者に対する事務管理にもとづく償還請求権を認容）、RG（VI）1911. 6. 15（RGZ 77, 193）（伝染病予防措置をとった警察から、本来かような措置をとるべきであった警察への費用償還請求を事務管理にもとづき認容）、RG（VI）1911. 10. 2（JW 1911, 992 Nr. 36）（郡会において種痘を実施し国に対して事務管理にもとづき償還請求し認容）、RG（VI）1911. 11.13（JW 1912, 81 Nr. 27）（都市の警察が郡に除雪作業を命じたにもかかわらず従わなかったので自ら実行し、事務管理にもとづき償還請求し認容された）。

73）損害賠償請求権が時効にかかっていることと関係があるかと思われる。

74）Rabel, Ausbau oder Verwischung des Systems? Zwei praktische Fragen. Rheinische Zeitschrift für Zivil- und Prozeßrecht 10（1919/20）, 89-112.

75）Rabel, a. a. O., S. 94-97. このような彼の立場は当時のローマ法源研究の状況に、当然のことながら、依存しかつ拘束されている。とりわけ、Partsch（Studien zur negotiorum gestio（1913））と Kohler（Die Menschenhülfe im Privatrecht, Jherings Jahrbücher 25（1887）, 1; Lehrbuch des bürgerlichen Rechts, Bd. II,（1906）S. 445-452）の影響下にある。この点は、事務管理制度の本質論ともかかわり、詳しくは、後述。

76）Rabel, a. a. O., S. 95. 同旨、Selb, Schadensbegriff und Regreßmethoden.（1963）, S. 32; Erman-Hauß, a. a. O., Vor §677. Rdz. 10; v. Caemmerer, FS für E. Rabel, Bd. I, S. 362.

77）Rabel, a. a. O., S. 96. 同旨、Gursky, a. a. O., S. 114; Wittmann, a. a. O., S. 109; Fikentscher, a. a. O., §83 I 4 a γ)γγ); Selb, a. a. O., S. 76.

78）Rabel, a. a. O., S. 101（BGB における転用物訴権の拒否）. 同旨、Wittmann a. a. O., S. 109.

79）Rabel, a. a. O., S. 102. 同旨、Selb, a. a. O., S. 79-80.

　　事務管理を用いることに対する疑問として、以上の他に、扶養義務者の求償権が加害者の意思に依存したり、加害者が請求権の存在を争うことによって消滅してはならないこと（〔4〕判決参照）（Gursky, a. a. O., S. 113; Fikentscher, a. a. O., §83 I 4 a γ)γγ))、第三者弁済は通常の生活経験からすれば本類型では成立しえないから、その

成立を主張する側が立証する必要があること（Schubert, AcP 178, 449 Anm. 100（〔1〕
判決参照〕、が挙げられる。
80）もっとも、このような立場は、ごく最近のものであり、1963年の時点においては、
教科書において、この問題の共通性（損益相殺、不真正連帯債務、事務管理）の認
識が看過されている、と指摘されている（Selb, a. a. O., S.31）。
　今日でも事務管理の適用を肯定するものとして、Wollschläger（I）, S.113-128；
Münchener-Seiler, a. a. O., §677, Rdz. 23.
81）今日では、判例におけるかような混乱は、被害者である子が行為能力、訴訟能力
を有しない場合に扶養義務者が法定代理人として訴求している場合に訴訟経済の考
慮から例外的に承認された Drittschadensliquidation と理解されている（Wollschläger
（I）, S.125；Selb, a. a. O., S.77）。同旨、植林弘・前掲注68）233-234頁。
　なお、扶養給付を損益相殺しなかった最近の判例として、BGH（IV）1956. 10. 24
（BGHZ 22, 72）（後見人に対する損害賠償請求権）、OLG Celle 1961. 10. 16（NJW
1962, 51）。
82）Larenz, Lehrbuch des Schuldrechts, Bd. I, 12 Aufl.（1979）, §30 II（S.430 ff.）。
83）Rabel, a. a. O., S.106；Selb, a. a. O., S.78；Thiele, AcP 167（1967）, 225；Schubert, AcP
178（1978）, 450；Wittmann, a. a. O., S.110；Larenz, a. a. O., Bd. I, §32 II（S.456 f.）. こ
のような法的構成は、Rabel が示した要件（a. a. O.（S.105）、すなわち、加害者の不
法行為責任を変更するものではないこと、さらに、扶養義務者と加害者の間に存す
る二段階の内部関係に直接依拠するものであること、を満たしている。もっとも、
根拠として、255条（代償請求権）の類推適用、426条（連帯債務における法定代
位規定）の類推適用を挙げる者など、多様である。
　他方、このような解決に対しては、原告適格を利益に反し被害者に認めること、
被害者の破産の場合には加害者の破産リスクとあわせて二重のリスクをこうむるこ
と、被害者と加害者が個人的に親密であり、被害者が加害者に向かう意思のない場
合には被害者と扶養義務者の間に利益衝突が存すること、を挙げて、事務管理など
による直接求償の方法を優先する立場（Wollschläger（I）S.125-126）があるが、こ
れに対しては、まさにかような二重の破産リスクを負担することが二次的義務者の
意義であり、さらに被害者にすみやかに譲渡請求すればかようなリスクは回避しう
る、という反論（Wittmann, a. a. O., S.110；Larenz, a. a. O., Bd. I, §30 II（S.433））が
なされている。
　このような解決は、すでに、雇主の従業員に対する賃金継続支払（Lohnfortzahlung）
の場合に用いられている（vgl. BGH（III）1952. 6. 19（BGHZ 7, 30））。
84）vgl. BGH（Großer Senat（Beschluß）1951. 12. 10（BGHZ 4, 153）は、賃金継続支払
の事案で、事務管理は事務管理意思が通常存しえないことによって不十分な求償規
範であると述べる（BGHZ 4, 156 f.）。
　日本法においても、事務管理は、企業の間接損害の賠償請求において、給付の際、
誰が加害者かさえしばしばわかっていないことが多いため、主観的要件で擬制をお
かすものであると批判されている（好美清光「間接被害者の損害賠償請求」判タ
282号（1972）26頁）。
　なお、本類型の問題性を判例の変遷との関連で明確に叙述したものとして、

第一部　ヨーロッパ大陸における事務管理法

Dawson, NEGOTIORUM GESTIO, 74 Harvard L. R. 851-859（1961）（843 条における賠償請求権の定期金（Geldrente）構成が扶養義務との親縁性を生み出し。事務管理適用の誘因となったと推測する）。

85）　1935 年 12 月 16 日公布の「法律相談の分野における濫用防止法」（Gesetz zur Verhütung von Mißbräuchen auf dem Gebiete der Rechtsberatung）。職業的法律相談に応じうるのは弁護士のみであり、その他の者は特別の許可を必要とする（但し、会計士などはその任務の範囲内で法律相談に応じうる）。

86）すなわち、681 条二文→ 667 条、または直接 667 条にもとづき。

87）かような被告の利得請求権が不法原因給付にもとづく返還禁止（817 条二文）に触れないかの判断は、本件が被告のみが上告した事案であり、不利益変更禁止の原則により、控訴審の判断が維持されたため、なされていない。この点は、当事者が同一である、BGH（VII）1968. 4. 29（BGHZ 50, 90）判決において返還請求が肯定されている。

88）同様に、法律相談法違反の事案で報酬請求を否定したものとして、LG Wuppertal 1967. 12. 13（MDR 1969, 572）、他方、弁護士の雇傭契約が無効であった場合、報酬を連邦弁護士手数料法に従い、683、684 条にもとづき肯定したものとして、LG Wiesbaden（Beschluß）1967. 2. 6（NJW 1967, 1570）。

89）Wollschläger（I）, S. 207-210; Schubert, AcP 178（1978）, 451-454; Gursky, Juristische Analysen 1969, 106-107; Erman-Hauß, a. a. O., Vor §677 Rdx. 6; Münchener Kommentar-Seiler, a. a. O., §677 Rdz. 37, 38; Medicus, a. a. 0., Rdz. 412; Esser-Weyers, a. a. O., §46 II 1 a); Fikentscher, a. a. O.（§83 II 1 a)γ）（S. 503）.

90）Windscheid-Kipp, Lehrbuch des Pandektenrechts, Bd. II, 9 Aufl.（1906）§431. 1（S. 925）（とりわけ Anmerkung. 2 に引用されるローマ法源); Motive II S. 866（Mugdan II S. 484）（このような場合に事務管理が成立することは疑いないとしても、無償寄託のように責任限定がある場合でも事務管理として通常の過失で責を負わせるべきかは問題であり、規定を置かずに、学説に委ねることにする); Esser, Schuldrecht Bd. II, 4 Aufl.（1971）§98 IV. 1. b（S. 318）; Larenz, a. a. O., §57. Anm. 4; Enneccerus-Lehmann, Lehrbuch des Bürgerlichen Rechts, Bd. II. 14 Aufl.（1954）, §165 III 3（S. 700）; Planck, Kommentar Bd. II, 3 Aufl.（1907）§677 Bern. 2 b)（S. 685）; Staudinger-Nipperdey, Bd. II, 11 Aufl.（1958）§677 Rdz. 12; Soergel-Mühl, a. a. O., §677 Rdz. 10; Berg, JuS 1975, 683.

91）〔1〕〔2〕判決において、契約の有効、無効を確定せずして、「いずれにせよ」引渡請求権、計算報告請求権が認められるとしている点に注意。

92）Planck, a. a. O., §677 Bem. 2 b)（S. 685）（立証の可能性は別として）.

93）Soergel-Mühl, a. a. O., §677 Rdz. 10; Berg JuS 1975, 683.

94）なお、後期普通法以来の法伝統が全く事務管理意思について無自覚であったわけではない。事務処理義務のみ存すると考えた場合と、さらに出費義務、給付義務をも負うと考えた場合を区別し、前者の場合にのみ事務管理を肯定し、後者の場合には非債弁済（condictio indebiti）が成立するとした（Windscheid-Kipp, a. a. O., §430 Anm. 15）。今日でもこの区別を採用するものとして、Oertmann, Kommentar, 3/4 Aufl.（1910）Vorb. zu §§677 ff. 5 e); RGR-Kommentar, II. Band, 1. Teil, 11 Aufl.

74

第一章　近時のドイツ判例の動向と学説の反応

(1959) (Denecke) § 677 Anm. 3 ; Palandt-Thomas, 36 Aufl.（1977）§ 677 Anm. 3. 反対、Staudinger-Nipperdey, a. a. O.（区別は実際上不可能かつ判例上も承認されていない）.「義務の不存在」という要件をそれのみではなく、活動の任意性（Freiwilligkeit）との関連で考察するならば、どのような場合に、義務の存在についての信頼が事筋管理の存在を排除するかに尽きるとし、管理者が存在を信頼していた義務が他人のための利他的活動をその内容として有していた場合、すなわち無効の委任契約の場合にのみ、事務管理を肯定する者として、Wittmann, a. a. O., S. 118-120 ; Staudinger-Wittmann, a. a. O., Vorbem. zu § § 677-687 Rdz. 23.

95) 日本法学説においても、事務処理契約の無効・取消の場合、事務処理権限を越える場合、事務処理任務の終了後の場合に事務管理が肯定されているが（例えば、四宮和夫『事務管理・不当利得・不法行為上巻』（1981）21頁）、本文で述べたような問題性は認識されていない。

96) BGHZ 54, 157（160）（〔3〕判決）を引用する。

97)〔I〕Bの〔2〕判決も、Auch-Gestion において、さらに本人が拡大された事案であることは、すでに言及した（注22）参照）。

98) 事務管理において、関係人のためにする事務処理（Geschäftsführung für den, den es angeht）という構成が用いられたのは以下の判例においてである。

OLG Stuttgart 1909. 1. 15（Recht 1909 Nr. 661）管理者の償還請求権は管理者が償還請求されるべきはずの者以外の者を念頭に置くことによって排除されない。事務が経済的に関係する者のために（für denjenigen, den es wirtschaftlich angeht）処理されることで十分である。

RG（V）1943. 11. 12（DR 1944, 287）　営業において、車の連結を被救助者に委託した者にも、関係人のためにする事務処理として、事務本人性を認め、出費償還請求を肯定。

BGH（V）1951. 1. 12（BGHZ 1, 57）　戦争で破壊された橋のがれきが水路に混入した場合の除去を占領軍の命令で実施した原告から、水路の所有者である国に出費償還請求、関係人のための事務処理として認容。

OLG Hamburg 1960. 3. 1（VersR 1960, 1132）　乗客事故保険の締結を関係人のためにする事務処理として肯定。

BGH（V）1966. 3. 22（NJW 1966, 1360）　有毒物質を貯蔵することによって、地下水による伝染病感染の恐れを生じさせた者に対する、土地所有者の出費償還請求を認容。

99) なお、〔3〕判決以後、間接性による事務管理の否定が多用されたためか、BGH（VII）1973. 11. 8（BGHZ 61, 359）において、地方自治体に対して建設地開発を引き受けた業者が開発地区に隣接した土地所有者から開発費用の分担を事務管理にもとづいて請求したことに対して、原告と被告の単なる間接的な関係は、原告が被告の樋利領域に属する事務をも処理したという想定には十分ではない、として否定している。この判決に対しては Wollschläger（I）S. 162 f.

100) この判決では、雇主が救助者の事務管理にもとづく請求権の譲渡にもとづき訴えたため、かような理由づけとなったと考えられるが、救助者自身の事務管理については本人性の拡大が問題とされているのだから、むしろ従業員である救助者と保

75

第一部　ヨーロッパ大陸における事務管理法

険者の法律関係の間接性が問題とされるべきであった。

101）Motive, Bd. II, S.866（Mugdan Bd. II（S.484）. vgl. Windscheid-Kipp, a. a. O., S.927（§431. 3）.

102）前掲注 98）参照。

103）Soergel-Mühl, a. a. O., §677 Rdz. 3, §686 Rdz. 1；Erman-Hauß, a. a. O., Vor §677 Rdz. 4, §686；RGRK-Steffen, a. a. O., vor §677 Rdz. 39, §686 Rdz. 2（vgl. vor §677 Rdz. 13, 14）；Staudinger-Nipperdey, a. a. O., §686 Bem. 2, §677 Bem. 7.

104）Wittmann, a. a. O., S.72 ff.；Staudinger-Wittmann, a. a. O., §686 Rdz. 1；Münchener-Seiler, a. a. O., §686 Rdz. 1.

105）Wollschläger（I）S.302 f.；Helm, Gutachten S.397（他人に関係づける可能性はしばしば後発的に発見される）.

106）Esser-Weyers, a. a. O., §46 II 2（S.11）Anm. 36.
　救助者の損害を被救助者以外の第三者に償還させることによって救済することの必要性は認めるとしても、それは保険法規定あるいは、別の構成に求められるべきである。vgl. Esser-Wcyers, a. a. O., §46 II 4（S.23 f.）；Wittmann, a. a. O., S.73 ff.（被救助者と間接的利益享受者（雇主、保険者）の間の法律関係が問題であり、そこから第三者の保護効を伴う契約にもとづく直接請求権、あるいは被救助者が事務管理にもとづく請求を受けた場合の保険者に対する免責請求権（Freistellungsanspruch）を導出しうる）；Wollschläger（I）S.184 ff.

107）それは、学説の批判を受けて、判例が事務管理を制限的に適用するに至っていることからも明らかである。

108）Kohler, Die Menschenhülfe im Privatrecht, Jherings Jahrbücher 25, 1（1887）の用語に由来する。

109）Wollschläger, Die Geschäftsführung ohne Auftrag（1976）（この書評として、Köhler, NJW 1977, 1187）；Juristische Arbeitsblätter 1979, 57；126；182（自著の要約）.

110）RG（VI）1941. 5. 7（RGZ 167, 85）；OLG Tübingen 1949. 10. 13（MDR 1950, 160）。

111）Wollschläger, a. a. O., S.28-33. かような法事実的研究の成果は Anwendungsbereich der Geschäftsführung ohne Auftrag という表題で公刊されることが予定されているが、未だ公刊されていないようである。
　なお、判例分析にもとづいて、Wollschläger と同様の立場を主張したものとして、Rother, Vom Sinn und Anwendungsbereich der Regeln über die Geschäftsführung ohne Auftrag, Diss. Leipzig（1941）がある。

112）通説の挙げる設例はほとんどが援助行為（Hilfeleistung）である（唯一の例外は、Rother, a. a. O., S.12 ff., 37 ff.）が（例えば、隣人の不在中に小包を受領すること、隣家の火事を消火すること）、コーラーにおいては、損害保険の付された物の救助が保険者のための人類扶助とされ（Kohler, a. a. O.（S.73 ff.）、貧民扶助や労働保険などの国家による慈善（S.79）、さらには、手職人が請負人との契約関係にもかかわらず施主に報酬請求権を有すること（S.83）も人類扶助に含められる。今日の通説の意味での人類扶助は、コーラーのかように薄められた人類扶助ではなく、ラーペルの主張（Rabel, RheinZ 10（1919/20）, 89）に由来する。しかし、かような立場は、不在の市民のための訴訟代理のような、ローマ市民相互の連帯性にもとづく事務処

理（しかもそれはローマ法の事務管理の一部にすぎない）を現代においても拘束的なモデルとするものであり、近世における事務管理法の発展を無視するものである（Wollschläger, a. a. O., S.24-27; S.38-41）。

コーラーの人類扶助理論は彼の教科書（Kohler, Lehrbuch des Bürgerlichen Rechts Bd. II（1906）S.445-452）において簡潔に示されている。すなわち、人類扶助は他人の困窮せる利益のために自己の財産を出費する者がかような出費を単に前払い的に（vorschüßlich）犠牲に供するのみである場合に認められる。かような介入は法的義務ではないが多くの場合道徳的行為（ein sittliches Handeln）である。「拡張された」人類扶助は、間接的に中間者に出捐をなす（この中間者がさらに第三者の財産に出捐することに予定されている）場合に存する（例として、妻が夫の取引上の財産困難を防ぐために消費貸借を申し込み、妻がこの金額を合意通りに用いる場合）。人類扶助は常に利他的（fremdstrebend（altruistisch））意図における介入でなければならない。従って、人的関係の結果結合（Folgenverknüpfung）において自利的行為から他人のための利益が生ずる場合、すなわち自己のために行為した結果第三者のために促進的結果が生じた場合には人類扶助は存しない。例えば自己の土地にある設備をなし間接的に隣地が利益を得る場合それは自己の土地のための配慮にすぎない。人類扶助はある者が同時に第三者に対して人類扶助の義務あることによって妨げられない、かような場合には二つの債権関係が競合しうる。但し、第三者に対する義務が人類扶助を内容とする義務であることを要する。例えば、旅館の主人または友好的第三者が意識を失った客のために医師を呼ぶ場合がそうである。同様に、人類扶助は二人の人物（例、後見人と被後見人、保険者と被保険者）のために存しうる（vgl. Jherings Jahrbücher S.73）。援助者が間接的に自己のための利益を望むことによって人類扶助は妨げられない。法的な利他性（Fremdbestreben）で十分で何ら倫理的犠牲を要求するものではない。

コーラーの人類扶助理論の詳しい検討は将来の課題であるが、以上の引用から明らかなように、彼の理論は人類扶助という標語にもかかわらず当時の学説とさほど異なる主張をしたわけではない。当時の普通法学説を法史的、比較法的考察の下で検討したものとして、ユニークな側面が多々あることは肯定できるとしても、当時の学説との差異を強調することは適当でないと考えられる（例えば、コーラーは「人類扶助」という用語で決して心理的、倫理的意味での利他主義を主張したわけではないことは上の引用でも明らかであるが、さらに、管理者の報酬請求権について、利他主義は経済的有償性と調和する。かような経済的有償性は利他的活動の主たる刺激剤である。この場合、報酬は利己的であるが、活動は利他的なものにとどまる、と述べていること（J. J. 25, 129 Anm. 2）に注意すべきである）。

なお、事務管理の起源としてのローマ市民相互での援助においてさえ、かような関係は近代法の目からは無償の行為であっても、そこでは恒常的な「お互いさま」の生活の一環であり、実質的には利己的かつ有償的行為とみるのである（広中俊雄『債権各論講義（第五版）』（1979）212、345-346頁、同『契約とその法的保護』（1974）80頁（義務的贈答））。

113) Wollschläger, a. a. O., S.34-38.

第二委員会における各提案者の主張は事務管理の位置づけについて示唆を与える

第一部　ヨーロッパ大陸における事務管理法

内容を含んでおり、以下に引用する（Protokolle Bd. II S. 1195 ff.［Mugdan Bd. II S. 3035 ff.］）。すなわち、管理者の出費償還請求権の要件を第一草案753条は通説でもあるヴィントシャイトの見解に従い本人に有利なものとしていたが（本人の真の意図との一致）、第二委員会ではこれに対して六つの提案がなされた。第一提案は第一草案に対立し管理者が主観的に有益と考えたことで十分とする。第三提案はほぼ第一草案と同じである。第四提案はスイス債務法472条に従い、草案と第一提案の媒介的立場をとり、事務の引受が本人の真の利益に一致することで十分とし事務の実行においては義務にかなった注意で十分とする。

〔第一提案の主張〕事務処理者は倫理的かつ国民経済上の利益において要求される義務を履行する。立法者は個人にこのような公益に存する義務の履行を容易にさせることを配慮せねばならず、管理者の責任を本人が押しつけがましい、おそらくは自利的理由から生ずる、本人の事務への介入から保護されるようにのみ割り当てうる。このような立法上の課題を草案は正当に扱っていない。

……753条は本人の意思を基準とするので、個人は、介入が隣人愛によって切に要求される場合でも、他人の事務への介入を通常は公益の損失において差しひかえることになろう。

本提案は事態の客観的評価において本人の追認を期待しうる場合には常に償還請求権を与える。この提案は管理者が自利的又は軽率な理由からではなく、隣人愛の有効な活動において他人の事務を処理することに決断することを最も多いものとして念頭に置く。このような公益のための場合を立法者はまず第一に考慮せねばならず、この場合に事務管理制度の規律を適合させねばならない。これによって本人に実際に損害が生じた場合には、それは被害者が公益に捧げねばならない犠牲である。

〔第三提案の主張〕　立法者はこの問題において二つの異なる見地から出発しうる。一方では事務管理制度の資する公益目的を妨げない努力に導かれること、他方では他人の事務への介入が立法者によって優遇されてはならないという動機が決定的なものとなりうる。人がどちらの立場に立つかに応じて、753条において現れる問題について原理的に異なる結果に導く。草案は後者の立場に立ち、本人の主観的事情に従う。この立場に賛成することができる。

なるほど、事務処理が事情によっては倫理的かつ公益に存する義務として現れることがあることは明らかだが、立法者はこの見地を前面におき、法律上の規律の基礎にしてはならない。事情によっては公益性に他人の事務の処理の公的危険性が対立する。経験上しばしば人は他人の事務に単に出しゃばりから、かつ外部に対してもったいぶる努力において介入する。また、管理者が導かれるのは無私の理由のみでは必ずしもない。管理者の利益はしばしば本人の利益と緊密に結合しており、管理者は事務処理の際に本人の利益以上に自己の利益を念頭に置いている。……もっとも、危険の防止が問題となる限りで立法者は公益的側面を前面に置き、急迫する危険の防止のための事務処理がなされないよりも、まれな場合に本人が事務処理から損害を受けることの方が好ましいという点から出発せねばならない。

以上の提案のうちで第四提案が採用され現行法に至っている。

なお、起草過程については、第二章でより詳しく扱われる。

114）彼は自己の立場である帰属性理論（Zuständigkeitstheorie）を叙述するに先立って、

人類扶助理論以外の、若干の事務管理法理論を検討している（Wollschläger, a. a. O. (S. 41-52)。ここでは特に重要と思われる、パンデクテン法学における準契約理論 (die pandektische Quasikontraktstheorie)(S. 44-48) と事務処理の現実行為理論 (die realgeschäftliche Theorie der Geschäftsbesorgung)(S. 48-52) に触れておく。

　前者の理論は、Ruhstrat (AcP 32 (1849), 173) によって定式化され、事務管理意思をこの債務の不可欠の要素として要求し、さらに事務本人のそれに対応する意思をも要求する。この立場からは、債権関係の成立は二つの意思の共同体にもとづく。この理論は、今日においても、正当な事務管理 (berechtigte Geschäftsführung ohne Auftrag) が引受の本人の意思・利益との一致において成立するとする学説において生きのびている。このような理解は、事務管理が本人の意思に反する場合でも成立しうること（§ 678）、引受の本人の意思・利益との一致は出費償還請求権の要件にすぎないこと（§ 683）などにおいて立法者の考えに反する。この理論の最も大きな欠点は事務管理意思を債務を根拠づける本質的要素とし、責任を根拠づける客観的基準の作出を断念している点にある。通説における、Auch-Gestion という不快な構成要件は、自己の事務と他人の事務が同時に問題とされているにもかかわらず、なぜ他人のみが償還義務を負うのかという問題に答ええない。管理者の意思方向は出費償還の決定基準としては、擬制的であり真の帰責根拠をおおい隠している。むしろ、客観的な負担分配規範にもとづき出費償還の可否が決定されねばならない。

　後者の理論は、ローマ法では集合構成要件としての事務管理から委任、後見などの訴権が分化発展したというテーゼ (Wlassak, Zur Geschichte der negotiorum gestio (1879)) を現行法に投影し、現実行為 (Realakt) という形での事務処理が債務を発生させる事例を、委任、雇傭、請負、団体法、会社法、家族法、相続法、商法において共通するものとして理解する。このテーゼは今日では法史上の事実としては誤まりとされているが、諸制度に共通する構造を意識させた限りで解釈論上は有益な錯誤であった。

115) JA 1979, 58 では以下のように若干表現が変わっている。「他人の事務」とは何かについて BGB は何ら答えを与えていない。この不確定な法概念をどのような基準により具体化させるかは未確定である。法適用者はこの課題を、構成要件に依存する法律効果を考慮して、目的論的に解決せねばならない。すなわち、この概念も結局、結論からのみ決定しうるにすぎない。

116) Wollschläger, a. a. O., S. 57 ff.

117) 帰属性理論を中核とする「代理的関係」とこの「活動関係」がいかなる関係にあるのか、この二つの関係（法律効果）を統一する事務管理法の構造はいかなるものかについては不明である。vgl. Wollschläger, a. a. O., S. 68 ff.

118) 主観的他人の事務というカテゴリーは帰属性理論からは否定される (Wollschläger, a. a. O., S. 21, 72 f., 225 f., 233 ff., 249-54)。このカテゴリーに関する判決が存せず、事実上死んだ法 (totes Recht) であることは、かような行為は近隣関係における日常的売買においてのみ生じうるにすぎず、しかもそれは裁判外的に処理され、何ら法的問題としては現れないという事情によって説明される。ローマ法と異なり、直接代理の承認はかようなカテゴリーの必要性を消滅させ、他方、無権代理において内部関係と外部関係において異なる帰責基準が適用されることにな

第一部　ヨーロッパ大陸における事務管理法

り好ましくない、とする。

119) Münchener Kommentar-Seiler, a. a. O., §677 Rdz. 16；Esser-Weyers, a. a. O., §46 I₁ (S. 1,10, 12)；Schubert, AcP 178, 432；Soergel-Mühl, a. a. O., vor §677 Rdz. 1.

120) 但し、彼が批判の対象とした人類扶助理論（＝通説）の理解に対しては疑問が提出されている。すなわち、Wollschläger は通説を事務管理の要件として、管理者の側での任意性と利他性、本人の側での援助必要性を要求するものと理解しているが（Wollschläger, a. a. O., S.27）、通説に属する多くの論者はこれらの要件に必ずしも常に構成要件メルクマールの機能を付与しているわけではない。むしろ、人類扶助は事務管理に関する通説の基本思想（Grundanschauung）にすぎず、構成要件の厳密な画定を含むものではない（Schubert, AcP 178, 426 Anm. 9 u. 11）。このことは、通説が Auch-Gestion を肯定してきたことによっても示され、この理論は適用領域を一般的に（すなわち例外を許す）叙述する機能、指導形象（Leitbild）の機能を有した。このような機能の意味においてならば、BGB の根底にも存するのであり、他人の事務の任意の処理が促進されるべき、あるいは少なくとも妨げられるべきでないという点に立法者も同意していた（Schubert, AcP 178, 429-431）。

121)「他人の事務」についてのかような理解は必ずしもユニークなものではないが（注釈民法(18) 245 頁参照）、事務管理意思を最大限形骸化させたこととの関連では独自性を見いだしえよう。

122) Schubert, AcP 178, 431 ff.；H. Müller, Der Fremdgeschäftsführungswille（1980）Diss. Mannheim S.209f. 元来、事務管理法は事務管理意思を他の法分野、とりわけ不当利得法から区別するメルクマールとして強調してきたのに対して、Wollschläger が客観的な基準としての「帰属性」を前面に押し出す際に念頭にあったのは判例の判断基準の析出であり、体系的限界づけは二義的な関心であったと思われる。このような事態は逆に限界づけ自体可能かどうか、事務管理法は独自性を有するのかという疑問として検討されねばならない（後述）。

　　不当利得法との関係の検討は、競合問題の一環として研究対象から除外（Wollschläger, a. a. O., S.23）されているので、かような批判はないものねだりともいえるが、他方では、他人の物への費用出捐判例の検討において、不当利得法との関係は利得概念、節約利得、出捐リスクの利得法上での規律などの点で未解決であるとし、今日の利得法ドグマティクの状況からは事務管理にもとづく請求権は無意味であるが、かつてはそうではなかったとすれば、それはかつては利得概念がより狭く解されるか、または起草時には利得概念の射程範囲が今日ほど明確ではなかったことによるのではないかと推測している（Wollschläger, a. a. O., S.218；Juristische Arbeitsblätter 1979, 128）。

123) Schubert, AcP 178, 433（帰属性理論は例外を強いられ、首尾一貫しえない）；Joerges, Reihe Alternativkommentare Bd. III（1979）vor §§677 ff. Rdz. 73.

　　Wollschläger 自身、実際の各類型に対する立場は、帰属性のみからではなく、契約関係、公法規定、利得法上の規定などを考慮し、その上で判例に対する賛否が表明されている。

　　Wollschläger の Auch-Gestion に対する立場はすでに第二節で個別的に引用してきたが、ここでまとめて示す。

第一章　近時のドイツ判例の動向と学説の反応

〔Ⅰ〕類型Aについて　　医療給付は扶養義務者との関係では義務者の事務、従って給付者にとっては他人の事務、契約相手方との関係では自己の事務となる。このような構成をすることにおいて、二つの実質的判断すなわち第一に扶養義務者の負担帰属性、第二に扶養義務（請求権）の人的生存保障という目的拘束性と679条の目的とから生ずる、契約相手方とのまきもどし原則の例外としての直接請求の承認、が入り込んでいる。事務管理意思は給付者が、扶養義務者が契約上の給付を最終的に支払う義務あることを知っている場合には常に存在する（Wollschläger, (Ⅰ) S. 143 ff.）。

〔Ⅰ〕類型Bについて　　警察義務を負う者（車保有者）の行政法上の手続利益（即時執行の要件の存否など）と償還請求者（レッカー業者）の利益（直接求償）の衡量において、前者に優位が与えられるべきとして、直接求償を原則として否定する（Wollschläger, (Ⅰ) S. 154 ff.）。

〔Ⅱ〕類型について　　公的給付にもとづく官庁の求償が否定されたことは遡及的立法禁止の原則によって正当化される（Wollschläger, (Ⅱ) S. 66-69）。代執行にもとづく求償については、行政の法規適合原則により承認しえない（(Ⅱ) S. 74 ff.）（なお、官庁の損害賠償責任については、(Ⅱ) S. 89 ff.; (Ⅰ) S. 310 f.）。

〔Ⅲ〕類型について　　損害賠償義務者に対する求償は、損害賠償義務者が存在するという第三者の認識が存しかつ義務者が自己の計算においての賠償給付について異議をとなえなかった場合に与えられる（Wollschläger, (Ⅰ) S. 113 ff.）。

〔Ⅳ〕類型について　　判例が委任以外の事務処理契約に事務管理法を適用することに反対する（Wollschläger, (Ⅰ) S. 207 ff.）。

〔Ⅴ〕類型について　　不当なリスク転嫁を肯定する判例に反対する（Wollschläger, (Ⅰ) S. 184 ff.; S. 299 ff.）。

124) Wollschläger, a. a. O., S. 122-123. vgl. S. 126.

125) Larenz, a. a. O., §57 (S. 345) Anm. 1. なお、四宮和夫『事務管理・不当利得・不法行為（上巻）』(1981) 8頁。

126) AcP 178 (1978), 425; NJW 1978, 687.

127) Medicus, a. a. O., Rdz. 412; Larenz, a. a. O., §57 I (S. 350); Münchener Kommentar-Seiler, a. a. O., §677 Rdz. 17. vgl. Helm, Gutachten S. 398.

128) Wittmann, Begriff und Funktionen der Geschäftsführung ohne Auftrag (1981)（書評として、Gursky, NJW 1983, 925); Staudinger-Wittmann, a. a. O., §§677-687.

129) 彼の引用する判例は以下のとおりである。

BGH(Ⅵ) 1959. 12. 9 (BGHZ 31, 329 [332]) 別居中の一方配偶者による負担部分を越えた扶養にもとづく他の配偶者に対する求償を事務管理ではなく familienrechtlicher Ausgleichsanspruch として肯定、自己の扶養義務を履行することにおいて事務管理意思を認めることは現実の生活関係を正当に扱うものではないとする。

BGH (Ⅳ) 1968. 6. 26 (BGHZ 50, 266 [270]) 同様の事案で familienrechtlicher Ausgleichsanspruch と並んでの事務管理の成立の可否については未決のままとした。

Wittmann (S. 116) がこの二判決を Auch-Gestion に伴う意思の擬制を排した点で支持するのに対して、Wollschläger は事務管理意思は他の扶養義務者の存在の認識に

81

第一部　ヨーロッパ大陸における事務管理法

よって与えられるとする自己の立場から BGHZ 31, 329 に反対し、かつ §§ 683, 812
で解決しうる以上 familienrechtlicher Ausgleichsanspruch という構成も不要とする（S.
129 Anm. 6; S. 133 Anm. 23）。

　BGH（IV）1970. 5. 22（BGHZ 54, 157）（第二節〔II〕の〔7〕判決）交通事故におい
てタンクローリーを救助した官庁の、ローリーの責任保険者に対する出費償還請求
の否定。

　事務管理の概念が拡張されすぎてはならないとする BGH の理由づけは同語反復
であり、判例における客観化された事筋処理概念が限界づけ基準として有用性を有
しないことを示す（Wittmann, a. a. O., S. 34 Anm. 50）。BGHZ 33, 251（第二節〔V〕
の〔1〕判決）が救助者の、被害者（被救助者）の健康保険のための事務管理を肯
定したこととの相違を説明しえない。間接的にのみ利益を受ける者を事務本人の範
囲から排除することは、事務管理の存在を決定する規範的基準そのものに結びつけ
られねばならない（Wittmann, a. a. O., S. 76）。

　BGH（IV）1975. 5. 7（BGHZ 64, 260）　乗客事故保険（Insassenunfallversicherung）
の締結が被害者のための事務管理となることを否定。

　かような場合に事務管理を肯定することは、§686 における錯誤規定を関係人の
ための事務管理へと不当に一般化することであり、法規定によれば保険契約者は被
保険者の権利を行使するかは自由であり、契約締結のみでは利他的目的を設定して
いないとして判例を支持する（Wittmann, a. a. O., S. 73 Anm. 24, S. 121f.）。vgl.
Wollschläger, a. a. O., S. 226 Anm. 6, 246 Anm. 19, 24, 247 Anm. 27, 248 Anm. 29.

　BGH（VI）1978. 7. 4（BGHZ 72, 151）（第二節〔V〕の〔6〕判決）

　BGH LM Nr. 17 zu §683（（VII）1963. 6. 20）　鉄道に隣接する牧草地の所有者は自
己の家舟が機関車にひかれないように設けたかきねの費用を事務管理にもとづいて
も不当利得にもとづいても請求することはできない。連邦鉄道には家畜をひかない
ように自己の鉄道敷地にかきねを設ける契約外の義務は存しない。

　Wollschläger はこの判例を事務本人の義務地位、すなわち二つの危険源の競合か
ら生ずる損害を予防する義務を誰が相隣法上または verkehrsrechtlich 上負うかが償
還義務において決定的であるとし、生じる損害賠償責任の回避という利己的利益
（反射的利益（Reflexvorteil））は根拠づけとならないことを示したものと評価する
のに対して（Wollschläger, a. a. O., S. 170 Anm. 28, 192 Anm. 55）、Wittmann は管理者
の活動が自己所有の家畜の保護、せいぜい自己の土地から生ずる危険の支配に存す
る活動として鉄道のための事務処理という社会的意味を有していないことにもとづ
くものと理解する（S. 16 Anm. 92）。

130）Wittmann, a. a. O., Vorwort.
131）Wittmann, a. a. O., S. 1-3.
132）すなわち、溺れる者を助けること、未成年者に扶養給付を与えること、は「他
　　人の事務」の処理とはいえない、自ら助かること、自ら生計をたてることを本人の
　　事務とすることは不自然というのであるが（Wittmann, a. a. O., S. 66. u. Anm. 5）、日
　　常用語として「他人の事務」とはいえないにしても、法概念として、これらを「他
　　人の事務」と呼ぶことは差し支えないのではないか。
133）Wittmann, a. a. O., S. 4-17.

82

第一章　近時のドイツ判例の動向と学説の反応

134）Wittmann, a. a. O., S. 60-64. 彼は自己の立場を主観的事務処理概念と呼び、判例・通説の立場を客観化された事務処理概念あるいは客観－主観的事務処理概念（Wittmann, a. a. O., S. 32 ff.; Staudinger-Wittmann, a. a.O., Vorbem. zu §§677-687（Rdz. 16）、Wollschläger の帰属性理論を客観的事務処理概念として対比させる。主観的事務処理概念はヴィントシャイトがすでに自己のパンデクテン教科書で表明していたもので、第一委員会において自ら提案し、第一草案761条となった。ここにおいて、部分草案と異なり、錯誤による自己事務管理と悪意の自己事務管理は事務管理の概念から排除され、直接訴権、反対訴権の両者において事務管理意思を要求する主観的事務管理概念が成立した、と彼は考える。

135）Wittmann, a. a. O., S. 24-26; S. 119 f.

136）Wittmann, a. a. O., S. 27, 30 f., 72 ff.

137）Wittman, a. a. O., S. 10-12; S. 43.

138）Staudinger-Wittmann, a. a. O., Vorbem. zu §§677-687, Rdz. 21.

139）Wittmann, a. a. O., S. 97 ff. vgl. Wollschläger, a. a. O., S. 62.

140）Seiler, Der Tatbestand der NEGOTIORUM GESTIO im römischen Recht（1968）（書評 Mayer-Maly, SZ Rom. Abt. 86（1969）, 416）.

141）活動の社会的意味による判断によって任意的かつ利他的な他人のための活動を画定することは、結局、管理者の心理的要素ではなく、活動の（あるいは活動の結果の）客観的・外形的・経済的意味での利他性（利益付与）を判断基準とすることではないか（同旨、Helm, Gutachten S. 365, 397）。このような矛盾は彼が出費償還請求権の根拠づけに事務管理意思を求めながら、他方では「正当な事務管理」（berechtigte GoA）理論（本人の意思・利益に事務引受が一致していることを成立要件に加える）を採用（Wittmann, a. a. O., S. 123 ff.）する点にも示される。

142）彼の立場は、多くの難点を有しながらも、事務管理の主観的理論、すなわち事務管理意思をこの法制度の本質的要素と考える立場の精密化と擁護に意義を有する（Gursky, NJW 1983, 925）、と評されている。vgl. Seiler, a. a. O., S. 51 ff.（後掲注143））

143）Seiler, a. a. O., S. 21-38.

　　ここで Seiler, Der Tatbestand der NEGOTIRUM GESTIO im römischen Recht（1968）において示されたローマ法における事務管理像を概観しておく（彼の立場はほぼ肯定的に学界に受容されている。vgl. Mayer-Maly, SZ Rom. Abt. 86（1969）, 416; Kaser, Das römische Privatrecht, 1. Abschnitt 2 Aufl.（1971）§137 passim.; 2. Abschnitt 2Aufl.（1975）§268 passim.）。

　　事務管理は決してあらゆる発展した法秩序の必要的構成部分ではない。本人が自己の望まざる事務管理により義務づけられる危険を高く評価し、法的承認を否定することは英米法あるいは ARL, ABGB における事務管理の原則的禁止にみられる。しかし、ローマの共同体を強度に支配する信義（fides）は個人に法外的、又は法的な諸義務を課した。法源において明白な例として友人間の忠告や行為による援助があり、officium amici に属する。このような見地からは友人の求めに応じて、すなわち委任による場合と自発的に援助した場合の区別はなしえない。両者の場合において fides の要請は充たされているからである。もちろん、このような友人援助という思想で古典期の事務管理法を理解するには十分ではない。そこでの法源は別の事

83

第一部　ヨーロッパ大陸における事務管理法

実関係を扱う。法律家は抽象的メルクマールを展開し、当初の制度目的はほとんど無視されるに至った。このような二つの特徴、すなわち統一的決定の指導形象の不存在と、詳細なカズイスティクの枠内でなされた一般的諸原則の形成は、事務管理制度を高度に技術的な法制度とした。このような前提の下では、古典期の法学者の見解を一定の原理、例えば客観的または主観的な原理へと確定しようとする試み、は確実性を有しない。概念性、体系性の鋭さの喪失は歴史的真実に接近するために引き受けねばならない（Seiler, a. a. O., S. 1-9）。

　〔古典期前〕

　すでにここにおいて事務管理訴権が与えられている事実関係の多様性が認められる。事務管理の原初的事案を形成するのは、不在者のための任意の援助、とりわけ訴訟における不在者の代理である。しかし、これと並んで別の事案が存した。ここに属するものとして、procuratio omnium rerum（すべての事務の委託事務管理）とcura furiosi（精神錯乱者の保佐）がある。この二つの事務管理類型、すなわち一方では任意の友人援助、他方ではすべての事務の委託事務管理または精神錯乱者の保佐、の目的・判断基準は相互にかなり異なっている。前者では単に財産保持に向けられた緊急措置が問題となるのに対し、後者では通常の、経済的に意味ある財産管理に属するすべての活動が含まれる。以上の二つの類型とは別に、債務者財産の譲渡を委託された財産管理人（curator bonorum）が不在の債権者に対しては事務管理訴権で責を負う場合（D 17, 1, 22, 10）がある。ここでは特別な構成要件を伴う事務処理訴権（委任訴権）が適用しえないような事態を把握するという目的に事務管理訴権は用いられている。古典期前において、他の事務処理訴権が与えられない場合の一種の救済機能（Hilfsfunktion）がすでに存していたのである（後代においてこの法制度に特徴的となった機能）（Seiler, a. a. O., S. 314-316）。

　〔古典期〕

　この時期には不在者のための事務処理はもはや固有の規律に服する事案ではなくなり、negotia alterius gerere という広い構成要件を伴う事務管理法が成立していたと考えられる。法学者はかような広い構成要件を制限的規則（Regel）によって充たすことが課題となる。この規則は通常は抽象的に定式化されるのではなく、間接的に法源から推論しうるにすぎず、また必ずしも学者間で争いがなかったわけでもない。この点は事例法（Fallrecht）の特質として説明される（S. 323f.）。

　事務の処理（negotium gerere）の要件は、本人と管理者に共通の利益が留意される場合でも肯定される。このような場合には事務の対象についてしばしば共同関係（組合、共有、相続財産共有）が存し、共有物分割訴権、遺産分割訴権が与えられ、ある程度は事務管理訴権を排除した（S. 19 f.; S. 324 f.）。

　事務管理意思については、事務の他人性の認識で十分とされた。法源の多くはnegotia alterius という表現を用いているが、ここから古典期において主観的メルクマールは知られずあるいは無視されていたのではない。むしろ、事務は主観、客観の観点の区別なく一体として理解されていた。それにもかかわらず、法源の全体像、とりわけ管理者の錯誤に与える考慮（他人の事務を自己の事務として処理する場合、自己の事務を他人の事務として処理する場合の事務管理の否定）から、他人性の認識の要件が推論される。しかし、かような事実は過大評価しえない。法源によれば、

84

ある他人のために任意の方法で活動する認識で十分であった。従って、事務管理者として活動する認識は必要ではなく、委任にもとづいて活動すると誤信する者、奴隷であると考えて表見主人（Scheindominus）のために活動する自由人、共有者として共有物に出費する者、もこの要件を充たす。同様に、錯誤が考慮されない場合として、本人に関する錯誤においては義務を負うのは想定上の本人ではなく真の本人であり、本人の数についての錯誤は重要ではなく、自己の活動の根拠についての観念（委任によって義務づけられているという錯誤、実際には存しないあるいはもはや存しない権力関係にもとづいて活動する家子または奴隷、奴隷と考えてScheindominus のために活動する自由人）も重要とされない。以上により、古典期においては、管理者によって認識された事実状況が彼に対して自己が他人の権利領域に介入することを指し示したにちがいないということで十分であった。積極的な認識の立証は放棄されている。

　以上によれば、古典期において、事務管理は客観的メルクマールで判断されたか、事務管理意思が本質的メルクマールであったか、という問題設定は有用ではない。客観的、あるいは主観的という非歴史的選択肢を法源に適用しようとすればどちらの意味でも判断しうる。本人性の錯誤を考慮しない点は客観的メルクマールで判断し、他方、自己の事務を他人の事務と考えた場合、他人の事務を自己の事務と考えた場合の事務管理否定あるいは客觀的状況の下では複数人が本人として考慮される場合（後見人と被後見人、権力服従者と主人、受任者と委任者）に管理者の意思を基準とする場合には主観的事情から判断している（S.21-38; S.325 f.）。

　任意性の要件は、不在者のための援助という事案にはふさわしいが、古典期には自発的な活動でない場合を多く含むことにおいて有用な制限基準とはなっていない。すなわち、委任を誤信して他人の事務を処理した場合、第三者の委任において活動する場合、自己を奴隷と考えて事務処理をする自由人の場合、保佐人の場合、共同相続人が差押えられた遺産を解放するために全遺産債務を支払った場合、である。もっとも、任意の友人援助が古典期法学者にとって事務管理の典型例として現れたことは正当である。事務管理を他の事務処理関係から対比する場合に任意性に言及する法源が若干存在することによって、この非常に技術的かつ単調な法制度は身近なものとしての生気を吹き込まれた（今日の人類扶助という観念に存続している観念）（S.38-42; S.329）。

　事務処理の有益性（utiliter）については、法源は二面性を示す。すなわち、一方では事務の対象を滅失・毀損から守るための行為または出費としての緊急事務管理のみを utiliter とする傾向（この場合にのみ出費の成果は問われない）、他方では、成果のあった有益的事務管理が排除されたわけではない。後者においては法源は断定的表現を避け、utilitas のメルクマールを本人を押しつけられた事務処理から保護するために用い、個別事案における判断の自由を確保する（S.51-61; S.326）。

　追認（ratihabitio）に事務管理の成立が依存したのはごくわずかの場合にすぎない。管理者による本人の債権の回収、管理者が本人のために実際は存しない債権を回収した場合、本人の物が管理者によって売却された場合、である（S.61-72）。

　以上の概観によって、古典期の法律学は negotia alterius gerere という枠を一連の規則で充たしたが、それにもかかわらず適用領域は包括的なものであることが示さ

れた。事務管理は委任や後見のようなすでに承認された事務処理関係以外の多様な事務処理を受け入れるのに適当な制度であるが、決してそれが不可避であったわけではない。不在の友人の窮地にある利害のために任意に事務処理をすることは古典期における典型ではあっても、この事案のメルクマールとしての任意性、緊急処置への限定を一般的要件と理解することは誤まりである（S.330）。

　　［ユスチニアヌス法］

　　個別問題において古典期の諸見解の調和と統一化の努力がなされている。さらに、この時代の法学において、明白だが決して支配的ではない傾向として、事務管理を再び任意的事務処理に制限する点がある。主観的要件については、事務管理の準契約への編入、ratihabitio の再評価（ratihabitio mandato comparatur あるいは utiliter に処理された事務の ratihabitio の義務）によって一層強調された。しかし、主観的要件の判断において古典期と異なる帰結に至っていたわけではない（S.69-72；S.332 f.）。

144）Wittmann a. a. O., S.27 f., 46, 73, 163, 166（事務処理概念の客観的限界づけとしての、活動の利他的目的ではなく、その実現の面にのみ関する本人性の錯誤の許容）.

145）日本法での事務管理意思をめぐる主観説（管理者の主観的意思として理解）と客観説（社会一般の通念に従い、本人に利益が与えられると認められる事実がある場合に肯定）の対立（詳しくは、注釈民法(18) 262 頁以下（金山正信執筆部分））とは異なる。

146）Wittmann, a. a. O., S.21 ff. 管理者の活動と本人の財産または身体（Person）との関係を事務処理概念（Geschäftsführungsbegriff）と呼び、孤立化して考えられた事務という表現とは区別する。活動の目的に由来する本人との関係、活動が他人の利益留意に向けられていなければならないという要請は事務処理概念の内容に属する、とする。

147）意思は通常は他人の事務への意識的介入によってすでに明示されている（Motive Bd. II S.856［Mugdan Bd. II. S.478］）。管理者の意識と、ここから必然的に生ずる、状況から認識可能な、他人の事務にかかわりあうという意思（Motive Bd. II S.870［Mugdan Bd. II. S.486］）。

148）同旨、Helm, Gutachten, S.369. このような事態は目新しいものではなく、すでに過去において、ドイツ後期普通法学説、フランス法学説がこのような場面において事務管理意思を意識のみで十分として事務管理に包摂したことがあった。詳しくは、磯村哲「不当利得・事務管理・転用物訴権の関連と分化（二）」法学論叢 50 巻 5＝6 号（1944）457 頁以下、同「仏法理論に於ける不当利得法の形成（二）」同 52 巻 4 号（1946）255 頁参照。

　　四宮・前掲 718 頁は、事務管理制度の目的は従来、人類扶助ないし社会連帯の促進に求められた。しかし、古典的事例としても、(i)扶養義務者間の求償のように、そのような色彩を欠くものがあった。社会生活の複雑化とともに………(ii)自己の利益に基づく事務処理（例、第三者の不法行為による損害を被害者の雇主が填補する場合）や、(iii)行為者を含む社会のためになされる事務処理（例、警察上の義務や社会生活上の義務を代って履行する場合）がふえてゆく傾向にある。また、(iv)事務処理契約の無効・取消の場合にも、「義務ナクシテ」他人の事務が処理される。

第一章　近時のドイツ判例の動向と学説の反応

かような諸場合が事務管理法に包摂されるとすれば、事務管理の目的を人類扶助ないし社会連帯に求めることは、必ずしも適当ではないであろう、とする。

Auch-Gestion の承認の可否については明言されていないが、21-22、205-207 頁の叙述からは一応肯定する考えであろうか。

149) 於保不二雄『財産管理権論序説』(1954) 220 頁、磯村・前掲「分化（二）」448-449 頁。

150) Auch-Gestion を含むところの「自利的事務管理」の限界づけ、すなわち管理者自身の利益と事務本人の利益が当該事務処理において結合して存在する場合にどのような基準にもとづいて限界づけるかは古くから論じられてきた困難な問題である (vgl. Kohler, J. J. 25 (1887), 113 ff.; Lehrbuch des Bürgerlichen Rechts Bd. II (1906) S. 447; Rabel, Rheinische Zeitschrift für Zivil- und Prozeßrecht 10 (1919/20), 96 f.; Isay, Die Geschäftsführung nach dem Bürgerlichen Gesetzbuch für das Deutsche Reich (1900) S. 70 f.; Isele, Geschäftsbesorgung (1935) S. 39 ff.; S. 57 ff.; Wüst, Die Interessengemeinschaft (1958) S. 47 ff.; Hagen, NJW 1966, 1896 f.; Laufs, NJW 1967, 2294 ff.; Wollschläger, a. a. O., S. 62 f., S. 74, 105, 181, 189-197, 197-200, 322. 英米法でも同様の問題が生じている。vgl. Wade, Restitution for Benefits Conferred Without Request, 19 Vand. L. Rev. 1183 (1966); Dawson, Indirect Enrichment. in: FS für M. Rheinstein (1969) S. 789 ff.; Dawson, The Self-Serving Intermeddler, 87 H. L. R. 1409 (1974); J. D. McCamus, Necessitous Intervention: The Altruistic Intermeddler and the Law of Restitution, 11 (1979) Ottawa L. Rev. 297; The Self-Serving Intermeddler and the Law of Restitution, 16 (1978) Osgoode Hall L. J. 514; G. E. Palmer, The Law of Restitution Volume II (1978) Chapter 10 (Unsolicited Benefits and the Volunteer); Fridman, Restitution (1982) pp. 485-513; Goff and Jones, The Law of Restitution, Second Ed. (1978) pp. 263-279; D. B. Dobbs, Handbook on the Law of Remedies (1973) pp. 298-309; Dawson and Palmer, Cases on Restitution, Second Ed. (1969) pp. 31-103)。

かような場合の限界づけは、事務管理判例では、自己の事務、法律関係の間接性、事務管理意思の不存在という形で現れ、学説では Reflexvorteil (Wollschläger, a. a. O., S. 62 f.)、社会的意味 (Wittmann, a. a. O., S. 27) にもとづく活動の利他性の判断、として現れている。二当事者関係（他人の物への出捐、他人の債務の弁済）では、「押しつけられた利得」と問題性を共にしている（参照、拙稿「ドイツ法における賃借人の費用償還請求権（二）（三）」法学論叢 110 巻 2 号 (1981)、111 巻 1 号 (1982)）。すなわち、事務本人の関与なくしてかつ管理者の活動にもとづいて事務本人に利益が生じた場合、管理者の活動の自利性（自己がもっぱらその活動から利益を得ること）を考慮して事務本人の利益を法的に重要なものかどうかを判断する点で共通している。三当事者（あるいはそれ以上の）関係では、Auch-Gestion に典型的にみられるように、自己の契約義務、公法上の義務、法律上の義務の履行が付随的に他人を益する場合が問題となり、ここでは二当事者関係での問題に加え、直接求償の肯定が転用物訴権排除の原則、契約関係、公法関係の自律性・完結性をそこなわないかという点、法律構成上の困難（事務管理意思、事務の他人性、利得の直接性）などが生ずる。

限界づけ基準の検討は別稿にゆずる（Wollschläger, a. a. O., S. 189 ff.は従来の基準

第一部　ヨーロッパ大陸における事務管理法

を不十分として、通常、ある出費の直接的本質的収益を有する者のみがその対価を
負担するとし、その際の判断基準を究極的には取引観念に依拠させる）。

151）BGB 第一草案 760 条が第三者からの委任が存する場合に原則として事務管理関
係の成立を否定したことは、転用物訴権の排除という判断と対応するものであった。
従って、判例による Auch-Gestion の承認が転用物訴権排除原則の、事務管理という
法制度をまとった回避として非難されることは必然的な反応である（参照、第二節
注 15）、29））。

152）Schubert, AcP 178, 449-450 Anm. 100；Wittmann, a. a. O., S. 26 Anm. 26；Gursky, JA
1969, 117-118；Erman-Hauß, a. a. O., vor §677 Rdz. 8.

153）Schubert, AcP 178, 441.

154）Seiler, a. a. O., S. 114-144. 古典期の法学者は第三者の委任における事務処理にお
いて、受任者と事務本人の間に事務管理を原則として承認しなかった。受任者が委
任者以外の事務本人からも責を問われるという危険の回避という目的にもとづいて
かような判断がなされた。この判断は構成要件の上からの限定ではなかったので、
客観的考慮にもとづく例外を許した、とする。

155）Wollschläger, a. a. O., S. 249 ff. 主観的他人の事務は引渡請求権に関しても実務上
生きている法とはなっていない。引渡請求は事務本人に取得したものを与えるとい
う管理者の意思にもとづくが、契約にもとづかない、かような拘束は法体系上の異
物である。このような事態は、管理者が他人のために取得するという決断を任意に
実行し、そこから何ら争いが生じないような緊密な社会関係を前提とするのであり、
現実の法において展開しないことは当然であるとする。なお、主観的他人の事務が
学説の考察の対象となるに至ってはじめて actio directa の成立が事務管理意思に依
存することとなった経緯については、磯村・前掲「分化（二）」447-448 頁参照。

156）四宮和夫『事務管理・不当利得・不法行為（上巻）』(1981) 17 頁が管理意思の
認定や必要とされる認識可能性の程度は事務管理の類型によって、また処理行為の
態様によって区別する必要があるとすること、不当利得の類型における対応類型を
欠くものとして、取得型、義務負担型、救助型の類型を挙げること（10 頁）を参照。

157）この発展の詳細については、磯村・前掲「分化（二）」447-454 頁、同・前掲「形
成（一）（二）」参照。

158）H. Müller, Der Fremdgeschäftsführungswille (1980) Diss. Mannheim S. 226 f.

159）Wollschläger, a. a. O., S. 249 ff.

160）Wittmann, a. a. O., S. 37. 主観的他人の事務という空虚なカテゴリーは、実際は、
客観的他人の事務においては事務管理意思が推定されることと、事務管理意思がす
べての事務管理債務の基礎であることとの矛盾を隠蔽することに役立っているにす
ぎない、とする。

161）vgl. Helm, Gutachten S. 383 ff.（後掲注 171））。

162）この点は、Wollschläger よりも早く、Rother, a. a. O., S. 81 ff. の指摘したところで
あった。
　なお、かようなそごを考えるにあたって、BGB では、日本民法（648 条）、フラ
ンス民法（1986 条）が委任の原則的無償性（報酬請求権の否定）の立場にあるのに
対して、絶対的無償性の立場に立っていることは重要と考えられる。BGB のかよ

うな立場は当初からのものではなかった。すなわち、第一草案は無償性を明示せず（EI§585）、報酬合意（EI§586）、報酬支払時期（EI§596）についての規定が存した。理由書も、普通法学説、立法の傾向に一致して、無償性を委任の本質的メルクマールとは考えていなかった（Motive Bd. II S.527 f.〔Mugdan Bd. II S.295〕）。ところが有償の事務処理は雇傭、請負で完全に規律されることになり、委任については限界づけの必要から無償性を規定上で明記する必要が生じ、一般的要件に付加され（EII§593; BGB§662）、前記の報酬に関する二規定は削除された。他方、事務処理を内容とする雇傭、諸負契約（すなわち有償事務処理契約）には委任規定が準用されることになった（EII§606; BGB§675）（以上につき、Protokolle S.2287 ff.〔Mugdan Bd. II S.942f.〕）。また、委任契約成立後に報酬の合意がなされてもかような合意は委任の性質を変じないものとされた。

　以上によれば、BGB 立法者は当時の学説、立法の趨勢に従い、委任の無償性を本質的メルクマールとは考えていなかったが、第二委員会の段階で、雇傭、請負との限界づけという理由から絶対的無償性を確立したのであった（それも後の報酬合意を妨げないという点で厳密とはいえなかった）。他方、ローマ法においても委任の原則的無償性は事実上「特別訴訟手続」による報酬請求の承認により形骸化するに至っていたことは一般に認められている（広中俊雄『債権各論講義（第五版）』（1979）248-249 頁、同『契約とその法的保護』（1974）159、168-169 頁）。

　以上の経緯からすれば、社会関係の有償性の原則の支配する今日、BGB の委任の絶対的無償性は他の立法に比し、事務管理（Geschäftsführung ohne Auftrag）との関係を緊密にさせた反面、より一層、社会の要請から孤立したものとなっているのではないか。事務管理においてすら、判例・学説上、職業上の給付については報酬請求権が承認されているのである（事務管理の有償化）（vgl. Wollschläger, a. a. O., S. 314 ff.; Helm, Gutachten, S.392, 408）。

　かような意味で、共同体的紐帯の流出物たる相互援助義務にもとづいて事務管理的行為がなされていた時代においては他人のためにする行為が依頼を受けてなされるか（委任）依頼を受けないでなされるか（事務管理）ということ自体重要性をもたないとしても（広中・前掲「講義」212 頁）、Wittmann のように、現代において、第三者による委任関係が事務本人との事務管理を妨げない、あるいは、無効な委任契約は同一当事者間での事務管理を妨げないという形で委任のみを他の事務処理関係（雇傭、請負）から区別すること（Wittmann, a. a. O., S.10 ff.; S.119 f.）は疑問である。この点は有償事務処理関係との関連でも検討さるべきであるが、将来にゆずる（vgl. Musielak, Entgeltliche Geschäftsbesorgung. in: Gutachten und Vorschläge zur Überarbeitung des Schuldrechts, Bd. II (1981)）。

163) vgl. Wollschläger, a. a. O., S.210 ff. besonders. S.218. 四宮和夫『請求権競合論』（1978）199 頁注(9)、同・前掲書（前掲注 156)）52 頁注(1)、61 頁注(2)(c)、注(4)、91 頁注(4)、202-209 頁参照。

　なお、起草当時にすでに、管理者の費用償還請求権に関して、本人の意思に反する管理による利益は不当利得にさえならないとする見解があったことは注目に価いする。すなわち、現行法 702 条 3 項について、穂積陳重起草委員は、現存利益の返還をさせないと有難迷惑の逆で迷惑有難になってしまうと説明したのに対して、土

第一部　ヨーロッパ大陸における事務管理法

方寧委員が、管理者は自ら本人が拒んだのにしているわけで贈与したとみてもよい
ぐらいで、かような場合を含めると不当利得の範囲を広げすぎるとして削除を主張
したが、容れられなかった（法典調査会民法議事速記録39巻50丁、57丁）。

164）この点につき、拙稿「ドイツ法における賃借人の費用償還請求権（三）」法学論
叢111巻1号（1982）51頁以下参照。

165）注釈民法(18)211頁以下（高木多喜男執筆部分）。
　　従って、英米法でも人命救助については、かような活動の促進、救助者の責任制
限、損害補償についての特別立法が提唱されている（vgl. J. M. Ratcliffe (ed.), The
Good Samaritan and the Law（1966, Reprint 1981））。
　　本書では、管理者の報酬請求権、損害賠償請求権をはじめとする、出費償還請求
権以外の問題を十分検討することができなかった。将来の課題である。

166）R. Bout, LA GESTION D'AFFAIRES en droit français contemporain（1972）thèse, n^{os}
393, 440. かようにして、ドイツの Auch-Gestion に対応する、直接求償権の付与、
法律行為の有効化、の機能にふさわしい位置を与えることができる、とする。

167）大陸法における事務管理判例が事案類型ごとに要件・効果を変化させているこ
とを指摘したのは、Dawson, NEGOTIORUM GESTIO, 74 Harvard L. R. 817（1961）で
ある。

168）Dawson, op. cit., pp. 1127-1129. 事務管理法は委任法からの不要かつ不適当な借用
機構を含んでいる、とする。

169）後期普通法における不真正事務管理をめぐる議論は本書の視点からも重要な対
象であるが、将来の検討にゆずる。とりあえず、磯村・前掲「分化（二）」449-450
頁参照。

170）本人性の拡大についても、学説は錯誤要件を維持している。

171）フランス法の動向については、J.-P. Gridel, Activité désintéressée et gestion d'affaires
dans la jurisprudence de la Cour de Cassation（1970-1980）pp. 71-81. in: L. Richer:
L'Activité désinteressée, Realité ou Fiction Juridique？（1983）。
　　ドイツ債権法改革に関連して、J. G. Helm, Geschäftsführung ohne Auftrag. in:
Gutachten und Vorschläge zur Überarbeitung des Schuldrechts Bd. Ill（1983）が BGB 施行
以後の判例・学説の展開をふまえて、法改正を提言する。その内容は、Auch-
Gestion、無効の契約を適用範囲から除外すること、報酬請求権、管理と結合した危
険から生じた損害の補償（Entschädigung）請求権、などの明文化であり、最近の学
説の動向に沿ったものである。但し、事務管理意思のあり方についての立場は不明
瞭である（Helm, a. a. O., S. 397 ff.）。詳しい検討は将来にゆずる。

172）MünchK-Seiler（2012）, §677 Rn. 10; HKK-Jansen（2013）, Rn. 94; Staudinger/
Bergmann（2015）, Vorbemerkungen Rn. 12, 139, 267, 281, 309 ff.; Falk, JuS 2003, 833;
Thole, NJW 2010, 1243.

第二章

ドイツ民法の起草過程

第一節　はじめに

　日本法の事務管理規定を初学者が読んだとき、契約や不法行為などと比べたとき、その輪郭の不明確さに戸惑うのではないだろうか。しかしそれは、正当な反応ということができるだろう。規律の冒頭に、事務管理者の注意義務があることの意味は何であろうか。規定の沿革をたどることで、この疑問を少しでも解消できるのではないか。

　さて、ドイツ民法も、日本民法と同様に、規律は、事務管理者の注意義務から始まっているが、ほぼ倍近い量を規定している。

　ドイツ民法の編纂過程は、その前段階である部分草案（全13条）、その検討の結果としての第一草案（全13条）、そのさらに検討の結果としての第二草案（全11条）、法案（全11条）とまとめることができる。以下、この三つの案を軸に、それぞれ、部分草案理由書[1]、第一次委員会審議内容[2]、第二次委員会審議内容[3]を要約した上で、それらを手がかりに、その変遷を、事務管理法（全体像、個々の規定の位置づけ）のとらえ方の反映という視点で検討する。

第二節　キューベル部分草案の理由書

　部分草案並びに部分草案理由書は、フォン・キューベルの筆による。当時の判例、学説、立法草案も含めた立法例を渉猟した上で書かれており、部分草案の内容も、その検討の上での取捨選択の成果である。

91

第一部　ヨーロッパ大陸における事務管理法

233 条

　ある者が他人の事務の処理を、この他人から委託されることも、職務上求められることもなくして、開始する場合、この者は、事務本人に対して軽過失についても責めを負う、但し、緊急事態において、介入しなければ、本人に生じうる損失の防止のために行為した場合には、故意と重過失についてのみ責めを負う。

　管理者が、事務本人の禁止に反して、239 条において認められる正当化事由なくして、事務処理をなし、もしくは他人の事務を違法な意図で自己のものとして処理した場合には、事故（不可抗力）についても責めを負う、但し、この事故が管理者の介入がなくても事務本人に生じたであろうことが立証できる場合を除く。

　冒頭の 233 条は、損害賠償義務を念頭に置いた管理者の注意義務の規定である。これに関して、以下のように述べられる。

　事務管理は、他人の財産領域に対する侵害であり、本人の介入者に対する請求権を根拠づけることがまず必要となる。しかし、他方では、そのような介入行為の有益性に鑑み、その行為を法的に承認し、優遇すべき場合があることによる修正がなされる。また、管理者の注意義務、継続義務、計算報告義務、取得物引渡義務、損害賠償義務を規定する必要がある。一部の学説や立法例にみられる準契約的説明は実質的なものではなく、ここでの諸義務の根拠は、介入の事実それ自体から生じ、法秩序が介入の事実と義務を結びつけるのである。但し、これらの義務は、管理者が他人の事務であることを知っていることを前提とするから、そうでない場合には、本人の管理者に対する利得請求権のみが問題となる（後述する、錯誤自己事務管理に関する 236 条）。

　他方、管理者の本人に対する権利が考えられる。侵害に対する本人の意思の自由は可及的に保護されるべきであるが、有益的事務処理に対する一般的需要は歴史を超えて存在し、有益的処理を要件とする不利益調整義務が必要である。その限りで、管理者に過失がない限りで、事務処理結果の不達成は

第二章　ドイツ民法の起草過程

この義務の成否に影響しない。もしそうでないとすれば、管理者に結果の保
障が課せられることになり、有益な介入はまれとなり、本制度の趣旨はそこ
なわれてしまう。

　この際、有益的事務処理と償還義務が結びつけられる。償還請求意思とか
義務づけ意思とか呼ばれるものは、事務管理意思の立証に役立ったり、反対
の意思立証により償還が排除されたりするが、この意思が、事務管理意思と
並んでの独立した意味をもつわけではない（後述 244 条）。

　本人の追認がある場合には、有益的事務処理の場合と同じく、管理者の請
求権が根拠づけられる。追認されない場合には、管理者は利得にもとづく請
求権のみを有する（後述 242 条 2 項、3 項）。

　双方的権利義務の要件は同じではなく、別個に規律されるべきである。こ
の点は、ローマ法源においてそうであり、それは既存の諸法に対応し、普通
法学説における通説とみてよい。両請求権を同じ根拠、同じ要件に結びつけ
る見解は、準契約理論と関連するが、すでに注釈学派の中にみられ、近時再
生している[4]。しかし、本草案は、両訴権の間に必然的相互関係はないとい
う立場に立つから、この見解をとらない。

　委任が無効の場合、受任者が委任の範囲を超えて行動する場合には、その
限りで事務管理が問題となるが、法規定は必要ではない。

　管理者の責任（いわゆる直接訴権 actio directa）の要件については、客観
説と主観説が対立するが、本草案は、管理者の事務処理意思を要件とする。
この意思が存在すれば、管理者には完全な責任が生ずるが、存在しない場合
には、利得責任のみが生ずる（後述 236 条）。

　管理者によって払われるべき注意の程度は、良家父（善良な家父）の注意、
すなわち軽過失が基準であるが、緊急事態の場合には軽減される（233 条 1
項末尾）。他方、本人の禁止に反した事務処理は、本人の意思自由に対する
侵害であり、不可抗力の結果についてもリスクを管理者に負担させ、反対訴
権（actio contraria）を排除する。もっとも、公的義務の履行の場合には例外
となる（233 条 2 項、239 条）。違法な意図による事務処理も不可抗力責任と
なる（233 条 2 項）。

第一部　ヨーロッパ大陸における事務管理法

以上の内容を要約すれば、部分草案の特色を以下のように列挙できよう。準契約的説明を拒否し法秩序それ自体に根拠づけること、他人の事務を処理する意思を不可欠の要件とする典型的事例を前提すること、管理者の優遇を有益的事務処理と結合させること、さらに結果不達成との不依存の強調と政策的理由づけ、追認の有無とその効果、準契約的理解と関連する双方的権利義務の対称化を拒否して別個の規律を志向すること、直接訴権における主観説の採用、緊急事態、本人の禁止違反、公的利益を伴う義務履行、違法な意図による事務処理などの場合の例外処理である。

234 条

　管理者は、自ら開始した事務を、それと必然的関連にあるものすべてとあわせ、終了させる義務を負う。管理者は、事務本人に事務処理についての顛末を報告し、事務処理にもとづき取得したものすべてを引き渡し、特に、自己の名で取得した債権を譲渡せねばならない。

　管理者が事務本人の金銭を自己のために利用した場合は、利用時から利息を付する義務を負う。事務本人に生じたより大きな損害の賠償義務を妨げない。このことは、管理者が金銭の利息付投資を怠った場合に準用される。

　234 条の理由書は以下のように述べる。継続義務については、本人が当該事務を自ら配慮できるようになるまでという限定をつける立法例があるが、本草案はこの立場をとらない。この点が充足されたか否かを管理者が判断できるとすることは本人保護の観点から望ましくないからである。報告義務の趣旨は、管理者の活動の情報提供であり、将来の直接訴権行使のための資料を調達し、準備することにある。同じことが、違法な事務処理の場合にも妥当する。

235 条

　本人から委託があると考え、もしくはその他の法的義務があると考え、他人の事務の処理を開始した者の誤った想定は、事務管理者としての義務に影

第二章　ドイツ民法の起草過程

響を与えない。

　ある者が意識的にそれ自体他人の事務の処理を、委託もしくは職務上の義務なくしてなす場合、彼は、その事務が関係する者に対して、233 条、234条の規定に従い、責めを負う、たとえ管理者が自利で、または事務本人以外の者の委託もしくはために、または本人性について錯誤して、または複数人に関係する事務をそのうちの一人もしくは一部のために処理したか、または他人の事務を違法な意図で自己のものとして処理したかとしても。

　235 条の理由書は以下のように述べる。本草案の立場は、直接訴権に関して、事務が客観的他人の事務である場合には、事務管理意思も、自己を本人に対して義務づける意思も必要ではなく、他人の事務処理の認識のみで十分である。このような拡張は、ローマ法や近時の立法や草案も考えており、本人の保護という実質からも根拠づけられる。この場合に、真正事務管理と不真正事務管理を区別することは意味がない。いずれも事務管理の諸場合である。従って、235 条が規定する種々の場合についても、事務管理者の義務は成立する。

236 条

　ある者が、自己の事務を処理すると考えて、他人の事務を処理した場合、彼は、事務本人に対して、事務処理から利得した限りで責めを負う。

　他方で、他人の事務を処理するとの認識が欠ける場合には、直接訴権による義務を課すことはできず、管理者は本人に対して利得責任のみを負う。

237 条

　管理者が行為無能力であるか、行為能力を制限されていることは、管理者の義務に影響を与えない。

　237 条の理由書は以下のように述べる。管理者の義務は、法律行為にもと

95

第一部　ヨーロッパ大陸における事務管理法

づくものではないから、管理者が行為能力に欠けたり制限されていたりしても、影響されない。普通法も、未成年に利得責任を認める。本人保護の趣旨が決定的であり、この点を後押しする。

238 条

　他人の事務を、委託もしくは職務上の義務なくして、この者のために処理することを開始した者が、この際、彼が存在する諸事情のもとで、彼に知られた、事務本人の意思、行為方法、諸事情を考慮すると、事務本人が事態を知れば、この事務処理を承認したであろうと想定できるように行為した場合、たとえ意図された結果が管理者の過失なくして達成できなくとも、事務本人は、管理者を引き受けた義務から解放し、費用を利息つきで償還し、通常支払われるのが通常である行為についての報酬を与える義務を負う。

244 条

　他人のために出捐した者が、この際、この他人に贈与、法的義務、愛情（義務）を履行する意図で行為した場合には、管理者の償還請求権は生じない。
　両親もしくはその尊属が卑属に対して、またはその逆に扶養を与える場合、疑わしい場合には、これは、義務履行の意図でなされたものとみなされる。

　238 条、244 条の理由書は以下のように述べる。普通法は、反対訴権の成立要件として、有益的事務処理と並んで、償還請求意思（animus obligandi, animus recipiendi）をも要求していた。本草案は、償還請求意思を反対訴権の要件とは見ない。それは、事務管理意思を確定するための間接的意義のみを有する。管理者の、本人の義務づけに向けられた一方的意思、もしくはそれと擬制的な本人の意思との結合が、償還の根拠を与えるのではなく、有益性の要件に法秩序が償還義務を結びつける。ローマ法源の多くは、近親者間での扶養を対象としており、この場合には、扶養は愛情からなされたと想定され、その場合には償還は否定されるが、そもそもそのような場合には、扶

養は自己の事務であり、他人の事務という基本的な要件が欠けている。争いのある場合の解釈規定を置くことは有用である。

有益性の基準は、客観的なものではなく、本人の推定的意思である。そうでないとすれば、客観的有益性のもとに本人が犠牲にされるからである。積極的な不利益防止のみならず、消極的な利益喪失防止も含まれる。この点は、損害防止の場合にも同様である[5]。第三者の押しつけがましい有益性理解に対して、本人の理解が承認されねばならないからである。同じことは、事務の引受のみならず、実行についても妥当する。

管理者には報酬請求権も一定の制約の下に認められる。そうでないとすれば、管理者としてした場合には、そうでない場合と異なる、気前よさが期待されることとなり、事務管理意思とも矛盾しよう。

この償還義務は、事務処理によって意図された結果が生じなくとも、管理者にその点で過失がない限り、認められる。救助行為不成功の危険を自ら負担することは認めがたい。望ましい救助を必要とする本人のために、その救助を得させるために、当初より、成功に依存せず、有効な請求権が与えられるべきである。

239 条

事務処理が、公的利益によって命ぜられた事務本人の法的義務の履行、または事務本人に扶養義務ある者に対する扶養に存した場合、238 条で示された、管理者に対する本人の義務は、管理者が本人の禁止に反し行為した場合でも、存在する。

239 条の理由書は以下のように述べる。管理者が本人の禁止に反した場合には、管理者は本人に対して不可抗力責任を負う（233 条 2 項）が、そこで、239 条の場合が除外されているように、ここでは、本人が管理者に対する償還義務を負う場面について、本人の禁止に反する場合は、原則として、償還は否定されるが、本条に規定する場合には、例外的に償還が認められる。

第一部　ヨーロッパ大陸における事務管理法

240 条

　管理者がそれ自体他人の事務の処理を、本人性について錯誤をして開始した場合、その事務に関係する者が事務本人として、238 条の基準により責めを負う。

　240 条の理由書は以下のように述べる。客観的他人の事務については、管理者が本人について錯誤する場合がありうる。しかし、それによって、援助行為という性質が変化するわけではない。有益事務処理が真の本人との関係で成立するか否かは別問題である。

241 条

　事務本人が行為無能力もしくは行為能力を制限されていることは、事務本人の義務に影響を与えない。

　241 条の理由書は以下のように述べる。特別な事情は考慮されるべきとしても、当初から償還義務を排除する根拠はない。

242 条

　委託もしくは職務上の義務なくして、他人の事務の処理をこの者のために引き受けた者が、この際、238 条の基準に従い行為しなかった場合は、事務本人が当該事務処理を追認するか否かの意思に従う。

　事務処理が事務本人によって追認された場合、事務本人はこれにより管理者に対して 238 条の場合と同様に義務を負う。

　追認がなされない場合には、管理者は、事務処理にもとづくものが事務本人の財産中に存する限りで、費用償還と、引き受けた義務からの解放を求める請求権を有する。管理者が事務本人のために有体設備に費用を出捐した場合には、管理者は収去権を有する、事務本人もそうする利益がある場合には、原状回復を要求でき、それにより損害が生じた場合には、その賠償も請求できる。

242 条の理由書は以下のように述べる。事務の有益性が反対訴権を根拠づける。この場合に、事務の種類は関係がなく、主観的他人の事務の場合には、本人の追認を反対訴権の成立要件に加える立場があるが、本人の保護は、処理の有益性それ自体にある。追認は、本人の一方的意思表示であり、有益性の欠缺が本人の意思によって代替され、反対訴権を根拠づける。有益性も追認もない場合には、本人に対する利得請求のみが認められる。有体的設備への出捐は、本人の利益と対応しない場合には、利得請求権から収去権に変態し、さらに、本人の保護は、収去請求（原状回復）と損害賠償で実現される。

243 条

管理者がそれ自体他人の事務を、知りながら自己の事務として処理し、または自己の事務であると考えて処理した場合には、その事務に関係する者は、242 条において事務本人に与えられている権利と義務を有する。同じことが、事務自体は複数人に関係するが、管理者がそのうちの一人もしくは一部のためにのみ処理した場合に、それ以外の者について妥当する。

243 条の理由書は以下のように述べる。事務管理意思が欠ける場合には、追認か利得責任となる。管理者が悪意の場合でも、本人に利得責任は生ずる。そのような場合に、管理者の悪意が本人が利得を保持する根拠を与えるわけではない。

245 条

ある者が、他人が彼のために授権なくして管理者として第三者と締結し、追認されていない法律行為の結果として、第三者の財産から、これについて彼が管理者に対しても権利を取得することのない、財産利益を取得した場合には、彼は第三者に対して利得の限度で責めを負う。

245 条の理由書は以下のように述べる。本草案は、管理者が「本人の名で」第三者と契約を締結した場合を前提とする規律である。古い普通法実務や立

第一部　ヨーロッパ大陸における事務管理法

法のように、自己の名で行為する場合を含めたり、単に仲介者を介した利益の流入一般を対象としたり、直接的利益移動の場合をも含めないのは、不当利得との限界づけを意識するためである。管理者が自己の名で行為する場合には、相手方は背後の本人を認識できず、管理者に対する請求と並んで認める必要に欠けるからである。本人と管理者の間において、贈与とかその他の原因が存在する場合には、成立しない。この本人にとっての利益保持原因は、利益取得時かその後かは問題とならない。基準時は、この規定にもとづく請求が提起された時点での存否である。

　全体としてみると、キューベル部分草案は準契約思想への反発が顕著であり、法律効果は、両当事者の意思からではなく、一定の事実に法が法律効果を結びつけるという説明をとる。この点は、237 条、241 条に顕著である。直接訴権、反対訴権に共通の根拠、要件を結びつける考えを拒否することはこれと関連する。従って、両訴権の要件は別個に規律される。直接訴権では、管理者の他人の事務処理の認識を要件としてとるが、しかし、それは事務管理の一般要件からの制約としてである。管理者に認識が欠ける場合には直接訴権は否定され、利得責任となる（236 条）。また、反対訴権では、本人の推定的意思を仮定的承認という定式の下で、引受のみならず、実行についても、考慮する（238 条）という形で徹底されている。従って、準契約思想への反発は、管理者や本人の主観的要素を考慮しない方向に作用しているわけではない。それらは、他人の事務の処理の認識という事務管理制度の一般要件から、もしくは本人の意思自由保護などの別の根拠から考慮されている。全体として、統一的制度の内実は、二元的な制度構想といえ、その中でさらに、なお従来の議論を引きずっている諸側面も多いといえる。

第二章　ドイツ民法の起草過程

第三節　部分草案の第一次委員会における検討過程[6]

　最初に審議方針について決議がなされ、典型モデル（ある者が事務を他人のために、そのものの利益を維持する意図で、かつ、自分と他人をそれによって義務づける意思で、処理する場合）を設定してそれに従った審議をなし、その後にそれ以外の場合（後出のAからLまでの11事例（そのうちで項目Iはない））を検討することになった[7]。

233条（第一草案749条）

　第1項については、六つの決議がなされた。

1、部分草案の「他人の事務」という表現は、客観的つながりを示唆し、冒頭決議による典型例を超えているため、さしあたり「他人のための事務」と表現する。

2、「処理の開始（unternehmen）」をより慣例的で、誤解も少ない「事務の処理（besorgen）」と表現を変えること。

3、「職務上求められることもなくして」を「職務なくして」と変更。領事が管轄区域内の自国民の遺産を相続人のために占有、管理、清算する場合は、事務管理ではなく委任規定によるべきで、そういう解釈を可能とするために、このような変更を施すべき。

4、事務管理者の語をかっこ書きで条文に入れることは、不要である。そうすることで、法典全体にこの制限的な意味が付せられる疑いがある。本節の中で限定的な意味が伴うことは、関連から疑いはない。

5、ヴィントシャイトから出されていた第二提案に従い、管理者が過失について責めを負う、ではなく、過失により生じた損害賠償の責めを負う、とすること。草案では、管理者がそもそも介入自体についても責任を負うことについて明確ではないという理由である。

6、管理者が急迫の危険防止のために行動した場合（1項但書）には重過失についてのみ責めを負うことを規定すべきこと（第一草案750条に独立化）。

101

急迫の危険の要件により、適用拡大の危険は回避される。

第2項では、四つの決議がなされた。

1、草案の「禁止に反して」を、明示の禁止に限定せず、管理者の知が基準であることを強調するため、「管理者に知られていた意思に反して」と変更すること。

2、239条への指示は削除しないこと。239条の公的義務の履行の場合に償還義務が本人の反対の意思により影響されないのと同様に、管理者の義務についても妥当するからという理由である。

3、違法な意図での自己事務管理は、冒頭決議の趣旨により、さしあたり除外すること。

4、例外規定の体裁ではなく、事務処理から生じたすべての損害について責めを負う、の形式とする。介入から損害が生じたことは本人に証明責任があり、この証明がなされた後に、管理者から反証をなすことが許されるが、この点を明文で規定する必要はない。

のちに（168回審議）、禁止に反する事務処理の場合の賠償責任規定は、不法行為責任規定から直接出てくるから不要として、削除された。

234条（第一草案751条）

第1項については、中途での事務処理中止が管理者に損害賠償義務を生じさせることは自明で、明文規定は不要として、継続義務の規定を削除した。

良家父の注意は、本人の推定的意思の探求にも向けられ、事務処理の段階でも妥当する。この点について233条を補充することが決議された。

報告と引渡義務については提案に従い、委任規定を準用することとされた。

第2項は、必要性がないとして削除された。

留保事項の検討

A　主観的他人の事務

管理者が自己の名で第三者と法律行為を締結した場合でも、本人のために

行為しているという真摯な意思が外部に十分表示されれば、事務の種類にこだわる必要はないとされた。

B　義務づけ意思（animus obligandi）

　この意思が欠ける場合の規定が草案244条であるが、やや個別事例の列挙の表現なので、より一般的抽象的規定にする提案が出され、採用された（第一草案754条）。

C　管理者の自らを義務づける意思

　この点については規定を置かないことに決議された。この意思が欠ける場合には、そもそも事務管理が語りえない場合か、全く影響がないかのいずれかであるとされた。

D　本人性の錯誤

　直接訴権（235条）、反対訴権（240条（第一草案757条））いずれの場合にも、かような錯誤は重要でないとされた。すなわち、真の本人との間で権利義務が成立する。

E　錯誤で法的義務ありと考えた場合

　特別な規定は置かず、学説に委ねることに決議された。

239条（第一草案755条）

　扶養義務について、法定のものに限定する提案が承認された。さらに、事務処理がなければ適切な履行がなされなかったという限定も承認された。ここでの義務履行の場合には、238条における主観的原則は適用されず、客観的原則が妥当する。すなわち、この場合には、一般的福祉、人道的考慮が例外的処理を要請する。この理由は、履行の種類や態様にも拡張されるべきで、本人の反対の意思は考慮されない。他方、第三者の介入の動機の点で、本人の適時の履行が期待しえないという形での制限が必要である。

241条（第一草案756条）

　草案の立場を承認した。本人の義務は本人の意思を考慮するものではなく、法によって一定の事実に結びつけられる。238条における仮定的承認は、

法定代理人を基準に考える。

237 条（第一草案 752 条、現行法 682 条）

　管理者の利得責任と、補充的不法行為責任を規定する提案を採用した。

　事務管理は法律行為ではない。管理者の意識的行為を含むところの事実に直接一定の法律効果を結びつけている。行為無能力の場合には、管理者に義務は生じえない。制限行為能力の場合には、この場合に不法行為能力があるとされることにも鑑み、義務成立の妨げとならない。行為能力を考慮しつつ、狭義の法律行為の原則が適用可能である。本人は、不法行為責任追及も妨げないとする規定で十分保護される。

238 条（第一草案 753 条）

　以下の諸決議がなされた。

1、管理者の権利は、介入自体が本人の意思と一致したことに依拠し、管理者がしかるべき注意を払って認識しうる限りでの本人の意思に一致したことではない。

2、管理者の権利は、また、事務処理の態様・方法が上記の要件に一致したかどうかにも依存する。

3、上記の原則は、管理者が本人の急迫する危険を防止するために行為する場合でも、適用を排除されない。

4、管理者の権利が依存する要件は、「本人が真の事態を知ったならば、管理者の行為を承認したであろう場合」と定式化する。

5、疑わしい場合には、本人は、良家父が真の事情に従い妥当と考えるであろうことを承認したであろうと推定される、という解釈規則を設けること。

　本人の真の意思が基準であることは、以下のとおりである。本人が自ら惹起しなかった[8]管理者の行為の結果を本人が負担することは一般原則と調和しない。望ましい介入を抑止させ、一般善が実現されないという論拠は根拠がない。介入は重大事であり、介入者は用心し、あらゆる偶然を計算すべきである。介入（引受）と実行の区別は根拠が欠ける。また、新しい事務の引

受か古い事務の実行かの区別も同様である[9]。本人の意思は、それ自体を直接確定することはできないから、草案のような定式で考慮するしかない。この際、本人が承認を思いとどまるようなすべての事情が考慮される。しかし、一般と異なる本人固有の事情は本人が立証義務を負うとすべきである。

　管理者の権利内容については、償還と免責であり[10]、最後に、明確化のために、意図した結果が生じなくても、認められる点を規定することが決議された。

242 条（第一草案 758 条）

　追認がなされた場合の効果については、管理者は 238 条による権利を取得し、他方、本人は管理者に対する損害賠償請求権を失うと規定する決議がなされた。追認は多様な意味を持ち得、それを判断することは事実問題であり、明文化になじまない。ただ、規定がないと、そもそも法的に有効な追認をなし得るかの疑いが生ずるので規定をその限りで置く。

　追認がない場合には、condictio ob rem の規定に従い、本人は利得の引渡義務を負うと決議された。草案は、さらに、原状回復や損害賠償義務を規定するが、自明のことであり、規定は必要ではない。

留保事項の検討（169 回審議）。

F　他人の事務の錯誤による自己事務処理

　236 条（直接訴権）、243 条（反対訴権）に関係する（まとめられて第一草案 761 条）。

　以下の諸決議がなされた。

1、事務管理の原則は適用されない。不当利得（condictio sine causa）の原則にのみ従う。但し、管理者の不法行為責任を妨げない。

2、本人の側からの追認の効果については明文を設けない。

3、「他人の事務が、自己の事務と考えられて、処理された場合」という定式を採用すること。

管理者が他人の事務であることを知らない点に無過失である限り、管理者における他人の事務の認識を最低限必要とする、本人からの直接訴権は成立しえず、反対訴権もより一層成立しない。しかし、過失による不法行為、損害賠償責任を負うことがありうる。学説や立法で一部は異なった判断がなされていることを考慮して、争いを予防するために明文の規定が必要である。追認については、合意による一般原則に委ねられる。

さらに、以下の諸事例が検討された[11]。

G　知りながら自己事務として処理する場合

不法行為責任が適用される。この場合にだけ、その他の不法行為者と異なり、より厳しい責任を負うことは説得力がない。直接訴権、すなわち事務管理訴権を用いることの利点とされるもの（不法行為と異なる通常の時効期間、報告義務、引渡義務）は、不法行為で十分対処可能である。最後の引渡義務の内容は不法行為による損害賠償請求権で同じことが達成可能である。報告義務も同様である。さらに、窃盗などを事務管理者として扱うことは、事務管理の概念と調和せず、この概念の変質に導く。事務管理であるためには、他人の事務をそれとして処理する真剣な意思とその開示が必要である。

H　他人の事務として、かつ自己と本人を義務づける意思で処理したが、もっぱら自利によって決定されていた場合

草案235条2項で言及される事例。完全に事務管理規定の適用が可能と決議。このような場合をGと同様に扱うことはできない。むしろ、この場合は、自己と本人の利益を同時に考慮していたといえ、そのような場合がむしろ通常例に近い。このような場合を事務管理から排除すれば、事務管理規定が適用される場合はほとんど残らないだろう。

J　第三者のために行為した場合

草案235条2項で言及される事例。ここでも、事務管理規定は完全に適用可能と決議。

K　第三者の委任で行為した場合

草案235条2項で言及される事例。原則として、本人との関係は成立しないが、例外的に、管理者が同時に本人のために行為した場合には、成立する。

しかしこの意図は推定されず、特別な立証が必要である。

L　事務が複数人に関係するが、管理者はその一部についてのみ事務管理意思を有していた場合

　草案235条2項、243条二文で言及される事例。今までの諸決議にもとづき処理可能と考えられ、明文規定を置かないことに決議。事務管理意思を有さない本人に関しては、管理者は反対訴権を取得しない。本人の側からの追認は可能。また、第三者のための事務管理の事例ともなる。

245 条

　管理者が本人の名で第三者と法律行為をし、本人が追認を拒絶した場合の検討が必要とされた。この場合の第三者の利得請求権の定めは不要と考えた。第三者に、condictio ob rem もしくは condictio sine causa による不当利得が一般規定により与えられることは明らかだからという理由である。

　他方、提案にも含まれた、管理者が自己の名で締結した場合の規律の必要性の有無について審議された。この場合には、第三者に本人に対して利得請求権が与えられるかについては、二点が否定的根拠として挙げうる。第一に、第三者は代理人に対して権利を有すること、第二に、利得の要件としての欲せざる財産損失について語りえないがゆえに。代理人が無資力の場合に、利得請求権を与えることは問題。そうでない場合には一応考えうるが、代理人が本人に出捐しても、二当事者間に対応する対価（義務）が存在する場合には、履行されれば、利得は否定され、履行前でも、第三者に権利を付与することは可能としても、適切な規律は困難である。

　以上により、草案245条と諸提案はともに拒否された。

　245条は、従来、転用物訴権を認める規定と漠然ととらえられていたが、部分草案の理由書、第一委員会での審議内容からは、やや異なった理解が示される。部分草案起草者キューベルの意図は、管理者が本人の名で法律行為を第三者と締結した場合の、第三者の本人に対する利得請求権を本条の規律対象として念頭に置いていた。この行為が有益的事務処理と評価される場合には、追認を待たずに本人を拘束するはずだから、この場合は、有益的事務

第一部　ヨーロッパ大陸における事務管理法

管理とならない場合が前提と考えられる。第一委員会の審議では、自己の名で締結した場合を付加する提案（v. Weber）が出されたため[12]、あわせて審議された。第一委員会の削除の理由は、本人の名で締結した場合には、不当利得の一般原則（請求時における本人の側の利益保持原因の有無）から請求の可否が判断されるから自明であるからとしてであり、自己の名で締結した場合には、利益保持原因、第三者側の任意供与性、規律の困難性などであった（フ民旧 1375 条（2016 年改正前の表現）は管理者の自己の名での有益的事務処理についても、補償義務を課する）。

　第一次委員会における検討をまとめると以下のようにいえよう。典型的事務管理以外の諸場合が個別に検討された。違法意図自己事務処理の類型は、部分草案と異なり、不法行為に委ねられた。それで十分対処可能とし、また事務管理の概念と調和しないことも理由とされた。不法行為責任で対処可能として削除される規定が若干目立つ。本人の禁止に反する事務処理による賠償責任規定の削除や、中途での事務処理中止による賠償責任成立は自明として継続義務の削除がなされた。追認がない場合の管理者の損害賠償責任について、また、不法行為責任を主位的にもしくは補充的に援用する規定が新設された。錯誤もしくは違法な意図による自己事務管理について、前者は双方的利得責任、管理者のみ補充的に不法行為責任、後者は管理者の不法行為責任とされた。なお、直接訴権に関する 235 条に含まれていた、自利もしくは第三者の利益に規定されていた場合と、第三者の委任にもとづく場合が、審議の結果、それぞれ第一草案 759 条、760 条に一般化された。

第四節　第一草案の第二次委員会における検討過程

　多くは、表現の微調整にとどまる。第一草案 756 条、759 条、760 条が削除された。

　749 条（第二草案では 1、2 項が独立し、608、609 条に、現行法 677 条、

678 条）は、損害賠償義務の明示から、管理者の注意義務内容に変更された。

751 条（第二草案 612 条、現行法 681 条）について、通知義務、待機義務を追加した。

756 条は、反対訴権に本人の能力は影響しないとする規定だが、元々準契約的理解にもとづく誤解を避けるため設けられたが、そのような誤解はそもそも生じえないとして、削除された。

753 条（第二草案 614 条、現行法 683 条）の反対訴権の要件としての本人の意思との一致は、引受にもその後の実行にも妥当するとされてきた点が、提案にもとづき、前者のみとの一致に変更された[13]。管理者の認識可能性を基準とする第一提案と本人の真の意思との一致を要件とする部分草案や第一草案との中間的立場をとるとされた。部分草案起草者キューベルがこの区別を提唱する一学説（Ruhstrat）を検討しつつ、拒否したものが復活した形である。急迫の危険の場合に例外処理を提案する第三提案（Planck）に対して、第二次委員会は、この提案の趣旨を一般化するという説明をしている。そのような趣旨は、それは、本人が一般的委任（指図）を与え、個々の細かい指示を与えることができない場合と状況は同様である。管理者が、注意を伴った裁量で本人の意思を代替できる場合か否かが問題である。

違法意図自己事務処理の類型について、第一草案 761 条（第二草案 618 条、現行法 687 条）は、部分草案の立場を変更して、不法行為責任に委ねたが、ここで再度、本人保護の趣旨から、事務管理訴権との選択権を本人に与えた。その理由は、不法行為訴権のみの場合には、本人の利益保護が十分ではないこと、不法行為の要件の立証の困難、時効については不法行為が不利であることが挙げられた。

第五節　最後に

大きくみれば、部分草案から第一草案を経て、民法典に至る変遷は、直接訴権、反対訴権を別のグループとしてそれぞれ規定の前半と後半で独自に規

第一部　ヨーロッパ大陸における事務管理法

律するスタンスから、やや融合、混合の状態への変化ととらえられる。これ
は、基礎が異なるとはいえ、共通の問題も意識され、それに応じた整とんが
施されたとみることができる。例えば、反対訴権のグループに位置していた
公的義務の履行に関する規定は、部分草案239条から、第一草案755条を経
て、直接訴権グループの位置である、現行法679条において一般化される
（683条二文で関連づけられてはいるが）。わずかではあるが、訴権システム
から、一般的制度としての要件効果システムに移行した。

　最も注目されるのは、 反対訴権（費用償還）の要件としての、本人の意
思との一致が、当初は、事務の引受のみならず、その実行についても必要だ
とされていたが、引受との一致のみに限定され、実行は管理者の注意義務に
委ねられた。すなわち、実行については、管理者が注意を払うことで認識し
うる限りでの、本人の意思に従うことで足りることになった[14]。本人の意思
利益の保護と管理者の償還を通しての利他的介入促進のジレンマを、より後
者に重点を置いて解決した。

　さらに、多くの点で、不当利得法や不法行為法の規律に、明示黙示を問わ
ず、委ねられることとなった。管理者の義務については、委任規定の準用も
なされた。これは、事務管理の規律を独立して理解することはできず、他の
法定債権関係と関連しつつ分担している点が多いことを示唆する。違法自己
事務管理の処理は、部分草案から第一草案、法典と二転した。

　部分草案では、実質的には主として管理者の不法行為責任を問う直接訴権
と本人の側の利得責任の組み合わせであったが、第一草案で、管理者の不法
行為責任に一元化された。法典は、不法行為責任を背後に控えつつ、選択的
な事務管理直接訴権の行使を認め、行使によって、限定的な反対訴権にさら
されるという形で、双方化したが、この点は部分草案理由書も認めるところ
であった。

　部分草案はキューベルによる普通法の明文化の試みとして成立したが、そ
こに、準契約の拒否、本人保護の強調が底流としてあった。彼は随所に、法
源をめぐる議論を、実定法化に際し不要なものとして排したが、普通法それ
自体を基本として据える以上、事実上のその法源拘束性は否定できない。利

110

第二章　ドイツ民法の起草過程

他的行為の促進の制度としての首尾一貫性を目指しながらも、随所に、従来の議論状況（それ自体が法源の文脈に由来）から由来する拘束を完全には脱することができていない。

また、同様に、原理[15]と個々の規定との乖離は、普通法では完全に克服することはその前提からして無理であったが、部分草案から民法典への過程で、原理による個々の規定のコントロールが徐々に進行した。最も明瞭にこのことがうかがえるのは、不真正事務管理と呼ばれる諸事案の規律である。第一次委員会における部分草案の検討の過程で、多くの不真正事務管理事例が整とんされ、違法意図の自己事務管理と錯誤による自己事務管理に限定され、それ以外の事例は、規定の修正、削除、学説への委ね、という形で解決され、その反面としての、真正事務管理の要件効果が純化された。いったん不法行為に委ねた違法意図自己事務管理を、選択的にではあれ、政策的考慮を根拠に、事務管理に戻した揺らぎはあるにせよ。

ここで、現代の事務管理法の課題に照らし、ドイツ民法の起草過程が与える示唆を検討してみよう。

まず、報酬請求権について、現在の解釈論は、費用償還の拡張として認めることが多い。DCFR（後掲第三章）では、明文化された。一般的に有償化することは、社会学的には、介入のインセンティブを抑制することに働くという危惧が示されている。また、法と経済学的アプローチもある。部分草案では、238条において、反対訴権の一効果として、費用償還、免責請求、と並んで、「通常支払われるのが通常である行為」に限定して、報酬請求を認めた。第一次委員会の審議で削除されたことは推測できるが、その理由は明らかではない。

管理者の損害賠償請求権について、管理者が事務処理の過程で損害を被った場合の救済であるが、DCFRは、緊急救助について肯定する明文を置いている。部分草案は、直接訴権として、本人から管理者への介入に由来する損害賠償請求権を与えているが、その反対の方向の損害賠償請求権を与えるという発想はない。

管理者の代理権について、DCFRは肯定する明文を置く。フランス民法も

111

第一部　ヨーロッパ大陸における事務管理法

同様である。部分草案は、245 条において、本人の利得責任を置く。キューベルは、この規定を本人の名で締結した場合に限定する趣旨だったが、普通法での議論に由来する提案もあり、第一次委員会では、管理者の名で締結された場合も議論の対象とされた。もちろん、現代の問題は、本人の責任を直接導く前提としての代理権限の可否であるが、部分草案などが念頭に置いたのは、無権代理の場合の本人の不当利得責任、もしくはそれすらない仲介者を介しての利得責任の可否の問題であった。

　事務管理が成立する要件と範囲の問題について、DCFR は、オランダ民法を参照しつつ、介入者の権限要件を介して、事務管理の成立範囲を画する。他方、本人の意思調査義務違反を介入の合理的理由排除の一つとする。部分草案では、直接訴権と反対訴権の要件効果は異なるという前提から出発するので、正当な事務管理などの、事務管理制度全体としての共通の要件を考える方向には与していない。直接訴権においては、管理者の良家父としての注意義務が損害賠償責任の成否を決め、他方では、反対訴権では、本人保護のモットーの下、本人の推定的意思が基準であり、管理者の注意が尽くされたか否かは関係しないものとされた。まさに、事務処理の結果の不発生のリスクが、管理者か本人かどちらに転嫁されるかは、本人の推定的意思に一致したかが決定する。しかも、当初の部分草案は、その一致を、引受にも実行にも、すなわち、事務処理全体に及ぼし、本人保護を徹底していた。このようなリスクは、管理者の事務処理を自ら惹起していない本人に転嫁することはできないという認識であった。

　違法意図自己事務管理の問題について、部分草案以下、規律についての態度は二転したことはすでに触れた。部分草案は、243 条において、錯誤事務管理と同様に、有益的事務処理が成立しない場合の規律に委ねた。もっとも、直接訴権の側面では、不可抗力責任を負い、反対訴権では、本人の追認の有無に委ねた。第一草案は、直接訴権の引渡義務などの利点は、不法行為責任で対処可能とした。第二次委員会は、本人の立証責任や時効の問題を考慮し、事務管理責任を選択可能とした。

　事務管理制度の統一性について、事務管理という法制度を他の法制度と異

112

なる独立のものとして統一的にとらえようとすると、諸法律効果の要件を統一的にとらえようとするベクトル（同期化）が働く。キューベルは、準契約思想から流出するこのような作用を拒否することを宣言し、直接訴権、反対訴権に即して、諸問題の要件を異なって処理することに努めた。しかし、審議の過程でこの方針は、必ずしも貫徹されなかったのは、事務管理という一つの独立した法定債権関係を生み出す制度という前述の同期化が働いたのではないか。一般的には肯定される訴権システムの廃棄は、この制度に関していえば、必ずしも好都合に作用しなかったように思われる。また、キューベルは、法源を前提とした議論を不用意に編纂時の議論に持ち込むことを避けようとしたが、それでも、完全に徹底はできなかった。違法意図自己事務管理の処理は、事務管理制度の統一性の確立に関しても意味をもつ。実質は不法行為であるこの類型を、キューベル草案は、むしろ法源をめぐる議論の延長で、含めたが、第一草案は不法行為に位置づけ、現行法は、再び、事務管理を選択可能とさせた。ここでは、まさに、ある時点での、制度間での機能的振り分け、利益や損害の解釈の限界が問題とされている。

　もう一つの重要な論点として、管理者の注意義務ないし過失が、直接訴権と反対訴権に働く側面がある。具体的にいえば、管理者の本人に対する損害賠償義務と本人の管理者に対する費用償還義務それぞれの成立要件を同視するか、ずらすか、の問題である。同期化を強調すれば、後者においても、管理者において注意義務が尽くされていれば、費用償還義務が成立するという立場がありえよう（現代では DCFR など）。他方では、介入者の（一定の要件を満たすという限定はあるにせよ）行為のみによって被介入者が債務を負わされるという側面を重視するならば、ここでは、より厳格な立場が妥当しよう（キューベル草案）。さらに、これらの中間的な立場も考えられる（Ruhstrat や第二草案以降の立場）。まさに、この点に事務管理の制度設計のかなめがあるように考えられ、BGB 施行後も、引受と実行の区別の有用性の有無という形で、論じられることになった。

第一部　ヨーロッパ大陸における事務管理法

〔注〕
1) Schubert, Vorlagen, Schuldrecht Teil 2 (1980), S.933-995.
2) Jakobs/Schubert, Beratung, Schuldrecht III (1983), S.113-167. 審議過程におけるその他の草案は省略する。
3) Jakobs/Schubert, Beratung, Schuldrecht III (1983), S.113-167.
4) S.936. Brinkmann, Köllner, Monroy.
5) つまり、本人の意思という主観的原則が償還の可否を決める。
6) 事務管理の審議は、165回から170回までの6回。開催日は、それぞれ1883年1月19日、22日、24日、26日、29日、31日である。
7) Jakobs/Schubert, S.114.
8) 後掲（第3章第2節）のJansen の主張と対応する。なお、イギリス法からアプローチするKortmann の考えもこれに通ずる。
9) Jakobs/Schubert, S.145. 引受と実行の区別を主張するプランク（Planck）の第二提案やルーストラット（Ruhstrat）の説が念頭に置かれている。Ruhstrat, Ueber negotiorum gestio (1858), S.38ff.では、一般事務管理と個別事務管理が区別され、遺産管理と屋根の修理が例示され、前者の場合には、遺産管理の引受について本人の意思との一致要件が満たされていれば、そのための借財については、管理者の注意義務遵守の点のみが問題となるのに対し、後者では、まさに修理そのものの本人の意思との一致が問題となると説明する。前者の場合には、評価は一体的に、引受の時点を基準になされるべきだからと。なお、この著作自体では、Leist の必要費、有益費、奢侈費の分類を事務管理にもとづく償還の基準にも導入する立場を、費用償還論からの一般化であるとして批判する趣旨で書かれている。
10) つまり、部分草案にあった、報酬請求権が削除された。
11) Jakobs/Schubert, S.158
12) 磯村哲『不当利得論考』(2006) 79頁、137頁によれば、この場合が普通法の転用物訴権の範型である。
13) Jakobs/Schubert, S.147; Mugdan, S.1195ff. ヤクベツキ（Jacubezky）の第四提案が採用された。スイス債務法472条に従うものとされる。
14) Jansen, HKK, Bd.III, 2 (2013) §§ 677-687 I Rn.37 は、この点を、反対訴権の要件の緩和、すなわち利他的行為の促進として、事務管理の自然法的利他主義モデルへの傾斜と評価しつつも、あくまで修正であり、全体を刻印するまでには至っていない、と述べる。引受と実行の区別については、Jansen, HKK, Rn.57f.; Anm. 485f.; 492. 民法施行後の議論については、Jansen, HKK, Rn.106ff. レント（Lent）、ニッパーダイ（Nipperdey）による、費用償還についての本人の意思との一致要件を事務管理の成立要件に持ち込むことで事務管理を純化しようとする説の評価については、Jansen, HKK, Rn.82-86 (S.67-70).
15) 19世紀末のコーラーの人類扶助理論の位置づけについて、ヤンゼン（HKK, Rn. 33.）は利他的＝予防的モデルに含める、他方、磯村・論考199頁は根拠を、本人の意思・利益と対比される、社会的有益性・社会関係そのものにみる。

第三章

ヨーロッパ事務管理法の提案と学説の反応

▌第一節　共通参照枠草案（DCFR）における事務管理法の提案

第一項　はじめに

　近時公表された DCFR の事務管理法[1]は、欧州連合加盟国に共通の事務管理法を作出する試みとして、本書で取り上げる意味がある。

　当初はヨーロッパ法原則シリーズの一冊として、単独の単行本として 2006 年に刊行ののち、Full edition 版第 3 巻の後半部分（第五編）として 2009 年に刊行された。両者の間には、収録の範囲に若干の差がある。前者には、冒頭に 50 頁ほどの序があるが、後者にはない。同様に、前者には巻末に判例文献リストがあるが、後者では、最終刊の付録に一体化されているものと思われる。

　単行本版の「序」（Introduction）[2]で、編集の方針が語られている。その内容の要約は以下のとおりである。

　加盟国法を比較し、その共通な部分を抽出し、微調整を加えるというスタンスであるが、加盟国法それぞれの特色が多様であり、全体を重ねるとなんとか網羅的な体系が得られる程度という認識を示す[3]。契約法、不法行為法、不当利得法との関係は、それぞれ一般法と特別法の関係とみる[4]。事務管理の多様な類型に対しては、合理的理由を伴うものに限定する[5]。適用範囲の画定（第一章）、管理者の義務（第二章）、管理者の権利（第三章）というように、わかりやすい構成にする[6]。他人の事務性を要件とするか否かについて、この要件は、慈善的介入を準不法行為ととらえ、要件充足で例外的に正当化されるものとみる発想を前提とするが、本草案ではこういう理解はとらない。他人を益する意思がもっぱらであることは、合理的理由の存在の指標

第一部　ヨーロッパ大陸における事務管理法

にすぎない。また、他人の事務性を要件とする国の運用をみると、限界づけ
に困難が生じている[7]と。

　注解（Comments）、設例（Illustration）と注（Notes）のスタイルは、アメ
リカ法律協会のリステイトメントを参考にしたものとみられる。設例のう
ち、加盟国法の判例を素材にしたものは、各条の注末尾に列挙されているが、
比較的わずかである（以下で引用する場合には、由来を国名で明記した）。
設例の内容には精粗があり、解説調のものがあったり、極端に短いものが
あったりと、一貫していない。注は、ほぼ、各条文の内容に対応する各加盟
国法の状況の報告である。内容は、淡淡とした解説であり、条文や注解との
内容的関連性も薄いうらみがある。

第二項　内容の紹介

Chapter 1　適用範囲

1：101（他人を益する介入）

(1) 本編は、以下の場合に適用される。すなわち、介入者がもっぱら本人を
益する意図で行動し、かつ

　(a) 介入者が行動の合理的理由を有し、もしくは

　(b) 本人がその行動を、介入者に不利となる程度の遅延なく承認した場合。

(2) 介入者は、以下の場合には、行動の合理的理由を有しない、

　(a) 介入者が本人の希望を知る合理的機会を有したにもかかわらず、そう
しなかった場合、もしくは

　(b) 介入者が、介入が本人の希望に反することを知りもしくは合理的に知
ることができた場合。

　本条と1：103条を合わせると、慈善的介入の二つの積極的要件（もっぱ
ら本人を益する意思、と介入の合理的理由）と三つの消極的要件（本人との
関係で義務を負っていないこと、慈善的介入制度以外にもとづいて権限を有
していないこと、第三者との関係でも義務を負っていないこと）が明らかと
なる（設例1、2、6、7、8、9、10、18、19、20、21、22）。

116

オランダ民法を参照した、合理的理由が、慈善的介入の中心的要件を形成する。合理的理由とは以下のように説明される。合理人が介入者の現実の状況に置かれたならば、実際に執られた手段による介入を理由があると考えるかどうかである[8]。もっぱら本人を益する意図という主観的要件（設例11、12、13、14、15、16、17、23、24、25）に加え、介入の合理的理由という客観的要件を充足する必要がある（設例27、28）。これが、（1）（a）である。いずれかが欠ければ、調整は、不法行為もしくは不当利得のルールに委ねられる（設例4、5）。他方では、介入の際にこれらの要件を満たしていれば、介入中の義務違反は慈善的介入ルールの適用を排除しない（設例3）。（1）（b）は本人の追認の場合であり、合理的要件の不充足を補う（設例34）。（2）は、合理的理由が否定される二例を掲げる。前者（（2）（a））は、本人の希望を知る機会を利用しなかった場合（設例29、30、31）、後者（（2）（b））は、知る機会はなかったが、別の理由で介入が本人の希望に反することを知りもしくは知り得た場合（設例26、32）を挙げる。従って、この二観点のいずれにおいても介入者に過失がない場合には、客観的に本人の希望に反する介入でも合理的理由を有する場合があることとなる（設例33）[9]。無効な契約の履行は、主観的要件を充足しない理由から、適用例から排除される[10]。

1：102（他人の義務を履行するための介入）

　介入者が他人の義務を履行するために行動し、その義務の履行期が到来しており、優越する公益にかかわるものとして緊急に必要とされ、介入者が履行の受領者をもっぱら益する意図で行動する場合、介入者が履行のために行動する義務を負担する者が、本編で適用する本人である。

　公益的義務の履行が緊急に要請されている状況（設例1、5）で、その義務を代わって履行する介入において、受益者のみならず、義務負担者（設例2、3、4、6）をも（本条がなければ、1：101条の要件を満たさないため、本人とならない場合にも）本人とみなす規定である。すなわち、ここでの要件充足が1：101の合理性要件に代わる。その結果、第二章、第三章の適用も

第一部　ヨーロッパ大陸における事務管理法

生じてくる。公益的義務とは、以下の設例で示されるように多様なものが考えられるが、私法上に基礎を置くが、同時に公益にもかかわるものである。広義での安全確保義務が典型であるが、扶養義務や埋葬義務なども含まれる。この場合には、履行の公益性から、本人の希望の考慮の必要性（2：101(1)(b)）は、介入時、介入中ともに後退する。本条を不当利得法ではなくここで規定する必要性は、この状況における介入者にも、慈善的介入法の特典を享受させようという意図にある。特に、介入者の費用償還の要件、介入の適法化、介入者の本人に対する賠償請求権がその例として挙げられる。なお、1：101条の設例25も参照されたい。設例の一部（設例2、3）では、条文の文言とは異なり、必ずしも受益者と義務者が並存する場合に限定されていない。すなわち、設例2では受益者に当たるものは動物であり、設例3では公益であり、それぞれ、受益者を人と理解する前提と合致していない。

1：103（適用排除）

本編は以下の場合に適用されない。

（a）介入者が本人に対する、契約もしくはその他の義務の下で行動する権限を有する場合、

（b）本編以外で、本人の同意と関係なく、行動する権限を有する場合、もしくは

（c）第三者に対する行動する義務の下にある場合。

介入者が、本人との関係で何らかの行動権限を有する場合（設例1、2、3、4、5、6、7）と、第三者との関係で義務を負っている場合（設例8～13）を扱う。慈善的介入の消極的要件をなす。これらの場合には、介入者と本人の関係の規律はそれぞれの権限ないし義務から出てくるはずなので、本編のルールは劣後する。

Chapter 2　介入者の義務

2：101（介入中の義務）

第三章　ヨーロッパ事務管理法の提案と学説の反応

(1) 介入中、介入者は：

(a) 合理的注意を払い行動し、

(b) 本人との関係で、1：102条［公益的義務の緊急履行］の範囲内のものを除き、介入者が知りもしくは合理的に想定できる限りで、本人の希望と一致する態様で行動し、かつ

(c) 可能かつ合理的な限りで、介入について本人に通知し、さらなる行動に関して本人の同意を求めねばならない。

(2) 介入は合理的理由なくして中断してはならない。

　介入中の義務として、合理的注意にもとづく行動（(1)(a)）（設例4）、本人の希望と一致する態様での行動（(b)）（設例2）、通知義務、同意を求める義務（(c)）、継続義務（(2)）（設例3）などが規定される（設例1）。(1)(a)の合理的注意は、専門家の場合は、その専門家グループにおいて期待される注意レベルが基準となる。他方、緊急時の場合や、非専門家の場合には、自ずと異なる内容をもつが、そのことは自明なので、あえて規定を置かないとする[11]。第2項の義務は、性急な介入から本人を守ることにある（設例5）。中断の合理的な理由は例示されていないが、四つの場合に分けることができる。すなわち、予定の達成、本人の管理能力の回復、本人の中断の希望、介入者の事情もしくは一般的事情である。

2：102（義務違反によって生じた損害の賠償[12]）

(1) 損害が介入者が作り出し、高め、もしくは故意に永続化させた危険に由来する場合は、介入者は、本章［Chapter 2］において規定された義務の違反により生じた損害について本人に賠償する義務を負う。

(2) 介入者の責任は、特に介入者の行動の理由を考慮して公正かつ合理的である限りで、限定もしくは排除される。

(3) 介入時に法的能力を欠く介入者は、第六編（他人に生じさせた損害にもとづく非契約責任）の下でも責任を負う限りでのみ、賠償責任を負う。

119

第一部　ヨーロッパ大陸における事務管理法

　介入者の本人に対する賠償責任を根拠づけるためには、介入者の義務違反と損害発生の間の特別な因果関係が成立する必要があり、それを第1項で、三つの場合に分類して規定する。危険を作り出すか（設例1）、高めるか（設例2）、故意に危険を永続化させる場合（設例3、4）である。危険作出等が直ちに賠償責任に導くのではなく、最終的に義務違反と評価される必要がある（設例では、この点の認識が不十分なものがみられる）。最後の場合は、継続義務に反し、介入を不完全なままで中断することを指す[13]。関連条文として、第六編5：202第2項がある。第2項は、主として、緊急時介入者を念頭に置く。慈善的介入であることを考慮して、介入者の責任を限定する方法について既存の立法をみると、多様であるが、本草案は、ドイツ法などの、介入者の責任を重過失に限定するという方法ではなく、フランス法などの、合理性テストに委ねる（設例5、6）[14]。法的能力が十分でない介入者の責任は、不法行為の要件に従う（第3項）。

2：103（介入終了後の義務）

(1) 介入者は、介入後、不当な遅滞なく、本人に報告と計算をなし、介入の結果として得たものを引き渡さねばならない。

(2) 介入者が介入時に法的能力を欠く場合には、引渡義務は、第七編6：101条（利得の消滅）の下で用いうる抗弁に服する。

(3) 第三編第三章の不履行の救済が適用されるが、損害もしくは利息の支払義務は前条　第2項［介入者の責任の合理的限定］第3項［法的能力を欠く介入者の責任は不法行為法による］における限定に服する。

　介入後の、介入者の報告（設例1）、計算、引渡（設例2、3）の義務を規定する。引渡義務は、介入者の法的能力が欠ける場合には、不当利得法の規律が抗弁の形で用いられる（第2項）。損害賠償に関しては、裁量的ルール、法的能力を欠く介入者の保護ルールが重畳限定的に用いられる（第3項）。

120

第三章　ヨーロッパ事務管理法の提案と学説の反応

Chapter 3　介入者の権利と権限
3：101（免責もしくは償還請求権）
　介入者は、本人に対して、介入の目的のために合理的に引き起こした、債務もしくは（金銭もしくはその他の財産の）費用に関して、免責もしくは、事情に応じて、償還を求める権利を有する。

　免責（設例1）もしくは償還請求権（設例2）について規定する。免責は、直接債権者に支払うか、本人に資金を提供するかである。ここでも、基準は合理性テストである（設例3）。ここでの「費用」は広義の意味をもつ（設例4、5）。

3：102（報酬請求権）
（1）介入者は、その介入が合理的であり、かつ自己の職業もしくは営業の過程で行われたものである限りで、報酬請求権を有する。
（2）報酬は、合理的である限りで、同種の行いを得るために介入の時と場所において通常支払われる額である。

　専門家についてのみ、報酬請求権を与える（設例1、2）。この限定は、専門的サービスの有用性、専門家の注意義務の高度性とのバランス、専門家による介入の奨励づけなどに根拠づけられる[15]。本条における「報酬」は、反対給付を予期しつつなされたものではない行動の結果として考えられている。

3：103（賠償請求権）
　本人または本人の財産もしくは利益を危険から保護するために行動する介入者は、行動に際してこうむった人的傷害もしくは財産損害の結果としての不利益について、本人に対して賠償を求める権利を有する。但し、以下の場合に限る。
（a）介入が傷害もしくは損害の危険を作りだし、又は著しく高め、かつ

121

第一部　ヨーロッパ大陸における事務管理法

(b) その危険が、予見しうる限りで、本人の危険と合理的な均衡といえる場合。

　本条は、本人の過失を要件としない厳格責任である（設例1、2）。「行動に際して」こうむった損害である必要がある（設例4、5、6）。正当な介入者の保護の趣旨で、介入によって生じた特別のリスクの結果としての介入者の損害のみ（(a)）が本人に転嫁される。他方では、一般的リスク（設例3）や、介入者が不合理なリスクを引き受けた結果（(b)）（設例7）は、本人に転嫁されない。しかし、ここでも、「予見しうる限りで」とあるように、介入者が危険の均衡を過失なく誤評価したリスクは本人が負う（設例8）[16]。関連条文として、第六編6：302［損害を防止する際にこうむった損失の賠償請求］がある。

3：104（介入者の権利の制限もしくは排除）

(1) 介入者の権利は、介入者が介入時に免責、求償、報酬もしくは賠償を請求するつもりではなかった限りで、制限もしくは排除される。

(2) これらの権利は、とりわけ、介入者が共同の危険において本人を保護するために行動したか、本人の責任が過重でないか、または介入者が他人から補償を受けることが合理的に期待しうるかどうか、を考慮して、公正かつ合理的である限りで、制限もしくは排除される。

　第1項は、伝統的に贈与意思（animus donandi）の有無の問題として扱われてきたものである（設例1、2、3）。贈与意思は、個別の権利ごとに考え得る。また、受益者との関係では贈与意思を有するが、義務者との関係では求償意思を有する場合もある。第2項は、共同の危険（設例4、5）、本人の資力、第三者からの回収可能性（設例6、7）、などが介入者の権利（本人の義務）、とりわけ賠償請求権の制約（裁判官による裁量的減免）となる場合を規律する。例示は包括的な性質のものではない。

第三章　ヨーロッパ事務管理法の提案と学説の反応

3：105（本人を免責させもしくは償還する第三者の義務）

　介入者が損害から本人を保護するために行動する場合、［もし損害が発生すれば］本人に対して、第六編［契約外損害賠償責任］により損害惹起について責任を負うはずの者は、介入者に対する本人の責任について免責するもしくは、事情に応じて、償還する義務を負う。

　本人の義務者に対する免責請求というやや特異なルールである（従来の、事務管理者の本人に対する免責請求は、本草案では、代理権（3：106）の承認で不要となっている）。介入者が発生を阻止した本人の損害について本来責任を負うべき義務者がいた場合に、その義務者に対して、本人が免責もしくは償還の責任を問えるとしたものである（設例1、2）。もしこの規定がなければ、本人は介入者に対して責任を負い、本人は第三者に求償することになるはずである。その際、本人は、介入者に対する責任が、第三者との関係で、法的に重要な損害であり、この損害に関して、第六編［契約外責任法］の要件が充足されていることを立証する必要があるはずである。本条があることで、本人はこのような立証負担から解放される[17]。本条はさらに、介入者が本人に直接請求できるとすることで、最終的義務者の発見や無資力リスクを本人に負わせている。

3：106（本人の代理人として行動する介入者の権限[18]）

（1）介入者は、それが本人を益すると合理的に期待できる限りで、本人の代理人として法的取引もしくはそれ以外の法的行為を行うことができる。

（2）しかし、本人の代理人としての介入者による単独行為は、相手方が不当な遅延なくその行為を拒絶する場合には効果を生じない。

　第1項は代理形式で本人のために取引をした場合に、合理性テスト（設例）の制約下で、代理の効果を直接認める規律である。ヨーロッパの立法はこの点について分かれているが、経済的見地からみると、代理権の肯定は、介入者、本人、取引相手方の三者にとって望ましいものである。第2項は、単独

123

第一部　ヨーロッパ大陸における事務管理法

行為の場合の規律である。

第三項　検討

　草案全体をみると、穏健な改良主義というスタンスが浮かび上がる。共通
法作成のための、加盟国法の比較検討という手法から由来する。もっとも、
それは、現状維持にとどまっておらず、従来問題とされてきた点を、この際
に改良しようとする進歩性にもつながっている。その点が現れているものを
列挙すると、体系的整序のために、いわゆる準事務管理を排除し、不法行為
や不当利得に委ねていること、他人の事務性にこだわらず、介入の合理的理
由を成立要件における重要な基準としたこと、管理者の代理権、報酬請求権
の肯定、損害賠償請求権について慈善的介入の場面を考慮した基準を提示し
たこと、介入者の権利（本人の義務）について裁量的な減免規定を設けたこ
と、などが挙げられる。

　他方で、より根本的な再検討には踏み入っていないという点では、保守的
だという批判[19]が可能である。例えば、契約法、不法行為法、不当利得法と
の関係は、伝統的な分類に従っており、それぞれの分野の議論の進展を取り
入れるわけではない。とりわけ、ヤンゼンの批判にあるように、介入の成果
に着目するか否かで不当利得法との棲み分けを考える伝統的立場自体が不当
利得法の展開により再検討されている現在、不満を残す[20]。また、事務管理
法の基礎として、伝統的理解としての相互扶助思想が措定されるが、これも、
草案自体が過去や現在での制度の多様性を序などで自認している点、草案内
容はかような思想で一貫されているわけではないことなど、不満が残る。介
入者の権利と本人の権利の要件がやや平板に同期化されていることは伝統と
異なる。また、争いのあるところではあるが、介入者の行動評価も、不法行
為における過失基準と素朴に同視され、介入者による無責の誤評価のリスク
は本人に転嫁されている。DCFR に言及したその後の文献において、総じ
て、現実の多様性に即して、草案を作り上げたのかという点への批判が厳し
い。利他性の取り込み方や契約法、不当利得法、不法行為法などの他の分野
との棲み分けなど、差異や評価の分かれる個別問題を最大限無視し、イギリ

ス法[21]を無視し、意識的に、共通性を装っているのではないかという非難である。確かに、注に現れる各国法の分析は平板であり、また設例は、そのほとんどがいずれかの州法判決に由来するアメリカリステイトメントと異なり、各国法に由来するものはわずかであり、説得性に欠けている。設例には、その趣旨の理解が困難なもの、本草案ないし各条文のコンセプトで説明することが不適切と思われるものも紛れている。

　1：102（本人に対する義務者と介入者との関係設定）、3：105（本人に対する義務者の、介入者に対する本人の責任の免責もしくは償還義務)[22]、3：106（介入者の代理権）に共通するコンセプトは、介入者を本人を越えた第三者と直接結びつけたり、本人を契約相手方と結びつけようとする志向である。それらの要件は無限定ではないものの、このような操作のもたらす便宜と同時に、副作用もありうることが合わせて深くは検討はされていないようで、不満が残る。ドイツで近時事務管理法の適用領域の肥大化に対する批判として実質問題に沿った構成が提唱され、議論されてきた[23]ところであるだけに、その無頓着さが目立つ。また、これらの場合は、もっぱら本人を益する意思という要件を満たしにくい場合であり、その限りで、DCFRの要件が二元化されている。本来求償利得や事故法の観点で処理すべきものまでも取り込んでいるため、意思要件を不要とする特則を設ける必要が出てくるわけで、共通のコンセプトがないという批判が可能であろう。

　かように、事務管理法と不当利得法、不法行為法との棲み分けの観点からは、不満が多いといわざるをえないが、介入者と本人の利益調整を、合理性に置き、その中心を本人の意思・利益の探求義務として構成していることは、筆者の年来の考えにも通じるものとして、共感できる。もっとも、筆者は、事務管理と求償利得が峻別されるべきものとは考えず、とりわけ、この構成による本人の保護の仕組みは、両者に共通するものであると考えている。アメリカ第三次回復法リステイトメントは（事務管理制度を置かないから当然ではあるが）そのような方向にある。その点からは、支持できない。

125

第一部　ヨーロッパ大陸における事務管理法

【付録】各条の設例

　各条に関しては、以下の設例がある（適宜要約ないし補足してある）。コメント文中での位置を示す意味で、各設例の冒頭にコメント小見出しを付し、末尾の亀甲括弧内に設例の趣旨と思われるものや筆者のコメントを簡単に記した。

1：101 関係
好意的介入の要件
［設例1］（オランダ）　Gは非常に見苦しい工場敷地の所有者である。Gは、隣人に建物のひどい眺望を与えないように、任意に、境界に沿って、樹木を植え付けた。Gは、隣人を益しようとする支配的意思とともに行動したかもしれないが、合理的理由にもとづいて行動したわけではないので、（本条でいう）介入者ではない。彼は、隣人に利得を押しつけた。
〔眺望ないし景観という主観的利益は介入を正当化させない、費用償還を訴えたわけではないので、利得押しつけには未だなっていないのではないか〕

［設例2］　Gは、重傷の歩行者Pに応急の包帯をするために、自己の衣服を使うか、第三者の車の後部座席に置いてあった衣服を使うために窓をこわしたかにかかわりなく、Pとの関係での介入者となる。第三者との関係では、この行為は、第六編5：202（正当防衛、慈善的介入、緊急避難）の意味での緊急行為とされ、Gは合理的補償をする義務を負う。
〔重傷者の応急処置をすることは合理的理由となる〕

非契約賠償責任法の枠組の中での抗弁としての好意的介入
［設例3］（フランス）　交通事故により、Pは意識不明となり、車に閉じ込められた。Gは、内側からドアのロックを外せるように、車の窓を壊し、Pを外に引き出した。Gは、Pに対して、車に生じた損害の非契約責任法により責めを負うことはない。
〔介入者の注意義務に反しない限り、介入により本人の生じた損害について、

第三章　ヨーロッパ事務管理法の提案と学説の反応

賠償責任を負うことはない、そういう意味で、慈善的介入の主張は責任を排除する抗弁となる。第六編5：202(2)参照〕

証明の負担

［設例4］　事実は設例3と同じだが、Gは窓を割る際にけがをした。両当事者は、補償を請求する。Pは、非契約責任法により、財産損害について、Gは、慈善的介入法（第五編3：103（賠償請求権））により、介入者として行動する際にこうむった人的損害について、それぞれ賠償請求する。GがPを救出する目的で行動したことが争われ、否定された場合には、Pの賠償請求は成功するが、Gの請求は否定される。

〔介入者と本人に生じた損害が、それぞれ慈善的介入法といわゆる不法行為法で規律される〕

証拠

［設例5］　事実は、設例3と同じ。しかし、Pは後に、Gは機会主義的目的で窓を割ったのだと主張するに至る、すなわち、Pの後部座席にあったカメラを盗む意図であったと。手続法は、一応の証明による推定がいかなる条件で、どの程度、Gの事案を支持するかを決めている（例えば、Gが、Pが事実Gによって車から解放されていることを証明し、これで、ガラスを割った時、GはもっぱらPを救助する意図であったことの一応の証明となると）。同じことが、いかなる具体的状況がPに、一応の証明を反駁する証拠を援用する負担を課すかという問いにも当てはまる（例えば、Pは、Gが後にカメラを所持していることがわかり、その説得的理由を出せないこと、GはPを解放する真剣な試みをしていないことを、提示しようとするかもしれない）。

〔慈善的介入の要件充足が争われた場合の主張立証のあり方に触れる〕

不作為

［設例6］（イタリア、オランダ）　公証人が、税法の改正で当該税を支払う

127

第一部　ヨーロッパ大陸における事務管理法

必要がなくなったことを知ったため、指図に反し、顧客の金銭を回付することをしなかった。修理工場は、占領軍の接収を避けるため、顧客のために、持ち込まれた車の修理をしなかった。この種の好意は、通常、契約上の義務履行と解釈され、最初から、他人の事務への慈善的介入法の外にある。

〔不作為の慈善的介入は一応観念できるが、多くの場合は既存の契約関係の規律で評価されるべきである〕

法もしくは公序に反する行為

［設例7］　窃盗団のメンバーのPは病気である。盗人の間に道義心はないという格言を否定するために、Pの友人GはPの「負担分」をPのために引き受けた。慈善的介入法によれば、PはGに対して、Pの代わりに、Gによって第三者から盗まれた金銭を請求することはできない（同様に、GもPに対して何らの請求もできない）。

〔そもそも公序に反する、窃盗団のメンバーの窃盗の成果負担の肩代わりを、慈善的介入法で評価することはできない〕

緊急の状況

［設例8］　腐敗した外国で、不当に拘束されている旅仲間を解放するためには、賄賂しかなかった。賄賂は禁止されており、介入者と本人が服する制度も外国の公務員に贈賄することを認めないが、かような場合には、賄賂は、本人との関係で合理的なものとなる。従って、介入者は、賄賂の費用求償を請求できる（参照、第五編3：101（求償請求））。

〔法によって禁止された行為も緊急時には合理的なものとなりうる例とされる、本人の身体的拘束解放のためなら賄賂をすることが合理的とするが、この評価には異論もありうるだろう〕

拒絶された介入

［設例9］（イタリア）　加盟国の法によれば、誘拐者に身代金を支払うことは、法規定により禁止されている。父親を誘拐者の手中から解放するために

128

支払った息子は、慈善的介入を基礎に、父親に求償することはできない。息子は、このように介入する合理的理由を有しない。

〔設例8は賄賂の例、設例9は身代金の例。この違いが評価を分けているのであろうか、緊急時を考慮しても合理的とならない例とされる〕

試みの成功は本質的ではない

〔設例10〕（ポルトガル）　Pは突然、車がひっくり返り、意識を失った。車は、険しい斜面に横たわっていた。彼女は、救助され、病院に収容された。Pの車は、斜面を滑り落ちる危険があった。救助作業に携わっており、第三者から状況を知らされたGは、ウィンチを使って、車を道路まで引き揚げ、Pの自宅まで運搬することを決断した。素材の欠陥のため、鉄ケーブルは破断した。車は、さらに転がり落ちて破壊された。GはPを益する意図で行動した。この介入が最終的に益よりも害に至ったことは、事情を変更しない。

〔介入時における将来の有用性が基準で、結果としての有用性ではない点が不当利得法と異なると理解するのが伝統的立場であり、DCFRの立場〕

自己利益ではなく、他人を益すること

〔設例11〕　子供の曖昧な情報によると、Gの息子は、隣人の窓ガラスをボールで割ったらしい。この理由により、Gは損害を支払った。のちに、別の少年に責任があることが判明した。Gは、介入者として、責任ある少年のためにも（代位責任としての）少年の両親のためにも行動していない。支払求償の請求は、不当利得法に従ってのみ可能である。Gが他の少年、もしくはその両親に対して訴えうるか、もしくはその代わりに隣人から返還請求できるかは、不当利得法が決める。

〔自己の事務を処理するつもりで、結果として他人の事務を処理していた場合は、慈善的介入法の規律ではなく、不当利得法による〕

〔設例12〕（フランス）　音楽出版会社は、期間付きで許諾された出版権を、

作曲者の死後も、その権利がパブリックドメインとなったと誤解して、行使し続けてきた。出版会社は、相続人の、収益を引き渡すことを求める請求に対して、音楽のマーケティングという活動の報酬についての慈善的介入にもとづく請求で相殺することはできない。会社は、作曲者の相続人を益する意図を有しなかった。

〔これも前例と同様〕

他人を益する支配的意図

[設例13]（オーストリア）　系譜調査者Ｇは、とりわけ、相続人のない遺産の公告に反応して生計を立てている。かような公告は、人が遺産を残してなくなり、無遺言相続にかかわる裁判所が証拠資料によれば、被相続人は、相続人なくして死亡したと想定せざるをえない場合に出される。彼の親族が一定の期間内に申し出ない場合には、遺産は国庫に帰属する。Ｇはかような親族を探し出すことに成功した。彼は、遺産の２割に相当する報酬と引換に、情報の詳細を提供し、遺産取得手続を行うと申し出た。真剣さを示すために、親族に周辺の情報を提示した。しかし、この情報で、親族は、裁判所に相続権を認めさせ、遺産への請求をを認めさせるに十分であった。Ｇは親族の利益を促進するために副次的に役立ったにすぎない。彼の主たる目的は、親族と契約を結ぶことであり、これは実現しなかった。Ｇは親族に対して何ら請求できず、特に、第五編3：102（報酬）から生ずることはない。かような報酬を否定する第二の理由は、遠隔契約における消費者の保護に関する97／7指令第9条によれば、消費者は、求めざるサービスの対価を支払うように強いられないことである。しかし、この規定は、欧州共同体法が、求めざるサービスの償還請求を完全に廃止したことを意味しないが（参照、第二編3：401（応答しないことから債務は発生しない））、その価値判断は慈善的介入法によって反映されなくてはならない。

〔報酬獲得が主たる目的の介入は慈善的介入法の要件を満たさない〕

[設例14]（ベルギー）　農夫Ｆは、嵐の後に、樹木がハイウェイに倒れてい

て、交通を妨げていることに気づいた。週末であり、誰も樹木と道路を管理している自治体に連絡を取ることができない。Fは、樹木をトラクタで道路から移動させたので、自治体のための介入者として行動した（第五編1：102（他人の義務の履行としての介入））。この活動の副次的利益がFをして、自己の農場の一部に迂回せずに到達できるようになることという事実にもかかわらず、同様である。
〔他人の利益が主たる目的であれば、自利が混じっていてもよい〕

[設例15]　成人した子供たちは父親の高価な絵画を税務当局が差押換価することを避けるため、未納の税を支払った。子供が税を支払う際に、父親の死により将来絵画を相続することを考えていたとしても、好意的介入の存在を肯定する妨げとはならない。
〔将来の利益が介入の動機の一部にあることはかまわない〕

[設例16]（ドイツ）　産業地区の土地所有者の多数は、自治体に、付近の2車線と接続する枝線の建築を求めている。自治体は、所有者が建築費用について、寄与することを前提に同意した。AとBは同意したが、Cは、10万ユーロ以上支払うことを拒否している。AとBは、自治体と、費用を分担する契約を締結し、道路建設にかかった。費用は77万ユーロであった。Cが明示に10万ユーロ以上の分担を拒否したことにかかわらず、AとBは、Cに対して慈善的介入者として請求することはできない。彼らは、もっぱらCを益する意図で行動したのではないから。
〔これも若干異論がありうるだろうが、DCFRは介入者の主観的意思を基準とする〕

従属的な個人的利益の副次的促進は、介入者の請求の量に影響しうる
[請求17]　GとPの隣接する土地は丘の斜面に上からP、Gの順に位置している。激しい降雨や、特に積雪の融解ののちには、丘を下る流れは、土地を浸水させてきた。Gは経験上、水がPの家まで至って、何もしなければ、

第一部　ヨーロッパ大陸における事務管理法

Ｐの台所も浸水させることを知っている。水が一度ならず、Ｐの土地を越えたので、Ｇは、Ｐが現場におらず、電話でもつかまらないので、業者に事態の対処を依頼した。Ｇは、Ｐに対して、業者に依頼したことから生じた費用の償還を求めうる。しかし、この請求は、ＧがＰの家屋の浸水防止を業者に依頼しなかった場合に、Ｇ自身の家屋も浸水したであろう限りで、第五編3：104（介入者の権利の削減と排除）第2項により削減されうる。
〔自利と競合する場合には、その範囲で介入者の償還額が制限される場合がある〕

複数介入者
［設例18］　Ａは専門知識がないので、隣人Ｎの家の水道管の損害を修復する立場にはない。Ａは、水道業者に電話し、（Ｎの代理人としてではなく）水道管の修理を業者に依頼した。修理が不適切になされたとしても、ＡがＮに対して代位責任を負うことはない。しかし、第五編2：103（介入後の諸義務）第1項により、Ａは、業者との契約による損害賠償請求権をＮに譲渡する義務を負う。
〔介入によって得たものの引渡義務〕

［設例19］　事実は、以下の点を除き、設例18と同じである。すなわち、Ａは、水道業者に依頼する代わりに、管の破裂を指摘し、介入するかどうかは業者の判断に任せた。もし業者が介入した場合には、Ａ（業者に注意を喚起した点で）と業者は、慈善的介入者を構成する。しかし、修理が不適切になされた点については、彼らは連帯債務者とはならない。この点については、Ａは慈善的介入者ではない。
〔複数の介入者が観念できる場合に、彼らが全く同じ行動を取る場合でない限り、連帯債務者とはならない〕

本人の特定
［設例20］　多くの犠牲者を出した鉄道事故の直後に、事故現場に近い私人

が救助に向かった。中に生存者がいると考えて、転覆した客車の窓を割る際に、二人の救助者がけがをした。結果として、五人が救出された。この五人の生存者と鉄道会社（参照：第五編 1：102（他人の義務を履行するための介入））が、救助者との関係での本人である。しかし、鉄道会社と生存者の間では、鉄道会社が乗客に責任を負う場合ならば、鉄道会社のみが責任を負う（第五編 3：105（本人に償還する第三者の義務））。
〔最後の部分の理解が困難、鉄道会社が被救助者との関係で責任を負う場合には、鉄道会社が免責ないし償還で最終的負担を負うという趣旨であろうか〕

介入時における本人の特定可能性

［設例 21］（オーストリア）　バス事業を営みつつ、事故に備えて、数台を予備に待機させている会社は、事故により車両に損害を与えた者のために行動するのではない。従って、会社は、好意的介入のルールにより、予備車を維持する費用の一部を事故を起こした者から請求できない。予備車を維持する判断がなされたときには、この者は特定できなかった。この点を措くとしても、会社は、もっぱら自己利益のために行動したであろう。すなわち、これらの車は、事故を予期して維持されていたわけではない。むしろ、車両が事故で運行できない場合に、顧客サービスが中断されないように維持されていたのである。
〔やや不自然な設例である、予備車維持費用を加害者に転嫁できないことは客観的事情から明らか〕

［設例 22］（オーストリア）　石炭の鉱山で漏水が発生した。当局は、夏場の水面レベルの低下を危惧して、鉱山の所有者に対して、水のくみ出しを禁止した。のちにくみ出す費用は、直ちに行う場合と比べると、かなり高額となる。それに加えて、鉱山所有者は、遅延の結果としての収益減少に苦しんだ。しかし、鉱山所有者は、鉱山の灌漑を遅らせることにおいて好意的介入者ではない。不特定多数がこの不作為から利益を得るから。

133

〔私法レベルでの救済にふさわしくない事例、公的補償が考えられるべき場面〕

受益者についての錯誤
[設例 23]　車が X に属すると考えて、その車を溝から引き出した者が、のちに車が実は Y に属することを知ったとしても、Y の利益を促進する意図で行動している。介入者は、車の所有者を益する意図で行動した。たとえ、所有者の特定についての錯誤と結合していたとしても。同様のことが、のちに所有者が引き出しをした人自身だったとしても当てはまる。しかし、この場合には、行為者と受益者が同一人であるため、好意的介入の範囲を超える。〔本人性の錯誤は慈善的介入の成立を妨げない、但し、介入者と本人がその結果同一人となる場合を除く〕

間接的受益者は、本条の意味での本人ではない
[設例 24]　（ベルギー）　隣家を火災から守ろうとした者は、一般的には、隣人が契約していた火災保険会社に利益を与える意図で行動するものではない。就業中に頭上に落下してきたガラス窓枠にはまった者を助け出そうとしてけがを負った者は、労災事故についての雇用者の保険者に対して、本条と第五編 3：103（賠償請求）による補償請求を有しない。人命を救助しようとする者は、被救助者の生命保険会社もしくは雇用者のために行動するものではない。
〔被救助者と関係する、保険者や雇用者は本人ではない〕

[設例 25]　（ドイツ）　深夜 1 時に G はさびれた土地から助けを求める女性の声を聞いた。急いで駆けつけたが、女性にたどり着く前に、狂人のハンマで後頭部を打たれた。我に返った後で、G は通りまで這い出て、通行人に（同様に狂人のハンマで攻撃されていた）女性の状態を知らせた。女性はその後直ちに病院に収容された。G は負傷の結果としての減収について、保険者が第五編 1：102 に従い、本人とみなされる限りで、被害女性の健康保険者に

第三章　ヨーロッパ事務管理法の提案と学説の反応

請求できる。本条からは、保険者が本人とはなることは出てこない。
〔特別規定によって、間接的受益者が本人となる場合〕

介入の不完全な履行

[設例 26]　ある人が隣人宅の水道管が破裂していることに気づき、（本人を直接拘束することなく）一時的補修のために水道業者を依頼した。鉛管工の選択が悪ければ、注意義務違反を構成するが、介入に合理的理由があったことを変更するものではない。仕事の依頼が、隣人が決して、合理的な代金においてさえ、依頼しないだろう業者になったという例外的な場合で、かつ介入者がこのことを知りもしくは知りうべき場合にのみ、問題のある鉛管工に依頼することは本人の意思に反するが介入者の知るところであった（(2) (b)）がゆえに、介入の合理的理由は消滅する。水道による損害が他の建物にも拡大する恐れがある場合には、事態は異なる。この場合には、本人の反対の意思は、正当な慈善的介入者として行動する妨げとはならない（第五編 1：102）。
〔委託する業者の選択に関する、注意義務と本人の意思と緊急事態の関係〕

既存の法的義務が要件ではないこと

[設例 27]　見知らぬ街の通りすがりが強風にさらされ、へこんだ建物の窓を見ている。その建物は人がおらず、前面のドアから中に入り、臨時に窓を強化することは容易なようである。この通りすがりは介入の合理的理由を有しない。特に、このように比較的些細な問題ゆえに、住居の所有者が全くの通りすがりが家に入り、ドアを壊すことを欲しないという事実が考慮されるべきである。
〔介入の合理的理由が弱いと思われる場合〕

[設例 28]　化学工場で火災が勃発した。私人が消火サービスに連絡するならば、それは合理的理由を伴う行動である。他方、消防隊が現場に到着した後で、個人が火を消そうとすることは、合理的理由を伴う行動ではないだろ

135

第一部　ヨーロッパ大陸における事務管理法

う。消防隊が到着する前に、個人が消火活動をすることに合理的理由があるかどうかは、状況による。すでに大火となっている場合には、私人が消火しようとすることは意味がないだろう。しかし、まだ小さい場合には、一人で対処することにも意味がありうる。

〔合理的理由の存否の判断基準〕

第2項（a）〔本人の意思を知る機会があったのにそうしなかった場合には、介入の合理的理由はないこと〕

〔設例29〕　ある土曜の午後、Gは自宅の庭の生け垣を剪定していた。親切のつもりで、留守にしている隣人の生け垣も許可を得ることなく剪定し続けた。Gは慈善的介入者ではない。

〔Gは隣人の帰宅を待てば、容易に隣人の意図を知ることができたにもかかわらず、そうしなかったため、介入の合理的理由を否定される〕

介入者が本人と連絡を取ることができないこと

〔設例30〕　Aは友人Bから、常日頃、ある希少な（従って高価な）切手を得て、コレクションを増やしたいという希望を聞き知っていた。Aは休日にこの切手が売りに出ていることを知り、勢いで、購入した。たとえBに電話で購入するか否かの決断を仰ぐ機会がなかったとしても、Aはこの取引を自己のリスクで行ったのである。この種の行為は延期できるものであり、換言すれば、委託なくして行うことは非合理であるという理由からである。Bが気を変え、購入を追認しなかったとしても（第五編1：101（1）（b）)、Bは、Aから切手を引き取る義務も購入費用の償還義務も負わない。

〔本人と連絡を取る機会がなくとも、その他の事情も考慮する必要がある、この設例は従来主観的他人の事務の例とされてきたものであり、合理性テストを満足する例のようにも思えるが、本人の判断を仰ぐ必要があるほどに帰属性が弱い行為である点が決定的であると思われる〕

〔設例31〕　Aの隣人Nは電話料金を期限までに支払わなかった。このこと

第三章　ヨーロッパ事務管理法の提案と学説の反応

自体は、AがNに代わって料金を支払う合理的な理由とはならない。しかし、電話会社が回線を切断することを通告し、Aが、Nは電話回線の維持に依存していることを知っている場合には、事情は異なるだろう。この場合にのみ、第2項（a）の付加的要件に判断は依存することになる。
〔電話回線の維持は通常、生活インフラとして重要なこと、本人が特にそうであることを知っている場合には一層合理的理由がある〕

本人の反対の意思を現実に知っていること
［設例32］（オランダ）　労災保険者と責任保険者が、誰が事故に由来する損害について補償する責任があるのかで争っている。責任保険による請求のケースだとする見解が多かった。従って、労災保険者は、責任保険者に、被害者に支払がなされるよう要求した。責任保険者は、（中立的観察者からはやや執拗に思われるほど）さらに事実関係が精査されねばならないと主張して、支払を拒絶する書面を送付した。労災保険者は、それにもとづいて被害者に支払った。責任保険者の事務を管理したという考えにもとづく請求で責任保険者に支払を求めることはできない。ここでの問題は、他人の事務への慈善的介入法ではなく、不当利得法に属する責任の調整の一つである。
〔本人の反対の意思が知られている場合〕

注意の基準
［設例33］（フランス、ドイツ）　武装した強盗が銀行のロビーで発生した。ある顧客が行動を起こし、強盗から武器を奪おうとした。もみ合いの中で銃が発砲され、弾丸がこの顧客の膝に入った。顧客は、銀行のための正当な介入者として行動したのではない、顧客は、銀行が被用者が生命の危険を冒してまで現金を守ることのないよう指図することを予期できたはずだから。
〔介入の際の合理性判断の際の注意であろうか〕

介入者に逆の影響をするほど不当に遅くはない承認
［設例34］　設例30と同じ事実関係。AはBに切手を提供するが、Bが売買

137

代金の償還を拒絶した場合には、A は第三者に切手を売る自由を得る。もし自分自身でもコレクションを持っている場合には、それに加えることもできる。B はもはや A から切手を要求する（未確定な）権利を有しない。この観点からは、もし B が心変わりするならば、第三者と同じ基礎で、すなわち両当事者の合意による契約価格を切手購入のために交渉することで切手を入手しうる。

〔一定の期間を経過すると、本人は合理的理由の欠如を追認によって治癒させる資格を失う、その結果、追認後の本人が有しうる権利も主張しえない〕

1：102 関係
実行が緊急に必要であること

［設例 1］　P は学生寮の消防緊急入口の前に車を停めた。I は寮のホールから出火したことに気づいた。I はもし除去がすでにこちらに向かっている消防隊の努力を遅らせないために必要ならば、P の異議にもかかわらず、車の除去ができる。逆に、建物から出火した印がなく、P の車による緊急入口の妨害が建物や居住者にとって観念的な危険にすぎない場合には、車の除去は、公益ではあるが、I が個人的に介入することを必要としない。警察に電話するだけで十分である。

〔緊急性の程度が十分な場合と不十分な場合〕

［設例 2］　動物への虐待を防止する協会が虐待で傷つき、通りで苦しんでいた動物の世話をした。所有者は、協会の費用補償を求める請求に対して、緊急処置に同意していなかったという異議で対抗することはできない。それは、犯罪となる残虐行為を意味するだろう。

〔本人の意思が無視されるべき場合、動物が受益者となり条文の構成と合っていない〕

［設例 3］　P がミルクパウダーを保管するために I から借りた倉庫が火災となった。倉庫は損傷した。ミルクパウダーの一部は焼損してしまった。残り

は消火による水と混ざり、地下水を汚染する危険があった。公機関はIに地面を清掃し、残りのミルクパウダーを除去するよう指示した。Iは、その賃借期間が終了していたPの反対の意思を考慮する必要はない。Iは、生じた費用について、Pがいずれにせよ正常な終了の場合に負担せねばならない額について、賠償請求できる。残存ミルクパウダーの除去は、重畳する公益である。この賠償請求は、第五編1：103（除外）(c) によって阻止されない、引用された条文の「第三者に対する行動義務」は、私法関係から生ずる義務にのみ及ぶから（他方、公機関の指図にIが従う義務は公法上の義務である）。

〔これも条文の構成と合っていない〕

第五編1：101（1）の例外

［設例4］ 事実は、第五編1：101（他人を益する介入）の設例25と同じである。公法の下で設置された婦人の健康保険者は、本人とみなされる。医療サービスを提供する健康保険者の義務は公共の利益事である。

［設例5］ 夫と別居しているが、夫からの生活費仕送りに依存している妻は、医師の手術によって背中の脂肪腫を取り除かせた。手術の前に、夫は、手術費用を負担しないことを宣言していた。もし、妻が夫から家族法の規定により、財政的援助を得られない場合には、慈善的介入のルールによっても得ることはできない。外科手術は緊急の必要性がないからである。医師は、妻に対して請求できるのみである。

本人の反対の意思に優越する公的利益

［設例6］ よちよち歩きの幼児が自動車事故で重傷を負い、無意識の状態で病院に収容された。担当医師は、電話で両親と連絡を取ることができたが、両親は宗教的理由から緊急手術に反対であった。裁判所に問い合わせる時間はなかった。緊急手術は、両親の反対の意思にもかかわらず実施することができる。

第一部　ヨーロッパ大陸における事務管理法

1：103 関係
義務の正確な特定
［設例 1］　配管工は配管修理のために家主に呼ばれたが、家に到着しても家主に出迎えられなかった。しかし、配管修理を続けた。配管工は、修理する義務を負っていたが、許可なく家に入る権限を有しなかった（合意があった場合を除く）。一見した矛盾は、配管工がこのように約束を行動に変換する義務を負っていなかったという風に理解すれば、解消される。そう考えれば、権限ある者は常にそうする義務を負うわけではないが、行動義務を負う者は常にそうする権限を有する場合がある。
〔やや理解が困難な設例。事実関係の説明が不足しているためであろうか〕

本人に対する契約上の義務の下で行動すること
［設例 2］　長期契約の当事者が契約関係終了の交渉中に心臓発作を起こし、他方当事者により病院に搬送された場合、後者はそうすることで慈善的介入者として行動している。契約の相手方を病院に搬送することは、当事者間の契約関係と関係がない。
〔一応説明に納得できるが、契約関係が影響する場合もあるのではないか〕

本人に対する別の義務の下で行動すること
［設例 3］（オーストリア）　人は、責任ある損害の賠償をすることで、慈善的介入者として行動するのではない。例えば、もはや存在しない地下オイルタンクを満たそうとして、地下水に与えた損害の賠償。
〔これも事実関係の説明が不足している〕

公法の下での行為権限
［設例 4］　学校交通係によって道路利用者が停車せざるをえない場合。交通係は、子供や他の道路利用者との関係では、慈善的介入者として行動するのではない。

第三章　ヨーロッパ事務管理法の提案と学説の反応

［設例5］（ドイツ）　家畜トラックが積み荷を降ろしている際に、雄牛が二車線道路に逃げ出し、警察官により銃撃された。警察官は銃撃の結果トラウマをこうむった。このことは家畜業者から賠償を得る権利（第五編3：103（賠償を得る権利）と1：102（他人の義務の履行のための介入））を与えない。警察官は公法の下で－家畜業者の同意と無関係に－道路利用者を保護するために動物を銃撃する権利を有する。

［設例6］（オーストリア）　他方で、税務署の勧誘で、報奨金と引換で、税滞納者の通告をする者は、調査や税務署への詳細の通知について特別な権限なしで行動している。通告者は公法の範囲外におり、また慈善的介入者ではない（従って税務署から費用の回復はできない）。行動がもっぱら自利の追求、すなわち報奨金取得の目的から出ているという理由である。
〔懸賞広告に応じた者であろうか〕

「本人の同意に関係なく」
［設例7］（ポルトガル）　海外での道路事故の後に、第三者保険証書の保有者が逮捕された。被保険者の緊急の要請で、保険会社は保釈金を支払った。両当事者は、保険契約によれば、そういう義務がないことを知っていた。両当事者にとって、保険会社がこの行為を好意で行ったことは明らかであった。保険会社は慈善の介入者として行動した。行動する権限があったという理由から、保険会社にこの地位を否定しようとすることは正しくない。保険会社の権限は、もっぱら本人の同意に依存する。
〔本人の同意に依存しない権限は慈善的介入を排除するが、この設例は依存する場合なので、慈善的介入が成立する場合とされる〕

第三者に対する義務を履行すること（第（c）項）
適用範囲
［設例8］（オーストリア、ドイツ）　Rは家主Lより、賃借人Tのアパートの修理を委託され，実行した。LはTとの関係で慈善的介入者ではない。L

141

は家主としてのLの義務の履行のためにTに対して行動したので、このように行動の権限を有していた。Rも慈善的介入者ではない。契約法の優先ゆえにLとの関係でも、c項ゆえにTとの関係でも。後者の規定は、RがLとの契約の下に行動する場合に必要なものである、しかし（例えば、RとTが良好な隣人同志であった場合には）Lから委託されなくとも、介入する用意があり、もっぱらTを益する意図で行動したかもしれない。（第三者のための契約ルールの適用に依存するが、）LとRがTのために契約を締結すれば、RはTとの関係で慈善的介入者ではない。もしRが修繕を不適切に実施した場合には、Lとの契約にもとづいて責任を負う（場合によってはTに対しても）、しかし慈善的介入ルールにより、LにもTにも責任は生じない。

［設例9］（オーストリア）　慈善組織が公的機関と契約を締結し、この契約により慈善組織は、一定の救助活動を実施する義務を負担し、公的機関はその費用を負担する。このサービスを実施する慈善組織は、被救助者との関係で、慈善的介入者として活動するのではない。

限界づけ

［設例10］　事実関係は、以下の点以外は、設例8と同じである。すなわち、Lは、Tの家主ではなく、Tのアパートの破損したパイプを修理するようRに依頼した、Tの友人であった。この場合、Rに依頼するLの行為は、Tの事務に対するLによる慈善的介入である。Rの請求書をLが支払うこともTとの関係で慈善的介入であり、LがRに対して支払義務を負っていることで影響を受けない。この債務はLによって引き受けられた介入の結果にすぎない。LがTに対して費用償還を求めることができるにとどまらず、（状況によって妥当な限りで）LはTに、Rに対する債務の期限が到来していることを伝え、Lの債務をTが直接支払う機会を与えねばならない。

契約債務の精査

［設例11］　船医が意識を失った乗客を診察している。もし船医が船会社に

対して乗客に医療サービスを（おそらく有料で）提供することを引き受けていた場合には、患者との関係で慈善的介入者として行動するのは、船医ではなく、船医と雇用契約を結んでいる船会社である（このことは、会社が乗客に対する契約上の義務を果たしていることを前提に状況が理解されてはならないという想定である。もし契約上の義務ならば、慈善的介入者ではなくなる）。他方、もし船医が待機に同意したにすぎない場合には（すなわち、船会社は、単に乗客が病気になった際に医療が得られない場合に、乗客に対する自己の非契約責任を排除したいがために）、船医は、待機し、医療の必要がある人に対して利用できるようにすることで、契約上の義務を果たしている。医師の援助を必要とする個別の乗客に医療を現実に提供することは、船医の船会社に対する契約上の義務を越える。

〔前者の例も後者の例も、船会社の契約責任が何らかの形で及ぶと考えるのが素直ではあるまいか〕

契約上の義務に限定されないこと

［設例 12］

婚姻配偶者が、継子の扶養に寄与することを内容とする、他の配偶者に対する法律上の扶養義務に応ずる場合、この扶養の点で、子供との関係で慈善的介入者とはならない。

［設例 13］（ドイツ）　IとPは切妻壁の共有者であるが、この壁は崩れかかっている。建物監督庁はIに、公共の安全のために、壁を解体するよう指示した。IはPに費用について応分の負担をするよう要求できる。Pは、第五編1：102（他人の義務の履行のための介入）により、壁の除去に反対できない。また、Iは私法の下で生ずる第三者への義務に応じて行動しているのではない。

143

第一部　ヨーロッパ大陸における事務管理法

2：101 関係

第二章の適用範囲

［設例 1］（ドイツ）　事実関係は第五編 1：103（適用除外）の設例 9 と同じ。負傷していた者に緊急援助していた慈善団体のスタッフが医療過誤を起こした。組織の責任は、第 6 編の契約にもとづかない損害賠償責任法の規定による。（後掲）第五編 2：102（慈善的介入の義務違反によって生じた損害の賠償）第 2 項の適用の余地はない。

〔慈善団体は公的機関と契約を締結し、義務を負担している。だから、第三者との関係での義務履行としての活動だから、慈善的介入法の適用はない。だとすると、スタッフの医療過誤による団体の被救助者に対する責任は、不法行為法にもとづくという意味に解すべきだろうか〕

第五編 1：102 の例外

［設例 2］　ある雨の秋の日に、B の建設用車両が残土と建築資材を道路上に残していた。事故発生の大きな危険があった。隣人である A が、（道路清掃）会社に道路を清掃するよう指図した。まず B に電話しなかったのは、天気のせいで車両に表示された会社名を読み取ることができなかったためである。A の介入は合理的理由がある。しかし、この点は、A がその後 B とその電話番号を、例えば、道路の清掃を指図された会社の従業員から、知るに至った場合には、B と連絡を取ることを免除するものではない。もし A が B と連絡を取ることを怠った場合には、B は A の求償に対して、B は道路清掃会社よりずっと安価に資材を処理できたという事実を対抗させることができる。A によって費やされた費用と B が費やしたであろう仮定的費用との差が A が負担せねばならない損失である。

〔適用関係が不明確。この設例は、小見出しにあるように、公的利益の緊急履行だから、第五編 1：102 が適用され、本人の希望との一致義務は生じないが、そのほかの義務は免除されないので、そこに義務違反（2：101 (1) (c)）があれば、損害賠償義務が生じ、償還請求がその限りで減額されるという趣旨であろうか〕

144

第三章　ヨーロッパ事務管理法の提案と学説の反応

非合理性

[設例3]　他人を援助し、そうすることで、今まで同様に援助していた人たちを帰宅させた者は、突然援助を放棄することはできない。被害者が全く無援の状態に置かれるからである。最初は、他人の継続的介入を当てにすることができたかもしれないのに。援助者は、少なくとも、緊急医療サービスもしくは警察に連絡がなされたことに配慮せねばならない。

〔第2項の継続義務あるいは中断権限の適用例。介入者が自らの行為により、援助者を自己に限定したのちは、他の援助による引き継ぎを配慮した場合にのみ、自己の介入を中断できる〕

無益性

[設例4]　Aは隣人Bの家の修理を開始し、損傷部分に行き着くために、タイルや当て板を除去した。この時点でAには以下のことが明らかとなった。修理を助けなしで行うことが不可能なことと、専門の屋根葺き屋を呼ぶことが必要なこと。Aがこの点を最初から認識すべきであった場合には、Aは第1項の注意義務違反となり、介入が引き起こした付加損害の賠償責任を負うことになろう。

〔自己の介入行為がある段階で無理があると判明した場合。介入者の介入時における判断、及び介入中における判断の法的評価〕

合理的理由を伴わない慈善的介入の終了

[設例5]（スペイン）　Aは自由意志で病院で昏睡状態にある兄の農場の管理を始めた。一年後、Aは市街への引っ越しを決断した。農場の管理については何もせず、今行うべき、農場の耕作をしていない。Aはもちろん農場を今後永久に管理する義務を負うものではない。しかし、目下の状況下で、農場の将来の管理についての合理的な解決となること（例えば、農場の賃貸もしくは他の親族がいない場合には売却）をするのを怠っているがゆえに、慈善的介入を完了させてはいない。Aは雑草の成長によって生じた損害をBに対して賠償せねばならない。

145

第一部　ヨーロッパ大陸における事務管理法

2：102 関係
介入者によって作出された危険の現実化についての責任

[設例1]　激しい長雨の結果、付近一帯は洪水となった。家主は休暇中であり、連絡用のアドレスも残さなかったので、隣人は家に入り、一組のチッペンデイルチェアを救助することにした。隣人は、隣接する部屋に、別のチッペンデイルチェアがあることに気づかなかった過失について責任を負わない。また、より高価なペルシャ絨毯を持ち出すことがより重要だと評価しなかった過失についても責任を負わない。

〔本条第1項のいずれかに該当する場合にのみ、介入者の合理的注意義務とその違反としての賠償責任が生ずる、第一例に該当しない場合〕

介入者によって増大したリスクの現実化についての責任

[設例2]（フランス）　スーパーマーケットの客が（落とし物の）ハンドバッグを見つけ、レジ係に手渡した。レジ係は、スピーカーで、バッグが発見されので、持主が回収するよう求めた。その名前は、バッグに含まれていたアイデンティティカードから読み取ることができたものであった。誰も現れなかったので、レジ係は、発見した客らが持主を知っており、引き渡すと言ったのに応じて、引き渡してしまった。しかし実際は、彼らはバッグもその中の金銭も自分の手元にとどめ置いた。スーパーマーケットは、この喪失について責任を負う。バッグを客に引き渡すことで、バッグとその中身の最終的喪失のリスクを高めたといえるからである。占有するという慈善的介入に続き、従業員が保管することが安全なのだから。もし、設例1で、チェアを救助した後で、隣人が保管を不注意で行い、その際に損害を被らせた場合には、同様である。これらの損害は、介入者の義務違反に帰責しうる。

〔本条第1項第二例に該当する場合〕

介入者が危険をわざと永続化させた場合

[設例3]　介入者Iは、誤って、必要な修理はすべて完了したと考え、現場を去った。しかし、問題は解決されていなかった、すなわちしばらくして損

第三章　ヨーロッパ事務管理法の提案と学説の反応

傷を受けたパイプから再び水が噴き出した。Ｉは本人に対して責任を負わない。

〔本条第１項第三例は故意を要件とするので、過失による危険の永続化は該当しない〕

［設例4］　事実は以下の点を除き、設例1と同じ。すなわち、隣人は隣接する部屋のチェアも広間に持ち出したが、突然チェアについて無関心となり、そこに放置した。介入者は故意にリスクを永続化させたといえる。

〔第三例に該当する場合。ただ、隣接する部屋から広間に移動させて放置したことが、故意の危険の永続化に当たるといえるかどうかは事情によるだろう〕

公正性テスト

［設例5］（ベルギー）　Ａ婦人は、Ｘ氏が亡くなった後でその遺産を管理している。彼女は遺言によれば相続の資格があったが、放棄した。Ａ婦人が第三者の管理に託した動物に関して、Ａ婦人とＸ氏の親族の間で紛争が生じた。Ａ婦人は大部分については、模範的な行動をとったが、山羊と羊に関しては、適時の通知義務を果たさなかった。損害賠償責任は、介入者の利他的動機と過失の軽微さに照らし減額されうる。

〔第2項の適用例。相続法の規定があれば、そちらの特則が優先するだろう〕

［設例6］（ベルギー）　農夫Ｆは嵐で根こそぎとなった樹木を道の脇に引いていくためにトラクタを使用した。このような除去作業は地方当局の責任であった。4カ月たっても、地方当局は何も対策をとらず、ある夜に（交通）事故が起きた。Ｆは、道路から倒れた樹木を完全には除去しなかったので、地方当局とともに、連帯債務者として、道路利用者に対して責任を負う。しかし、内部的に、Ｆの責任分担は、50％以下に減額される。

〔第2項の適用例。1：102条［公益的義務の緊急履行］に該当する場合であろうか〕

147

第一部　ヨーロッパ大陸における事務管理法

2：103 関係

収支報告義務（The obligation to account）

［設例1］（スウェーデン）　精神的に障害をもち、それ故精神病院に収容されている老人の義理の娘Iは義理の父の世話を数年した。彼の保険会社は保険金支払を彼女の口座に送金してきた。Iはこの口座から義理の父のために、同意を与えていた妻が亡くなるまで、小額出費をしてきた。義理の父の死ののち、その相続人は、保険金支払分を正確に特定された実費の控除ののちに引き渡すよう請求した。義理の娘は、全体としてはかなりの額になる、多様な小額出費の収支報告ができず、またそのレシートを受け取ることもしてこなかったため、一層そうであった。すべての出費の詳細なリストの報告を要求することは、信義の原則に反するだろう。おおよその概算で十分である。

〔第1項の報告義務の適用例〕

介入者の最も重要な経済的義務

［設例2］　不在家主のために家賃を回収する者は受領した金銭を引き渡す義務がある。

〔引渡義務の例〕

引渡義務の内容と範囲

［設例3］（ドイツ）　Iは慈善的介入の過程で、Pのために、Xから格安で商品を購入した。この取引について、IはXから報酬の約束を受けた。もしPがIに代金を支払う場合には、Iは報酬に対する権利を譲渡し、商品所有権を移転せねばならない。

〔引渡義務の内容に関する例〕

3：101 関係

免責

［設例1］　Aが慈善的介入者として、自己の名で、Cのためにサービスを提

供する契約をした場合には、AはCに対して、サービス提供者に対するA
の責任をCが直接支払うか、少なくとも資金を提供することを期待できる
権利を有する。
〔免責請求の内容の例示としての代弁済と資金提供〕

合理的な費用
［設例2］（ベルギー）　隣人Yの家の屋根が嵐によって損傷したのちに、慈
善的介入者Xは、損傷の修理のために屋根葺き業者に指図をした。どうい
うタイルを使うかを問われて、Xは、かなり高価なタイルを指示した。たと
え新しいタイルがよりよい品質だとしても、その出費は合理性をもたない。
Xは、元のタイルに対応するようなものにかかる費用のみを請求できる。も
ちろん、古い屋根タイルが現在調達できず、業者の提案をのむしかない場合
は、事情が異なる。しかし、現在と直近の気象予報の下で、一時的修理が可
能であり、かつ、本人がほどなく帰宅することが知られていた場合には、そ
の出費はまた合理的ではない。かような場合には、永続的解決の判断は本人
に残されるべきだからである。
〔合理的な費用の判断基準としての、品質、調達事情、一時的修理の可否、
本人の帰宅可能性〕

［設例3］（ドイツ）　交通事故の後で車が牽引されねばならなかった。（牽引）
会社は車を会社所有の保管庫まで牽引することを指図したが、それは遠く、
費用もかさんだ。車を所有者の住居に牽引することも可能であった。会社は
警察に尋ねることで住所を容易に確認できた。所有者の住居に牽引されてい
れば生じた費用を超える費用は、回復できない。
〔サービスの合理性を判断するための本人の住所の調査可能性〕

費用の利息
［設例4］　Xの歴史的邸宅の屋根は嵐で深刻に破損したが、本人は大西洋上
のヨットに滞在しており、親切な隣人Yからの連絡を取れなかった。Xの

第一部　ヨーロッパ大陸における事務管理法

屋根の緊急修理は、建築物の伝統（Xがこの点を重視していることをYは知っていた）に対して注意を要した。また、危険な上階には絵画や家具もあり、風雨から保護するためには移動させる必要があった。これらは、Yのわずかな予算を超えていた。そこでYは銀行から利息付で借金をした。Yは、修理や移動に使われた消費貸借の償還の権利を有するだけではない。Yが銀行に支払った利息も、ここでの費用となる。同じ原則が分割払いの場合にも妥当する。しかし、請負人に対する額が少額で、現金で支払うことができ、利息の付く口座に払い込むのではないような場合には、費用の利息を得ることはできない。

〔償還に利息が含まれる場合の例〕

金銭もしくはその他の資産による費用

［設例5］（ドイツ）　慈善的介入者として、自己の車を他人のために利用する婦人は、消費された燃料の補償のみならず、活動の間に自己の車を他の用途に利用できなかったことによる補償も請求できる。

〔本条に車の利用可能性も含まれるかはやや問題〕

3：102 関係

ルールの基礎にある政策的考慮

［設例1］（ドイツ、フランス）　Xは系図研究者で、専門的に相続人を探索することで収入の大部分を得ている。彼は親族も相続人もいないとされる人の遺産の公告に反応する。公告の期限が経過すると、無遺言の遺産は国庫に帰属する。Xは個人の親族Yをトレースすることに成功し、遺産の20%の報酬と引換に、Yに必要な情報を提供する申出をした。申出の信頼性を示すために、Xは若干の曖昧な情報を開示した。Yは契約を断った。しかし、提供された情報は、Yに関連する当局の所在を特定するには十分であり、遺産を受領することができた。YはXに対して債務を負わない。

〔Xが慈善的介入による報酬請求権を有しえない理由は、本編のコンセプトからすれば、Xが当初より、報酬（契約締結）を目当てに行動している点で、

第三章　ヨーロッパ事務管理法の提案と学説の反応

もっぱら他人を益するという主観的要件を満たさないと考えるからであろう、しかしこのこと自体、本制度を主観的要件に依存させることの問題性を示唆していないだろうか[24]、なお、1：101の設例13も同内容〕

［設例2］（ギリシア）　プロの船舶仲介者であるIは、オークションにおいて正当な（justified）慈善的介入により、Pのために三隻のタンカーを購入した。Pはかような行為の通常の報酬をIに支払う義務を負う。

3：103関係
一般的な非契約的賠償責任の外にある厳格責任（strict liability）
［設例1］（イギリス、ドイツ）　突然車の前面に現れた人を避けるために、車を野に突っ込ませたために、車の運転者が傷害を受けた。第五編3：103のルールに従えば、非契約的賠償責任のルールでは責任がないとされる場合でも、本人には責任が課される。例えば、スズメバチに襲われ、自転車の制御を失い、車線に突っ込んだ人が本人である場合。

賠償可能な損害
［設例2］　Aが煙に包まれている寝室のBを救うために、燃えているB宅に突っ込んだ際、かなりのやけどと衣服の損傷を被った場合、Bは、Aに対して、身体傷害、組織の破壊に伴う痛みと不快感、治療中の収入減、財産損害の賠償責任を負う。しかし、AがBを救うために、ビジネス上の約束を果たさなかった場合、Bは、この約束を逸した結果の経済的損失についてはAに責任を負わない。損害の個々の項目が慈善的介入によるリスクに帰せしめうるかという議論を排除するために、純粋経済損害は初めから賠償請求の保護範囲から排除されている。
〔身体損害、財産損害の結果ではない、いわゆる純粋経済損失は本条の賠償範囲には含まれない〕

151

第一部　ヨーロッパ大陸における事務管理法

危険に対する保護

［設例3］（ドイツ）　Ｐは、卒業式の後で、全く酩酊していたが、車のハンドルを握った。Ｉは、説得を聞くのを拒絶するＰから鍵を奪って、自らハンドルを握った。Ｉは、Ｐを危険から守るために行動している。Ｐの異議は、彼が法的に有効な意思を形成できる状態にないので、重要ではない。

〔損害賠償の設例にするためには、Ｉの運転中に事故が起こったことが必要であるが、それは、一般的リスクではないだろうか〕

行為の際に被った損害

［設例4］　設例2において、Ａが不幸にも熱によって撃退され、Ｂを救助できなくとも、損害についてＢの財産から請求できる。この点は、介入者がＢやＢの利益を囲む危険に直面し、対処する際に生ずる。救助する行為は、危険を除去するプロセスだから。従って、Ｂの炎上する家に達する際に、Ａが自己の店舗を施錠せずに飛び出てきて、留守中に略奪にあったり、Ａの寄与過失や第三者の不法行為を除き、道路を横断する車にはねられたりした場合には、Ａは、本条により、Ｂに対して請求を有しない。かような損害は、救助行為をなすに際してこうむったものではないから。これらは、Ａが救助をすることができる地位に自らをおくことから生じた損害だから。同様のことが、ＡがＢの家に至る道にあった石に躓き、骨折して、目指す玄関に達しえなかった場合も同様である。ＡがＢに対して有しうる救済は、非契約的賠償責任にある。

〔介入行為の際にこうむった損害のみが本条に含まれる、それ以外は不法行為責任に委ねられる、ただ、「介入行為」の範囲は理解によって広狭ありえ、含めることも可能だろう〕

［設例5］　ある晩と翌朝、Ｉは、独身である隣人の保有する動物を世話した。隣人Ｐも農夫であったが、突然の心臓発作で病院に収容されたからである。伝染性の動物疾患が勃発していた。誰の落ち度もなく、Ｐ保有の動物がこの疾患にかかっていたということはまだ知られていなかったため、Ｉはウイル

152

スを自分の保有する動物に感染させた。この損害は、結果損害（consequential loss）であり、Iが行動中に被った損害と性質づけることはできない。

〔前設例と比較すると限界づけは微妙と思われる〕

作り出されもしくはかなり増大されたリスク

［設例6］　食料雑貨店店主は、店舗の近くで起こった事故を見て、店を閉め、救助に出かけた。（収入喪失は賠償される損害ではない。）店主が被害者を病院に連れて行き、その途中で店主の車が損傷を受ける交通事故にあったとすると、この損害も、もし車で運ぶという危険な行為を採用することが事情により必要な場合には、援助行為と十分緊密に結びついている。

〔介入による危険の創出もしくは増大の要件の例とされるが、車で被害者を運ぶこと一般が危険ではなく、猛スピードで搬送する必要があり、事実そうした結果としての事故である必要がありそうだ〕

本人の危険と介入者によって引き起こされた危険との合理的均衡

［設例7］　介入者のリスクは、損害発生の蓋然性と損害の程度の合成結果として定義できる。例えば、介入者が、高い価値の他人の財産（価値ある絵画、もしくはバックアップのない重要なデータの入ったラップトップ）を保存するために、介入により相対的に低い財産損害（1000ユーロのスーツを駄目にする）を引き起こすことの高い蓋然性（50%）がある場合には、たとえ、絵画やパソコンが失われる危険が比較的低い（10%）としても、介入者は合理的リスクを惹起している。

「予見できる限りで」

［設例8］　これ［本人の危険と介入者がこうむるリスクの均衡］は以下の例で説明できる。ある人が、本人が危険物質を保管していた建物に入る場合。介入者は、その存在について知り得ず、肺を危険にさらした。もし介入者が知っているか、合理的に知り得た場合には、価値ある物を救助しに行く行為は不合理となる。

第一部　ヨーロッパ大陸における事務管理法

3：104 関係
法的安定
［設例1］（オランダ）　ある男女が婚姻せずに3年間ともに住んでいた。この期間に、女性はアパートを自分の好みに改良し、価値を高めた。彼女は、この好意の表現としてなされたサービスについて、金銭的賠償を請求する権利を有しない。これは友情から出たものにすぎない。

〔贈与意思に着目するよりも、出捐の個人的動機，費用の奢侈性に着目すべきではないか〕

第1項の適用範囲
［設例2］　私的に組織された、友人間のフットボールマッチで、あるプレーヤーがけがをした。たまたま医師であった別のプレーヤーが、その場で、応急処置を施した。この事情を考慮すれば、報酬請求の余地はないと推定される。応急処置のインセンティブは、もっぱら友情と共同の活動であるから。この点は、報酬請求と矛盾する。

〔推定とあるので、事情によると考えているようである、行動の容易性を考慮しているのだろうか、応急処置の程度によっては逆の推定をすべきだろう〕

［設例3］（ドイツ）　父親Pのアパートで息子Xとの争いが激しくなった。もう一人の息子Iは父親を援助したが、Xによる板攻撃でIは手首を痛めた。I（あるいは、代位を基礎に父親Pに対する請求権を行使したい保険会社）はPに対する請求を有しない。IによるPの援助は、家族間の問題に由来し、また父親と息子の愛情にもとづいているからである。

〔一般的にこう解してよいかは問題である〕

範囲
［設例4］　共通の危険の場合における費用償還請求の減額の例は第五編1：101（他人を益するための介入）の設例17〔斜面にある二軒の家の一方が浸

154

第三章　ヨーロッパ事務管理法の提案と学説の反応

水に危険に対処する場合］にある。

共通の危険
［設例5］（イギリス）　車の前に突然飛び出たが、その点に責任がない十代
の歩行者を避けようとした運転者が例となる。別の例は設例4にある。

介入者が第三者から補償を得ることが合理的な場合
［設例6］（ドイツ）　ホテルの経営者は窃盗犯をつかまえる際に客の援助を
求めた。客は要請に応じたが、窃盗の発砲で傷を負った。経営者は客に対し
て、第五編3：103（賠償請求）により、責任を負う。しかし、この責任は、
客が窃盗犯から現実に賠償を得る限りで、減額される。

保険者に対する権利
［設例7］　Aは地下駅での旅行客襲撃の目撃者である。旅行者を助けようと
したが、けがをした。Aが法令による、拠出していない保険から利益を得る
限りで、旅行者に対する請求は減額される。保険の運営者は、Aの、襲撃者
に対する賠償請求を取得するが、慈善的介入法により旅行者に対して取得す
ることはない。Aは、保険者に移転できるような請求を有していないから。

3：105関係
本ルールの目的
［設例1］　悪者があるヨットを係留所から解き放したため、そのヨットは
漂っていってしまう危険が生じた。別のヨットの所有者は、伴走し、はしけ
に戻る際に、自分のエンジンを傷めた。このような場合、漂うヨットの所有
者は本人とみることができる。従って、別のヨットの所有者は、エンジン修
理費用についての賠償請求ができる。救助されたヨットの所有者は、本条に
より、今度は悪者に対する償還の請求ができるが、悪者の発見や勝訴した場
合の支払能力のリスクを負担せねばならない。しかし、少なくとも本条は、
本人を以下の困難から解放する。すなわち、介入者の介入を非契約的賠償責

155

第一部　ヨーロッパ大陸における事務管理法

任に関し介在する新たな行為（novus actus interveniens）とみなすことや非契約的賠償責任法にもとづく求償が他の理由で挫折することから。

［設例 2］（イギリス）　説明しがたい理由で、よちよち歩きの幼児が保護された敷地から姿を消し、道路に駆けていった。突然前方に現れた子供を避けるために、A はハンドルを切ったが、それに続く事故で負傷した。幼児は無事であった。A は、原則として、幼児に対する賠償請求ができる。しかし、この請求は、第五編 3：104 第 2 項により、A が託児所に対して賠償請求できる限りで、減額される。A がそのような請求を有するか否かは、非契約的賠償請求法の判断に委ねられる。A の幼児に対する請求がもし認められれば、幼児は、託児所に対する求償権を有する、もし幼児が A にはねられた場合に、託児所が幼児に対して責任を負う関係ならば。
〔文意が乱れているので、修正して訳出した〕

3：106 関係
「本人を益することが合理的に期待できる限りで」
［設例］　本人 B は有名な公人であり、お忍びで他の町を訪問している。A が知るように、B は脳疾患を病んでおり、経歴上の合理的な理由から常にこの点を公衆には伏せてきた。さらに、B はこの町に滞在することを隠す合理的理由も有していた。B は突然数時間ホテルルームを利用する必要に迫られた。A がホテルルームを予約した。B の名で契約することが B の利益となると考えることは合理的ではない。

第二節　ヤンゼンの「事務管理」制度分解論

　日本民法における事務管理の法文は、6 カ条にとどまる。ドイツ民法では、11 カ条であり、フランス民法では、準契約の一つとして規律され、4 カ条にとどまる（フ民 1372 条ないし 1375 条。1372 条第 1 項は、管理者の継続義

第三章　ヨーロッパ事務管理法の提案と学説の反応

務を黙示の約務と表現し、同第2項は、所有者が明示の委任を与えたならば
生ずるであろう諸義務にも言及するが、これらは準契約思想の文脈ではよく
理解できる表現である。なお、2016年改正で1301条ないし1301-5条の6
カ条となった）。

　日本法やドイツ法では、事務管理は法定債権関係の一つとして位置づけら
れているが、民法典の中での位置としては、日本法は、債権各則の末尾に、
三つの法定債権関係をまとめるのに対し、ドイツ法では、事務管理のみが、
委任契約に続けて規定されている。名称も、直訳すれば、委任なき事務処理
である。

　このように、フランス民法、一世紀遅れのドイツ民法、それとほぼ同時期
の日本民法には、それぞれの時代の刻印が押されている。日本民法は、ドイ
ツ民法、とりわけその草案段階のものに影響を受けている。旧民法はフラン
ス法の影響が大きい。この点は、事務管理法の規律内容にも反映している。

　現在のように、ヨーロッパでは、ＥＵレベルの外圧にも促されつつ、大陸
法の見直し、進化が検討されている。法定債権関係も例外ではない。近代法
において、事務管理、不当利得、不法行為はその制度趣旨、要件効果におい
て、分化した。この点さえも、英米法との比較を視野に入れると、必ずしも
自明のことではなくなる[25]。

　そこで、まず現代ヨーロッパ法の状況をとらえる意味で、近時注目される、
ヤンゼンの見解を見てみよう。彼の見解は、DCFR の事務管理法提案に触発
されている。

　彼の主張の要約は、こうである。ヨーロッパ大陸法における事務管理制度
は、歴史的に多様な機能を持たされてきており、時代に応じて、それぞれの
時代の法欠缺を補充してきたと指摘する。従って、フォン・バール（v. Bar）
を代表者とするグループがまとめるヨーロッパ事務管理法草案[26]は、その基
礎がなく、不適当であるとする。さらに、現在の事務管理法は、異なる機能
の混在であり、再構成の余地があり、多くは、関連する他の法分野（総則、
契約法、他の法定債権関係）に収めるのが適切とする。

　ヤンゼンの事務管理観[27]は、ドイツで事務管理法の判例における肥大化が

157

第一部　ヨーロッパ大陸における事務管理法

指摘され、要件面での再構成、制度内部での類型化などが議論された 1990
年代の学説[28]の蓄積を前提に、それをさらに推し進めるものといえる。ま
た、その後の英米法の議論[29]、とりわけ法と経済学における議論からも積極
的に示唆を取り上げている。

　彼は、ツィマンの弟子であり、従来より、法定債権に関心があり[30]、現
在も、法定債権関係の歴史的・比較法的観点からの再検討[31]に従事している。

　以下、詳細に見てみよう。

　まず、事務管理に関するヨーロッパ法原則（Principles of European Law,
PEL）を提示したヨーロッパ民法典スタディグループの態度を、ランド委員
会の後継者と標榜するものの、内容はドイツ法的でありまた政治的であると
批判する。そのプランの革新的な部分は、管理者に与えられる請求権と権限
の点にあるとする。すなわち、報酬請求権（3：102[32]）、緊急救助における
損害賠償請求権（3：103[33]）の肯定と、事務管理の成立要件として管理者の
意思に加え、合理的理由を求め、この内容は、管理者による本人の意思の探
求義務を尽くしたか否かに求められる、言い換えれば、不法行為上の過失基
準と同様に位置づけること（1：101(2)[34]）と管理者の代理権（3：106[35]）の
肯定である。

　彼によれば、この事務管理という領域は、ヨーロッパ債務法の中で、諸法
域間で最も明白な相違が存在する場所であり、コモンローもオーストリア民
法も事務管理を基本的に否定している。また事務管理を独自の制度として承
認する法秩序相互でも、適用領域、機能、構成要件は等しくない。また、こ
の領域は古くより議論の対象であった。例えば、ドイツ法は広い適用領域と
多くの請求権を与えるが、スコットランド法やフランス法は、いずれも報酬
請求権を与えず、スコットランド法は損害賠償請求権を本制度の適用領域か
ら排除している。また、ドイツ法、スコットランド法は、正当でない事務管
理においても、本人から管理者への請求権を承認するが、フランスの通説は、
正当な事務管理の場合においてのみこの請求権を承認する。

　彼はまず、方法[36]の観点から検討を進める。

　事務管理法をモデル法化する方法は二つある。一つは、大陸法の事務管理

158

第三章　ヨーロッパ事務管理法の提案と学説の反応

法のコア領域を確定し、次に、コモンローをも参照しつつ、より説得的な、構成と評価を選択していくものである。しかし、この方法は、大陸法における諸法の要件効果の多様性の現実を前にしては、とることができない。

そこで、記述的結果指向的アプローチが残るが、これも、事務管理が解決すべき問題ないし機能が自明といえない以上、活用することは困難である。

次は、機能の歴史的変遷[37]の観点である。

まず事務管理が対処してきた問題の広がりと規律の欠缺補充を歴史的観点から確認しておくことが有用であるとして、事務管理がたどってきた機能の変遷を三期に分ける。

まず、ローマの時代には、事務管理は契約を伴わない信託の機能を果たしたとする。ここで、事務管理は、ローマの社会道徳にもとづく拘束に由来し、友人などの同等者間において、あるいは主人と被保護者の間のような支配関係において生じ、他人の財産事務に留意する忠実義務と、それの反面としての管理者の出費償還請求権が問題となった。しかし、ローマの事務管理は、このような利他的活動に限定されておらず、求償と利得調整に関連づけられていた。これは、一般不当利得法が存在しなかったことと関連し、その意味で、調整システムの一部をなした。

普通法において、この機能が裁判実務の中心に移動した。つまり、利得調整機能がこの制度の第一義となった。この点には、二つの点の変化が関連している。ローマにおける社会道徳、それに支えられた信託思想が消失したこと、他方では、合意の拘束力が徐々に承認され、その限りで事務管理に依拠する必要がなくなったことである。また、正義の要請としての利得吐き出しが中世以降、強調されていったことがある。これらの結果、事務管理は、輪郭のない調整道具に至った。正当でない事務管理、あるいは本人の反対の場合でさえ、双方的利得調整となった。しかし、このようなモデルを変質と非難することは早急であり、19世紀、20世紀までは、このモデルの需要が存在した。ドイツ法では現在でもそうである。

同時に19世紀、20世紀に、緊急救助モデルへの移転と、報酬と人的損害賠償という法律効果の拡大が生じた。もっとも、このような展開の基礎はす

159

でに自然法論にあった。合意の拘束力と一般不当利得請求権の承認ののちには、事務管理制度の存在意義が問われたが、通説は、利得法上ないしは契約法上の評価の非独立的表現と理解して、事務管理制度を維持した。クリスティアン・ヴォルフは、事務管理を管理者の本人のために活動する意思に由来するものと位置づけ、この意思が本人の推定的同意に対応するものとした。従って、適用領域は、そのような推定を可能にするものとして、損害防止に必要な費用に限定された。

　以上のように、彼は、古典ローマ法、中世普通法、近世法に、それぞれ、信託による忠実義務と求償、調整による不当利得吐き出し、緊急救助の損害賠償、報酬を対応させ、特徴づけているが、それらは鮮明な像ではなく、多様な機能、効果が法源に制約されつつ並存していた点に注意する必要がある。

　さらに、実質問題[38]の観点から、以下のように述べる。

　以上のように、歴史的には、カメレオン的制度であるが、ヨーロッパレベルでの法典化を企画する以上、この制度に含まれる個々の請求権（法律効果）について共通の構成要件が接続点となりうるかを改めて検討する必要がある。今までは、とりわけ、所与の国家法ないしはローマ法源の枠の中での適切さのみを論証してきた法曹には、事務管理制度に含まれている諸請求権が果たしてこの法制度と正当なつながりを有しているのかという問が構造的に不可能か不十分であったからである。

　さらに、個別の解釈上の論点に検討を進める。

一、管理者の義務の範囲

　本人の管理者に対する直接訴権は、管理者の情報提供義務、とりわけ計算報告義務、継続義務、損害賠償義務、引渡義務を内容とする。ここでは、本人の、権限がなく自利的な介入者に対する法的保護が問題となっており、管理者の利他的動機や権限、行動の適切さは重要ではなく、管理者から本人への費用償還請求とは非対称的な構造を妥当させようとしてきた。にもかかわらず、何度も要件の同期化が試みられてきた（フランス法学説やドイツの正当な事務管理論、PEL, DCFR も同様）のは、統一的制度としての正当化が

双方的契約図式と親近性をもつからである。が、それによって、反対訴権の
要件が直接訴権の要件に影響し、直接訴権が担うはずの、本人の保護に欠缺
が生じてしまう危険をもたらす。

二、費用出捐

　本人にとっての客観的有益性を基準とする限りで、現代の不当利得法と事
務管理法を並存させる意義はない。事務管理の結果非依存と不当利得の結果
依存は、利得概念の柔軟化により、実質的評価上、同期化されている。報酬
の場合も同様であり、その給付が契約法上、結果依存か非依存かが基準とな
る。しかし、スタディグループは、ここで、管理者による本人の利益状況の
主観的評価を基礎に置こうとしている。

三、管理者の損害賠償請求権

　これも、事務管理の機能移転の一つであり、契約外責任法の道具である。
コモンローは、本人の責任を、危険を本人が引き起こした場合にのみ認める
が、これは、賠償責任の基礎として何らかの帰責事由が必要という意味で、
正当である。グループ案は、ここで、裁判官の裁量による減額規定を置くが、
オーストリア民法のように、救助の成功の場合のみ損害の一部転嫁を認める
方が妥当である。また、この責任は、関係者の状況が正当とする限りでの公
平の責任たるべきである。問題なのは、この責任は、事務管理の通常の基準
と接続点を有さないことである。介入者か被救助者かの二者択一ではなく、
社会保険的もしくは公法的解決が採用されるべきである。

四、報酬[39]

　一方で、専門家の救助行為に着目して、報酬付与が多くの法秩序でなされ
ているが、他方で、一般的有償化は、事務管理の利他性との不適合や介入イ
ンセンティブへの抑制の危惧が語られる。結局、この問題は契約法の問題で
あり、合意が状況により不可能な場合には、行為者が受領者の意思に反して
いないと想定できる場合には、合意なくして契約が成立するとみて、本人の
自己決定保護は、取消権を与えることで対処し、さらに、取り消した場合の
信頼利益責任で調整することが妥当である。

五、代理権

この側面は、事務管理の比較的新しい展開部分であるが、フランス民法の規定を基礎として展開され、スタディグループも採用している。ドイツ法の立場はやや狭すぎて妥当ではない。

次に、スタディグループの立場の検討に移る[40]。

以上のような問題性をグループは意識していない。彼らは、事務管理に統一的モデル性を付与し、いかなる請求権を与えるかということのみを問うている。この統一的制度を維持する理由は、加盟国の規律の概観から得られたとされるが、そこで検討されているのは、表面的な規範テキストの比較であり、判決の評価は十分ではない。しかし、事務管理のように、学説と判例の乖離がある場合にはこのような方法は問題である。もっと重大なこととして、グループは、棚卸しの前提として、利他的な介入というコンセプトを基礎にしてしまっている。従って、参照文献や比較法的ノートは、このあらかじめ作られた疑似自然法的モデルに適合するものが選び出され、限定されているように思われる。事務管理の規範的基礎を問う文献は全く考慮されていない。参照モデルとして、イギリス法や第三の道もありうるはずであると。

ヤンゼンは、次に、グループ案の本質的特徴を、他人の事務処理要件、適用範囲、介入者の反対請求権の要件の三点にまとめ、個別に検討する。

第一点（他人の事務処理要件）[41]については、グループ案の利他的モデルは、すでに述べたように、現行法の機能の説明にはならないし、このモデルは比較法的棚卸しの帰結ではなく、その出発点に置かれていることの問題がある。利他的動機は、仮にそれを規範的に再構成された動機と解するにしても、事務管理の適用範囲確定も、客観的負担配分のための費用償還の問題も、適切に処理しない。むしろ実質問題を個々の関連箇所で論ずるべきである。

第二点（適用範囲）[42]は、グループ案の、利他的モデルと関連する、正当な事務管理への限定である。これによって、法的保護の欠缺が生じうる。正当でない事務管理に、事務管理の情報提供義務、計算報告義務、その他の行為義務が適用されずに、これらの規律をもたない責任法や利得法に保護が委ねられることにより、本人保護の欠缺が生ずるのであるが、グループ案はそ

のような問題意識を有していない。

第三点（介入者の反対請求権の要件）[43]は、介入者の権限に関する。グループ案は、オランダ民法を参照し、介入の合理的理由を要求する。しかし、この観点は、契約法はともかく、事務管理において具体的な基準たりえない。また、1:101（2）（a）で、本人の意思の調査義務違反を合理性排除の一例とするが、むしろ、契約締結が可能であったか否かが基準であるべきである。さらに問題なのは、本人の意思の調査が介入者の主観的基準としてとらえられている点である。しかし、これは不法行為上の評価であり、本人の実際の意思ないし利益を基準として費用償還の可否を判断する事務管理の伝統に反するものである。

この考えの基礎には二つの観点が潜んでいる。第一は、利他的活動を促進させるためのもの。しかし、本人が救助行為を要求したのではない場合、すなわち、緊急状態にはなく、その外観を有責に惹起したのでもない本人がコスト負担する筋合いではない[44]、介入者が無過失だとしても、本人は、介入について自己責任を負う必要はないので、より無責だといえるから。第二に、グループ案は、介入を二分し、それが許される場合には事務管理にもとづく諸請求権を与え、許されない場合には、責任法、損害賠償に導くとする。しかし、介入が許される場合でも、そのコストを本人に転嫁する理由がない場合もありうる。ここでの諸評価問題を正当な行動の有無という問いに短縮してはならない。

以上の分析の上で、ヤンゼンは、グループ案に対して、こう結論づける。

すなわち、事務管理がそもそも統一的制度としてありうるかの検討を怠っており、むしろ、この点については、多様な法律効果を考慮すると、疑いがあると。管理者の本人に対する損害賠償請求は、不法行為の問題であり、管理者の報酬請求は、契約法に位置づけられると。費用償還は、現代不当利得法による処理で対処できる。本人の管理者に対する請求権や管理者の代理権がかろうじて残るが、これらも総則で処理するのが望ましい。

以上が、ヨーロッパ私法雑誌におけるヤンゼンの主張の骨子である。分量も限定されているためか、やや主張が図式的にすぎ、裏づけも不十分にみえ

163

第一部　ヨーロッパ大陸における事務管理法

なくはない。しかし、彼自身、多くの箇所で、自身の、歴史批判的民法コメンタール執筆部分の未公刊原稿（のちの 2013 年に公刊された）を引用しているので、文献的裏づけは、コメンタールの方に譲られているとみるべきであろう。コメンタールは、その性質上、ドイツ民法典における事務管理法規定の歴史的成立過程と、施行後のそれをめぐっての判例学説の展開に分析に重点がある（後出の見出しでいえば、Ⅱ〜Ⅳ）。その見出しは、Ⅰ、問題範囲、問題理解、用語、Ⅱ、実際的実務とパンデクテン学説の間で：民法典の問題視角、Ⅲ、特別な規律諸問題と民法典の解決、Ⅳ、民法典の取り扱い、Ⅴ、事務管理から決別すべきか？、である。

　その内容の骨子は以下のようなものであるが、その歴史的展開過程は、いろいろな観点が絡み合い、明晰な線が引けるわけではない[45]。ヤンゼン自身、包括的研究の不足を嘆いている[46]。

　事務管理法は、当初より、帰属回復と活動関係の二重性から成り立っていた。その問題視点、概念、適用領域、規範的基礎は相互に関連し、歴史上規定されてきた。中世においては、管理者の反対訴権を中心として考え、さらに、準契約的性質づけで、古典期ローマ法ではなお観念上は相互に無関係に議論された、直接訴権と反対訴権の同期化が、注釈学派以降に、進行し、個々の訴権（請求権）の成否の前に、事務管理自体の構成要件充足性が問われた[47]。ドネルスは 16 世紀に事務管理を構造化しようとしたが[48]、輪郭のない調整道具として扱い続ける現代的慣用実務（前期普通法）には影響を与えなかった[49]。事務管理の存在根拠を問う基礎的論争を初めて導入したのが、自然法学者である。ここでは、責任法や利得法以外に契約外債権関係を否定するという方向（後期スコラ学派、グロティウスなど）、管理者の意思と本人の推定的意思の対応に、黙示の契約をみる方向（プーフェンドルフ、クリスティアン・ヴォルフなど）などが現れた。しかし、その基礎を利得禁止に置くのか、契約法に置くのかで分かれた。ただ、いずれの側にも、他人の介入からの本人の保護が重要であるという、自由主義的評価が前提とされた。これらは、プロイセン一般ラント法、オーストリア民法、後期普通法を刻印した。

164

第三章　ヨーロッパ事務管理法の提案と学説の反応

しかし、ドイツ民法典立法者は、この狭い自然法的コンセプトを採用しな
かった。ドイツ民法の事務管理法は、主として、普通法の法典化であるが、
19 世紀末に集中的に判例学説によって達成された議論状況の背景の下で成
立し、その個別的内容は、このような議論状況を考慮してのみ理解可能であ
る。ここでは、全く新たな諸概念が展開されたのではないが、集中的な論争
の過程で、普通法を機能上、ドグマ上、改訂するに至っている。

一般利得法の承認とともに、管理者に事務処理意識が欠ける場合には、不
当利得が問題となるとする説が増えてくるが、通説は、なおそのような場合
をも含め続けた。これらを排除して制度の機能を変更することは、実定ロー
マ法源と調和しないものと考えたことによる[50]。もっとも、事務管理の内部
での区別は進行し、真正事務管理と不真正事務管理（自利の場合もしくは事
務処理意識がない場合）の区別は 19 世紀末には一般的に承認された[51]。

キューベルは、部分草案において利他的行動を理念型に置き、その促進に
事務管理制度の意義を見いだしたが、第一委員会は、そのような行動は例外
であり、緊急事務管理と優越的公的利益が存在する場合を除き、事務管理が
実際本人の利益となった場合にのみ管理者に調整請求権を与えた。第二委員
会は、事務処理の権限を、客観的利益もしくは、管理者の観点から推測され
る本人の意思に結びつけ、利他的行動への促進を与えようとしたと。

〔注〕
1）条文訳は、シュレヒトリーム編（半田ほか訳）『ヨーロッパ債務法の変遷』(2007)
　322 頁以下［半田］、フォンバールほか編、窪田ほか監訳『ヨーロッパ私法の原則・
　定義・モデル準則』(2013) 247 頁以下があり、参照した。内容については、内田・
　大村編『民法の争点』(2007) 263 頁［平田健治］、椿ほか編『民法改正を考える』
　(2008) 332 頁［平田健治］、平田健治・阪大法学 62 巻 2 号 (2012) 229 頁以下、角
　田光隆・信州大学法学論集第九号 (2007) 200 頁以下の検討がある。ドイツ圏にお
　ける反応としては、Jansen, ZEuP 2007, 958; Koch, Unaufgeforderte Hilfeleistung in
　Notsituationen, 2009; Westermann, FS für Medicus, 2009, 611; Hartmann, FS für Picker,
　2010, 341; Heinz, Die echte Geschäftsführung ohne Auftrag, 2013; Deppenkemper,
　Negotiorum gestio, Teil 1, 2, 2014 などがある。
　　原題の benevolent intervention は、さしあたり、「慈善的介入」と訳出した。
2）その見出しは以下のとおりである（さらに、それぞれの下の各節ごとに見出しが

165

第一部　ヨーロッパ大陸における事務管理法

付けられている）。

A．一般
　1．契約法と不法行為法を補う法定債務
　2．伝統的なラテン語の用語
　3．事務管理の英語における用語
　4．EU の諸言語における伝統的用語の問題
　5．他人の事務への慈善的介入のコンセプト
　6．EU の大陸諸国における事務管理のコンセプトの普及
　7．スコットランドとスカンジナビア
　8．イギリスとアイルランド
　9．事務管理と準契約
　10．準契約とコモンロー

B．EU の法典化されたシステムにおける他人の事務への慈善的介入の法源
　11．法源概観
　12．私法体系の中での事務管理の位置
　13．ルールの本質的内容
　14．適用範囲の確定（（定義））
　15．この法律関係の中にまとめられる人に関する規定
　16．間接的な明確化
　17．介入者の義務の明確化
　18．注意義務
　19．介入継続義務
　20．本人への通知
　21．計算と引渡し
　22．介入者の権利の明確化
　23．費用償還
　24．明示に規律されるその他の請求
　25．介入者の代理権

C．各法典における（ⅰ）慈善的であるが、押しつけの介入と、（ⅱ）自利での他人の
事務処理に関する規定
　26．事務管理を他人の事務の正当な管理に限定すること
　27．他人の事務の正当でない管理を含めること
　28．他人の事務の僭称管理
　29．他人の事務を自己の事務と考えて管理すること

D．「応用」事務管理
　30．一般
　31．発現形式
　32．家族法、相続法
　33．物権法
　34．求償権
　35．契約法

36. 別の例
37. 援助約束
38. 緊急医療
E. 事務管理法の範囲内での行為の範囲
39. 一般
40. 法的行為と単なる行為
41. 人の保護のための行為
42. 法や良俗に反する行為
43. 長期にわたる行為と不作為
F. 法体系の中での慈善的介入法の位置
44. 慈善的介入法の補充性：一般
45. 契約法との関係
46. 不法行為法との関係
47. 不当利得法との関係
G. ヨーロッパ大陸の諸法典における慈善的介入法の実際上の重要性
48. 異なる出発点
49. 経験的資料
50. 社会的意義
H. スコットランド
51. 承認された制度としての事務管理
52. 必需代理
I. スカンジナビア
53. 一般
54. 特別な基礎と類推による推論
55. 商法典 18 章 10 条とスカンジナビア消費者保護法
56. 類推の基礎として役立つ、別のルールの例
57. 配偶者間での代理権
J. イギリスとアイルランド
58. 他人の事務への慈善的介入から生ずる法的関係の独立したコンセプトが欠けていること
59. 他人のために出捐した費用は、基礎となる履行義務が存在しなければ償還されないという一般ルールの例外
60. 法令
61. 信託法
62. コモンローの諸道具
63. 無償の代理人
64. 代理人の義務
65. 合意による代理と追認による代理
66. 必需代理
67. 必要性
68. 適用を一定のカテゴリーに制限すること

第一部　ヨーロッパ大陸における事務管理法

69. 運送
70. 代理権踰越
71. 寄託
72. 受寄者の法的地位
73. 不当利得
74. Quantum meruit（原告に帰属すべき量）
75. 事務管理法との関係
76. 被告の利用のために支払われた金銭
K. 国際法とヨーロッパ法
77. 海事法
78. 海難救助
79. 共同海損
L. 以下の諸原則の基調
81. 一元的アプローチ
82. 契約法と不当利得法を必要に応じて修正すること
83. 友好的連帯から生ずる行為のインセンティブ
84. ヨーロッパ共同体法
85. 準契約法を再生させないこと
86. 公法の排除
87. 公的保険スキーム
88. 求償権と請求の減額
89. 他人の事務への正当な介入に限定すること
90. 契約法の優先
91. 不当利得法、不法行為法との関係
92. 連帯債務者間の寄与、物権法
93. PECL の代理ルールと 3：106 条における介入者の代理権
94. 管理者の利益と押しつけ的介入から本人を保護することの間の必要なバランス
95. これらの諸原則の構造
96. 事務管理の範囲内の行為
97. 必要な主観的要素
98. 必要な客観的要素
99. 他人の事務
100. 介入者の義務
101. 介入者の権利
102. 3：104 条と 3：105 条
103. 介入者の代理権
104. 立証負担
105. 応用事務管理
3）Introduction B13.
4）F44.

第三章　ヨーロッパ事務管理法の提案と学説の反応

5) L89.
6) L95.
7) L99（p.97-98）. 1：101 Notes III. 26.（p.2912）は、意思要件は一般的に異論がない
　が、他人の事務要件は、多くの国で、必要性、有用性について議論があるという認
　識を示す。
8) p.2891.
9) p.2897-2898.　Jansen をはじめとする批判がある。
10) Comments C（p.2886）; Notes 50（p.2921）.
11) p.2989.
12) 以前は、次条（2：103［介入後の義務］）と順序が逆であった。
13) p.3007.
14) p.3014.
15) p.3044.
16) p.3055.
17) p.3069.
18) 単行本版では、「本人の名において（in the Name of the Principal）」であった。
19) 現時点においても、もっとも包括的かつ徹底的な検討と思われるヤンゼンの批判
　内容については、本書第一部第三章第二節。Hartmann, a.a.O., S.357f. も、個々の点
　では異なるものの、同旨。
20) Hartmann, a.a.O., S.355 も、DCFR の不当利得法が出費の節約構成（VII.-5：102(2),
　5：103(2)）を取り込んでいることを指摘しつつ、ヤンゼンよりは抑制的ではあるが、
　同様の認識を示す。
21) イギリス法でも研究者レベルではあるが、リステイトメント作成の動きがあり、
　また、アメリカ第三次回復法リステイトメントも成立した。これらを機能的にみれ
　ば、DCFR の基本にある合理性テストそのものである。
22) さらには、この二条文の関係もやや不明瞭である。前者の規定（1：102）があれば、
　後者の規定（3：105）は不要となるのではないだろうか。あるいは、前者の場合に
　は緊急性、公益性が必要となる限りで適用範囲はより限定されているということで
　あろうか。
23) 本書第一部第一章参照。
24) p.3044 は、かような場合には、慈善的介入制度は適用されず、求められない利得
　の制限ルールを含め、不当利得法に委ねられるとする。
25) 後掲第三部第一章は、第三者弁済制度の要件効果を手がかりにして、法定債権相
　互の整序を考えている。
26) PEL Ben. Int., 2006（全 417 頁、後掲の版との対応箇所は p.101-306 の 206 頁）;
　DCFR full edition Volume 3, Book V p.2877-3081, 2009（前掲の版の冒頭の 50 頁ほど
　の Introduction、巻末の判例や文献のリストなどがない、全 205 頁）
27) Jansen, ZEuP 2007, 958-991; derselbe, HKK Bd.III/2. §§677-687 Abs.1（2013）
28) 当時のドイツ判例に対する学説の議論状況を基礎に、事務管理法のあり方を検討
　したものとして、本書第一部第一章。
29) 代 表 的 な も の と し て、Jeroen Kortmann, Altruism in Private Law *Liability for*

169

第一部　ヨーロッパ大陸における事務管理法

Nonfeasance and Negotiorum Gestio, 2005.

30）Jansen, Die Struktur des Haftungsrechts. Geschichte, Theorie und Dogmatik außervertraglicher Ansprüche auf Schadensersatz（Jus Privatum, Bd. 76）, Tübingen 2003.

31）その最近の成果として、Jansen, The Concept of Non-Contractual Obligations: Rethinking the Divisions of Tort, Unjustified Enrichment, and Contract Law, Journal of European Tort Law（JETL）, Volume 1, issue 1（2010）, p.16-47. 給付利得と契約締結上の過失を例に挙げて、契約債務と対比される法定債務の一体性を再構成する方向のようである。その前提として、不当利得法は、契約法に吸収されるもの（給付利得）とそうでないものに分解され、後者は不法行為法と、個人責任、矯正的正義、信頼保護という観念を基礎として再結合されるという展望を示す。さらに、その構想を敷衍したものとして、Jansen, Gesetzliche Schuldverhältnisse Eine historische Strukturanalyse, AcP 216（2016）, 112-233.

32）DCFR V.-3：102 も同様。但し、2 項末尾に「（通常支払われる）額が存在しない場合には、合理的な報酬額を負う」と付加されている。

33）DCFR V.-3：103 と同じ。

34）DCFR V.-1：101（2）と同様。但し、（b）において、ought to know が can reasonably be expected to know と表現が変更されている。

35）DCFR V.-3：106 と同様。表現がいくつか変更されている（下線部）。

PEL 3：106

（1）The intervener may conclude legal transactions or perform other juridical acts in the name of the principal in so far as this is reasonable to benefit the principal.

（2）However, a unilateral juridical act by the intervener in the name of the principal has no effect if a third person to whom it is addressed rejects the act without undue delay.

DCFR V.-3：106

（1）The intervener may conclude legal transactions or perform other juridical acts as a representative of the principal in so far as this may reasonably be expected to benefit the principal.

（2）However, a unilateral juridical act by the intervener as a representative of the principal has no effect if the person to whom it is addressed rejects the act without undue delay.

36）Jansen, ZEuP 2007, 962.

37）Jansen, ZEuP 2007, 963-969.

38）Jansen, ZEuP 2007, 969.

39）Jansen, ZEuP 2007, 976.

40）Jansen, ZEuP 2007, 980.

41）Jansen, ZEuP 2007, 983.

42）Jansen, ZEuP 2007, 987.

43）Jansen, ZEuP 2007, 987.

44）この観点は、後述するように、民法立法過程でも、直接訴権と反対訴権の要件の差として、意識されていた。

45）筆者自身、彼の時代区分による説明を図解しようと試みたが、自然法や普通法の時代区分に困難を感じたし、とりわけユスチニアヌスの法学提要における定義に始

170

第三章　ヨーロッパ事務管理法の提案と学説の反応

まる準契約思想は各時代の多様な学説と結合しうるため、その構造化が困難であった。

46）HKK, a.a.O., Anm. 125.
47）HKK, a.a.O., Rn. 15 ; Anm. 131. なお、磯村哲『不当利得論考』（2006）144 頁によれば、後期普通法における同期化は、主観的他人の事務において直接訴権を認めるという要請が作用していた。
48）対象自体による他人の事務と、管理者の意思による他人の事務への二大別。
49）HKK, a.a.O., Rn. 17.
50）HKK, a.a.O., Rn. 34.
51）HKK, a.a.O., Rn. 35.

171

第二部
英米法における事務管理に対応する機能

第一章

救助義務の可否 —法と経済学からの政策的検討—

第一節　はじめに —救助義務の是非についての一般的議論状況—

　第一部第二章では、ドイツ民法における事務管理制度の生成過程を部分草案段階からフォローし、いわば大陸法の特徴とその功罪を体系という観点から分析し、示唆を得た。

　第二部は、これと対比する意味で、英米法を素材にした。英米法の伝統からは、事務管理制度を前提としないため、不法行為法の枠内で救助義務あるいは作為義務の成否という観点で議論される。すなわち、通常は、不作為で何らかの責任ないし犯罪となることはないが、この場合にだけ例外が認められることの根拠、その妥当範囲、要件効果の政策的設計などの観点から議論されるのである。日本の不法行為法においても、不作為責任の根拠、作為責任との相違の有無はなお議論のあるところである[1]。

　大陸法における事務管理法は、管理者の責任、費用償還などを、沿革的には、本人からの直接訴権、管理者からの反対訴権に大別していた。現在では、統一的制度としてその対比は見えにくくなっているが、緊急救助の問題群をその制度の規律対象の一部として規律している一方、他方では、公法・特別刑法（例えば、軽犯罪法1条8号）を介して、救助義務を一定の者もしくは私人に課している。日本民法の文脈では、民法698条の緊急事務管理における、管理者の本人に対する損害賠償義務の軽減が前者の例に当たる。さらに、解釈論において、規定はないものの、救助者の本人に対する損害賠償請求権、さらには報酬請求権が認められるかが議論される[2]。これに対して、英米法は、コモンロー上は、作為義務（救助義務）を原則として観念できないため、不法行為における義務から出発し、いかなる場合に個人に救助義務

第二部　英米法における事務管理に対応する機能

という作為義務が成立するかを問い、成立する場合に、その違反を不作為者の被害者に対する不法行為による賠償義務としてとらえる[3]。これが英米法の文脈であり、肯定する者（例えば、救助を促進する効果を根拠として）と否定する者（個人の活動の自由を侵害するとか、義務化してもその執行にさまざまな難点があるとかを根拠として）がそれぞれの論拠を出して論争を続けている。もっとも、判例は一定の場合（救助者と被害者の間の人的関係、場所的関係、救助者による自発的介入、救助者による危険状況の作出など）に肯定するものがあり、その例は増え続けている。

　その反面、救助義務を履行した者にいかなる救済が与えられるかが次の問題として生じてくる。ここでは、それも自明のものではない。コモンローにおける、個人の自由を考慮した介入の自制の問題がそれである。

　対比すると、作為義務の成立が限定的に承認される点は、大陸法[4]も英米法も同様である。但し、大陸法では、任意の介入の効果を（部分的とはいえ）規律するために事務管理という一般的制度を用意している。もっとも、事務管理法における緊急事務管理者の賠償義務の一部免責は、アメリカにおけるよきサマリア人法の立法に通じる[5]。

　この点については、さらに、「法と経済学」学派による議論、とりわけ経済的効率性からの、作為義務の成立範囲とその内容の提案の蓄積が注目される。前述した、救助義務の是非を経済的効率性の観点から論じるものである。この基準が結論を導く唯一のものなのか、単に一つの判断要素にすぎないのかについても意見は分かれる。

　もっとも、近時は、「法と経済学」学派による議論が必ずしも現実の人間行動理解に対応していない、それを前提とした議論となっていない、従って無意味だという、行動社会学からの市民アンケートの分析にもとづく批判[6]もある。本章は、従って法圏の違いの分析と同時に、緊急事務管理、人命救助という事務管理の一類型の分析の意味も併せもつ。さらには、作為義務化と救助者の救済内容の関係[7]という法政策的な問題も含む。

　議論は、Epstein（1973）に対するLandes and Posner（1978）の批判に始まる[8]。その議論の文脈は、英米法特有の法体系に依拠して議論している部分

176

が大きく、一般的な示唆をそこから得ることは容易ではない。

第二節　エプスタイン論文（責任ルールの自由侵害）

　まず、エプスタイン（Epstein）論文「厳格責任の理論」[9]の主張を紹介する。
　彼は、法的問題の解決手段として経済理論が万能と考える者に対する批判
を展開する。
　第一章[10]は、過失（ネグリジャンス）理論の正当化に関して。コモンロー
不法行為は、過失理論と厳格責任理論の対立で展開してきた。当初の厳格責
任から19世紀における過失責任への移行は、経済的考慮よりは道徳的な理
由であった。しかし、過失理論は不法行為の全領域を支配するには至らな
かった。ハンド（Hand）は、はしけの係留についての所有者の責任を論ず
るにあたって、経済的公式を提示しているが、彼が結論に際して考慮する
excuse の観念と経済的公式の関係は明らかではない。また、当事者双方の行
動、第三者の行動をどのように考慮するかの問題もある。しかも、経済的観
点でも道徳的観点でも合理的な行動をした場合でも、一方に損害の不利益が
転嫁される場合がある。つまり、それ以外の別の理由が存在するはずだと、
まず、問題提起をなす。
　第二章[11]は、損害惹起と賠償責任の関係、すなわち因果関係の問題につい
て。これは通常、原告の損害の事実上の原因の探求である。これは、あれが
なければこれなしの条件式で判定される。しかし、この定式は、被告が原告
の損害を引き起こしたという直接法ではなく、仮定法であり、この文法上の
相の違いが、発想の差を示唆する。この定式は、単純なケースの説明にも窮
するゆえに放棄されるべきである。ハート（Hart）やオノレ（Honoré）によ
る定式（介入事象も考慮し、それらがなくとも損害を生じさせるのに適当な
ものかを問う）も支持されていない。実質的（substantial）あるいは最も近
い（proximate）要素か否か、損害が合理的に予見可能かという定式も、基
準として十分ではない。カラブレイジ（Calabresi）も自分の議論では原因に

ついて言及しないといいながら、その混入を排除できていない。コース（Coase）の議論は、被害者と加害者の立場の相互性を語るが、現実に事故が起こる前に相互性を語ることは誤りである。カラブレイジ、コース二者は、因果関係の役割を否定するが、私（エプスタイン）は、その重要性の例証として、強要（force）、驚愕（fright and schock）、強制（compulsion）（AがBをしてCへの加害を強いた）、危険な状況（dangerous conditions）の創出について論じる。

最後の第三章[12]で、ネグリジャンス（negligence）責任と厳格責任をよきサマリア人問題に適用して検討する。前二章は、過失責任ルールを厳格責任ルールと比較してきた。責任ルールは、実際に生じた害に立脚すべきで、被告の行為の合理性を後から判断することに立脚すべきではない。責任問題は、被告の行為の一般的費用効用分析にも、個人の価値の道徳的検討とも分離されるべきである。積極的行動のケースにおいて、厳格責任ルールは、経済的意味であれ、道徳的意味であれ、過失が不法行為法の基礎として承認された場合に生ずる不安定さと複雑さを回避できる。

第三章の目的は、これらの結論が、法が従来回復を認めてこなかった分野にも拡張可能であることを示すことである。厳格責任ルールは、合理性（reasonableness）ルールと異なり、被告が自分の積極的行為により原告を害したのではないケースに、不法行為を拡張することを拒絶するコモンローの立場を説明しかつ正当化する（原告被告間に親子や招待などの特別の関係が先行する場合を除く）。この問題がもっとも先鋭化するのが、よきサマリア人（非救助責任）問題の場合である。伝統的コモンローでは、ある者がおぼれる者を容易に助けられたのに、そうしなかった場合に、訴訟原因とはならない。過失体系の下では、合理的注意に重点が置かれる結果、作為不作為の区別はあまり注目されず、経済分析からも相違は出てこない。よきサマリア人問題は現代不法行為法の下では、特別な扱いを受けている。その理由は、厳格責任理論が体系的に適用された場合に明らかとなる。このルールの下では、行為要件（act requirement）が満たされないと、被告が原告の害を引き起こしたということはできない。他方、この点が満たされれば、その他の点

は重要ではない。「被告がなした」（the defendant did）という意味での因果関係が重要である。厳格責任は、さらに、その例外を支持する根拠をも説明できる。第一の例は、ハンターが人の目を打ち、その人が近くの水たまりに倒れて、おぼれるのを助けなかった場合（自己の先行行為により救助すべき立場に置かれていたとして）。第二の例は、丘の上のハイウエイでエンストを起こした者が、警告掲示などをしなかったので、後続車がエンスト車に衝突した場合（前掲の危険な状況創出理論により）。

　被告に何らかの先行行為がある場合には別だと主張されることがある。一旦原告の配慮を引き受けた以上、それを無視することはできないという理由で。例えば、（1）救急車を呼ぶために受話器を取り上げたが、結局やめた場合。（2）意識を失っている人を移動させたが、結局元の場所に戻した場合。しかし、そういう考え方は拒否されるべきである。前述の行為要件は、意思と因果関係の結合にすぎない。被告の単なる行為で、不法行為法は登場しない。（1）において被告の当該行為が原告に害を引き起こしたことが示されねばならない。また、（2）において行為後に原告の状態が元より悪くなったことが示しえねばならない。

　また、無償行為やそこから生ずる義務と比較する必要がある。コモンローは、そういう義務の居場所を見つけていない。それらは、因果関係要件を満たさないから、不法行為の一部ではない。約因理論の制約から契約法に組み入れることも困難である。無償行為は、明示の約束においても、意思に反して、履行を強制されることはない。被告が困った原告を助けようとした場合、彼は、明示の援助約束をした者よりも、悪い地位に置かれるべきではない。被告が原告に一部の援助をしたとしても、そのことは、被告をして、さらに続けて利益を供与する義務を生じさせない。被告は、任意に、自己の努力を中断でき、原告をより不利益な状況に置いたのではない限り、あらゆる責任を免れうるはずである。

　同様の問題は、原告が被告の利益に自ら何らかの措置をとる積極的義務の下にあったと被告が主張できる場合に生ずる。例えば、原告が怪我をしていた足の部位を蹴られたため、炎症を起こした場合。もし健康体であれば、そ

第二部　英米法における事務管理に対応する機能

のようなことは生じなかったであろう部分の損害までも原告は回復できるのか。一見、被害者の不注意を抗弁できるように思えるが、判例は、原告の自己保護義務を認めていない。よきサマリア人の場合と同様に、人は自己を防御することで加害者の賠償額を減らすよう、他人を援助する義務をコモンロー上負っていない。

コモンロー上のよきサマリア人問題に対する立場は、我々の慈愛に対応・一致するものではなく、今までにその変更や廃止の提案が多くなされてきた。そのような一例として、エイムズ（Ames）の主張を取り上げよう。彼は、自ら容易に実行可能であるのに、他人の死や重症を招く危険を防止しなかった者は、民事責任、刑事責任を問われるべきであると。

経済分析でこのようなルールを正当化することはできない。被告が自己の利益に特別の重みをおくよう権利として作為義務を主張できないからだ。しかし、害を引き起こすことと、害を防ぐことをしないことの区別が無視されるべきだとすれば、この二つの場合の基準の相違が存続するのはなぜか。功利主義者にとっても、社会の富の見地からは説明できない個人の自律、自由がそれ自体善であることを認めざるをえない。それが、よきサマリア人問題の受容によって明らかとなるコストである。

もし、義務を認めるとして、その限界画定はどうしたら可能か。ある利益を得るために契約ないし寄付が必要な領域と、利益が権利として取得される領域の区別は困難となる。自由と義務、契約と不法行為の限界はなくなる。

西洋の倫理の二方向は、意思の自由重視と、行為の外的効果重視に分かれる。この二方向は、どちらも純粋な形では承認されていない。一方の理論の強さは同時に他方の弱点を明らかにする。行為者の自由は行為の他人への影響を無視する。外的基準への一致は、自由の喪失を含む。多くの日常道徳の体系は、同胞のために行為を強いられる場合と明白な動機に促される場合にのみ行動することが許される場合とを区別しようとする。換言すれば、要請される行為と、義務の要請を超えた行為を区別する。因果のルールは、前者に責任を認め、後者に否定する。

一方では、費用利益分析は、市場取引が機能しない場面での解決手段とし

180

第一章　救助義務の可否

てベストと考えられている。他方では、その限界を指摘する声もある。費用分析は、個人間の効用比較を許さない。もしあえてしようとすれば、非経済的仮定を取り込む必要が出てくる。

よきサマリア人問題を判断するためには、経済理論が自己の専門用語でなしえない、主体相互間の効用比較をせねばならない。

一つのありうる打開策はこうである。当事者が相互に契約する機会を有したならば、疑いなく困難時の原告救助義務を被告が引き受けたであろう場合に責任を認めるという基準である。これによって、当事者二人は任意の交換によってそれぞれ効用を増すから、この合意は、有益な結果のみをもちうる。

この考えによれば、不法行為法の機能は、もし取引費用が直接の交渉を許すほど十分低い場合において、当事者がなしたであろう契約的取り決めを予測することであるといえる。

これに対しての反論はこうである。明示の契約の解釈においてさえ、日々、裁判所は苦労している。参照しうる判断要素がほとんどないサマリア人問題の困難はそれ以上となるはずである。裁判所が、常に、当事者のために契約を作成することを拒否してきたことには十分な理由がある。

さらに、もし一方当事者が合意の履行を拒否する場合はどうか。結局、二人のうちどちらが効用を増しうるのかを説明する、何らかの公正理論が必要となる。法的判断の一部であるトレイドオフ解決については、厚生経済学は答えを与ええない。

さらに、よきサマリア人ルールが存在しない場合に生ずるインセンティブ効果が実体法ルールの文脈で検討されねばならない。救助者が被救助者に対して請求を許すルールによって作られるインセンティブについて、この請求の範囲が拡張されたときにどのような行動の修正が予期されうるかを問うこと、公的報酬システムの影響を知ることも重要である。

これらの議論は、コモンロー・アプローチが、経済的理由で正当化しうることを示すものではなく、むしろ、法的ルールをそれらが作り出すインセンティブで正当化する試みがいかに危険かを示す。

コストの観点で個別ケースの分析をするのではなく、いわゆる政治的機能

181

第二部　英米法における事務管理に対応する機能

の観点でみるのがよい。不法行為は個々の自由の領域の画定である。この問に対して、因果関係と意思という概念にもとづく厳格責任ルールが、道徳もしくは経済的用語にもとづくネグリジャンス概念による対抗理論よりも、よい解答を提供する。厳格責任ルールは、人の自由は、他人に害を与えるところでその自由は終わるといっている。この点に至るまでは、人は選択の自由があり、他人の幸福について考慮する必要がない。しかし、不法行為は、個人の自由の確認で終わらない。人が他人を害するやいなや、不法行為の領域にもたらされる。しかし、常に責任を問うわけではない、彼が、特別に、何らかの言い訳（excuse）や正当化（justification）を有している場合には。この点の体系的説明が不法行為法の発展に不可欠であると。

　エプスタインの主張の要約は困難であるが、ランデス・ポズナに対しての批判は、コモンローは非効率であるが、別の理由で正当化されるというものである。すなわち、コモンローの無責任ルールをコモンロー自体の要件ないしは構成理論で正当化しようと試みる。彼の場合、それは因果関係と意思にもとづく厳格責任ルール（行為による結果発生）である。そして、その背後に自由の尊重があると考える。ここから、不作為について義務ないし責任を認めることを徹底して否定する。これに対して、道徳（合理的注意を尽くさなかったこと）や経済的衡量を考慮する過失理論を諸観点から批判する。他方で、経済学的分析は、最後のところで正当化に失敗すると指摘する。

　この批判は、規範的経済学を念頭に置いたものであろうが、以下に検討するランデス・ポズナ論文は、実証的経済学の成果として、その結論の効果を謙抑的に扱っている。おそらく、「法と経済学」学派によるモデルは、政策提案、立法提案、制度設計のグランドデザインに主眼があり、個々のケースの紛争解決、正義実現にまで及ぶものではなく、正義やケースの個別事情にもとづく修正は当然の制約と考えうるのではないか。そうだとすれば、エプスタインの批判はややないものねだりになっている部分が多いのではないだろうか。また、彼のように、不作為責任や作為義務を否定するために厳格責任を強調することはすでにアメリカ法において少数説であろう。

第三節　ランデス・ポズナ論文（責任ルールの非効率性）

第一項　要約的紹介

これに対して、Landes and Posner「海難救助者、遺失物拾得者、よきサマリア人などの救助者：法と利他主義の経済研究」[13]は、よきサマリア人問題も含めた、救助法全体の経済分析によるルール提案を試みる。内容は、序、第一章　救助の経済学（A、専門的救助の経済学、1. 被害者、2. 救助者、3. 最適条件、4. 取引救助と専門的救助、5. 高取引費用である専門的救助ケースにおける報酬の程度、B、利他的救助の経済学、1. 利他主義モデル、2. 利他的救助と補償つき救助）、第二章　適用と拡張（A、海難救助、1. 海難救助、2. 海で処分された財産、3. 共同海損、B、海難救助教義の陸上への類推、1. 必需代理、2. 陸上救助者の権利　(a) 生命救助　(b) 財産救助　(c) 非事故ケース、3. 道徳的義務によって支持された約束、4. 一方的契約、5. 海と陸の救助法の比較、C. よきサマリア人（非救助者の責任）問題、1. 救助活動の効用、2. 法的立場、3. 結論、D. 救助者の責任の制限）、結論である。

第一章で、専門的救助（Professional Rescue）、利他的救助（Altruistic Rescue）に分けて、救助の経済モデルを検討し、第二章で、それを具体的な応用例に適用する。なお、専門的救助、利他的救助は、ランデス・ポズナにおいて、それぞれ、利潤最大化企業による被害者に対する救助サービスの販売（p. 85）、補償の期待がないにもかかわらず提供される救助サービス（p. 93）、と定義されている。

(1) 専門的救助

専門的救助において、危難が生じた場合にのみ契約され、支払は救助の成功に条件づけられると仮定した上で、契約にもとづく報酬合意モデルにおける最適条件（Optimality Conditions）を検討する。

183

第二部　英米法における事務管理に対応する機能

1. 被害者

被害者は危険な活動、例えば海上運送に従事する企業または個人で、危険が発生し、救助が失敗すると、L_0 の損失をこうむる。危険の発生可能性を p^h、危険発生という条件付救助の可能性を p^r とする。救助が成功すれば、被害者である企業は L_0 の損失を回避する。蓋然性は、それぞれ、危険の蓋然性を減ずる被害者の安全入力（自己の安全確保のために事前に投入するコスト）x、救助の蓋然性を高める専門的救助者のリソース入力 y の微分関数である。

$$p^h = p^h(x)$$
$$p^r = p^r(y)$$

安全と救助の入力の限界生産物[14]は、正で逓減となる。

W_0　：被害者の富

$E(x)$：被害者の、安全入力への出費

vy　：被害者の専門的救助サービスの支払（y は、このサービスの単価）

被害者の予想効用は、危険不発生の場合の富、危険発生で救助不成功の場合の富、危険発生で救助成功の場合の富の和である。

すなわち、$\underline{U}$ は以下の式で表される。

$$\underline{U} = (1 - p^h)U(W_0 - E(x)) + p^h(1 - p^r)U(W_0 - L_0 - E(x)) + p^h p^r U(W_0 - E(x) - vy)$$

2. 救助者

救助者については、まず以下の仮定を設定する。

救助サービスは、救助が成功するという条件付の料金として、競争的産業により販売される。

各会社は予測利潤を最大化させる。各会社は同一のエントリー価格を有する。定数で限界費用に等しい、産業限界効用曲線を形成するほどの十分な救助会社が存在すること。暫定的に、潜在的被害者は、救助サービスを単一の会社から購入し、この企業は当該潜在的被害者にのみ売却する。

被害者をめぐっての救助者間の競争は、救助サービスの予想価格を以下の

均衡に追いやる。$p_i^r v_i$は、i番目の被害者の予想価格に等しい。

$$p_i^r v_i = mc$$

救助会社の予測利潤は、以下のように定義される。$p_i^r v_i y_i$は、予想収入、$C(y_i)$は、全費用である。

$$\Pi = p_i^r v_i y_i - C(y_i)$$

ここから以下の式を得る。

$$p^r v - C_y = 0$$

救助の蓋然性が高まると、被害者はより高くではなく、より安価に支払う。この点は、表面的にのみ矛盾している。サービス対価の前払の場合と比べると、ここでは対価支払が条件付である。救助の蓋然性が高まると、支払も確かなものとなるため、救助企業は、回収がより高いがゆえに、救助サービス単位価格を低く設定することになる。逆に、救助の蓋然性が低くなれば、救助が失敗におわり、出費を回収できない蓋然性が高まるため、企業はこれを補正するために、価格を高く設定する。しかし、救助価格（vy）は、低蓋然性の場合よりも、高蓋然性の場合の方が高い。というのは、購入した救助入力量は、高蓋然性の場合の方が大きいからである。救助の蓋然性が高まるにつれて、減少するのは、救助入力単位価格（v）のみである。

3. 最適条件

被害者が危険に対して中立（後出注31）と仮定すると、予想効用の最大化とは、予想損失（$\overline{L}$）の最小化を意味する。

$$\overline{L} = E(x) + p^h(1-p^r)L_0 + p^h p^r vy \qquad \text{(7)（式に付された番号は原論文のもの、以下同じ）}$$

この式を $x,\ y$ に関して最大化すれば、

第二部　英米法における事務管理に対応する機能

$$px^h\left[(1-p^r)L_0+p^rvy\right]+E_x=0 \qquad (8)$$
$$-p_y{}^rL_0+p^rv=0 \qquad (9)$$

被害者の安全入力と救助会社のサービス入力の均衡において、社会的に最適なレベルが得られる。

4.　取引費用

　交渉費用が比較的低額にとどまる場合には、任意交換、契約合意に委ねることができる。このような場合に、事前の交渉なき援助の補償を求めることがいわゆる「押しつけ」である[15]。しかし、緊急の海難事故のように、双方独占[16]の状態では、交渉費用、取引費用が高く、合意に至らない場合が多い。

5.　高取引費用の場合の報酬の額

　このような場合に、救助者の報酬ないし補償はどうあるべきか。救助者に被害者の全財産を与える、あるいは、船舶価値以上の出費の補償を与えることは、被害者側の、事故回避のための過度の安全入力を導く。他方、救助については最適入力を生じさせる。結論としては、救助者に法的な報酬請求権を与えないことも、救助された生命もしくは財産の価値に等しい報酬を与えることも、非効率だということである。

(2)　利他的救助

1.　利他主義モデル

　利他的救助[17]の場合には、救助者の効用は、救助者自身と被害者の効用の和として表現される。

　危難が生じ、被害者の財産を急激に低下させる場合、救助者の効用 U^r は、被害者の厚生の一部関数となる。救助者の効用は、被害者を救助し、被害者の損失を減少させるため（時間などを適切に）出費することで増加しうる。便宜上、U^r は、救助者の富と被害者の富との和とすると、以下の式を得る。

第一章　救助義務の可否

$$U^r = g(W^r - C(y)) + h(W^v - (1-p^r)L_0) \qquad (12)$$

W^r：救助者の当初の富

W^v：被害者の当初の富

　g：救助者の富についての効用

　h：被害者の予想される富についての効用

U^rをyに関して最大化すると、

$$(h'/g')p_y{}^r L_0 - C_y = 0 \qquad (13)$$

両者の効用の比（被害者の効用h'を救助者の効用g'で割ったもの）が、当該利他主義者の利他主義の限界程度（救助者が、U^rを一定とするために、自己の富のドルを被害者の富の1ドル増加と交換する用意のある率）として表現される。

　この等式は以下のことを意味する。

（ア）利他主義の程度が限界において大きいほど、他は変わらないとして、利他主義者の救助サービス入力yは大きくなる。

（イ）L_0が大きいほど、yも大きくなる。限界収入の直接効果とh'の増加を介しての間接効果として。

（ウ）利他主義者の入力がより生産的であるほど、$p_y{}^r$は一定のyについて大きくなり、yも大きくなる。

（エ）救助の限界費用が低いほど、C_yとg'が減少するにつれて、yが増加する。

　（イ）から（エ）の結果は、専門的救助モデルから演繹した結果に等しい。利他主義が補償の代替として働き、救助者はあたかも被害者の予想損失が救助者の損失であるかのように振舞うように導くからである。利他主義者が、自己の富におけるドル増加と被害者の予想損失におけるドル減少の間で無関心であるという特殊なケースでは、利他主義は、救助サービスにおける非利他主義的競争市場の完全な代替となる。両者は、危険からの純予想損失を最小化するよう、リソースの配分を導く。もしh'/g'が均衡におけるよりそれ

187

第二部　英米法における事務管理に対応する機能

よりも大きい場合には、利他主義は、非利他主義の競争市場よりも、より多くのサービス量を生み出す。

2. 補償と利他主義[18]

　補償を求めうる権利の承認は、高費用をもたらすから、利他主義が救助の強いインセンティブを与える場合には、法制度は補償を否定するだろう。先の例で、効用の比が 1 以上であれば、利他主義はそれだけで救助の効率的なリソース配分を導くことができる。すなわち、救助者のリソース入力が、利他主義も取引費用も存在しない競争市場における均衡量を超えるレベルを与える。このような場合に補償を与えることは非効率となる。

　しかし、補償の期待にもとづきサービスを与える、非利他主義者のために、補償ルールが一般的ルールとして優先されねばならず、そうなると、利他主義者も救助後は、補償請求をなすに至り、管理費用は増すものの、救助リソースの増加はわずかである。

　救助者と被害者の間に既存の人的関係がある場合やただ乗り問題が重要な場合には、補償が非効率となる。他方、利他主義者が協力する場合には、逆となる。

　しかし、多くの場合に、利他主義は効率的なレベルを提供するには十分ではない。そこで、補償をインセンティブの補いとして考える。

2-1. 弱い利他主義の仮定

　まず、補償がないと効率的レベルに達しない入力（$y_0 < y^*$）しか与えない利他主義者の場合（弱い利他主義）。ここでは、補償が制度化された場合には、最初から、効率的レベルの入力（y^*）がなされる。この場合には、常に、利他的入力からの置き換えが生ずる。前記の比が 1 より小さい場合には、置き換えは完全である。大きい場合には、若干の利他的入力は供給されるが、置き換えも生ずる。

2-2. 強い利他主義の仮定

他方、補償がない場合でも、利他主義が効率的レベルより大きい入力 ($y_1 > y^*$) を生み出す場合（強い利他主義）。補償の制度化は、この入力を超える入力を生み出すが、しかし、純増は効率的レベルよりも小さく、置き換えが生ずる。

(3) よきサマリア人（非救助責任）問題

次に、救助が容易であるにもかかわらず救助しない者に責任を負わせようとする考えがある[19]が、その当否を経済学的見地から検討する[20]。救助者の入力が予想損失を最小化する入力 (y^*) に及んでいない場合、その救助者は被害者の損失 (L_0) について責任を負うものとする（責任ルール）。この基準を超えている利他主義者、いわゆる強い利他主義者は、そもそもルールの導入で影響を受けないので、以下の検討からは一応はずれ（但し、後述を参照）、利他主義者であるが、上記の予想損失最小化入力に達していない、いわゆる弱い利他主義者を検討の対象とする。この利他主義者は、(1) 行動を変えず、入力 ($y_0 < y^*$) に加え、発生した損失を責任をして負うか、(2) 最小化入力 (y^*) を与え、責任を免れるかの選択に迫られるが、効用からみれば、後者 (2) が選択される。これは、前述した補償スキームの場合[21]と同じ結果となる。

しかし、責任ルールの場合には、最小化入力で責任が回避された場合には、それでおわりであるが、補償ルールの場合には、補償の請求と回収の費用がかかる。この点は、責任ルールの長所であるが、他方では、潜在的救助者の置き換え、すなわち責任を回避するため、従来の活動を変更する問題が生ずる。これによって、責任ルールによる救助活動の促進効果に影響が出る。

本来の活動 A と代替的活動 B を考え、それぞれの活動における潜在的救助者にとっての効用の差と、責任ルール導入後の本来の活動の効用減少分を比較する。

潜在的救助者は、責任賦課の後に A か B かの選択をせねばならない、それは以下の式に依存する。

第二部　英米法における事務管理に対応する機能

$$U^a - U^b \lessgtr \Delta U^a \qquad (20)$$

ここで、U^a は A における責任導入前の効用、U^b は B における効用、ΔU^a は責任ルールによる A における効用の減少を意味する。

　式の左辺は、A から B への置き換えによる効用減少、右辺は、置き換えないで A にとどまる場合の効用減少を示す。従って、減少が少ない方が選択されやすいから、左辺が大きければ、A にとどまる者が多く、右辺が大きければ、置き換える者が多くなる。右辺は、救助者が被害者に出会う可能性が大きいほど、従って非救助責任を負う可能性が大きいほど、大きくなる。また、責任不発生に必要な入力量と責任ルールがない場合の入力量の差が大きいほど、すなわち利他主義のレベルが低いほど、大きくなる。また、A の残存救助者の数が少ないほど、救助の機会を高め、後者（責任導入後の効用減少）は大きくなる。

　置き換え効果を考慮すると、責任ルールの導入は強い利他主義者の行動に影響を与えないとしたが、この結論を修正する必要がある。責任ルールの導入により、A を去る者が生じ、その結果、A における残存者は、救助を求められる可能性が大きくなり、外部不経済を生じている。このことにより、強い利他主義者の A における効用も減少し、そのうちの若干の者は、B に移動するかもしれない[22]。その結果、残存者は、救助の全費用を負担する意思のある強い利他主義者のみとなり、強い利他主義者は、責任ルールの導入に反対するかもしれない。この点は、責任ルール導入前に、弱い利他主義者が供給していた入力量にも依存し、それが大きいほど、置き換えによって転嫁される、強い利他主義者の負担も大きくなる。責任ルールの導入は利他主義の供給を減ずることになる。

　同様に、非利他主義で行動する企業に対しても、責任ルールの導入は、運送の予想費用を上昇させ、別のルートないし別のビジネス活動への置き換えを導く。

　責任ルールの導入の救助の可能性への影響は単純ではない。それは、救助者が被害者を見つける可能性と被害者が救助される可能性に依存する。

190

第一章　救助義務の可否

　責任ルールの導入は、潜在的救助者数を減少させ、被害者が見つけられる可能性を<u>減少</u>させるが、この減少は、特定の救助者が被害者を見つける可能性を<u>上昇</u>させる[23]。

　この（一平田が一下線を付した）二つの効果のどちらが優勢かは、事前に判断することはできない。しかし、置き換え効果が支配的となれば、救助数の増加という責任ルール導入の趣旨は果たされない。

　救助可能性 p^r が上昇すれば、被害者は、自己の安全入力を置き換えるのみならず、Aの活動を魅力的とすることで、Aにおける被害者数を増加させる。このことが発見可能性Θと救助者の置き換えに反映する。逆に、見つけられる可能性 δ の減少が支配的となれば、被害者は置き換えをなし、Aにおける被害者数は減少する。

　利他主義者の承認願望を考慮すると、責任ルールの導入は、この利他主義動機の証明が不可能となるので、救助者の置き換えを高め、救助の可能性を減少させる。

　さらに、責任ルールの管理費用[24]の問題がある。潜在的救助者の特定についてエラーが多くなれば、責任ルールの効果を減少させ、置き換えも減少させる。同時に、責任ルールが生み出す救助インセンティブも減少させる。

第二項　検討

　まず第一に、おそらく、ある財についての需要と供給について考えるモデルを出発点とするミクロ経済学の思考枠組みが、そもそも、例外的、突発的、非定型的で多様な事故に対する救助活動に対して、有効なモデルを提供できるかという疑問が沸き起こるだろう[25]。ランデス・ポズナ論文を読んでいると、まず、暗黙に救助を海難救助、水難救助に限定しモデル化・定型化をなし、議論、検討している感が強い。また、救助を必要とする被害者を救助サービスの需要者、救助者を救助サービスの提供者と位置づけて、その需要・供給の関係を検討しているようにみえる。しかし、そもそも事故ないしは危難状況が、大量生産が可能な財と対比できるものなのであろうか。確かに、経済モデル分析は、確率計算であり、個々のケースのばらつきを前提と

第二部　英米法における事務管理に対応する機能

しているが、そういう前提を正当化しうるだけの事象発現の定型性も他方では必要だろう。これは、後の学説が、ルールとしての明確性を高める試みとして、危険や救助者候補の範囲を限定することにつながる。

　第二に、救助者の類型を、非利他的（営利的）なものと利他主義者（強いと弱いの二類型）に分けて検討しているが、多様な事故との関係で、このような類型化は可能なのであろうか。利他主義者の行動理解も、果たしてこう理解することが現実に近いのかも問題である。非利他主義者が効用計算の上で行動するという想定は理解できるが、二種の利他主義者が、程度の差はあれ、同様に行動するものと想定できるのだろうか。そこにモデル化のジレンマがあるように思われる。

　なお、構成のわかりにくさであるが、第一部で、専門的救助、利他的救助を補償との関連で分析する際は、それぞれの属性を伴う救助者の分析が個別になされるが、第二部の責任問題を扱う際には、救助者全体との関連で責任ルールが考えられているようにみえる。後者では、従って、強い利他主義者、弱い利他主義者、非利他主義的企業それぞれの行動に対する責任ルールの影響が分析され、その上で異なる属性の救助者群が構成する行動全体が問題とされ、多様な要素に依存する不定の結論を示す叙述となっている[26]。

　第三に、費用概念の多様性も問題である。典型的には救助費用であるが、それ以外にも、契約交渉費用、管理費用、取引費用などの用語が出てくる。

　第四に、補償ないし責任による、利他主義の変質の問題。置き換えという言葉が、補償ルールのもとでの利他的入力の変質という意味で使われる場合と、責任ルールのもとでの活動内容の変更という意味で使われる場合（ここでは、二つの活動の場を想定し、潜在的救助者の活動の場の選択を効用の差の観点で分析する。例えば、二つの海水浴場での水泳という具体例が考えられるが、救助活動が現れる場は、もっと多様なものではないだろうか）とがある。

　第五に、責任ルールの利他主義への影響において顕著であるが、被害者の効用は、自分が発見される可能性とさらに救助される可能性という、二つの関数の積であり、二つの関数は、相互に影響を与えつつ、相反する動きを示

192

す。従って、分析モデルとしての意味はあるとしても、具体的危難においてでなければ、おおよその方向が出てこない性質のものである。

第六に、救助活動が低費用のものか、高費用のものかという観点は重要である。前者の場合には、人的関係の先行する場合や救助者の自招危難の場合（帰責性が基準となる場合）を含めて、当事者間の任意取引の成否に委ねてよいが、後者の場合こそ、裁判所の後見的合意形成支援が必要だされている。そして、多くの場合は、責任ルールを用いないことが効率性につながるとする。

第七に、モデル化全体に対して、著者自身、モデル化の部分性、試行錯誤的性格を否定しておらず、モデルの限定性、他の考え方の可能性、に言及している。だから、やや極言すれば、著者は、非救助無責任ルールの経済効率性との相対的整合性、親和性を主張するが、その前提としての、モデル化は、かなりの人為的な操作を経たものであり、ささやかな、部分的かつ試みのモデル化とでも評価すべきものだろう。にもかかわらず、その結論がその後の議論で不当に一般化されている嫌いがある。

第八に、著者は、慎重に、自らの主張が、ささやかな実証的経済学のスタンスをとっていること、コモンローのあるべき方向として、無責任ルールを維持すべきという、規範的経済学のスタンスをとっているわけではないことを述べているが、後代の論者にこの点が必ずしも正しく理解されていない。

第九に、繰り返しとなるが、これらの議論が、英米法の規範的所与を前提としたものであることには注意が必要である。

第四節　ランデス・ポズナモデルの批判・改善

第一項　序

その後の文献はかなりあるが（以下では、Ⅰ～Ⅳに分類した）、必ずしも観点がかみ合ってそれぞれが議論の深化に寄与しているとは思われない[27]。まず、ランデス・ポズナ論文の趣旨あるいはモデルの検討に包括的かつ正面

第二部　英米法における事務管理に対応する機能

から挑んでいるものは見当たらない。その多くは、彼の主張を極度に単純化しあるいは一部を切り取って、その批判ないし改良をするというスタイルである。その理由が、内容の難解さ・多様さに由来するのか、モデルとしての消極的評価に由来するものなのかは判断しがたいが、おそらく両者なのであろう。ポズナらの叙述は、前記したように、まず、報酬ないし補償の観点から、専門的（営利的）救助の問題を扱い、次に、利他的救助の問題を扱う。次に、その成果から責任の観点（よきサマリア人問題）で扱う。それらの分析の過程で、慎重に、交渉費用、責任ルール管理費用の多寡、被救助者と救助者間での事前の人的関係の有無、利他主義の種類（最初から効率的入力以上を与える強い利他主義者、補償や責任がない場合には効率性基準より少ない入力しか与えない弱い利他主義者、この二つのグループの行動の相互作用、責任ルール化での置き換え作用）などで、モデルの妥当範囲を限定している。この多面性、多層性が、後の諸論者による、主張の要約[28]と批判を困難にしているといえよう。

第二項　問題点

Ⅰ　救助者、被害者それぞれのグループの重なり（責任ルールの効率性）

　以下、後の学説が問題とした点を挙げてみよう。

　まず第一に、ランデス・ポズナモデルが、被害者グループと救助者グループが重ならないものとしてモデル化した点について。

　ランデス・ポズナは、被害者グループと救助者グループとは重ならないものと仮定しているが、単純なモデル化を重視したためである[29]。しかし、その後の論者は、その点を認識しつつも、このような設定が同時に現実にも近い選択であると考えがちであった。重なると仮定した場合を検討した論者が、のちの Hasen（1995）や，Grush（1998）である。

（1）ハーセン

　Hasen は被害者グループと救助者グループが重なるモデルをより現実的なものとし、そうした場合には、責任ルールの下で効率性が実現されると主張した[30]。

第一章　救助義務の可否

1.　モデル化

彼のモデルは以下のようなものである。

U　：人の期待効用

P　：救助状況にまきこまれる可能性

p　：被害者になる可能性

$1-p$：救助者になる可能性

VL　：人が自己の生命に置く価値

C　：容易な救助義務を実行するコスト

最初の想定は、以下のようである。

すべての救助は成功する。

救助は責任ルールなしで実行される。

救助は補償がない。

すべての者はリスク中立[31]である。

責任ルールの下での個人の期待効用は、

$$U-P(1-p)C　　(1)$$

責任ルールなしでの個人の期待効用は、

$$U-P(p)VL　　(2)$$

上のように、責任ルールの下では、人の効用は、救助状況にまきこまれる可能性、救助者になる可能性、救助コストの三つを乗じたものだけ、減少する。

責任ルールがない場合には、効用は、救助状況にまきこまれる可能性、被害者となる可能性、救助されなかった場合に失う生命の価値の三つを乗じたものだけ、減少する。

人は、(1)＞(2) の場合に責任ルールを選好する。以上から、人はほとんど常に責任ルールを選好することが示される。人が責任ルールに無関心であるのは、(1)＝(2)、すなわち

第二部　英米法における事務管理に対応する機能

$$p = \frac{C}{VL + C} \quad (4)$$

の場合に限られる。ここで、VL は大きな数で、C は小さな数と仮定すれば、p はゼロに近い、もしくは被害者になる可能性が無視できるほどである必要がある。救助状況で被害者となる可能性を無視できないと評価する者は、責任ルールを選好する。

次に、A、B 二人だけの世界を考え、それぞれが被害者もしくは救助者になる可能性があると考えると仮定する[32]。

$pA = .5$

$pB = .5$

責任ルールなしの場合の効用は、$U - .5PVL$

責任ルールありの場合の効用は、$U - .5PC$

$U - .5PC > U - .5PVL$ が成立することは明らかである。なぜならば、VL は C よりもずっと大きいからである。責任ルールは、A、B ともに期待効用を増すがゆえに、パレート効率[33]である。責任ルールは逆の活動レベル効果が存在しない限り、カルドア・ヒックス的意味[34]でも効率的である。活動レベル（activity level）効果は、救助者と被害者に等しくなりうる世界では、効率性に逆作用することはない。

個人が、危険な場所を特定できる限りで、責任ルールは、より多くの個人をして、安全な場所から危険な場所へと移動させることを促進する（救助と補償が不完全であると仮定すると、リスク中立的な者でさえ、危険な領域を回避しようとする、重要な非法的インセンティブを有し続けるだろう）。

潜在的救助者と被害者の数は増加し、このことは事故数と救助数も増加させる。

事故が救助を上回るとは信じがたく、通常は逆であろう。というのは、事故は、一般的に、個人もしくは小グループのみにかかわるが、潜在的救助者は責任ルールにより危険な場所へ惹かれることで、救助をなすための潜在的救助者はより多く利用可能となるからである（Cooter（1990）が指摘するよ

うに、さらに、活動レベルが上昇することは効率性を高める。そうでなければ、利益は多いがリスクのある活動を危険な領域ですることを回避したであろう者の若干は、今やこの領域に引き寄せられるだろうから）。

　要するに、行動レベルの問題は、人々が、救助者もしくは被害者となる可能性を等しく評価する場合には、根拠がない。責任ルールは、効率性を促進する。

　一人の被害者、一人の救助者というランデス・ポズナの仮定を検討する[35]。Aは自分のみが被害者となりそうだと考え、Bは救助状況において自分のみが救助者になると考える。

すなわち、

$p^A = 1.0$

$p^B = 0$

　　責任ルールの下での、Aの効用は、　　　　U^A

　　責任ルールがない場合は、　　　　　　　　$U^A - PVL$

　　Aは責任ルールの下で、状況はよくなる。

　　Bの責任ルールの下での効用は、　　　$U^B - PC$

　　責任ルールがない場合は、　　　　　　　　U^B

　　Bは、責任ルールの下で、状況は悪化している。

責任ルールは、Bの効用をPCの価値分だけ減少させるので、パレート最適ではない（行動レベルの影響を置くとすれば、責任ルールは、カルドア・ヒックス効率である。AとBの効用を合計することで、$U^A + U^B - PC > U^A + U^B - PVL$ が成り立つから。この論拠は、VL がA, Bにとって等しいことを前提とするが、この前提が成り立たない場合には、カルドア・ヒックス効率は不定である）。

　VL と C の間の差が十分大きいならば、救助のチャンスがわずかと考える者も、なお責任ルールを選好することに注意する必要がある。例えば、もし救助状況にまきこまれた場合、救助者となることが90％だと考える者にとって、責任ルールでは、効用は $U - .9PC$ であり、責任ルールがない場合の効用は、$U - .1PVL$ である。$.1VL > .9C$ である限り、この者は、責任ルールの下

197

第二部　英米法における事務管理に対応する機能

で改善される。

　さらに、すべての個人が被害者となると考える場合、責任ルールで U、責任ルールなしで $U-PVL$、従って、責任ルールは、パレート、カルドア・ヒックス、両方の意味で効率的である。逆に、すべての個人が救助者となると考える場合、責任ルールで $U-PC$、責任ルールなしで、U となり、責任ルールは、どちらの意味でも非効率であり、責任ルールは不必要ということになる。

　責任ルールのパレート効率性は、人口における p（被害者となる可能性）の配分に依存する。もし、p が 0 と 1 の付近に二つの山を伴い配分されている（双峰分布）場合には、ランデス・ポズナの分析は正しく、責任ルールはパレート最適ではない。逆に、p が 0 と 1 の間の一つの山を伴って配分されている場合には、私の行動仮定は正しく、責任ルールはパレート最適であり、カルド・アヒックス効率がある。

　2.　事実の証拠

　彼は、救助状況にかかわった場合に、自分が被害者か救助者かのどちらになる可能性があるかを問うことで、p の値を評価するアンケートを行った[36]。p の平均値は、.425 であり、換言すれば、平均人は、救助状況にまきこまれた場合、被害者よりは救助者になる可能性が、57.5％あると考えたことになる。また、回答者の 3 分の 1 によって選択されたモードは、$p=.5$ であり、彼らは、等しく救助者にも被害者にもなりうると考えたことになる。これは、人は、自分を救助者か被害者のいずれかと考えるランデス・ポズナモデルの仮定と矛盾する[37]。

　3.　コモンローが救助義務を課さない理由

　彼は、コモンローが救助義務を課さない理由を以下の三つの可能性に求める。

　第一に、Cooter（1990）を引用し、コモンローは、当事者間に反復する反応が考えうる場合にのみ効率性に従うと。もしそうでないと、効率的社会規範は生ぜず、裁判所は、効率的な法規範を構成するガイドを有しないと。ここでの、見知らぬ者に対する救助義務は、反復して起こることはまずない。

198

従って、規範生成は考えにくい。反復が考えうる状況では、例えば、世紀の変わり目の鉄道のような場合には、救助義務は生じよう（ランデス・ポズナも、鉄道の乗客が列車内で急病になった場合の救助義務を例外の一例として引用している）。

第二に、救助義務にまきこまれることの可能性 P を誤ってゼロと考えることである。Kahneman and Tversky（1980）は、人々が低リスクをゼロリスクと誤ることによる、経済的合理性の共通の失敗を指摘した。このような場合には、人々は、責任ルールの有無に注意を払わない。

第三に、社会が責任ルールを個人の自由の侵害（エプスタイン）と考えて、責任ルールによる付加的コストを考慮して、ルール形成を要求しなかったと考えることである。こう考える場合には、若干の個人は、C の価値を VL の価値に近いものと考えるから、責任ルールは、パレート効率にはいたりえず、おそらくカルドア・ヒックス効率でもない。

以上の場合には、コモンローは、結局効率的であることになる。

4. 利他主義

利他主義者にとっては、実行コスト C はゼロより小さくなる[38]。換言すれば、利他主義者にとって、救助者になることの利益は、容易な救助と結びついた些細なコストを超える。等式（4）からは、利他主義者にとって、責任ルールの有無に無関心であるためには、p は 0 より小さいものでなければならないことを示す。しかし、定義上、$p \geqq 0$ であり、利他主義者は、p の値に関係なく、救助義務を選好する。

ランデス・ポズナは、利他主義者が、責任ルールの下ではより少ない救助を実行することになると主張する。なぜならば、非利他主義者が、活動を危険な領域から安全な領域に置き換えるため、利他主義者が呼ばれる救助数を増加させ、利他主義者さえ安全な領域への置き換えを生じさせるからと。さらに、利他主義者の利益は、以下の限りで、責任ルールによって消滅すると。すなわち、利他主義が利他主義者として承認されるという願望と、かような承認から生じる報酬によって動機づけられているが、それらが責任ルールによって消滅するからと。

199

第二部　英米法における事務管理に対応する機能

　ハーセンは、以下の理由でこの推論を疑わしいとみる。非利他主義者が危険な領域を去る時、利他主義者は救助を実行できる、より大きな可能性を有することになる。これは、利他主義者の効用を減ずるのではなく増加させる。第二に、利他主義が承認もしくは報酬により動機づけられているという主張に対しては、利他主義者は、他人のために善を施すこと自体から効用を引き出すのであり、それが法的義務による強制か、公の承認に結びつくかに関係しないとする。利他主義の存在は、非利他主義者にとっての責任ルールの効率性に影響を与えないとする。利他主義者は、責任ルールと関係なく行動し、責任ルールがない場合には、VL の損失の可能性を減じ、責任ルールの下では、C の損失の可能性を減ずる。従って、利他主義者の行動は、救助状況にまき込まれる可能性 P を減少させる要素とみることができるが、それは、責任ルールへの選好を変更しないと。

5. 高コスト救助とリスク回避

　救助がより費用がかかり、より危険なものとなった場合には、効率性も変わってくるため、その検討を行う[39]。例えば、ある救助は、20％の成功率と80％の失敗率で、失敗の場合には、被害者 A と救助者 B の両方が死亡するものと仮定する。また、この救助は成功した場合には、コストはかからないものとする。もし救助が成功した場合には、$U^A + U^B$ の効用を両者にとって生み出す。不成功の場合には、$U^A + U^B - 2VL$ の効用である。20％の成功率を前提として、責任ルールのペイオフ効果は、$U^A + U^B - 1.6VL$、被害者が救助なくして死ぬと仮定すると、責任ルールがない場合の効用は、$U^A + U^B - VL$ である。$U^A + U^B - VL > U^A + U^B - 1.6VL$ だから、責任ルールの賦課はカルドア・ヒックス効率ではない。さらに、救助者に他人のために自己の生命を重大なリスクにさらすよう要求することはパレート効率ではない。

　リスク回避も責任ルールの効率性に影響を与える。リスク回避者は、リスク中立者よりも、容易な救助について責任ルールを選好しやすい。というのは、責任ルールの裏面は、金銭的支払か、機会費用の支払であるが、責任ルールがない場合の裏面は、生命の喪失であるから。しかし、救助が危険な場合には、リスク回避の下での責任ルールの効率性は、不定である。責任ルール

がない場合の裏面は、生命喪失で変わらないが、同じ裏面が責任ルールについても存在するから。

　6. 結論

　結論として、ハーセンは、ランデス・ポズナモデルは、その結論にも影響していると批判し、より現実に近い自己のモデルによれば、「容易な」救助に関しては、責任ルールが、パレート的意味でも、カルドア・ヒックス的意味でも、効率的であるという結論に至った[40]。

　より現実に近いモデルを設定し分析するという姿勢は評価できるが、被害者の活動ないし事故がどの程度一般性を持ち、モデル分析に適するのかという前提問題があるように思われる、ハーセンの結論もそれに依存すると考えられる。容易な救助に限定しているのは、そういう趣旨を含んでいるだろう。

(2) グラッシュ

　Grush は、Hasen の批判を考慮して、二グループが重なる場合においても、責任ルールは効率的であると主張する。結論は、ハーセンと同旨だが、その論拠を充実させている。また、無責任ルールを支持する二つの論拠である、自由と効率性のどちらも満たす基準を最後に提案する。

　グラッシュは、ハーセンの見解を支持した上で、すなわち、二グループが重ならないとすれば、潜在的救助者は潜在的被害者にもなりうることを考慮し、置き換えをしないと。さらにその展開を試みる。まず、仮にランデス・ポズナモデルの前提である救助者、被害者の二グループが重ならない、別個のものであるという点を肯定するとしても、置き換えは二つの理由で責任ルールの効率性を失わせないとする。第一に、すべての潜在的救助者が置き換えをするわけではないこと。第二に、被害者も救助者が選択する活動領域に置き換えることがあること。さらに、救助者が高リスクを引き受けねばならない場合でも、責任ルールの効率性を主張する。彼は、責任ルールの効率性、あるいは責任ルールなしの非効率性を以下の四つの論拠（A〜D）で補足する。

第二部　英米法における事務管理に対応する機能

1．補足的四つの論拠

A、十分な潜在的救助者が救助に当たるために活動 A の領域にとどまること[41]

ランデス・ポズナが指摘する、置き換えの量は、どれだけの救助者が、活動領域の変更による効用の減少を甘受しても救助コスト回避を選好するかに依存する。救助コストが救助利益に比べわずかとすれば、置き換えは、責任ルールの効用を破壊しない。活動を変更することにおける救助者の効用喪失は、わずかな人々を死から救う利益を上回るべきではないから、このことは正しい。

B、活動領域を変更するコストが置き換えを阻止すること[42]

取引費用は置き換えを阻止することで責任ルールの効率性を維持する。効用喪失は継続的であるが、取引費用は一時コストである。人々は、長期の効用（利益）よりも、一時の費用をしばしば重視する。

C、被害者が行う置き換えが救助者の置き換えを阻止すること[43]

ランデス・ポズナは、暗黙のうちに、被害者は置き換えないと仮定している。しかし、被害者も同様に置き換えるかもしれない。そう考えると、救助者は置き換えの無駄なことを考慮して、置き換えない行動に傾くだろう。置き換えプロセスはこのように実は複雑なものである。もっとも、これは、被害者が救助者の置き換えを知っていることを前提とする。もし情報非対称性が存在する場合には、被害者の置き換えは生じにくい。

D、救助者の生命に対する重大なリスクが存在する場合でも、コモンローはなお非効率的であること[44]

多くの場合に、救助者にも被害者にもなりうるという前提では、救助者は責任ルールを選好する。救助に内在する実質的コストにもかかわらず、自己自身の生命を救うというより大きな実質的利益を得うるから。

2．提案

以上の考察を前提に、自由の侵害の観点からコモンローを説明する論者の存在を考慮すると、効率性と自由の両者を考慮できる、同等リスク責任ルールを提案する[45]。責任ルールは、文脈によって、効率的であったり、非効率

202

であったりするから、効率的な文脈に責任ルールの適用を限定すべきである。彼は、前者の例として船員相互の関係を、後者の例として土地所有者と通りすがりの関係を挙げる[46]。そのための振り分けの基準として彼は同等リスク（similar risk）ルールを提案する。潜在的救助者が、潜在的被害者が直面しているのと同種のリスクに服している場合にのみ、非救助責任を課するものである。この基準によれば、潜在的救助者自身も、ルールによる保護を将来享受しうる潜在的被害者たりえ、責任ルールから利益を得る。また、そのような利益が存在する限りで自由を制限することは正当化されると考える。もっとも、リスクの程度をどのように設定するかに救助義務の広狭が依存している問題がある。

　この考えは、救助者、被害者の二グループが重なる場面に限って責任ルールをとる立場と理解できようか。

II　置き換え行動の発生自体への疑問（レヴモア）

　また、このように、救助を必要とする場所があらかじめ特定でき、他の場所に置き換えることで回避できるという発想への疑問を、Levmore（1986）[47]が述べる。これは、すでに指摘したように、救助状況（事故）の多様性にもとづく批判といえる。

III　潜在的救助者が複数人存在する場合の対処（ハレル・ジェイコブ）

　この問題に対して、彼らは、単一もしくは若干の被告が最安価コスト回避者として選抜しうるような場合にのみ、不作為責任を割り当てるのがよいと考える。そうでないと、潜在的救助者の数が多い場合には、責任追及の蓋然性の低さから救助インセンティブを薄めてしまう弊害があるからとした[48]。

　責任ルールの責任追及段階における実効性ないし被告特定問題を指摘し、その改善提案をするものである。この問題は、共同不法行為の加害者特定問題に類似し、その部分問題（過失不作為）ともいえよう。

第二部　英米法における事務管理に対応する機能

Ⅳ　経験事実からの批判（ハイマン）

　彼は事実分析にもとづき、以下のように主張する（pp.656-657）。少なくともアメリカ合衆国では、しばしば仮定されてきたこととは異なり、救助が一般市民のルールであること、ジノベーズ（Genovese）事件がしばしばアメリカ市民のレベルを示す例として援用されるが、現実を代表するものとはいえない。むしろ、確認しうるような非救助のケースはごくわずかであり、危険な状況においてすら、確認しうる救助が一般的である。救助義務を法定した州においては、危険でない救助において、その数は増減していない。しかし、その救助レートは、採用していない州よりも低い。

　このことは、義務化が利他主義を押し出すという排除仮説を支持するようにみえる。真実は、アメリカ人は余りに救助に熱心すぎるのであり、まさに、救助による死が非救助による死を上回っている（70対1）。アメリカでも内部の動機が十分強いといえる。

　責任ルールの救助促進効果を批判するものである。

Ⅴ　行動心理学からの示唆（マッキンズ）

　彼は、ランデス・ポズナモデルを詳細に検討している[49]。とりわけ、このモデルが前提としている、人々のリスク中立性、管理コストの大きさ、強い利他主義者の行動、責任ルール導入による置き換え、補償ルールにおける動機づけなどの点を誇張や誤解が多いと批判する。

▌第五節　義務化と補償ないし報酬の関係
―レヴモア、コルトマン―

　義務化と報酬の関係を分析するのは、Levmore（1986）である[50]。ランデス・ポズナの主張の一つである、過度の報酬は、被害者が過度の予防を試みるため、非効率になりやすいとする点を、彼は重視し、罰と報酬をバランスよくセットにすることが大事であると考える。すなわち、罰と余り大きすぎない報酬のセットか、罰なしと実費（スケルトン）報酬のセットかが、救助

促進の方法として意味があるものとする。

コルトマン[51]は、レヴモアの示唆をも取り入れつつ、以下のように考える[52]。救助の義務化と救済の関係について、両者は無関係ではないが、必然でもない。少なくともいえるのは、法による介入による義務化は、救助者をして少なくともコスト中立的になるよう確保する必要があることである。すなわち、救助者が法の強制により、救助前より貧しくなることはあってはならないことである。さらに、両当事者の自己決定権に必要以上に介入しないことが必要とする。緊急状態では、交渉、コミュニケーションの余地がないため、法は客観的利益に対応するような介入を承認する。しかし、大陸法のあり方が示唆するように、救助の義務がなくとも、救済を与えることは可能であると。

この点について、彼は、立法者が実現したいと望むものに依存して、異なるポリシーが示唆されるとする。すなわち、介入者の動機を問わず、介入の量を増やすためには、実質的報酬を付与することである。介入者の内在的動機を浸食しないで、介入の量を増やそうとするためには、サービスの金銭的価値に対応しない報酬とする必要がある。この方法は、最初の方法よりは、インセンティブとしては有効ではないが、救助行為を内在的動機に帰属させる余地を残している。

第六節　おわりに

コモンローの非救助に対する責任の原則的否定の立場を効率性から考える諸説を紹介、検討してきた。

冒頭で述べたように、救助義務の是非をめぐる議論は、さまざまな論拠からなされてきた。効率性の論拠は、義務を肯定するにせよ、否定するにせよ、その諸論拠の一部にすぎない。

現実の運用や立法をみると、実は、英米法でも大陸法でも、機能的にそれほどのへだたりはない。すなわち、一定の人的、場所的関係がある場合に

第二部　英米法における事務管理に対応する機能

限って、その非救助の結果について責任が課せられるのである。

　これは、不作為というものの性質から来ていよう。一定の不作為が作為と同様に評価されうるだけの前提が当該救助に関連して必要なのである。

　こういう目で、ランデス・ポズナの見解とハーセン、グラッシュの見解を対比すると、結論は救助義務の否定と肯定で全く対立するものの、ランデス・ポズナの見解が、非救助責任ルールの派生的効果について、多様な要因に依存する不定な結論ないし予測しか出せなかったが、それは、彼らが、自己のモデルを単純化のために現実と離れたものに設定したこと、自己の分析の前提としての、危険状況ないし救助の多様性を十分考慮しなかったことに原因があるように思われる。ハーセン、グラッシュは、そのいずれの点をも改善しようとしたが、そこでの救助を容易なものに限定したり（この点は従来の議論の前提と思われる）、救助者と被害者の立場の互換性がある場合に限定している。

　それらの限定は、判例や立法が救助義務や救助責任を課す状況と対応している。まさに、一般的な救助義務の肯定はさまざまな意味で困難であり、肯定するとしても、限定的たらざるをえないわけである。

　これに対して、救助者の救済一般は、救助義務違反にもとづく責任とは異なり、要件面で限定する必要はないが、効果面で限定する必要がある。責任と救済の関係の検討は将来の課題である。

〔注〕

＊本章の英語文献については巻末の文献一覧を参照。

　1）例えば、窪田充見『不法行為法』（2007）317頁以下。

　2）谷口・甲斐編『新版注釈民法（18）』（1991）178頁以下（管理者の損害賠償請求権について、公的補償制度との関連で論ずる）、185頁以下（管理者の報酬について、救助行為の多様性を考慮し、個別的に検討すべきことを述べる、また人命救助の特殊性にも言及する）〔以上、高木〕、242頁〔金山〕。

　3）藤倉皓一郎「隣人訴訟・近隣紛争―「よき隣人」たる法的義務・アメリカ不法行為法の視点から」ジュリスト828号（1985）24頁以下、樋口範雄『アメリカ不法行為法』〔第2版〕（2014）182頁以下、シャベル（田中・飯田訳）『法と経済学』（2010）386頁以下。

4) ドイツ法やフランス法は、最初は刑事責任、次に民事責任として認められるに至っているが、なお運用は制限的であるとされる。Kortmann, p. 37（フランス法）and p. 44（ドイツ法）.

5) 救助義務の比較法の先駆的業績として、樋口範雄「よきサマリア人と法――救助義務の日米比較」石井・樋口編『外から見た日本法』（1995）243 頁以下。

6) Hyman, 2006.

7) Kortmann, 2005.

8) その経緯については、Harney/Marciano, 2009, 120.

9) Epstein, 1973.

10) 152-160.

11) 160-189.

12) 189-204.

13) Landes and Posner, 1978.

14) 他の生産要素の投入量を一定として特定の生産要素の量を 1 単位追加するときの生産量の増加分（西村和雄『ミクロ経済学入門第 2 版』（1995）を参考にした、経済学の用語については以下同様）。

15) p. 90 note16.

16) 市場において、供給者、需要者がそれぞれ一人の状況。

17) p. 93.

18) p. 95.

19) Landes and Posner, The Economic Structure of Tort Law, 1987, p. 143-146（1978 年論文に沿って、非救助者の責任問題を要約する）. さらに、Posner, Economic Analysis of Law, 7. edition（2007）, p. 190.

20) p. 119-127.

21) p. 98.

22) p. 121 note. 97 が、この点に触れる。

23) p. 123.

24) この点について、のちに、Rubin（1986）は、管理費用の問題を一般的に検討し、結局、責任の導入による管理費用の増加（原告となる救助されなかった者が、救助義務に違反した被告となりうる者をどのように探し出すか、複数いる場合にはどのように決定するかなど）が非効率を生み出すとして、コモンルールの非責任の立場を支持する。Scordato（2008）も同旨。

25) この点については、ハーセンが引用（p. 144）するクータの分析（ルール形成には、反復性が必要）も同旨。

26) p. 122 は、補償なき責任賦課が専門的救助者に対する影響について言及する。

27) 心理学の知見も援用しつつ検討する McInnes（1992）が最も鋭い批判を加える。

28) Levmore（1986）, 884-886 は、ランデス・ポズナの主張を以下の三つの命題にまとめる。（1）過度の報酬は、被害者が過度の予防を試みるため、非効率になりやすい、（2）救助の法的義務化は、利他主義者の動機づけを阻害する、（3）過度の罰は、救助者とならないよう回避する行動を生み出し、救助者数を減少させる。それ以外に、Grush（1998）, 883-885［置き換え効果を要約］; Harney/Marciano（2009）, 120-128;

第二部　英米法における事務管理に対応する機能

Faure（2011）, 193-194.

29）note. 95 at p. 120.

30）Ⅱ（p. 142）.

31）所得の増加により、限界効用が変化しない態度。

32）p. 143.

33）他のいずれかの経済主体の効用を減らさずにはどの経済主体の効用も増加させることのできない状態。

34）カルドア基準は、損失をこうむる個人を仮に補償してパレート基準を満たすか否か、ヒックス基準は、一方の個人を補償してもパレート基準を満たさない場合に、それを是認する基準。

35）p. 144.

36）Ⅲ（p. 144）.

37）もっとも、この点は、ランデス・ポズナは、モデルの単純化を理由とするのであり、現実との近さから採用したのではないことからすると、的外れな批判である。

38）p. 146.

39）p. 146.

40）p. 147.

41）p. 887.

42）p. 889.

43）p. 890.

44）p. 894.

45）Ⅴ（p. 896）.

46）p. 897.

47）p. 890.

48）ランデス・ポズナも、この点を意識していた（p. 124）。

49）McInnes, 1992. 彼にはさらに、心理学の関連業績を検討するものとして、Psychological Perspectives on Rescue: The Behavioural Implications of Using the Law to Increase the Incidence of Emergency Intervention, Manitoba Law Journal, Vol 20（1991）, 656-697 がある。

50）前掲・樋口論文 266 頁も、レヴモアに示唆を受けて、救助しない場合の制裁型の対処と並んで、救助した後の利益型の対処とを総合的に考察する必要があるとする。

51）彼の著書の叙述の構成は、イギリス法への関心と寄与を出発点として、まず、第一部で、不作為責任を検討している。結論として、彼は、イギリス法がなお作為と不作為を区別して、責任を考える立場を批判し、利他的行為の奨励に失敗しているとする。その上で、第二部において、介入者にどのような救済を与えることが妥当かを検討する。

52）p. 175.

第二章

アメリカ回復法リステイトメント（第三次）（2011）
—事務管理及び支出利得類型[1]の比較法的定位—

第一節　はじめに

　2011 年に、アメリカ法律協会作成による第三次の回復法リステイトメントが公刊された[2]。第二次作成は挫折したため、実質的には、第二次に当たる。第一次[3]は、1937 年であり、おおよそ 75 年ぶりの改訂となる。アメリカ法のこの分野の展開をみるには最適の素材である。おおざっぱにいえば、第一次と比べると、素材の体系化が洗練されてきた印象がある。もちろん、リステイトメントという形式ゆえ、それらは、現実のアメリカ法先例のリステイトという側面が基本であるが、同時に、リポーターの再構成の側面も否定できないだろう。それは、アメリカ法に内在する、ある法とあるべき法の深化の総体を表現しているともいえる。イギリス法圏においても、2012 年に英国不当利得法リステイトメントと称する本[4]が出ている。そこでは、リステイトメントのタイプとして、原則化されたもしくは進化的リステイトメントと自称しているように、あるべき法を大陸法の影響下で語った側面が強いようである。

　ところで、本章の表題が示唆するように、筆者の関心は、アメリカ法リステイトメントの一部、すなわち第 2 部原状回復責任に含まれる、第 3 章「求められない介入」[5]の規律のあり方にある。その内容は、大陸法でいえば、事務管理と不当利得中の支出利得類型（後述第四章）にほぼ対応するものである。筆者は、支出利得類型を考察するに際し、契約、事務管理、不法行為という、他の債権発生原因との関係が気になった。いわば、一般と特殊が諸処に散在していながら、その関係がともすれば忘れられてしまう現状を問題であるとも考え、指摘している[6]。そういう問題意識で、第三次リステイト

第二部　英米法における事務管理に対応する機能

メントをみると、まさに、義務なき他人の介入行為から生ずる調整問題がまとまった形で規律されており、しかも、関連しつつはみ出る、契約や不法行為との関係、大陸法的にいえば請求権競合論についても、叙述がみられ、大変興味深い。そこには、大げさに言えば、大陸法の現状の諸制度による切り分け、すなわちこれはあれの特別法であるとして終わってしまうような態度を相対化する示唆が諸処に見いだされるといえる。

　以下では、まず第二節で、リステイトメントの紹介（まずもってアメリカ法がこのような体系化を呈示し、その解説をした内容を知ることが比較の前提として重要であるため、できるだけ忠実に内容を紹介する）・分析を行った後に（その際にできるだけ設例の番号を参照の便宜のために引用する）、第三節で大陸法系との機能的比較を行う。各条の設例（Illustration）の多くは先例もしくは法令を素材としており[7]、その典拠引用と解説がレポーターズノート（REPORTER'S NOTE）でなされている。そのため、本リステイトメントの各条の理解もしくは成立の背景を知るには重要と思われるので、設例の訳を第三節の後において掲載する。

第二節　回復法リステイトメントの比較分析

　リステイトメントの構成は、第1部序（第1章一般原則）に続き、第2部原状回復責任（第2章から第6章を含む）、第3部救済（第7章救済）、第4部原状回復に対する抗弁（第8章原状回復に対する抗弁）と、全四部、全八章構成である。第1部第1章は、全体に通ずる共通のルールないし原則が規定される。第2部の諸章が、中心的内容である。第2章と第4章は、それぞれ、無効に服する移転、原状回復と契約というタイトルであり、重複するようであるが、前者が無効原因（錯誤、同意又は権限欠缺、法的強制）の列挙、後者が回復の方法（非強行性、不法性、受領者の無能力の他に、契約不履行に際しての代替的救済の節がある）に重点があるようである。第3章が後の分析の対象となる求められない介入である。契約等の合意にもとづかない介

210

第二章　アメリカ回復法リステイトメント（第三次）（2011）

入後の調整を規律する。第5章（この章以下が第2巻）が、不法行為による
原状回復、第6章が第三者によって与えられた利益（いわば第23条、第24
条の逆の関係である、複数債権者間での調整）である。このように、第一次
の構成の影響も受けつつ、それを合理的に再構成している。回復法を契約、
不法行為との関係を意識しつつまとめている。第3部で救済手段について
扱っていることが特色である。ここで、受領者の主観的態様による返還範囲
の区別（第50条から第53条）のみならず、エクイティ上のリーエン、代位、
トレイシングなどの英米法特有の制度について言及される。第4部では、利
得を減少させる諸事情が、事情の変更や、善意有償買主など抗弁の観点でま
とめられる。

　まず、以下に検討する第3章でもたびたび参照される、第1章に含まれる
基本ルールをみておく。他人の損失で不当に利得した者は、回復責任を負
う、と規定する第1条（回復と不当利得）に続き、第2条は以下のように規
定する。

第2条　制限する諸原則

(1) 受領者が対価なくして利益を得たという事実自体は、受領者が不当に利
　　得したことを確立するものではない。
(2) 有効な契約は、その範囲内の事柄について、当事者の義務を定義し、そ
　　の限りで、不当利得への探求を排除する。
(3) 求められないで任意に与えた利益についての原状回復責任は存しない、
　　但し、行為の状況が契約不存在での原告の介入を正当化する場合を除く。
(4) 原状回復責任は、善意の受領者を強制的交換、すなわち受領者が自由に
　　拒絶できたはずの利益の対価を支払う義務に服させるものであってはなら
　　ない。

　任意に与えられた利益について、第3項は、従来の法理を条文化しており、
合意にもとづかない介入は原則として回復責任を生じさせず、例外的に正当
化理由が存在する場合のみ認められる。第3章（第20条から第30条）は、

211

第二部　英米法における事務管理に対応する機能

この意味で回復が例外的に認められるべき場合のカタログである[8]。なお、救済の箇所で、善意受領者の責任について、第50条第3項は、善意受領者の求められない利益についての回復責任は、もし責任を生じさせる行為がなされていなかった場合より、（訴訟費用を除いて）受領者の財産状態を悪化させることになってはならない、とする。

第4項の強制的交換については、原告が返還不可能な利益を与え、その利益は市場価値を有するが、受領者が、その価格では購入しなかったか、そもそも購入しなかったという場合が重要である。例外を除き、原状回復法は、このような受領者に対価支払を義務づけない[9]。

なお、第2章（無効に服する移転）第1節（錯誤により与えられた利益）の中に、第10条（錯誤による改良）の規定があり、錯誤により、他人の不動産もしくは動産を改良した者は、不当利得を阻止するために必要な限りで回復の訴えを有する、所有者をして強制的交換に服させるような、錯誤による改良のための救済は、所有者の不当な不利益を回避するために、制限される、とする。

また、同様に第2章第1節の中に、第9条（金銭以外の利益）として、以下の規定を置く。

第9条

錯誤で他人に金銭以外の利益を与える者は、受領者の不当利得を阻止するために必要な限りで、原状回復訴権を有する、かような行為は、通常、以下の限りで受領者の不当利得となる：

(a) 特定原状回復（specific restitution）が可能であること
(b) 利益が後に金銭などの形で実現されること
(c) 受領者が利益対価支払の意図を示したこと
(d) もしくは、受領者が必要な出費を節約したこと。

第3章の個別規定（第25条、第30条）にも、同様な、強制交換を阻止するための制限規定がみられる。まさに、同趣旨のルールを重ねて宣言するこ

212

とは事態の関連性を明示するためであり、それゆえに法典を冗長なものとはしないという考えの表れである。

次に、第3章の個別規定の検討に移る。前述したように（注（5））、第一次リステイトメントでは、第5章「錯誤、強迫、要請なくして任意に与えられた利益」（第112条から第117第）において、ほぼ第三次リステイトメントの第20条から第22条に対応する規定を置いていた。

第3章「求められない介入」は、原告が意識的に、求められない利益を与える場合を扱う。ここでの「意識的に」とは、一方では、不存在もしくは瑕疵ある合意の場合（第2章）と区別し、他方では、被告の不法行為にもとづく果実返還の場合（第5章）と区別するためであり、契約に従い与えられた利益については、第4章で扱う。本章の原告は、通常、当該行為の結果を意図しているが、受領者は、典型的には、原告に対する何らの義務に反していない。受領者は、原告の介入が求められないものであること、拒絶する機会を有しなかったものについての対価支払を求められていることを理由に、与えられた利益の対価支払を拒絶している。

通常、意識的に与えた利益の補償を求める者は、利益が求められたものであること、受領者が、少なくとも黙示に、対価支払に同意したことを示す必要がある。

第3章で掲げられた回復訴訟は、この一般ルールの例外のリストを構成する。判決において、契約が存在しない場合に時に回復が認められる理由は、しばしば言及されないが、事実関係の中に容易に見いだせるとされる。すなわち、判決で考慮されている重要な要素は、以下の4点にまとめられる。第一に、原告の介入の正当理由、第二に、非契約責任を支払わせる点での被告の困難、第三に、回復がなされない場合の利得、第四に、当該行為を促進させるための社会利益である。

節は三つの観点から区別されている。第1節において、原告が緊急状態で行動する場合に回復を認めるルール（第20条から第22条）であり、前掲の四つの要素の観点から説明される。第2節において、原告が被告の事務へ関与することが原告によって第三者に対して負われた義務の履行である場合

第二部　英米法における事務管理に対応する機能

（第 23 条から第 25 条）であり、通常、正当化される。第 3 節において、介入が自利的な場合（第 26 条から第 30 条）が扱われ、正当化は、しばしば、原告自身の法的地位の保護という正当な必要に見いだされる。これらの見出しの下での回復の共通の制約は、求められない介入についての対価支払責任は、被告の原状からの不利益変更となってはならないことである[10]。

　まず、**第 1 節**「緊急介入」（第 20 条から第 22 条）である。これについては、原告の介入が、「緊急時利益（emergency benefits）」付与と呼びうるものであれば、回復は直ちに正当化される。同じルールが厳密には緊急時とはいえない場合にも拡張される。すなわち、事前に契約しないことを正当化させるような事情の下で、法が受領者にとって有益とみなすものを与える場合である。第 20 条、第 21 条においては、利益は被告に直接付与される。第 22 条では、利益は、被告の法的義務の原告による履行という形をとる。共通の性質は、介入の明白な公的利益と、事前の合意がないことで介入が阻止されるべきではないという判断である[11]。

　おおざっぱにみるならば、第 1 節（第 20 条から第 22 条）は、他人の生命、健康、財産の緊急的保護，あるいはそれに準ずる義務の履行ということになる。これは、大陸法的にいえば、必要的事務管理ないし必要的支出利得に対応する。

　もっとも、日本法などの大陸法系が緊急事務管理として、危殆化された本人の法益を広く対象とし、それらの共通の要件効果を設定するのに対して、本リステイトメントは、生命、健康の保護と財産の保護を区別し、それぞれに異なる要件効果を設定する。これは、アメリカ法の伝統に従うものであるが、生命と健康の保護（第 20 条）については、専門的サービスの提供者のみに保護を与える[12]。この場面での介入の正当性と受領者の利益の明白さにもかかわらず、非専門的サービスについては、価値を算定することの困難と、自己犠牲の変質を考慮して、救済は与えられない。他方では、財産の保護（第 21 条）については、要件は厳しいものの、救済の可能性は与えられる[13]。

　第 22 条は他人の義務の履行であるが、ここでも、大陸法の第三者弁済と

214

第二章　アメリカ回復法リステイトメント（第三次）（2011）

は異なり、緊急時における義務履行という形で当初より限定されている。第
一次第113条，第114条，第115条がそれぞれ、必要物供給義務、緊急時の
義務履行、公共的義務履行を規定していたのに対して、本リステイトメント
は、それらの事情を第2項の（a）（b）（c）として介入の個別正当化事由と
して列挙している。

第 20 条　他人の生命もしくは健康の保護

（1）他人の生命もしくは健康の保護のために必要な専門的サービスを実行
　　し、供給し，または調達する者は、状況が求められない介入の判断を正当
　　化する場合には、不当利得を阻止するために必要な限りで、当該他人から
　　回復する権限を有する。
（2）本条における不当利得は、当該サービスの合理的料金によって算定され
　　る。

　限定された人格的利益（生命、健康）の保護行為を専門性と介入の正当性
で制約しつつ、その償還を合理的料金で算定する。大陸法の観点からは必要
的事務管理ないし支出不当利得で律されるような事態を規律する。
　ここでは、緊急医療サービスの提供が、意識的に与えられた，交渉や契約
のない利益の補償を正当化する。通常の状況では、このような正当化はでき
ず、行為者は無償で行動したものとみなされる（前掲第2条第3項）。
　本条文は、「専門的サービス」（設例1から8）に限定して回復請求を根拠
づけている。「専門的」は広義であり、有償で供給されるビジネスを指す。
他方で、非専門的救助者は、被救助者に回復責任を生じさせないことが暗示
されている。また、受領者が無能力の場合には、本条もしくは第33条（第
3項は、無能力者保護の趣旨と矛盾しないという制約を掲げる）が適用され
る[14]。
　非専門家の場合には、本条による訴えを提起することはできず、被救助者
などが任意に与えるかもしれない報酬にとどまる（設例7）。救助者がこう
むった傷害の回復は、損害賠償と保険の原則に従う。本リステイトメントは

215

第二部　英米法における事務管理に対応する機能

人命救助に価値を割り振ることが困難であり、それゆえに合理的料金を観念できない非専門家には回復を認めない立場をとっている。さらにその基礎には、本来無償であるべき人命救助が訴訟を介して価値を生み出してしまうというジレンマが意識されている[15]。他方、財産的利益の保護は、回復内容の決定基準が見いだせるため後掲第 21 条により救済される。

　なお、被救助者がサービスを拒絶する場合には、当該本人に判断能力がある限り、本人の治療行為の受領拒絶もしくは償還の拒絶により、回復は否定される。もっとも、それらの拒絶行為が医療行為の緊急性に照らして、裁判官をして回復を認めることを正当化する場合もありうるとされる（その一例として設例 9）。被救助者の自己決定と治療行為自体の必要性が衡量されるわけである。

第 21 条　他人の財産の保護

(1) 他人の財産を切迫する害から守るために有効な行為をなす者は、状況が求められない介入の判断を正当化する場合には、不当利得を阻止するために必要な限りで、当該他人から回復する権限を有する。求められない介入は、所有者がなされる行為を望むだろうと想定することが合理的な場合にのみ正当化される。

(2) 本条における不当利得は、回避された損失もしくはサービスの合理的料金のいずれか低い方で算定される。

　財産的利益の緊急的保護は、前条と異なり、専門家、非専門家の区別なく、共通の基準にもとづき回復が認められる。ただ、前条の緊急的な人格的利益の保護の場合と異なり、介入の正当性が自明ではないため、さらに、本条では、所有者の推定的利益との合致の要件が課される。この点は、大陸法の事務管理の要件（日本法であれば 697 条）に対応する。

　そのような背景をコメントは以下のように説明する[16]。伝統的に、財産保護に関しての請求は、人命・健康の保護のためのサービス（第 20 条）と比べると、より懐疑的にみられてきた。その理由は、所有者に、自ら好まない

もしくは利益供与者の費用を評価しない場合に対価支払をさせることを回避するためである。緊急医療行為と比べれば、ここで被告が支払に合意したと想定することは直ちには考えにくい。被告の希望についての同様な信頼がここでは欠けること、公的必要性（第22条）もないことから、裁判所は、ここでの介入の補償に消極的であった。古いケースでは、この状況下では、契約関係（privity）のある者に救済を限定している。

　第21条第2項は回復の範囲を回避された損失と合理的料金の低い方という形で規定するが、これは、第50条が定める善意受領者の責任の一般規定の特則である。

　介入の正当性が必要であることは、第20条から第22条までに共通する。本条は第20条と同様に、当事者間での交渉を不可能にする状況下での切迫する害の恐れが前提となる。ただ、第20条での交渉の障害は、受益者が自分の身の上にかかわる危険状態に由来するが、本条では、介入前に、所有者を調べ、特定し、その上で情報交換することの不可能性にすぎない。

　本条の典型例は、交渉はなされなかったものの、その結果が十分予測できる場合である。すなわち、原告が、客観的な市場価値があるサービスをした場合の回復は容易である（設例1から6）。逆に、市場価値算定がむずかしい場合もしくは受領者の意思が容易に想定しえない場合には、回復は困難である（設例7）。本条の多くの場合、特定物の保存であるから、その物の上にエクイティ上のリーエン（第56条）が成立する[17]。

　無償のサービス（設例8と9）に関しては、いかに価値があろうと、介入者に償還請求する意図がないのであるから、回復は認められない。この点は、大陸法で償還請求意思の存否が問題とされることと同様である。

　一般的に、介入は、契約により同じサービスが与えられた場合よりも所有者の合意がないため低い利益であると評価される可能性がある。さらに、裁判所は、特定の被害者にとっての価値の程度を個別要素で制限できる（設例10は客観的基準ではなく、所有者が通常とっていた保管態様に照らし費用算定したもの）。後掲の第22条第2項の公益的義務の履行の場合と異なり、ここでの適切な出費の決定は、最終的には所有者の裁量ないし判断に依拠す

第二部　英米法における事務管理に対応する機能

る。従って、所有者が拒絶することができ、かつそう試みた場合には、救済
は与えられない（設例 11 は馬の売買が紛争となり、売主買主とも飼養を拒
絶、保管者からの償還は、本条のみからは生ぜず、リーエン保有者の地位か
ら認められるとする）。

　海法の一部としての純粋な海難救助（Maritime salvage）は、本リステイト
メントの対象外であるが、第 21 条の対象と非常に近く、類推や比較の有益
な素材となる。なお、陸上での救助には、第 21 条が適用される[18]。

第 22 条　他人の義務の履行

(1) 他人の、第三者もしくは公共に対する義務を履行する者は、状況が求め
　　られない介入の判断を正当化する場合には、不当利得を阻止するために必
　　要な限りで、当該他人から回復する権限を有する。
(2) 求められない介入は、以下の事情によって正当化される、すなわち
　(a) 原告が、他人の金銭債務を支払うことについて、原債務を原状回復責
　　　任に置き換えることが債務者に損失を与えない場合には、正当化され
　　　る。
　(b) 原告は、他人の、第三者に対する必要物供給債務を履行することが、
　　　当該第三者の利益についての切迫した害を避けるためである場合には、
　　　正当化される。
　(c) 原告は、公共に対する他人の義務を履行するについて、その履行が
　　　公共の健康、安全もしくは一般の福祉の保護のために緊急かつ必要であ
　　　る場合には、正当化される。
(3) 原告の介入が被告を強行しうる債務から解放する場合を除き、本条の
　　ルールによる不当利得も原状回復請求も存在しない。

　日本法においては、第三者弁済（474 条）制度が事務管理、不当利得の特
則として存在し、機能的に対応する。日本法では、条文上は、債権者債務者
の特約の有無、債務者の真意などがその有効性を決めるという形で抽象的に
定められているが、本条は、債務者ではない第三者の履行行為による押しつ

218

第二章　アメリカ回復法リステイトメント（第三次）（2011）

けを例外的に排除する三つの場合をやや具体的に列挙する形をとる点にアメリカ法の伝統的思考スタイルが反映されている。

　後出の第23条、第24条は弁済者も債務を負っている場合の調整であり、第26条は共有のように物的に利害が共通する場合の費用出捐とその調整を扱う。従って、これら三条文における介入は、原告自身の自利であるのに対して、本条では、介入は第三者の状況によって正当化される。

　本条第2項は、かような介入が正当化される状況を列挙している。ここでは、介入によって得られる利益を回復責任の被告にとっての結果に照らし評価している。比較的少額の金銭支払のように、責任の負担が比較的軽い場合には、正当化もそれに応じた程度で十分とされる[19]。

　第20条、第21条と同様、本条でも、介入判断の正当化が中心的要件となっている。すなわち、第20条から第22条のすべての場合において、原告は、正当化のためには、以下の三つの要素を程度は異なるとはいえ、それぞれ立証せねばならないとされる。

　第一に、介入の緊急性の存在である。行為の状況が何らかの程度の緊急性を示す場合のみ介入は正当化され、介入の性質と被告にとっての回復の結果に依存する。

　第二に、介入前の交渉による合意が困難な事情が存在することである。逆にいえば事前の合意が容易な場合には、正当化されない。回復の負担が軽い場合には、この要件も容易に充足される。例えば、原告が近親者の日常の債務を支払う場合には、債務者が入院していて、日常債務について議論する不便がある場合である。他方、回復責任がより重い場合には、回復を正当化するための合意形成の障害は、介入行為時における受益者の不在もしくは拒絶であろう（設例8と9及び22と23）。

　第三に、原告が介入するのにふさわしい人であることがある。例えば、単に他人の債権者になるという希望以外の関心がない人では、この点は充足されない。

　第2項（b）の必要物（necessaries）は、一般的には、食料品、衣服、居住場所、医療を指すが、状況によっては拡大されうる（設例5から13）。

219

第二部　英米法における事務管理に対応する機能

　原告に償還請求の意図がない場合には、本条の請求は認められない。他方では、被告が第三者に対して負う日用品供給債務を、第三者に請求する意図はなく、被告からは求償する意図で履行する場合がありうる。このような制限された贈与意思は、本条による回復と矛盾しない（設例 8）。

　回復の範囲（設例 1 から 4）については、行為において過失がない善意受領者の責任は、一般ルール（回復によって善意の受領者は行為前よりも貧しくなってはならないとする第 50 条第 3 項）によって制限される。第 52 条［不法行為者ではないが、有過失もしくは悪意の受領者］による責任を負わない被告、すなわち有過失でも悪意でもない被告は、本条第 2 項（a）においては、支払われた請求が、過度であるか、強制できないものであったことを主張し、同条同項（b）では、第三者に供給された物やサービスが被告の義務履行に必要なものを越えていたことを主張することで、また同条同項（c）では、法的に強制できる義務ではなかったこと（第 3 項）を主張し、請求を阻止することができる。

　（b）もしくは（c）において、被告に介入を生じさせる状況を作出した責任がある場合には、不当利得は、原告による合理的に必要な費用額となる[20]。

　他人の金銭債務の支払についての伝統的な先例は、日用品の債務に関してであったが、本条のルールでは、この制約を省略し、より重要な制約、すなわち介入の正当性と債務の変態により債務者に損失を与えないことという制約を課している。

　（b）で規定される、他人の必要物供給義務の履行（設例 5 から 15）は、伝統的先例は、配偶者に対するもの、親の子に対するもの、公機関に対するものである。

　（c）で規定される、他人の公共への義務の履行（設例 16 から 21）は、公に対して負担された義務の履行に関する。債務者は、公機関もしくはそれに準ずるもの、もしくは公益のために課せられた法的義務を履行しなかった私人である。しかも、義務違反が、公益に対する直接の脅威となる場合に限定されている。

　（c）の別の例は、被告が責めを負う身体的害の恐れを阻止するために原告

220

が介入した場合である。この場合の被告の公に対する義務は、不法行為法もしくは法令などである。原告と被告の義務が競合する場合には、被告の義務が第一次的であることを示す必要がある[21]。

若干の裁判所は、第一次リステイトメント第115条から「緊急時援助（emergency assistance）」という法理を創出しており、本条の第2項（c）にほぼ対応する[22]。

第2節は「第三者に対して与えられた履行である。原告が自己の義務を履行するに際し、被告の義務をも免責させた場合には，回復が認められる。両者が連帯債務者（joint obligors）の場合には、回復は求償（indemnity）もしくは負担部分求償（contribution）（第23条）の形をとる。両者の債務が相互に独立であるが、関連している（interrelated）場合には、回復はしばしば「エクイティ上の代位」（Equitable Subrogation）（第24条）と呼ばれる。さらに、原告が契約上の履行を（対価を得ずに）第三者になす場合がある。原告の対価給付なき履行の結果としての、被告の利益は、不当利得を構成しうる（第25条）。この場合における契約関係の直接性（privity）に関する正当な関心は、被告の保護のために、不当利得テストを課することで考慮されている[23]。

日本法でいえば、第23条は連帯債務や不可分債務などの多数当事者が関連しつつ債務を負担する場合、第24条は不真正連帯債務のように複数債務が関連しつつも、相互の影響が少ない場合が対応する。第25条は、契約上の利益が第三者に帰した場合のいわゆる転用物訴権の議論と関連する。

第2節（第23条から第25条）は、自己の義務の履行が他人の義務と関連しているため必然的に他人にも利益を与える類型である。大陸法的にいえば、求償利得がこれに対応する。複数債務者間の調整問題である。第一次第76条から第102条が詳細に規定していたことと比較すると、大胆な再編成である[24]。第23条は、被告と原告が並んで同一原因から義務を負う場合、第24条は、異なる原因から義務を負う場合である。典型例は、保険者と損害賠償義務者の間の被害者に代わっての代位請求である。アプローチとして目立つのは、求償についての、重畳的、混合的根拠の肯定である。

221

第二部　英米法における事務管理に対応する機能

第 23 条　連帯債務の履行（全部求償と負担部分求償）

(1) 原告が第三者に対して、原告と被告が連帯して負担しているものの履行をなす場合、原告は、不当利得を阻止するために必要な限りで、被告より回復する権限を有する。

(2) かような場合には、以下の限りで、不当利得が存在する。

　(a) 原告の介入の効果が被告の第三者に対する強行しうる債務を減少させ、かつ

　(b) 原告と被告の間で、免責された債務（もしくは原告が回復を求めるその一部）が一次的には被告の責任であったこと。

　回復の要件は以下のようにまとめられる。すなわち、(i) A と B が第三者に対して共通に責任を負う場合に、A が全部もしくは一部を免責させること、(ii) しかし、それは AB の間では相対的に B の債務であるといえる場合である。

　日本法でいえば、複数扶養義務者間で負担の順序があり、後順位の者が先順位者に先立ち扶養給付をした場合、あるいは連帯債務において一人の債務者が弁済した場合、それぞれ全部求償、部分求償が成立する。

　この結果、A はその範囲で B の債務を履行したことになる。A が B に贈与する意図がない限り、かような行為は、A に一応、B が不当利得する限度で回復請求を与える。当該責任が全体として B の責任の場合には、この請求は、全部求償（indemnity）と呼ばれる。A が自己の分担額より多く支払った場合には、負担部分求償（contribution）と呼ばれる。どちらの場合でも、回復請求の論理と理由は共通である。第 24 条の場合とは、本条では、原告と被告が連帯債務者ではある点で異なる。

　典型例として、保証人と主債務者間の請求、共同不法行為者間の請求、本人と代理人間の請求、元請負人と下請負人の間の請求、共同受託者間の請求、パートナー（組合員）間の請求が挙げられる。これらの場合に、多重債務者間の権利義務は契約によって規律されることが多い。その場合には、全部求償や負担部分求償は当事者の合意によって支配される。これらの権利が、一

222

第二章　アメリカ回復法リステイトメント（第三次）（2011）

人の債務者が他の債務者に対して負う非契約的義務の違反に由来する場合も
ありうる。以上のように、判断基準としての合意や義務が存在する場合は、
本リステイトメントの対象外である。

　しかし、明示の契約にもとづく場合を除き、多くの請求は、黙示の契約
（implied contract）、契約違反（breach of contract）、不当利得などの重畳する
責任根拠に由来する。これらの根拠による責任の多くは同一の範囲である。
例えば、流通証券（negotiable instrument）を支払う融通当事者は、主債務者
に対して求償権を有するが、明示の契約がなければ、その根拠は黙示の契約
で説明される。主債務者と保証人の関係も利得責任の典型とみなされてき
た。まさにこの場合において、求償と代位の法理が創案されたのである。

　同様の複合的責任、黙示契約と不当利得の混合は、多くの商業的、ビジネ
ス関係における求償を説明する。代理人の本人に対する義務違反による責任
における本人の代理人への求償は、回復、義務違反、黙示の契約の三つに同
時に依拠している。逆に、共同不法行為者間の求償は、回復と不法行為の混
合物か、回復のみに依拠している。

　多くは求償は同範囲であるが、時には債務の発生原因を特定することが重
要な場合がある。不当利得は、共同債務者間に黙示の契約すら存在しない場
合に求償を支える。かような場合は、保証法では例外的だが、共同不法行為
者間の請求では、原則である。このような異なる責任が結論を異にするの
は、原告が訴訟費用などの費用を求める場合に生ずる。回復では費用請求を
根拠づけにくいからである。

　不当利得にもとづく求償の重要例が、別の箇所に規定されている場合があ
る。例えば、共同不動産保有者（cotenants）の一人が財産税を支払った場合
の第 26 条の場合がそうである。さらに、保証法第三次リステイトメント第
22 条から第 31 条、第 55 条から第 57 条、不法行為第三次リステイトメント
第 22 条から第 23 条などもそうである。本リステイトメントは、特定の根拠
にこだわらず、回復もしくは不当利得の原則で説明される限りで、輪郭を描
くにすぎず、そうすることで、異なる結果を与えようとするものではないと
コメントされる[25]。

223

第二部　英米法における事務管理に対応する機能

　回復は、事前の配分基準を前提とする（設例 3 から 5）。すなわち、共同債務が内部関係では被告に割り当てられていることが必要である（第 2 項 (b)）。表現を変えれば、負担について被告が一次的で原告が二次的であることが必要である。この線引きが回復法の前提であり、当事者間を支配する法によって規律される。共同不法行為者間では、ある当事者の責任の一次性、直接性と、他の当事者の責任の二次性、派生性で決定される。これは、当事者の過失の程度、義務違反の性質を差異化する不法行為法の使命である。同様に、保証法が、本人と保証人の関係を決定する。従って、関係を支配する法が順序づけを許さない場合には全部求償は認められない。しかし、原告が、共同債務の配分の基礎を立証しうる限りで、負担部分求償がありうる。第 24 条のエクイティ上の代位請求も、被告が原告との関係で相対的に一次的であることの証明が必要である[26]。

　原告は、共同債務を、履行もしくは（合理的な条件の下での）和解によって消滅させうる。すなわち、原告は、免責の方法を自由に選択でき、被告の事前の同意を得る必要はない。逆に、被告は、既存の債務の拡大に対しては、利得にもとづく請求に本質的な重要な諸制限によって保護される。

　求償は、主債務者の責任が消滅した限りで生ずる。しかし、債務全体が消滅する必要はない。むしろ、回復責任は、主債務の既存の債務を増加させてはならない。求償は、債務の一部がなお残存するとしても、主債務者の債務が減少した限りでできる。負担部分求償は、被告に二重の責任を課すことはできないが、責任全体が消滅せずとも、被告の責任の減少の限度で可能である。

　ある求償が第 23 条と第 24 条のいずれに依拠しうるかは、多くの場合、分析の正確さの問題にすぎないが、時効の場合のように、結果に影響する場合がある。伝統的な代位の救済は、トレイシング（tracing）要件を満たす限りで、不当利得ケースにおいて利用可能であるが、通常の金銭判決を越える結果をもたらす限りでのみ重要である（その要件は第 57 条で規定する）。原告は、本条により、金銭判決に加え、もしくは替え、救済としての代位の権利を有する。

224

第二章　アメリカ回復法リステイトメント（第三次）（2011）

回復責任は、原告の介入が被告の強行しうる債務を減少させもしくは免責させた限りで生ずるから、被告が共同で負うところの債務についての、共通の債権者に対して主張し得たはずの抗弁に服する。要するに、回復責任は、被告がすでに服する義務を拡大させることはできず、第50条第3項の一般ルールに従う。設例10は、共同不法行為者間の負担部分求償についての配偶者間での免責効（interspousal immunity）[27]を扱う。これは、多くの州法の反映であるが、本条による回復責任の重要な制限である。同時に若干の州法は、この結果を拒否している[28]。

本条による回復は、以下の額のうち最小のものに制限される。すなわち、（i）原告の介入が被告の債務を減少させたその額、（ii）原告の共通債務免責のための合理的出費が免責債務のうちで原告の負担割合を超えるその額、（iii）原告の出費額である。

この制約は、第50条第3項第4項から出てくる。より広い救済を得るためには、契約もしくは原告に対する被告の義務違反に依らざるをえない。

求償請求に適用される時効期間は、管轄州法の問題であり、請求の性質づけの問題である（第70条）。原債務が時効にかかった後にも、被告は支払によって新たに生じた求償債務を負い続ける（設例17）。この点は、第24条のエクイティ上の代位のルールと対照的である。第24条の場合には、原債権を行使するという責任の派生的性質から、原債務の時効に服する（設例18）。

第24条　独立債務の履行（エクイティ上の代位）

（1）原告が第三者に、被告が独立して第三者に責任を負うものの履行をなす場合、原告は、不当利得を阻止するために必要な限りで、被告から回復する権限を有する。

（2）かような場合には、以下の限りで、不当利得が存在する。

　（a）原告が、第三者に対する原告の独立した債務の履行もしくは原告自身の利益の合理的保護において行動した場合で、

　（b）原告と被告の間において、当該履行（もしくは原告が回復を求めるそ

225

第二部　英米法における事務管理に対応する機能

の一部）が一次的には被告の債務であったこと。

　本条は、回復請求を規定するが、通例、救済の名称を用いて、「エクイティ
上の代位（equitable subrogation）」と称される。これは、回復法が当初免責
行為をした者から、責任の負担を法がより適当と考える者へ再配分する仕組
みの一つである。日本法でいえば、422 条の賠償者代位や 500 条の法定代位
がこれに近い。この限りで、第 24 条の請求は、第 23 条に類似する。もっと
も、第 23 条では回復当事者は、連帯責任を第三者に対して負っていたが、
第 24 条では、当事者は、第三者に対して、独立に債務を負うのみならず、
相互に異なる性質と原因を有する場合である（設例 1 から 3）。

　本条の請求は、通常、エクイティ上の代位として知られるが、法定代位、
エクイティ上の譲渡とも呼ばれる。これらの用語の目的は、衡平原則にもと
づく回復請求を、契約による譲渡や代位を意味する「合意による代位」から
区別するためである。

　ここでの通常の救済は金銭判決であり、救済としての代位の主要な性質
（原債務に付着していた担保や優先権を使えるということ）は、エクイティ
上の代位として知られる請求と必然的な関係にはない。これらの代位の特徴
は、第 57 条で扱われる。

　代位の典型は、事故保険者が被害者である被保険者に補償し、代わって被
保険者の不法行為者に対する傷害賠償請求を主張する場合である。この場合
の代位は、契約のみならず、不当利得原則によっても正当化される。保険者
の支払が不法行為者の責任を免責するならば、保険者の損失での、不法行為
者の不当利得が存在する。これに対する反応が、本条による代位である（設
例 4）。

　しかし、コモンロー副次給付（collateral source）非控除ルール[29]に従う州
では、保険者の被保険者への支払は、不法行為者の責任に影響を与えず、そ
れを減らすことはない。このルール自体は、不法行為者の不当利得を阻止す
るが、被保険者による二重の回復による不当利得という新たな問題を生じさ
せる。保険者の代位がこの問題を矯正する。その結果、被保険者への補償、

226

保険者からの求償により不法行為者が最終的に損失負担することにより、二重の回復も責任も生じない。

被保険者の二重の回復を避けるために代位が認められるが、二重回復の存否は、保険契約の性質づけによる。保険者の義務が損害補償であると理解される場合には、二重回復の判断は容易である。逆に、生命保険のように、補償ではない場合には、二重回復とは判定できず、不当利得、代位は生じない。ある種の保険はどちらの性質づけも可能のため、議論がある[30]（設例5と6）。

第24条は、独立した債務者間で生じるものを扱う。原告と被告は、第三債権者に対して責めを負っているが、異なる根拠にもとづく。原告は、被告の義務がある意味において一次的で、自己の義務は二次的と主張する。第24条は、また原告が結局は債務者ではなかったが、責任の最終的決定の前に、潜在的法的責任からの免責のために行動した場合にも回復を認める。第24条第2項（a）は原告自身の利益を守る合理的必要性が介入を正当化すれば、たとえ、のちにそれが一次的には被告の責任であることが判明したとしても、十分とする（設例13と14）。かような場合の回復は、第26条の原理に接近する。

コメントは二点から従来の立場からの変更の正当化を図る。まず第一に、お節介と評価される状況の不存在からである。すなわち、かつての判決は、結局義務を負っていなかった原告について、被告の第三者に対する債務を免責することはお節介として回復を否定してきた（設例7から14）。お節介な請求に対する法の伝統的な慎重さは、少なくともこれらの取引の文脈では誤った配慮である。緊急時の介入ケース以外では、基礎となる行為における若干の正当な利益がない者が、そもそも他人の債務を申出なくして支払うために介入することは考えにくい。逆に、債権者の代位だけの場合には、被告に対する回復の負担は、比較的わずかである。現代の判決は、三当事者のそれぞれについての実際上の結果を強調して、これらのケースでの回復を認める。

第二に、関係当事者の利益考量からみた経済的効率性である。当初の弁済

第二部　英米法における事務管理に対応する機能

者の視点からは、迅速な介入は、しばしば取引総費用の最小化につながる。債権者の利益は迅速な支払であり、自由な回復は、自由な支払を促進する。被告が元の債権者ではなく別人に債務を支払う必要が生ずるのは、被告にとってわずかな不利益である。回復法の現代ルールは、この点で現代法の、債権の譲渡可能性に対するより自由な態度を反映している[31]。

　第24条の典型例は、被保険者に補償した金銭の求償を得るために、損失について最終的責めを負う第三者に対して、保険者によってなされるものである。被保険者の権利が保険者に譲渡されていれば、それが契約の「代位条項」によると否とを問わず、保険者の代位権は、契約事項として、本条のルールの対象外となる。逆に、本条のルールによる代位は、契約から独立した衡平原則によるから、保険者は、契約関係のない者の権利へと代位する。

　ある保険者の、同じリスクの別の保険者に対する負担部分求償は、本条の対象である（設例17）。これは、履行の一部が一次的には被告の責任であると主張するもの場合である。しかし、かような保険者は、しばしば共同の債務を負っていると考えられる。従って、彼らを連帯債務者と扱うことは、本リステイトメントの原則と矛盾しない。回復は、第23条か第24条の要件の下で可能である。いずれに性質づけられるかは、最終的には、保険法の問題である[32]。

　原告は、第三者への義務が法令で課せられている、政府組織でもありうる。原告の第三者に対する責任が、義務違反に由来する場合には、被告の側の、契約、不法行為、回復にもとづく独立責任と重畳する。

　二次的債務者による履行が本条のルールによる回復請求を生じさせる例は、保証人、裏書人、信用状発行者がある。多くの判決は，明示に競合する債務の比較をせずに、衡平代位を肯定もしくは否定しているので、分析は困難である。保険法では、一次か二次かの判断は、そこでの法理に依存する。別の文脈では、原告が、「優越した衡平」を有しているか否かで決定される。これが同等な場合には、合意や適用法によるリスク配分が決め手になる。被告の債務が契約にもとづく場合が困難である。例えば、船舶保険者の運送人に対する請求、抵当権者の利益の保険者の抵当債務者に対する請求などであ

228

る。結局は、リスク配分の検討に帰する[33]。

　被告は、多くの場合、第50条の意味での善意受領者である。従って、責任は第三者への責任を超えてはならないし、免責コストを超えてはならない。

　合意もしくは本条の代位による派生的権利は、元来の、被告に対する第三債権者の請求の時効期間と同じ制約に服する。代位の場合には、原債権が行使されるからである。

第25条　第三者との契約の下での補償なき履行

(1) 原告が、第三者に契約上の履行をなし、それについて原告は約束された補償を受領せず、原告のこの履行の効果が被告に利益を与えることになる場合には、原告は、不当利得を阻止するに必要な限りで、被告から回復する権限を有する。

(2) 以下の三要件を満たす限りでのみ、第一項の趣旨での不当利得が存在する、すなわち

　(a) 原状回復責任が、被告を強制的交換に服させてはならないこと（第2条第4項）。この要件は、被告によって実現された利益が、以下のいずれかである場合には満たされる、すなわち

　　(ⅰ) 被告が支払意思を表明したものであるとき、

　　(ⅱ) 被告に必要な出費を節約させたものであるとき、

　　(ⅲ) もしくは、被告により金銭の形で実現されたものであるとき。

　(b) 原状回復責任がないとすれば、原告は、当該履行について補償されず、被告は原告の履行の利益を対価支払責任なくして保持することになること。

　(c) 原状回復責任が、被告をして、当事者によって被告は負担しないと理解されていた義務に服させることにならないこと。

(3) 本条のルールによる原状回復は、回復が、第三者、被告、もしくはいずれかのアセットに対する訴えを命じる、他の法により確立されている優先権のシステムと矛盾する場合には、制限もしくは排除される。

第二部　英米法における事務管理に対応する機能

　本条は、第 2 節に含められているが、前 2 条が自己義務の履行の後の求償
であったのに対し、自己義務の履行の効果が第三者の利益となった場合の例
外的調整を扱う。いわゆる転用物訴権について日本の判例（最判平 7・9・
19 民集 49 巻 8 号 2805 頁）が提示した要件効果との相違が興味あるところ
である。

　そのような観点からみると、本条の要件効果は、第 2 項、第 3 項を通して、
段階的に制約を課しており、日本判例が中間者と第三者の間で対価関係が崩
れていることのみに制約を認めるのに比し、極めて精細な要件設定となって
いる点に優れた点を見いだせる。

　第一次第 110 条では、救済が与えられないという消極的定式化であった
が、本リステイトメントでは、認められる要件と効果の精緻化がなされてい
る[34]。

　まず、コメントでは、下請負、賃貸借という二つのシナリオを提示し、中
間者の無資力化に直面した契約利益供与者（原告）の保護を考える[35]。本リ
ステイトメントでは、従来のようなプリヴィティテスト[36]は用いず、まず不
当利得の調整の可能性を認めた上で、その請求の制約要件を二つのテストと
して詳細に規定する。

　第一に、被告の責任が強制的交換にならないこと。この判断は、第 2 項
(a)(i) − (iii) に、被告が支払意思を表明したこと、被告に必要な出費を節
約させること、被告に利益が金銭の形で実現されたこと、のいずれかに該当
することという表現で定式化される。

　第二に、原告の履行についての無補償、被告の対価支払責任なき利益保持
が対応すること（第 2 項 (b)）である。この要件は、被告の対価支払、中間
者の有資力などの場合には満たされないことになる。

　さらに、回復が、すでに契約で確立されていた既存のリスク配分や制約を
覆さないという制約（第 2 項 (c)）も規定される。従って、被告が、中間者
に契約対価を支払っていれば、利益価値との対応を問わず、回復は否定され
る。また、被告と中間者の間の契約解釈として、当該回復責任の賦課が、被
告が契約上負わないはずの責任を負わせるものと理解される場合にも回復は

230

否定される。しかし、本条が想定する事態は、そもそも当事者の予期を越える事態なので、合意による規律の外にあるとされ、しばしば充足され、問題は強制的交換の有無にあるとする。被告の責任が彼の取引に対応する限りで困難はないが、被告が当該給付を要求していないケースでは、被告に不利益とならない救済の形成が困難である。

　法令が本条の救済と同趣旨のものをリーエンの形で規定することがあるが、多くの裁判所は、だからといって、法令の要件を満たさない場合の救済を閉ざしてはいない[37]。

　さらに、担保債権者のための優先権スキームを破壊しないという制約（第3項）がある。

　そうでないと、担保債権者から無担保債権者への求償が再帰、循環しうるからである[38]。

　第3節（第26条から第30条）は、「自利的介入」である。回復は、時には、緊急事態によっても、原告の既存の義務によっても、正当化されない、求められない介入により認められる場合がある。この類型では、原告の被告の事務への関与は、主として自利によって動機づけられている。ここでは、原告の補償は、契約にもとづくべきだとの異議に直面する。第26条から第29条はこの要件の承認された例外である。さらに、第30条は、より一般的な、補充ルールを規定する。本リステイトメントは、お節介屋などのレッテル貼りにとどまらず、回復を正当化する諸要素の、より記述的（descriptive）な説明を試みている。その際の焦点は、受領者の地位である。原告への回復で、受領者に新たな責任を課すことにならないか、それはどの程度においてかが問われる。

　介入は、すでに認められている類型、すなわち緊急事態でも原告の既存の義務によっても正当化されず、自利的なのだが、何らかの理由で回復が認められる理由が例外的にある場合を列挙する。この第三節に、本リステイトメントないし現代アメリカ法の特色が現れていると思われる。すなわち、自利的介入だがその介入行為が他利をも生み出す場合、単にお節介だからすべて

第二部　英米法における事務管理に対応する機能

を切り捨てるべきだという要請がまずあり、しかしその例外を個別的に認めようとするのがこの節の扱う自利的介入だからである。大陸法の事務管理の観点からは、伝統的に普通法で認められ現代にまで存続している原則、すなわち事務管理意思は純粋に他利志向である必要ではなく、自利が競合してもかまわないという原則に対応する。

第26条　原告の財産の保護

　原告が、財産上の利害（利益）を保護するために必要な費用を出捐し、そうすることで同じ財産における他人の利害ゆえに、当該他人に経済的利益を与える場合、原告は、不当利得を阻止するために必要な限りで、当該他人から原状回復する権限を与えられる。

　第26条は、自己財産への必要費出捐が必然的に同じ財産上の他人の利害ゆえに（利益結合とも称される）当該他人に利益を与える場合[39]である。費用利得に対応するが、必要費に限定され、有益費は第30条の対象[40]となる。実例としては、税、保険、抵当債務の支払、必要的修繕が挙げられている[41]。共有関係が典型であるが、それに限定されない。

第27条　原告の所有権取得の期待

　原告が、財産を維持、改良、価値付加するための出費をなし、その財産を合理的に取得すると期待し得た場合で、その期待が挫折した結果、他人が原告の出費による意図せざる受益者となる場合には、原告は、当該他人より、不当利得を阻止するために必要な限りで、原状回復する権限を有する。

　第27条は、原告の財産取得が合理的期待であった場合の出捐[42]である。第2章第1節の錯誤による利益付与と重なるが、本条は不動産売買の取消しの場合が典型である[43]。しかし、本条は取消しにもとづく清算の一部を独立して扱うのに対して、第54条第2項は、同じ権利を相互清算の枠組の中で言及する。また本条の説明は、一部はエストッペル、一部は契約を用いて説

第二章　アメリカ回復法リステイトメント（第三次）（2011）

明できる。大陸法的には、いわゆる目的不到達の場合と対応しよう。

第 28 条　婚姻していない共同居住者

（1）二人が婚姻に類似する関係において共同生活をなし、そのうちの一人が特定資産（specific asset）を有し、他の一方がこれに実質的な、補償のない寄与を財産もしくはサービスの形でした場合、かような寄与をした者は、この関係解消の際に、不当利得を阻止するために必要な限りで、所有者に対して回復の訴えを有する。

（2）第 1 項のルールは、管轄州の家事関係法によって、排除、修正、補充されうる。

第 28 条は、非婚姻共同居住者間の調整である。世界の現代家族法に共通するトピックを回復法の観点から規律したものである。本条の救済は、婚姻関係にない当事者間に法的権利は生じないという前提に抗して展開された、比較的最近のコモンローの成果の条文化であるとされる[44]。当事者の合意がある場合や、州法、家庭解消原則などがより強い法的保護を与えている場合には、本条の救済は不要であり、その意味で補充的である。同性間の居住にも適用される。ここでの回復の要件は通常の場合よりも緩和されている。まさに、非婚姻関係継続に対する期待がなければしなかったような出捐であり、無制約な贈与と扱うことが不公平と回顧的にすなわち関係破綻後からみて判断しうる場合である[45]。その意味で、まさに当該関係を個別的に評価することが必要とされる。

第 29 条　共同資金

（1）本条で用いられる用語として、「共同資金（common fund）」は、二人以上の者（「受益者」）が共同の利害ゆえに、分配を受ける権限を有するところの、金銭もしくは財産からなるものをいう。「原告」は、受益者、もしくは合意にもとづき受益者のために行動する者で、受益者の法的権限を主張することで、共同資金を創出、保存、拡大することに成功した者をいう。

233

第二部　英米法における事務管理に対応する機能

(2) 原告は、受益者に、彼らの利益に共同資金を確保する合理的出費について、彼らのそれぞれの利益に応じて、不当利得を阻止するために必要な限りで、分担するよう請求できる。

(3) 受益者は、以下の場合にのみ責任を負う、すなわち

　(a) 責任が受益者に現金による支払を義務づけず、かつ

　(b) 原告の介入による、共同資金における受益者の利益への付加価値が、原告への受益者の責任を越え、かつ

　(c) 原告は好意で行っておらず、また他人から全額の補償を受けてもいないで、かつ

　(d) 責任が、原告と受益者の間の契約の対象であるべきであった債務を課すことにならない場合。

(4) 原状回復責任は、裁判所が、被告が共同資金の創出、保存、拡大に価値ある寄与をしたことを認定する場合には、減額もしくは免責されうる。

　第29条は、共同資金[46]で、クラスアクションにおける弁護士のクラスメンバーである受益者に対する費用償還請求が典型例である。ほとんどの州法が同様のルールを法典化しているとされる。いかにも訴訟社会、弁護士社会のアメリカ法を反映した規定である。そのためコメントも詳しく、引用されている関連判決も多い。共同の利害にもとづく行動にもとづく有益的結果に照らし、その行動の合理的費用の分担を法的地位が共通する受益者に対して求めるものであるが、第3項で被告となる受益者の利益を保護するために4つの観点からのの制約（現金支払とならないこと、原告が被告との関係で本来負う義務の程度を原告の寄与が上回ること、原告の償還意思の存在と償還の不存在、本来成立したかもしれない契約内容の押しつけとならないこと）を課している。第4項は被告による自らの寄与の証明で責任を減殺できる規定を置く。ここでも、自利と他利が絡んでいる一場面での調整ルールをできるだけ精緻に形成しようとしている。典型例は、弁護士が受益者の依頼によりクラスアクションを遂行し、勝訴した後に弁護士費用を自己のクライアントではない、他の受益者に分担請求する場合である。和解で終了した場合の

234

問題、不法行為の被害者である原告と原告の保険者の間での分配問題[47]など、多様な実務上の論点があるが省略する。原告自身が契約関係にある受益者、そうでない受益者、訴訟被告などの利害が錯綜する。さらに、契約関係、立法との関係も問題となる。そのような利害や利益の布置が多様であり紛争が多い分野に、補充的なルールを何とか形成しようとしている。

第30条　求められない介入：補充的ルール

(1) 原告の求められない介入により受領者に得られた利益の回復は、第20条から第29条に示された場合に認められる。

(2) 上記の条文の範囲以外では、その者の、求められないが、正当化しうる介入が受領者に利益を与えた、その原告は、不当利得の阻止に必要な限りで、原状回復の権限を有する。かような場合には、以下の限度で不当利得が存在する、すなわち

　(a) 原状回復責任が金銭債務を置き換えるか、受領者から必要な債務を節約させること、もしくは

　(b) 受領者が金銭による利益を得ること、もしくは

　(c) 救済が、特定回復により原告に認めうること。

　第30条は、補充的ルールである。第三節の自利的介入の場所に置かれてはいるが、内容からいえば、第一節から第三節までが扱う求められない介入全体の補充ルールとなっている。すなわち、有益的事務管理を、今までの各条のルールの受け皿として、介入の正当化理由と強制的交換とならないような効果上の配慮の制約のもとで、被告の自律、契約の自由に配慮しつつ、最も厳格な要件の下で認める内容である。強制的交換を阻止するという観点で、第25条と同様の要件が第2項において課されている。実例は設例12から16に示される。

235

第二部　英米法における事務管理に対応する機能

第三節　まとめ

　第二節で、回復法リステイトメントの内容をみた。第3章「求められない介入」が、第1節「緊急介入」、第2節「第三者に対して与えられた履行」、第3節「自利的介入」に細分されている。この全体をみた場合、大陸法上の事務管理制度は存在しないものの（すなわち、事務管理意思要件の不存在、委任になぞらえた双方的権利義務関係の非設定）、機能的にはほぼそれに対応するものが与えられていると評価できる。すでに触れたように、第一次リステイトメントでは、第5章「錯誤、強迫、要請なくして任意に与えられた利益」（第112条から第117条）において、ほぼ第三次リステイトメントの第20条から第22条に対応する規定を置いていた。それ以外の条文も、萌芽的なものも含めれば、第一次に存したといえる。しかし、それは、かつての、所有者の自由を最大限尊重するために、求められない介入は原則として回復を排除する立場からのものであり、第三次はそこからの実質的な変更といえるだろう[48]。また、要件面を細かくみれば、介入者の主観的意図も考慮されていて、それ如何では、無償行為とされ回復は排除されたり、受領者の責任がより重い内容の不法行為的救済（第51条）に移行したりもすることがコメントにおいて指摘されている。

　大陸法では、同様な事情は、不当利得法、事務管理法の要件効果の抽象性一般性ゆえに、利得者ないし事務本人の保護は、押しつけられた利得などの観点を基礎に、類型的解釈などの手法を通じて、要件効果を鍛え直す必要があったが、アメリカ法では、逆に、出発点が、強力な本人保護であったので、それを、本人の自己決定の機会の有無、強制的交換とならないための回復内容の工夫などによるコントロールを通して、より回復可能性の機会を広げる方向に進化してきたといえよう。もっとも、あくまで可能性であって、実質的線引きが大きく変わったわけではない。とはいうものの、一元的排除、否定から、利益状況の関数による救済の可否判断の精緻化への傾向が顕著である。

236

第二章　アメリカ回復法リステイトメント（第三次）（2011）

　やや細かくいえば、本リステイトメントの立場は、被告となる受益者の配慮が中心である。被告の地位が悪化しないように、被告の主観的態様（第50条から第52条）で区別しつつも、介入の正当化、強制的交換の排除などの諸観点で要件を制約する。介入の正当化は、基本的には、緊急事務管理ないし必要的事務管理に限定され、ただ、有益的事務管理も最も厳格な要件の下に認めている。介入者の事務管理意思を介入の正当性という客観的事情に置き換える流れは近時の大陸法系の立法にも見いだされる。まさに、この立場ゆえに、アメリカ法では、事務管理と支出利得は介入行為という観点から統合して扱われる。そして、この立場は、共通の法理を析出させる作業の容易化に寄与していると思われる。第三者弁済も、本リステイトメントの枠組では、第22条と第30条で、それぞれ緊急的義務履行と有益的義務履行が別個の要件の下で評価される。他方では、効果において、金銭的調整のみならず、代位やリーエンを場合に応じて使い分ける。

　いわゆる請求権競合問題や要件効果について細かくこだわらない思考は、大陸法に慣れた目からは、新鮮なものに映る。制度の輪郭を確定することよりも、それに含まれる諸理念、諸原則によるコントロールが大事なのだとする思考、同じような考えやルールが、重複して出てきてもよいのだとする思考、観念論と経験論の対立にもつながりそうな相違である。先例などにおける根拠のあいまいさを指摘し、ルールや設例を回復（不当利得）に純化させる努力がみえる一方では、先例をできるだけ尊重しつつそこからルールを抽象し、体系化する手続の限界もみえている。この点は、大陸法からみれば、抽象化の行きすぎで見落とされがちな点を再認識させる契機ともなり、一概に否定することはできない。本リステイトメントは、まさに英米法流の体系化が進みつつあり、その途上の現状報告といえよう。

〔注〕

　1）　求償利得と費用利得を含む趣旨。

　2）　The American Law Institute, Restatement of the Law Third RESTITUTION AND UNJUST ENRICHMENT Volume 1 §§ 1 to 39（2011）; Volume 2 §§ 40 to 70（2011）. 笹

第二部　英米法における事務管理に対応する機能

川明道「米国での『第3次原状回復・不当利得リステイトメント』の刊行について」神戸学院法学第42巻第3・4号（2013）323頁以下がその内容を概観する。また、同43巻第3号（2014）759頁以下に価値償還の場合のリステイトメントの準則を紹介する。

3）AMERICAN LAW INSTITUTE, RESTATEMENT OF THE LAW OF RESTITUTION QUASI CONTRACTS AND CONSTRUCTIVE TRUSTS, 1937. その内容については、松坂佐一『英米法における不当利得』（1976）が詳しい。

4）A. Burrows, A RESTATEMENT OF THE ENGLISH LAW OF UNJUST ENRICHMENT, 2012.

5）第一次では、第1部第5章（第112条から第117条まで）において「錯誤、強迫もしくは要請なくして任意に与えられた利益」と題する部分が対応する。

6）本書第三部第一章、第四章。

7）そのため、DCFR（第三章第一節）の場合と異なり、「実例」と訳すべきかもしれないが、事実関係が抽象化されていることと、DCFRの場合との対応を考え、「設例」にそろえておく。

8）§2, Comment d.

9）§2, Comment e.

10）Chapter 3, Introductory Note.

11）Topic 1, EMERGENCY INTERVENTION, Introductory Note. イギリス不当利得リステイトメント（前掲注4））第19条がこれに相当する。

12）もっとも、同様の内容を規定する第一次第116条は、専門的サービスに限定していない。

13）第一次117条が対応する。

14）§20, Comment a.

15）§20, Comment b. 非専門家の人命救助については、本書第二部第一章も参照。

16）§21, Comment a.

17）§21, Comment b.

18）§21, Comment e.

19）§22, Comment a.

20）§22, Comment e.

21）§22, Comment h.

22）§22, Comment i.

23）Topic 2 PERFORMANCE RENDERED TO A THIRD PERSON, Introductory Note.

24）この背景としてのアプローチの差については、§23 REPORTER'S NOTE a.（p. 340）参照。

25）§23, Comment a.

26）§23, Comment b.

27）車の衝突で双方の運転者がそれぞれ責任を負う場合、同乗者のけがについては、同乗者が運転者と夫婦関係にある場合には、当該運転者の同乗者に対する責任は免責され、相手方運転者が同乗者に賠償したとしても、当該運転者は免責されているので、当該運転者には求償できない。

第二章　アメリカ回復法リステイトメント（第三次）（2011）

28）§23, Comment e.

29）不法行為に基く損害賠償請求において、被害者の受領した保険金など加害者の出捐とみなされないものは賠償額から控除されないという原則。

30）§24, Comment c.

31）§24, Comment d.

32）§24, Comment e.

33）§24, Comment g.

34）このあたりは、アメリカ法の進化という観点のみならず、大陸法での議論の影響も考えられよう。例えば、アドヴァイザに、故 Schlechtriem の名も見えている。

35）§25, Comment a.

36）ここでのプリヴィティは privity of contract の意味であり、契約当事者でない者からの請求には no privity の抗弁が出せたことに由来する。大陸法にも、類似の抗弁が存在した。機能的には、契約の自立性尊重につながる。

37）§25, Comment e.

38）§25, Comment f.

39）第一次第 105 条に対応する。

40）善意受領者の保護のために、被告の利益を超える出費の場合には、金銭判決ではなく、リーエンもしくは代位による救済によるとされている。

41）§26, Comment d.

42）第一次は第 2 章第 4 節に「実現されなかった期待」のタイトルで、第 56 条から第 58 条を規定する。

43）§27, Comment a.

44）§28, Comment a.

45）§28, Comment c.

46）第一次第 105 条第 2 項がこれに萌芽的に対応する。

47）§29, Comment h.

48）p.477（§30 NOTE 末尾）にも同様の指摘がある。

239

第二部　英米法における事務管理に対応する機能

［付録］
回復法リステイトメント（第三次）(2011) 第3章の設例

　本リステイトメントの設例のほとんどは、すでに存在する合衆国各州の先例を素材としている。そういう意味で、これらの設例は、リステイトメントのルールが由来する社会事実に一番近いものを再現しているといえる。やや煩瑣となる部分は適宜要約しているが、設例としての意味をそこなう改変は施していない。

第20条（他人の生命もしくは健康の保護）関連

b.　専門的サービス

［設例1］　医師は、通りすがりの人に、事故により意識を失っている被害者を診察するよう求められる。医師は治療を施した後、通常の料金を請求するが、被害者は支払を拒絶。医師は被害者に対して回復訴訟により料金を請求できる。

［設例2］　状況は設例1と類似するが、第三者と医師は、被害者の救助のために多大の勇気とリスクが必要であった。第三者は本条による請求を有しないが、医師は、設例1と同様に、専門的サービスについての通常の料金に制限される。

［設例3］　契約締結能力を有さない未成年者が、自動車事故にあい、病院からの緊急往診を受ける。未成年者の両親は、未成年の医療費を支払えないか、支払うことを拒絶している。管轄地の法によれば、この事情は、未成年者をして、直接、自己に提供された「必要物」について責任を負わせる。他方では、未成年者の病院に対するこの責任は、未成年者に、自己の傷害について責任を負う第三者に対する請求権を与える。病院の未成年者に対する通常費用の請求は、本条に依拠する。（あるいは、第33条［受領者が無能力者の場合］に分類することもできる。）

［設例4］　母親は、産科医院から病院の緊急治療室に移され、そこで、生命を脅かす病気の緊急治療を受け、子は帝王切開で取り出された。母親も新生

240

[付録] 回復法リステイトメント（第三次）(2011) 第3章の設例

児も医療保険でカバーされておらず、病院への入院の事情は、母親も誰も、入院費を負担しないものであった。病院は、母親に対して、母親自身に対してなされたサービス（本条による）と、新生児に対してなされたサービス（第22条による）について、回復訴権を有する。

［設例5］　両親と同居する娘が交通事故にあい、ヘリコプターで病院に搬送され、緊急治療を受けた。娘は契約締結の能力を有せず、病院は、両親に連絡する前に医療サービスを提供した。娘と両親は、娘の治療の合理的費用について病院に対して、連帯責任を負う。娘の責任は本条による。両親の責任は第22条による。

［設例6］　姉は弟の精神病院への入院を、費用を負担する合意の上で世話する。弟の無能力は後に裁判で確認され、後見人が選定された。姉は弟から入院代の償還を求める。後見人は、費用が適正であることは承認するが、弟の無能力ゆえに支払を拒絶する。姉は、本条により、弟に対し、合理的な入院費用の償還訴権を有する。

［設例7］　Aは、緊急時に、BとCの生命を救助した。その結果、A自身は身体障害者となった。Bは、Aの救助に感謝して、月100ドルの手当を支払うことを約束した。Bの約束は約因によって支持されてはいないが、契約法の問題として強行可能である。Cは補償の約束はせず、Aの、自分は報酬の権利があるとの示唆も拒絶した。Aはおそらく、Bの約束を強行する権利はあるが、BにもCにも回復訴権を有しない。

c.　利益の程度

［設例8］　外科医は事故で意識のない被害者に緊急医療措置を施した。そのサービスは、医療上適切なものであった。しかし被害者は意識を回復しないまま死亡した。外科医は、本条により、遺産から回復しようとする。遺産管理者は、外科医の不成功な介入は何らの利益を与えていないと主張する。しかし、緊急時の医療行為は、望ましいものとみなされる。従って、求められてはいないが、回復の観点からは、あたかも求められたかのように評価される。外科医は、通常の料金を遺産から回復する権利を有する。

241

第二部　英米法における事務管理に対応する機能

d. 拒絶

［設例9］　患者は、法令によって定められた緊急収容措置に従い、病院の精神病棟に意に反し拘束されている。患者は、治療の支払を拒絶し、財政的責任に関する書面へのサインも強制されてしたのみであった。患者の解放後、病院は、回復理論に従い、サービスの支払を患者に求めた。裁判所は、病院によって与えられたサービスは、患者の受領拒絶にもかかわらず、必要であり、適切であったと判断した。又、収容に際しての患者の精神的欠陥が患者の拒絶から法的効果を奪うとした。病院は、通常料金の回復訴権を有する。

第21条（他人の財産の保護）関連

b. 求められざる介入

［設例1］　所有者の車が窃盗犯により盗まれ、破壊され、遺棄された。車は後に警察により発見され、修理工場に牽引と保管を命じた。努力にもかかわらず、警察が所有者を特定できたのは10カ月後であった。この間に、保険者は、所有者の盗難のクレームに応じて支払い、権原を自己に譲渡させた。車の所在が判明した後、保険者は引渡を要求。この状況での修理工場の権利を定義する法令が欠けているため、工場は、保険者に対して、牽引と10カ月の保管の費用（車の価値を超えない限りで）を回復請求できる。

［設例2］　所有者の船が係留所から抜け出し、湖を横切っていった。原告が船を、ひどく破壊され沈没の危険がある状態で発見した。沈まないようにするための修理を施し、所有者を探したが、申出がなかったので、納屋に保管した。所有者は船を2年後に発見し引き取ったが、保管や修理の支払は拒絶した。原告は、両項目について、現在の船の価値を超えない限りで、所有者から回復請求できる。

［設例3］　所有者は、建築業者に、持ち家の改築を依頼した。作業が開始された時、所有者は、2カ月の旅に出かけた。不在中に台風が家の屋根を破壊し、風雨にさらされないためには緊急の修理が必要であった。所有者から指示を得られないまま、建築業者は、屋根の修理を施し、帰宅した所有者に償還を求めた。建築業者は、この費用を回復する訴権を有する。

［付録］回復法リステイトメント（第三次）(2011) 第 3 章の設例

［設例 4］　農夫が、自己の納屋に、2 日分の家畜の飼料を残して死亡した。農夫の事務を引き受ける近親者はいないまま、裁判所が遺産管理人を指名するまでに 3 週間が経過した。この間の家畜の世話をした飼料供給者が遺産から支払を求めた。供給者は、遺産から飼料の価値分の回復訴権を有する。

［設例 5］　代理人は本人に雇われ、家賃回収や不動産管理をしてきた。本人の過去は複雑怪奇で、彼の死後、関連のない原告たちが現れ、最近親者として遺産の所有権を主張した。代理人は、もはやそうする義務はなかったが、財産管理を継続した。彼は相続問題に時間を割き、裁判所に、原告 A に有利な証拠を提出した。陪審は A に有利な認定をなし、代理人に本人の財産から出費や時間を割いたことについて報酬を与えた。判決は控訴によってくつがえされた。今度は財産は原告 B に与えられ、代理人の請求は棄却された。しかし、裁判所の再審理で、代理人は、誰が所有者となろうと、その者のために善意で遺産を管理したと認定された。代理人は本条により、前記の報酬を回復する。

［設例 6］　売主は、買主に、規格に合っていないクリスマスツリーを発送した。買主は正当にも拒絶した。ツリーは、枯死するものであり、直ちに売却されないとすべての価値を失う。買主は、売主からの指図を得ようとしたが得られず、買主は、売主の計算で、商業的に合理的な態様で転売した。買主の売主に対するこのようなサービスの価値についての請求は、本条による。

［設例 7］　原告は、ブローカーの不正な被用者である、トレイダから、ブローカーから横領する計画への参加を誘われた。断った時のトレイダからの報復の恐れも含め、多様な動機の下に、原告は、協力を装いつつ、トレイダの悪事の決定的証拠を集めていた。数カ月後、原告は、ブローカーに知らせ、公機関にトレイダを告発した。原告の関与により、トレイダは監獄に送られ、原告は、連邦証人保護プログラムに送られ、ブローカーは重大な損失を免れた。原告が事前にブローカーと交渉する適当な機会を怠ったことは、本条の請求を排除する。

243

第二部　英米法における事務管理に対応する機能

c. 無償のサービス

［設例8］　所有者の不在中に、迫り来る洪水に所有者の家財が危機に瀕していることに気づいた隣人は、家財を高台に移動させた。6カ月後、取引上の争いから、所有者は隣人を訴えた。隣人は、緊急時のサービスについて反訴を提起した。事実認定の結果、隣人は、サービス提供時に償還の意図を有していなかったことが判明した。それゆえ、隣人は回復訴権を有しない。

［設例9］　設例8に類似するが、所有者の家財は、許可なく隣人の敷地に保管された。隣人は所有者をしてそれらを除去させるため、訴訟をすると脅している。隣人は、自分はありうる責任を回避するために、所有者の家財を保管したと述べ、その当時、サービスの費用を償還する意図であったと述べた。事実認定の結果が、隣人は無償で行動したのではないとされれば、隣人は回復訴権を有する。

d. 評価と拒絶

［設例10］　艇庫業者は、所有者の船を6カ月は外で、その後は中で12カ月保管した。どちらにも責めのない事情で、当事者の交渉は妨げられており、裁判所は、この保管は契約によらないものと判断した。所有者が引き取った時に、艇庫は、エクイティ上のリーエンに担保され、保管料の回復訴権を有する。所有者は、他の艇庫との取引では、常に船を外に置いていた。所有者の船の性質上、中での保管が付加的利益をもたらさないものだとすれば、艇庫の請求は、外での保管費用で算定される。

［設例11］　買主は、売主によって提供された馬を拒絶した。売主は、再引渡を拒絶したので、買主の代理人は、馬を厩舎に引き渡した。売主も買主も直ちに、それぞれが他方が馬の所有者であるとしつつ、馬の飼養責任を否定した。厩舎は、それぞれに償還を求めつつ、2年間飼養を続けた。厩舎は、馬についてのエクイティ上のリーエンを有し、飼養についての回復を担保される。しかし、リーエン保有者の地位を離れて、本条の訴権を有するわけではない。

244

［付録］回復法リステイトメント（第三次）(2011) 第3章の設例

f. 責任からの他人の保護、回避可能な結果

［設例12］　Aの船は、Bに責めある衝突で、損害を受けた。Cは、CにAに対する海難救助額が認められるような状況下でAの船を回復させた。Cの成功した救助は、BのAに対する責任を減少させた。CがAから海事裁判所で海難救助額を求めるならば、Aは、Bを訴え、CのためにBに対する判決を求めることができる。この結果、CはBから直接救助料を得ることができる。同じ結果は、コモンローの回復原理からも出てくる。救助は、BのAに対する責任を減少させ、CのAの財産を保存するための求めざる介入はCに、本条の請求を、CがAに対して認められる救助報酬の額を越えない限りで、Bに対して与える。

［設例13］　請負人は、建設プロジェクトのために掘削を実施している。下請負人は、それとは関係のない仕事に従事していた。保険者として請負人の責任保険者がいる。下請負人が、斜面で作業中の請負人を見て、緊急に支持しない限り、隣接土地が崩落の危険にあることに気づいた。下請負人は、土台を支持する目的で自己の重トラックを置いた。このトラックは破壊されたが、崩落の危険のあった建物は保存された。下請負人は、回復法理にもとづき保険者から求償を求める。裁判所は、下請負人の緊急行為は隣接地に損害を与えることを防止し、そうでなければ請負人は隣接地所有者に損害賠償の責任を負ったであろうと、この損失は保険契約でカバーされていることを認定した。下請負人は、保険者にトラックの価値の請求権を有する。この推論が無理だとすれば、下請負人の回復請求は認められない。

［設例14］　製造業者は保険者と製造物責任保険を締結している。製造物責任訴訟の恐れに直面して、製造業者は、広告によるリコールキャンペーンを開始した。事前の相談の余地はあったのだが、製造業者はそうすることなく行動した。キャンペーンは成功であり、予期された訴訟は現実化しなかった。製造業者は、契約と回復理論にもとづき、保険者から求償を求めた。裁判所は、契約を解釈して、契約は、リコールキャンペーンの費用をカバーしていないこと、かような費用の回復を認めると、取引の対象となっていないものを追加的に保険の対象に加えることになるとした。つまり、この請求

245

第二部　英米法における事務管理に対応する機能

は、当事者間の既存の契約に内在するリスク配分によって排除される。

［設例15］　Aの宝石類は、Bの倉庫で保管されている。これが盗まれた。盗人は、Aと交渉し、犯人を告げないという条件で、宝石の価値の4分の1の支払をすれば引き渡す約束をした。Aはこの方法で宝石を回復した。裁判所は、この事情の下でのAの回復が公序に反するかを判断せねばならない。反しないとされたならば、Aは、Bから、損害もしくは本条の回復として支払った額を得る。

第22条（他人の義務の履行）関連

e.　回復の程度

［設例1］　息子は父の最後の病と葬儀の費用をのちに遺産から回収する意図で、しかし管理人が選任される前に、出捐する。息子は、遺産からこれらの費用を回復する権利を有する。

［設例2］　設例1と同様だが、息子は父の限りある財産に照らし不相当に高価な葬儀を注文した。息子の遺産に対する回復請求は、当該状況下で合理的な費用に限定される。

［設例3］　めいはフェニックスからフィラデルフィアまで、重病で入院している年長の叔母の看病に行った。その際、乞われないままに、未払となっている、医療費、月払いの賃料などを支払った。めいは、叔母の未払嫌悪を知っていたので、このことを到着後直ちに自己資金から行った。めいは、後に回収する意図をもっていたが、入院中に叔母とトラブルは起こしたくなかった。叔母は帰宅せずそのまま亡くなった。めいは、叔母の遺産に対して、上記の額の回復ができる。

［設例4］　母親は、8万7千ドルで甲地を購入し、代金について、銀行の抵当権が設定された。4年後、母親は、病気により、働くことをやめた。彼女の障害手当では、抵当債務の支払を継続することはできなかった。母親を自宅に引き続きいられるようにするため、友人が残元本8万ドルを支払ったので、銀行は、抵当権を放棄した。母親は友人の援助を求めておらず、返済について話し合われなかった。母親は2年後に亡くなった。甲地は、成人の子

246

供たちに相続された。子供たちは、友人の返済の提案を拒否したので、友人は、不当利得にもとづき、子供たちを訴えた。もし贈与として支払ったのであれば、友人の回復は認められない。しかし、裁判所は、友人が返済の期待で 8 万ドルを支払ったこと、母親の病が進行していたので、この話題が両者の間で話されなかったことを認定した。友人は、第 22 条第 2 項（a）のルールにより、子供たちに対する回復の権利を有する。さらに、甲地上のエクイティ法上のリーエンもしくは銀行の抵当権付き権利への代位によって補強される。

g. 他人の必要物供給債務の履行
[設例 5] 病院は夫に必要な医療を施した。夫の入院時にもその後にも、妻は夫の医療についての支払に関して病院に約束をしなかった。夫の死後、彼の遺産は病院に対して負う額には不十分なことが判明した。管轄地の法によれば、配偶者は、他の配偶者に対して、必要物を供給する義務を負う。しかし、それ以外の債務については負わない。妻は、病院の通常費用について自己の別産から回復させる義務を負う。
[設例 6] 母親は父親との離婚で、未成年子 A、B、C の監護権を与えられた。父親は離婚条項に応じていたが、母親はその後障害者となり、子供たちに生活必需品を供給することができなくなった。A は学校をやめ、職を得、B と C を成年になるまで支えた。離婚条項は母親の父親への権利を制限していたが、管轄地の法は、両親に、自己の未成年子を援助する不変の義務を課していた。A は父親の義務を履行したので、父親から第 22 条第 2 項（b）のルールにもとづき、B、C の援助の費用を回復できる。
[設例 7] 婚姻解消の判決条項によると、父親は、母親に月 500 ドルの配偶者援助と月 500 ドルの子供援助を支払う義務を負った。父親は、その後、判決の下でのすべての義務を清算するために母親に 10 万ドルを支払い、母親から免除を得たが、判決の修正はなされなかった。母親は、財政上の困難に陥り、自己と子供の援助を社会福祉局から得た。福祉局は、父親からその費用の回復を求める。管轄地の法によれば、当事者の契約による解決は、父親

第二部　英米法における事務管理に対応する機能

の配偶者援助に関する限り、有効であり、強行可能である。従って、母親の援助のために支払われた金銭の父親からの回復請求を福祉局は有しない。他方、子を援助する父親の債務の私的解決は，公序に反し、強行できない。福祉局は、第22条第2項 (b) にもとづき、子供の援助のための費用について、父親から回復できる。

［設例8］　父親の娘（13歳）はバスケットボールゲームで足首にけがをした。娘は何ら治療を受けず、けがは悪化した。隣人が事情を知り、父親に治療の予定を尋ねたが、何もするつもりはないと答えた。隣人は娘を医師の下に連れ、適切な治療を施させた。隣人は、医師の治療請求を支払うが、できれば父親から償還請求し、無理なら自己負担するつもりであった。裁判所は、娘のけがを放置すれば、永続的障害のリスクがあり、父親は治療しないという理由がないと判断した。隣人は、父親に対し、医師に支払った額の回復ができる。

［設例9］　病院は、母子双方に、未熟児出産にかかわる緊急事情の下で医療を施した。父親は、宗教的理由から病院の治療を拒否しようとし、あらかじめ支払拒絶を宣言している。病院は、両親に緊急時治療の支払を求める。裁判所は、母親（とその代理人としての父親）は、母親に対してなされたサービスを宗教上の理由から拒否する権利を有すると判断し、拒絶にもかかわらず、治療に固執したので、病院は回復の権利を有しないと判断した。これに対し、両親が管轄州法で課せられている、未成年子に対する必要な医療の提供の義務を拒絶する理由はないと判断した。従って、病院は、母親の治療については、回復の権利を有せず、子の治療については、第22条第2項 (b) により、病院は、父母に対して権利を有する。

［設例10］　病院は、MCO（Managed Care Organization）に登録している患者に、病院を「優先提供者」とする契約の下に合意された料金で、緊急サービスを提供している。この契約が有効期間を経過し、更新されないまま、当事者は料金について合意に達しなかった。それにもかかわらず、病院は、MCOの患者にサービスを提供し続けた。MCOは、前の合意により定められた「優先」料金でこのサービスの支払を申し出る。病院は、無保険の患者

248

［付録］回復法リステイトメント（第三次）(2011) 第 3 章の設例

に対する、より高い、「通常」料金での補償を求める。裁判所は、病院のサービスをいずれかの基礎で定めるための契約が存在しないと判断した。病院のMCO からの支払を求める権利は、第 22 条第 2 項（b）による回復に依拠する。MCO の不当利得は、病院によって与えられたサービスの合理的な価値によって算定される。

［設例 11］　漁師が、火災を起こして海に漂っていた船舶 A によってけがをした。A は、迅速に漁師を保護する法的義務がある。事故のシグナルを受けて、B は、漁師を直近の港に移送したが、A は、B に救助費用を補償することを拒絶した。A と B の間には、契約は成立していないが、B は漁師に対する A の義務を履行することにより生じた費用の回復をする権利を有する。

［設例 12］　郡は囚人に対して医療を施す法律上の義務を負っている。郡の設備で治療できない病気にかかった場合には、郡は、囚人の病院への入院を手配する。囚人はひと月入院していたが、囚人の刑期は、最初の 2 週で終了した。囚人は無資力で、収監時以外は、誰も法律等により医療費を負担する義務を負う者はいなかった。病院は郡に対して、第 22 条第 2 項（b）にもとづき、最初の 2 週間についてのみ囚人の医療費について請求できる。この期間は、病院は、群の囚人に対して負う義務を履行していたからである。

［設例 13］　夫は、妻を不同意で精神病院に入院させた。弁護士は、夫の拒絶にもかかわらず、妻の解放を得るために尽力した。管轄州法では、各配偶者は、他方に供給された必要物について二次的責任を負う。裁判所は、弁護士の妻へのサービスを必要物と判断した。妻は別産を有していない。弁護士は、夫に対して、第 22 条第 2 項（b）により、通常料金を請求できる。

［設例 14］　母親は、障害者である妹を生存中援助する約束と交換に、乙地を兄に移転した。母親の死後、兄は妹の世話を怠り、叔父が事態を知り、介入した。叔父は、第 22 条第 2 項（b）により、兄に対して、妹の世話についての出費について、土地についてのエクイティ上のリーエンに担保されつつ、回復できる。

［設例 15］　父親は、母親に、丙地を移転した。彼女が自分の生涯援助することの約束と引換に。しかし、母親は先に亡くなり、丙地は A、B、C の子

249

第二部　英米法における事務管理に対応する機能

らの共有として残された。父は、子供たちが退出した後も、丙地に住み続けた。Aは、父親が病気で看護もされていないことを発見し、父親に必要物を供給した。BとCは、Aの分担の申出を拒絶した。父親の死後、Aは、第22条第2項（b）にもとづき、BとCに回復を求めた。裁判所は、子らは、父親に援助の法的義務を負っていないと判断。他方、母親の生涯援助の約束は、父の生存中丙地にエクイティ上のリーエンを作り出すと判断。Aの父親援助は、Aに、BとCに対して、彼の出費が解放したリーエンへの代位を権利づけると。事案は厳密には第22条の範囲内ではないが、それにもかかわらず、Aは、父の援助の兄弟への分担という形の回復ができる。それは、彼らの丙地の持分上のリーエンを介して強行できる。

h.　他人の公共に対する義務
［設例16］　市は、父親の子を含むグループを学校に送り届けるサービスを法令により義務づけられていた。市は、適正な通知と申込みにもかかわらず、搬送を拒絶した。父は、子の学校の往復を引き受け、後に償還を求めた。父は、時間と距離に応じた適正な回復を市に対して請求できる。

［設例17］　市は、法令によって、下水道システムを設置、維持する責めを負っている。所有者は、自己の建物に来ている下水道管がつまって、居住不可能になっていると通知した。市は行動を拒否した。所有者は請負人を雇い、問題を処理させた。請負人は、市が責任を負う部分のうちに閉塞箇所を特定し、必要な修理を施した。所有者は、請負人にこのサービスの代金を支払った。所有者は市に回復請求できる。

［設例18］　A郡とB郡は川で隔てられ、橋でつながっていた。法令によると、おのおのは、橋のそれぞれ中間地点までの部分を維持する義務を負った。Aはこの義務を怠り、橋の劣化が通行の危険をもたらしている場合にも行動を拒否した。Bは、橋のA側の修理を実行した。Bは、Aに対して、費用の回復ができる。

［設例19］　独占体としての公企業は、コモンロー上の義務として、公共に十分な電気を供給する義務を負っていた。設備のトラブルで公企業は、十分

な発電能力を得られなかった。連邦は、公的プロジェクトから割いた電力を公企業に提供することを申し出、契約が成立しなかったにもかかわらず、そうした。連邦は、費用について、公企業に回復請求できる。

［設例 20］　法は、犬に適切な保護を与えない買主は、動物虐待として、軽罪（misdemeanor）となると規定している。犬たちは、買主から引き離され、人道協会に保護され、買主の動物虐待の裁判を待っていた。人道協会は、動物を放棄するか、世話の対価を払うかを飼い主に尋ねた。飼い主はどちらも拒否した。6 カ月後、飼い主は、有罪とされ、裁判所は、犬を養子にするよう命じた。人道協会は、それまでの世話費用を飼い主から回復する権利がある。

［設例 21］　A と B はモール街で隣接している所有者である。水は、A の土地上にある接続を通して水道局により両土地に供給される。当初開発された時、水道局の前任者は、二つの部品を装備することなく、接続を施行した。一つは、水道メータで、もう一つは、逆流防止バルブ。この状態を発見し、水道局は、A に両部品を装備するよう要求した。A が拒絶したので、水道局は、両部品を自ら装備し、その費用を A に請求した。A は、まず、費用の25％は B が分担すべきこと、第二に、水道局が A や B に装備をさせるには訴訟が必要だと抗弁した。水道局は、第 22 条第 2 項（c）により逆流防止バルブの回復はできるが、メータはそうではない。逆流防止バルブは、公共の健康と安全に関するが、メータはそうではないから。また、A から回復できるのは、費用の 75％にとどまる。

［設例 22］　A のタンクトラックが横転し、住宅地域の付近で、危険な化学薬品が散乱した。警察は専門業者 B を呼び、適切な処置をさせた。A がトラックの所有者兼運転者であることが判明するまで数時間を要した。A の事務所は千マイル離れており、A が B を雇う現実的可能性はなかった。B は、A に対して、合理的サービス価値について、回復できる。

［設例 23］　所有者のはしけは、所有者の不注意で、ミシシッピ川に沈んだ。法律は、船の所有者に、船の迅速な除去を義務づけている。このはしけは、200 万ポンドの塩酸を運搬していたので、それから致死性の塩酸ガスが漏出

第二部　英米法における事務管理に対応する機能

し、多くの災害を引き起こすリスクがあった。所有者は、はしけの放棄を宣言し、それ以上のことはしなかった。連邦は、2千万ドルを投入し、はしけの引き上げと積み荷の確保を図った。法令による権利の有無にかかわらず、連邦は、第22条第2項（c）により、所有者の公的義務の履行として費用を回復できる。

［設例24］　所有者の保有する土地は、人工湖をふさぐダムを含んでいる。郡区は、所有者に、ダムは老朽化して、豪雨の際、崩壊して洪水を招く危険があり、修理が必要であると勧告した。所有者は修理を拒絶した。住民の健康、安全、福祉、への直接的脅威があるとして、郡区は、5万ドルを投入して、修理を実施した。郡区は、所有者に対して、第22条第2項（c）により、その出費の回復の権利を有する。

i.　緊急援助

［設例25］　学校局は、施行者に学校建物のアスベストを除去するよう要求した。施行者が拒否したため、局は、自ら除去し、その費用を施行者に請求した。局の請求が認められるには、介入時に、施行者に何らかの法的義務が存在し、その履行として除去作業が実施されたことが局によって立証されねばならない。

第23条（連帯債務の履行）関連

a.　一般原理と範囲

［設例1］　Aは、受取人をBとし、C、Dを共同振出人とした1万ドルの手形の融通手形裏書人となった。Aは、Cの申出により署名し、Dはそのことを知らなかった。手形が満期になっても支払われなかったので、AはBに手形金額を支払った。Aは、CとDに、もしくはそのいずれかに、求償ができる。Cの責任は契約と回復の観点によるが、Dの責任は、回復のみによる。

［設例2］　設例1と同様だが、Aは、Bと交渉する際に、CもDも負担する必要のない費用500ドルを出捐した。この費用はC、Dの既存の責任を減少

［付録］回復法リステイトメント（第三次）(2011) 第 3 章の設例

させるものではないので、この求償は、回復ではなく、契約に依拠する必要がある。Aは、Cに 1 万 500 ドル、Dに 1 万ドルを請求できる。

c. 免責の範囲

［設例 3］ Aは、受取人をBとする 1 万ドルの約束手形を振り出した。Cは、Aへの融通を目的としてこの手形の裏書人となった。満期に支払われなかったので、Cは、AはCにそうしないよう求め、Bは即時の支払に固執していなかったが、Bに 1 万ドルを支払った。CはAに対して 1 万ドルの回復請求ができる。

［設例 4］ AはBの被用者。労働中に、Aは誤ってCを傷つけた。CはAとBを訴えた。Cは後に 10 万ドルの和解金を提案した。Aは責任を否定し、和解交渉への参加を拒絶し、Bにも参加しないよう助言した。Bは結局Cと 8 万ドルで和解し、AとBに対する請求すべての免除を得た。Bは本条のルールにより、Aから回復する権利を有する。Aの責任が争われた場合には、Bへの回復は、(i) AのCに対する責任額と (ii) 和解額のいずれか低い方で算定される。BがCの訴訟を防御するために必要であった法的出捐の回復をしようとする場合には、不当利得ではなく、AB間の契約によるか、AのBに対する義務違反に依拠する必要がある。

［設例 5］ Aは、Bの書面による保証付きで、銀行から 50 万ドルを借りた。この貸借は期限に履行されなかった。銀行がこの未履行債権を第三者に譲渡しようとした時、Bは、自己の保証債務の免除のために銀行と交渉した。銀行はBの債務の免除と交換に 5 万ドルを受け取り、Aの未済債務に充当した。Bは、本条にもとづき、Aに対して 5 万ドルを請求できる。

d. 連帯債務、救済としての代位

［設例 6］ 学校局は校舎のアスベストを除去し、施工業者を不法行為などで訴えた。学校局と施工業者は、連帯債務者ではないから、学校局は、本条にもとづく回復請求を有しない。公共の安全を保護するために、施工業者が負う義務の履行を緊急時にしたという主張は、第 22 条第 2 項 (c) に依拠でき

253

第二部　英米法における事務管理に対応する機能

る。学校局が公共に対する自己の独立した義務を履行し、そうすることで、施工業者が第三者に対して直接責めを負う義務を履行したという主張ならば、第 24 条に依拠できる。

［設例 7］　父は息子の、銀行に対する 10 万ドルの抵当債務について，連署した。父は息子に対する融通として行動したが、その行動は息子の知るところではなかった。債務は息子の所有である、甲地の第一番抵当によって担保された。現在の甲地の価値は、7 万 5 千ドルである。債務の履行期に、父は未済額の 9 万ドルを支払った。父は、息子に対して、9 万ドルについて、解放された銀行債務への代位によって、一部担保されつつ、判決を得る権利がある。

［設例 8］　設例 7 と同様だが、欠乏防止（anti-deficiency）法によって、銀行の息子に対する請求は、甲地の価値に限定される。父は 9 万ドルを銀行に支払ったにもかかわらず、父の息子に対する請求は、本条によれば、銀行に対する、息子の強行できる債務額に限定される。従って、父の息子に対する回復は、解放された債務の下での銀行の権利への代位に限定される。

e．強行できる債務

［設例 9］　A は、B を受取人とする約束手形の振出人である。手形は、満期に支払われなかった。A の手形支払を強制する行為が出訴期限法によって阻止されるひと月前に、B は C に手形を譲渡し、その支払を保証した。5 年後の B の保証がなお有効で強行できる時に、B は C に支払い、A に対して求償を請求した。B の C への支払は、A の強行できる債務を免責したわけではないので、B は A に対して回復できない。C がなお A に対して手形の支払を強制できるうちに B が C に支払った場合には、B は本条により、A から求償を受けうる。

［設例 10］　A と B は、A の同乗者 C にけがを負わせた衝突の関係者である。A と C は夫と妻である。C は B に損害賠償を求める。B は A を訴える。A と B は、等しく自己についての過失を認められた。管轄法は、不法行為者間に連帯責任を課するが、同時に、夫婦間での過失免責を認める。A は従っ

[付録] 回復法リステイトメント (第三次)(2011) 第 3 章の設例

てCに対しては責任を負わない。BがCの判決を満足させるとしても、B
は、本条にもとづいて、Aに対して請求することはできない。

[設例 11] 雇用者と病院は、被用者に対して、500 万ドルの連帯責任ありと
された。産業事故の結果として非経済損害をこうむり、不適当な治療で増悪
したもの。被告らの割合責任は、雇用者 20%、病院 80% と定められた。雇
用者は判決額を支払い、病院に対して、400 万ドルの負担部分求償をなす。
法により、健康管理サービス提供者の被害者に対する非経済損害についての
責任は、25 万ドルを超えられない。求償が不当利得にもとづく限りで、雇
用者の病院に対する請求は、25 万ドルに制限される。

[設例 12] ヘルスクラブの会員が設備利用中にけがをした。会員のヘルス
クラブとの契約は、ヘルスクラブの過失に起因するけがについての有効な免
責規定を含んでいたため、会員は、ヘルスクラブに対する訴権を有しない。
会員は、設備製造者を訴え、設備の欠陥を主張し、和解金を得た。製造者は、
ヘルスクラブに対して、設備の維持に過失があるとして、求償を求めた。製
造者が、ヘルスクラブの過失が会員のけがに寄与したことを証明できたとし
ても、製造者は、ヘルスクラブに対して、不当利得による請求はできない。
製造者が、求償できるのは、(i) 契約にもとづく場合か、(ii) ヘルスクラ
ブが製造者に対して負う義務の違反にもとづく場合、に限られる。

[設例 13] Aは、BとCが連帯して責任を負う事故で、10 万ドルの損害を
被った。AはBと1万ドルで和解し、Cに対して判決を獲得し、Cはそれを
支払った。たとえ、CがBとCが等しく責任を負うと証明できても、Cは、
Bに対して、本条にもとづいて、請求することはできない。AがBと和解
したことが、Cの責任にどう影響するかは、不法行為法の問題で、本リステ
イトメントの対象外である。

[設例 14] 夫と妻は、乙地の共有者であり、連帯して責任を負う債務の担
保としての抵当権に服している。分離(separation)合意に従い、夫は、妻に、
彼の、乙地の持分を譲渡し、債務支払の責任を引き受けた。妻は、乙地を、
10 万ドルで売却し、その代金のうち2万5千ドルを債務支払に適用し、求
償理論により、夫から請求する。妻は、回復の権利があるが、夫に対する判

255

第二部　英米法における事務管理に対応する機能

決は、夫の既存の責任を拡大することはない。裁判所は、夫は、すでに予定された支払と等しい額の支払を妻にすべきと要求することになる。

f. 回復の程度

［設例 15］　買主は、売主と製造者を欠陥商品によって生じた傷害について訴える。売主は補償について製造者を訴える。製造者は、買主と 10 万ドルで和解をなし、免責を得る。事案は、売主に対する裁判に進んだ。買主は、売主に対する 25 万ドルの判決を得て、売主はそれを支払った。裁判所は、製造者と売主は、買主に対して、不法行為責任を連帯して負う、製造者と売主の間には、補償に関する契約が存在しない、製造者の責任は、一次的なもので、売主のそれは二次的であると判断した。一部の和解が存在しなければ、これらの認定は、不当利得の訴訟を支持しよう。しかし、本件では、買主の製造者に対する免除があり、売主による判決の満足は、製造者の強行できる債務を免責ないし減少させていないことを意味する。売主の補償を請求する権利は、製造者の売主に対する、契約か不法行為における義務違反である必要がある。

［設例 16］　A と B は、C の約束手形の共同保証人（負担部分は等しい）である。受取人は D で額面は 30 万ドルである。手形が満期に決済されなかったので、D は、A に支払いを求めた。A は D と交渉し、10 万ドルの支払いと同時に免責を認めてもらった。A は、B から、共同債務の分担分として、15 万ドルを請求する。B は、A が、共同債務の半分も支払っていないことを理由に、分担を争う。いずれの主張も誤りで、A は、B に対して、本条によれば、5 万ドルの限度で請求できる。

g. 訴権の時効

［設例 17］　A と B は、受取人 C の約束手形の、共同振出人である。実際は、債務はもっぱら B のために契約された。手形は満期に支払われなかった。手形訴訟が出訴期限法で妨げられるひと月前に、A が支払をした。A の B に対する本条による請求は、支払の日に発生する。管轄法は、かような請求

[付録] 回復法リステイトメント（第三次）(2011) 第3章の設例

は、発生から6年以内の行使を要求するので、AのBに対する補償の請求
は、BのCに対する責任が出訴期限法により消滅したであろうときより、5
年11カ月まで提起することができる。

［設例18］　家主の家は、保険で担保されている。家主は、連邦に、連邦の
保護下にある、犯罪証人の居住地として家を賃貸している。証人が家屋を損
傷した。家主は、損失について保険者に請求した。保険者は最初は填補を否
定したが、最終的に家主は、判決を得た。保険者は、判決の支払の後直ちに、
当該損失を家主に賠償する共同債務者であるとして、連邦に求償を求めた。
裁判所は、連邦は、家主に責めを負うが、保険者の訴訟までに、家主の連邦
に対する直接の請求は、除斥されているとした。エクイティ上の代位による
保険者の請求も同様に除斥される。他方、共同債務者間の請求は、本条によ
り、第三者への支払時に発生する。しかし、保険者は、本条によって、連邦
に請求はできない、当事者それぞれの、家主に対する独立した義務は、彼ら
を共同債務者にはしないからである。

第24条 （独立債務の履行）関連

a. 一般原理と範囲、他の条文との関係

［設例1］　売主は甲地を買主に、負担ワランティ付きで売却した。買主の権
原は、タイトル会社によって保証されていた。甲地は、その価値を減ずるよ
うな隠れた負担に服していた。タイトル会社は、買主に、その損失について
賠償した。自己の買主に対する義務が保険契約から由来する、タイトル会社
は、本条により、売主に対して請求できる。売主の買主に対する義務は、不
動産譲渡証書に由来する。

［設例2］　州は、州の負担で、健康管理サービス業者によってなされるサー
ビスの支払管理のために、会計担当会社を雇った。担当会社は、補償の適用
割合の計算を間違えて、州は、間違いが発覚するまでに、約1500万ドルを
業者に過払いした。事実が明るみに出た際に、担当会社は、直ちに州に、過
払い分を返済し、サービス業者から、負担部分求償の理論で回復を求めた。
担当会社とサービス業者は、共同債務者ではないので、担当会社は、負担部

257

第二部　英米法における事務管理に対応する機能

分求償（第23条）をすることはできない。しかし、州に対する義務が代行契約に由来する、担当会社は、本条により、州に対する債務が第6条［錯誤弁済］の回復責任である、サービス業者に対して請求できる。

［設例3］　イギリスに駐屯するアメリカ軍の所属員である兵士が、イギリス市民から20ポンド紙幣で100ポンドを盗んだ。連邦法は、軍隊に、アメリカ軍の所属員による犯罪の被害者である同盟市民に補償する権限を与えていた。兵士は、逮捕され、自白し、窃盗の罪で投獄された。兵士は、逮捕時に、500ドルを有していたのみであった。連邦は兵士の不法行為の補償として被害者に100ポンド支払った。被害者に対する義務が法に由来する、連邦は、本条により、被害者に対する義務が窃盗に由来する、兵士に対して請求を有する。連邦は、100ポンドと没収した500ドルを相殺する権限を有する。

c.　副次給付

［設例4］　Aの車は、Bのタクシーと衝突し、Aの同乗者Cを傷つけた。管轄法によると、AとBはCの傷害について連帯して責めを負う。AはD会社と責任保険を締結していた。Cは、AとBを訴え、Aと、AとBのすべての責任を免除する内容の和解をした。Dは和解金を支払い、Bに求償した。DとBは、共同債務者ではないから、第23条の補償もしくは負担部分求償はできない。しかし、Aとの契約の履行としてなされた、Cへの支払をした、Dは、Dの支払によって、自己の不法行為責任が消滅した、Bに対して、本条による請求ができる。

［設例5］　1万ドルの価値あるトラックが、不法行為者の過失による火災で破壊された。保険者は、所有者に、火災・災害保険により、損失について、1万ドルを支払った。保険給付は、所有者の回復についての副次的給付とみなされるので、不法行為者の責任は保険者の支払により減少しない。保険者は、本条により、不法行為者から、1万ドル回復でき、これにより、所有者の不当利得を阻止する。回復は、保険者に、所有者の不法行為者に対する権利を実行する権利を認めることで達成される。

［設例6］　被害者は、過失ある不法行為者の事故により傷害を被った。保険

258

［付録］回復法リステイトメント（第三次）(2011) 第 3 章の設例

者は、被害者に、事故保険により、1 万ドル支払った。保険には、法によって認められている、保険者に第三者に対する被害者の権利の行使を認める、代位条項が含まれていなかった。保険支払は、副次的給付とみなされたので、不法行為者の責任は、保険者の支払で減少しない。保険者は、被害者と不法行為者に、被害者の不法行為者への権利への代位を通じて、不法行為者から求償することを通知した。被害者は保険者の請求に異議を唱えた。裁判所は、以下のように判断した。保険者の事故保険は、補償契約というより、投資契約に類似するとして、保険者の支払義務は、一次的なものであり、被害者が、不法行為者と保険者からともに回復し、被害者の損失を超えるとしても、被害者は、それで、保険者の損失で不当利得しているわけではないと。保険者は、不法行為者に対して、本条による請求を有しない。

d. 取引における原告の利益

［設例 7］ XYZ 会社は、その普通株式（common stock）保有者に対して、締切日に、各株 75 ドルで移転代理店に買い付けられるとして、株式公開買い付けをした。銀行信託部の顧客は、自己の株式の提供を選択し、銀行にそのように指示した。締切日の直後、銀行は、顧客の申出が受け付けられていなかったことを知った。移転代理店と XYZ は、銀行の、顧客のための申出の試みは効がないと主張した。XYZ 普通株の価格は、その間に 70 ドルに下落した。銀行は、XYZ と移転代理店がこのトラブルの責任を負うべきと主張して、顧客の普通株を 70 ドルで売却し、各 75 ドルを顧客に支払うことで、回避しうる損失を最小化しようとした。銀行は、本条により、彼らが顧客に直接責任を負うことを銀行が立証できる限りで、XYZ と移転代理店に対して回復請求できる。

［設例 8］ A は、穴ぼこに引っかかり、車の制御を失った。その結果、B の車と衝突し、両方の車が損傷した。A は B と 2500 ドルで和解し、道路管理が不十分であったとして、市を訴えた。第一審は、市の過失が事故の唯一の原因とした、その結果、A は B に対して責任がないとした。また、A が B に支払った 2500 ドルは、B の損害の適切な評価であると。市は、A の車の

259

第二部　英米法における事務管理に対応する機能

損傷について不法行為の責任を A に対して負い、また、B に支払われた2500 ドルについては、本条により、回復責任を負う。

［設例 9］　訪問者が建築現場でけがをしたので、請負人と下請負人を過失のかどで訴えた。両者は、求償と負担部分求償について交差請求した。訪問者は、下請負人と和解し、10 万ドルと引換に請負人と下請負人を完全に免除した。責任の割合を決める事実審理に至った。事実審では、10 万ドルは、訪問者の誠実な和解であり、損害の適正な評価であるとされた。陪審は、責任を、訪問者 15％、請負人 85％、下請負人ゼロ％とした。下請負人は、本条により、請負人から 8 万 5 千ドルを回復できる。

［設例 10］　B 会社により保険されている、A は、C に責めのある車の衝突でけがをした。C は、D 会社により保険されていたが、D は付保を否定している。A は、B 保険の「付保されていない運転者」の名目で B に請求した。B は、7 万 5 千ドルで和解し、D から回復を求める。実際は、C は、付保されていない運転者ではなかった。C は、A に対して、7 万 5 千ドルの責任を負い、C の A に対する責任は、D 保険の対象である。B は、7 万 5 千ドルの回復を D からできる。

［設例 11］　A と B は別々に、C を特定のリスクに対して保険した。C がある損失を被ったが、保険でカバーされるかは明らかではない。A、B 両者は当初はカバーを否定したが、A は後に和解し、C の請求に応じた。A は、さらに調査して、C の損失は、B 保険によってカバーされることを突き止めた。A は本条により、B に対して請求できるが、B が C に直接責めを負う額を超えない。

［設例 12］　A は、B 会社により一定の災害リスクに対して保険されていた。A は、C に責めある、災害損失を被った。損失の性質は、B 保険の一般的範囲に含まれるが、管轄の既存の法的先例は―B の法務部門が後に決定するように―A の特定の損失はカバー範囲から排除されているというものであった。その法的地位を探求しつつ、被保険者との和解を遅らせるよりも、B は A の請求に支払い、C から求償を求めた。B は、本条により、C に対して、A に対する支払を回復するために、C が A に直接責めを負う範囲について、

260

［付録］回復法リステイトメント（第三次）（2011）第3章の設例

請求できる。

［設例13］　売主は、乙地を所有しており、銀行のために抵当権が設定されていた。売主は、買主と、抵当権の負担のない乙地を売却することを合意した。買主は、取引の代理のために弁護士を雇った。弁護士は、翌日銀行に返済するという売主の強い言動に影響され、売買代金全額の小切手を売主に引き渡した。弁護士は譲渡証書も作成したが、売主は抵当債務の返済をしなかった。業務過誤の訴訟の先手を打つつもりで、弁護士は、自己資金で銀行に支払いをした。弁護士は、売主から、本条により、回復ができる。

［設例14］　公的施設は、原子力発電所を解体するために請負人を雇った。保証人は、約束証券（payment bond）を発行した。それには、請負人が不払いの際に、保証人が下請負人に支払うことを公的施設に約束するものであった。5カ年プロジェクトの3年目に、請負人の履行と資力に疑いが生じた。遅延と、不払いからの損害を最小化するために、施設と請負人は、施設が、請負人の債務の若干を引き受け、その後は、下請負人と直接交渉することを合意した。この再構成の一部として、施設は、すでに供給された資材について下請負人に負っている千万ドルを支払った。施設の支払は保証人の知るところだったが、求償についての合意はなかった。請負人はついに無資力となった。請負人の下請負人に対する債務が弁済されていたので、保証人は、約束証券（payment bond）の下で、施設に対して何ら債務を負っていなかった。施設は、本条により、施設の下請負人に対する支払が、保証人がそうでなければ義務を負ったであろう額を減少させた限りで、保証人に対して請求できる。

e.　保険者の代位、付加的場合

［設例15］　育成者は、仲買人に、アルファルファの干し草を売却した。仲買人は、厩舎に転売した。厩舎が競走馬に与えたところ、干し草が有毒な虫を混入していて、馬の死を招いた。仲買人の保険者は、100万ドルで厩舎と和解し、育成者と仲買人に対するすべての請求の免除を得た。保険者は、育成者からこの額の全部もしくは一部を回復しようとする。保険者は、育成者

261

第二部　英米法における事務管理に対応する機能

が仲買人にに対して―ワランティ違反か共同不法行為者間の負担部分求償（第23条）として―、負ったであろう範囲で管轄法により、請求できる。

［設例16］　Aは、Cの不法行為責任に対する保険をした。DがCを訴えたが、それは出訴期限法で排除されるものであった。Aは、Cを弁護するためにBを雇ったが、Bは訴訟の答弁を怠った。DはCに対する欠席判決を得て、Aはそれに応じて支払った。管轄法では、Bは業務懈怠によってCに対して責任がある。しかし、Aに対しては、業務懈怠でも契約違反でも責任は負わない。Aは、Bに対して、本条により、請求ができる。

［設例17］　第一次保険者AとBは、Cを、別々に、同じリスクに対して同額で保険した。Cは、おのおのが訴訟で答弁するよう要求した。もし保険範囲であれば、それぞれの保険は、保険者に、完全な答弁をするよう義務づけている。Bは、保険範囲に入ることを否定し、答弁を拒絶した。Aは、答弁した。のちに、両方の保険の保険範囲であることが判明した。AはBに対して、本条により、自己が答弁する際に適切に費やした額の半分を請求できる。

f.　債務の他の原因

［設例18］　市は、法に定められたとおり、校舎からアスベストを除去した。市は、業者は、第三者からの訴訟で、不法行為責任として、同じ危険の除去を求められ得たと主張して、アスベスト業者から除去費用の求償を求める。市は，本条により、業者に対して請求できる、但し、市が、自己の行いが、業者が直接第三者に対して負うものであることを証明できる限りで。

［設例19］　売主は、丙地を買主に、隠れたリーエンがない旨のワランティ付きで、売却した。買主を代理する弁護士は、隠れたリーエンが存在しないことを確認する権原報告書を作成した。実際は、丙地は、五千ドルの未払税のためのリーエンに服していた。弁護士は、リーエンを解放するために、税を支払った。弁護士は、本条により、5千ドルを回復するために、売主に請求できる。

［設例20］　Aは、Bを自動車事故で傷つけ、Aにその責任があった。Bの

傷害は、医者Cの医療過誤で増悪した。管轄法は、Bの傷害についてすべてをAの責めとしていた。また、AとCを共同不法行為者として扱わなかった。Aは、Bに、事故から派生するすべての請求の和解として100万ドルを支払い、Cに回復請求した。Bが適切な治療を受けていれば、Bの損害は、10万ドルとなるはずであった。Aは、Cに対して、本条により、和解の付加額を回復できる、CがBに直接責めを負う額を超えない範囲で。

［設例21］　顧客は、銀行で、100ドル小切手を提示して支払いを求めた。出納係は、誤って200ドルを支払った。その日が終了する際に、口座に100ドル不足があることに気づき、出納係は、銀行に100ドル支払った。出納係は、本条により、顧客から100ドルを回復できる。

g.　第一次義務と第二次義務

［設例22］　保証人は、ある公共事業に関して、市が区に対して負う債務をカバーする、履行と支払の、保証証書を発行した。一部の履行の後、頓挫したが、その過程で、市は、隣接する土地所有者に財産損害を惹起した。区は、市が不履行状態にあるとして、保証人に履行を求めた。作業を完成させるために、保証人に雇われた、請負人は、隣地所有者の損害を修復した。市は、保険者によって発行された、商事一般責任保険によってカバーされていた。裁判所は、以下の認定をした。市の地主に対する責任は、保険者の保険の範囲内であること、責任保険はこのリスクに関して、第一次的であること。保証人は、保険者に対して、本条により、保険者が負うはずであった費用部分の回復ができる。

［設例23］雇用者は、保証人から、被用者についての身元保証契約を得た。被用者は、雇用者に対して支払われる小切手の雇用者による裏書を偽造して、支払人である銀行から支払を受けた。横領が明るみに出て、保証人は雇用者の損失を補てんした。保証人は、横領に関して、銀行に対する雇用者の請求に代位できるという理論にもとづき、銀行からの求償を求める。保証人は銀行に対して本条により請求できる。銀行を一次責任者、保証人を二次責任者と扱うことは、銀行を、雇用者の直接訴権に責めあるものとする法の図

第二部　英米法における事務管理に対応する機能

式の存在と、雇用者の身元保証の利益を銀行に与えるという変則により、正当化される。

［設例24］　荷送人は、運送人に、汽船による輸送で、綿100梱を引き渡した。荷送人の商品についての利益は、保険者により、すべてのリスクに対して保険されていた。運送人の、最初の50梱についての運送証券は、川の危険を除き、ニューオリンズでの引渡を約束していた。次の50梱については、同様だが、川と火災の危険を除くとなっていた。商品は、輸送中に火災で減失したが、運送人には責めのないものであった。保険者は、荷送人に、100梱の価値を支払い、運送人から求償する。保険者は、本条により、運送人から、50梱の価値だけ、回復できる。

［設例25］　所有者は、銀行から借りた金で家を購入した。そのため、銀行に、家の一番抵当権で担保された約束手形を与えた。保険者は、10万ドルの持ち家保険を、所有者と銀行のために発行した。家は、火災で減失したが、その当時の抵当債務の元本残額は6万ドルであった。保険者は、銀行に6万ドルを支払い、所有者の請求は拒絶した。所有者による訴訟において、保険者は、火災が所有者による放火であるとの確認判決を得た。従って、所有者は、保険による権利を有しない。保険者は、所有者に対して、本条により、銀行の、約束手形と抵当権の下での権利に代位して、銀行に対する支払いを回復できる。

［設例26］　賃借人は甲地を賃貸借契約にもとづき占有している。そこで、賃借人は、賃借人による利用から生じたいかなる損失も賃貸人に保証することを約している。甲地に発する火災が、賃借人の過失なくして、同じく賃貸人により所有されている隣地、乙地を損傷した。賃貸人の保険者は、乙地の損害を支払い、賃借人から求償しようとする。裁判所は、賃借人は、不法行為責任はないが、賃貸借の補償条項はこの損失をカバーすると判断した。保険者は、本条により、賃借人に、賃貸借の下での賃貸人の権利に代位することで、請求できる。

［設例27］　売主は、条件付売買の合意にもとづき、買主に設備を引き渡した。当事者の合意によれば、買主の占有下にある限り、買主が損失のリスク

[付録] 回復法リステイトメント（第三次）(2011) 第 3 章の設例

を引き受けることとされた。買主は、両者のために保険をかけた。しかし、売主のために賠償条項を入れることを怠った。商品は火災で滅失した。売主の保険者は、売主に、未払の契約代金額を損失として支払い、買主に、売買契約にもとづく売主の権利を代位して、求償を求める。買主は、売主は、保険者から賠償を得ているので、買主に対する代位できる権利はないはずだと防御した。保険者は、本条により、買主から、未払契約代金を回復できる。

［設例 28］　下請負人の装備と資材は保険者によって災害損失に対して保険されている。下請負人は、ある建設プロジェクトのために元請負人と合意した。その条項により、元請負人は、下請負人のために、自らの費用で、災害保険を取得することを合意した。これは、建設現場での下請負人の装備と資材をカバーするものであった。元請負人は、かような保険を取得することを怠った。現場からの火災が下請負人に属する装備と資材を破壊し、2 万 5 千ドルの損害を生じさせた。下請負人は、請負人から賠償を要求した。請負人は拒絶。保険者が下請負人に支払い、請負人からの回復を試みる。保険者は、本条により、請負人に請求できる。請負人を一次負担者、保険者を二次とすることは、当事者の合意に対応しているため、正当である。

［設例 29］　爆発と火災が所有者の建物を破壊し、傷害と人命喪失を引き起こした。公衆の安全のために市当局は、緊急隊を派遣し、生存者の探索、死者の回収にあたらせた。その作業を援助するために、請負人を雇い、骨組みの解体と除去にあたらせた。管轄法は、市当局の、そのような行動を義務づけている。また、火災で破壊された建物の所有者に、解体と除去を義務づけている。もし市当局が介入しなかったら、所有者は、同じような義務を負担していたであろう。所有者と市当局の重畳する義務を比較した場合、裁判所は、義務の程度は同等と判断した。すなわち、所有者は、市当局の緊急介入で不当に利得してはいないと、従って、市当局は、所有者から回復することはできない。

［設例 30］　賃借人に貸借されている、所有者の船は、もっぱら責めある不法行為者との衝突で、損傷した。不法行為者は、物理的損傷について、所有者に対して責めを負い、利用喪失については、賃借人に対して責めを負う。

265

第二部　英米法における事務管理に対応する機能

不法行為者によって負担された、修理は、乾ドッキングと船体再塗装を含んでいた。これらは、賃借人が賃貸借契約の下で、せねばならないものと重複していたので、その費用を節約することができた。不法行為者は、この点から、利用喪失の請求に対して、相殺を試みたが、裁判所は、不法行為者の義務が一次的であると判断した。

h.　被告の責任の範囲

［設例31］　参加者のために、健康基金を管理する連合が、たばこ会社を訴え、喫煙に関連した疾病の結果、参加者に与えられる医療費の増加が生じ、その回復を求めた。連合は、たばこ会社が一次的に責めを負う義務の解放は、たばこ会社の不当利得による回復の権利を与えると。しかしそのような義務の立証はなかった。連合は、たばこ会社に対して、本条による請求を有しない。

［設例32］　所有者の毛皮のコートは、その価値全額の2万5千ドルで保険されていた。所有者は毛皮をドライクリーニング店に預けた。所有者とクリーニング店の寄託契約は、コートの価値を100ドルとし、クリーニング店の責任をこの額に制限していた。クリーニング店は保管スペースが足りなくなり、コートを倉庫業者に預けた。そこでの寄託契約は、コートを10ドルとし、その限度に倉庫業者の責任を限定していた。コートは、倉庫業者の過失で紛失された。保険者は、所有者に2万5千ドルを支払い、この額を倉庫業者から回復しようとする。段階的な寄託を解釈して、裁判所は、クリーニング店と倉庫業者の合意は、所有者の倉庫業者に対する権利を制限するためには効力がないとしたが、所有者の倉庫業者に対する権利は、クリーニング店に対する権利より大きくないとした。保険者は、本条により、倉庫業者に100ドルを請求できる。同じ額をクリーニング店にも主張できよう。

［設例33］　Aは、Bとの車の衝突でけがをした。衝突については、両者に過失があった。州の人道サービス局は、Aの医療について5万ドルを出費した。AはBを過失について訴えた。AとBは、Aの医療請求を除き、和解した。州は，責任ある者に対して5万ドルについて、本条による請求を有す

266

る。州の請求に対して弁護するに際し、Bは、彼の、Aの医療についての責任は、Aの過失により、減少もしくは消滅したと主張できる。その結果、Bの州に対する責任は、BがAに直接訴えられ責任を負う範囲を超えない（第50条3項）。

［設例34］　保険で担保されている、所有者の家は、公益事業の過失に一部起因する火災で損傷を受けた。保険者は所有者に和解金として10万ドルを支払い、公益事業から回復しようとする。陪審は、所有者の損害を10万ドルとし、公益事業の割合責任を85％とした。事業の過失は、公益事業を規制する法により禁じられた行為の形式を取る。同法は、禁じられた行為の被害者は、事業から三倍額賠償を得られると規定する。所有者は事業への直接訴訟で、25万5千ドルを回復したかもしれないが、本条による請求は10万ドルに限定される（第50条第4項）。

i．訴権の時効
［設例35］　所有者のビジネス建物がライバル会社による放火で損傷を受けた。火災の2年後、保険者は、保険契約にもとづき損失を支払った。火災より5年後、保険者は、ライバル会社に対して、本条により、所有者への支払いを回復する訴訟を起こした。管轄法によれば、原告の損失での被告の不当利得による訴訟は、発生後6年内に提起されねばならない。ライバル会社の不法行為による場合は、3年以内である。保険者のライバル会社に対する本条による請求は、所有者のライバルに対する請求が時効にかかる日付より前に開始されなければ、時効で阻止される。

［設例36］　法によって新たに課された義務を履行するために、市は、市所有のアパートの鉛塗装から生ずる健康リスクを減ずるために、かなりの出費をした。市は、この費用を塗装業者に対して、業者が第三者に対して一次的に責めを負う義務を履行したという理論で回復を求めた。本条による、市の製造者に対する請求は、訴訟時に、第三者から業者に対する直接訴訟が時効にかかっていたという抗弁に服する。

267

第二部　英米法における事務管理に対応する機能

第25条（第三者との契約の下での補償なき履行）関連

b. 本請求の閾値

［設例1］　所有者は、社屋を修復するために請負人を雇った。請負人は、必要な塗装を下請負人にさせた。請負人は計画が完成する前に不履行状態に陥った。所有者は完成させるために他の会社を雇った。請負人は、下請負人に支払うことなく、破産を申し立てた。下請負人は、所有者から、労務と資材の適切な価値を回復しようとする。所有者は、今までの支払いが当初の契約代金と等しいかそれ以上であることを証明できる。下請負人は、本条により、所有者に請求はできない。

［設例2］　設例1と異なり、所有者の請負人との契約内容は重要な箇所で、所有者の指図で完成したものと一致していなかった。従って、所有者の出費合計と原契約との比較は、決定的ではない。作業の進行と所有者の支払過程を検討して、裁判所は、所有者は、下請負人の作業の利益を、誰に支払うことなく得ていると認定した。下請負人は、本条により、所有者に対して、その労務と資材の適切な価値もしくは、請負人との契約による定額代金のいずれか低い方を回収できる。

［設例3］　買主は、新たに建築された家屋の購入について開発業者と、樹木の植え付けについて植木屋と契約した。植木屋は、家屋の完成前に自己の植え付けを完了させ、買主に、千ドルの請求書を送付した。家屋売買締結の日の直前に、買主が死亡した。植木屋の請求書は支払われなかった。開発業者は、買主の遺産との合意で、契約を解消し、両者はお互いに何も負わないこととした。開発業者は、樹木も含め、他の買主に売却した。植木屋は、開発業者から回復しようとする。植木屋の作業で不動産は千ドルの価値を増している。開発業者は、家屋の再売却により、この付加価値のうちの500ドルを得た。裁判所は、植木屋はなお買主の遺産との間で有効な契約を有していると認定した。開発業者が植木屋の損失で利得しているにもかかわらず、植木屋は、開発業者に対して、請求ができない（第25条第2項（b））。

［設例4］　建築業者は、進行に従い、大きなクレーンが必要となる建築プロジェクトについて、その供給のために、週千ドルで、クレーンサービス業者

268

と契約した。サービス業者は、自己の在庫から必要なクレーンを提供でき
ず、建築業者に、自己の計算で、第三供給者から、クレーンを借りることを
助言した。仕事に適するクレーンは週3千ドルであった。建築業者は、その
週について、契約による千ドルをサービス業者に支払った。サービス業者は
供給者に支払うことを怠り、破産した。供給者は、建築業者から回復するこ
とはできない。

［設例5］　仲買人は、売主が負担する手数料と交換に、売主の財産を売却す
ることを合意した。仲買人の努力は、売主と買主の取引に結実した。売主
は、仲買人に手数料を支払わずに、無資力となった。買主の売主との有利な
取引は、仲買人の介入がなければ生じなかったが、仲買人の買主に対する、
本条による請求を有しない。この場面での回復は、買主に、当事者がそう理
解したところの、売主が負担すべき義務を負担させてしまうことで、取引の
基礎を変更してしまうからである。

［設例6］　父親は銀行によって発行されたクレジットカードを保有してい
る。父親の指図で、娘は、自分のための贈り物として高価な宝石を購入する
ためにカードを利用した。クレジット合意によれば、娘のカードの権限ある
利用は、父親の銀行に対する無担保債務となる。父親は、クレジットカード
債務は残したが、遺産はなかった。銀行は、本条による娘への請求を有しな
い。ここでの回復は、与信や贈与の基礎を変更して、当事者が理解したとこ
ろの、父親のみと考えた債務に娘を服させてしまうからである。

c.　不当利得
［設例7］　家主の同意なく、建築業者は、賃借人との合意にもとづき、家主
の商業建物に、暖房と冷房の設備を設置した。その費用は、6万5千ドルで
あった。賃借人は賃料不払いに陥り、建築業者に支払うことなく退去した。
建築業者は、家主から、設備の価値を回復しようとする。建築業者によって
供給されたものの一部は一般の商業ユニットであり、容易に取り外せ、他の
建物に設置できるものであった。このユニットの減価した価値は、1万8千
ドルであった。他の、固定した設備は、賃借人の立場にあれば3万ドルの価

値があったが、家主にとっては、不確かなものであった。建築業者は、本条により、家主に対して、1万8千ドルを回復できるが、家主はこれを設備の除去の許容で満足させうる。

［設例8］　商人は、小作人と契約し、甲地の春の作付けのために必要な肥料を千ドルで供給した。この肥料が用いられ、作物は植え付けられた。小作人は、当期が終了する前に小作をやめ、収穫物について地主と清算する利益を放棄し、商人に支払わずに退去した。地主は甲地を第三者に貸し、小作人によって植え付けられた作物を売却した。これで、小作人の不払いによって失われた収入以上に、5千ドルの利益があがった。商人によって供給された肥料がなければ、甲地は全く生産ができなかったはずであった。商人は、地主から千ドルの回復ができる。

［設例9］　所有者は甲地の買主を見つけるために、売買代金の5％を支払うという合意で仲介者を依頼した。仲介者は、サブ仲介者が甲地の売却の原因となる場合には、サブ仲介者と手数料を半々にする合意をした。所有者は、甲地を100万ドルで、サブ仲介者による買主に売ることになった。しかし、仲介者は、取引の過程で、所有者に対する忠実義務に違反したが、サブ仲介人がいたため、違反によって所有者は害されなかった。しかし、所有者の仲介者に対する手数料支払義務は消滅した。サブ仲介者は、本条にもとづき、所有者に対して自己のサービスの価値を回復できる。但し、仲介者との契約で得られたであろう額（2万5千ドル）を超えられない。

［設例10］　地主との賃貸借契約によると、小作人は、乙地の改良をする義務があり、賃貸借期間満了の際には地主の所有となるとされた。土木業者は、小作人と合意し、3万5千ドルでこの作業を引き受けた。小作人は賃料不払いに至り、土木業者に支払うことなく退去した。地主は、土地を残期間さらに他人に賃貸し、最初の貸借の賃料以上に、改良部分の利用について5万ドルの利益を得た。土木業者は、本条により、地主から、3万5千ドルを回復できる。

［設例11］　所有者は、建設プロジェクトの供給者を募った。売主は、カーペットの設置を申込み、所有者は合意した。その後、所有者は、請負人と一

般建築契約を交わし、請負人は、すでに所有者と交渉した条件で売主から
カーペットを購入した。売主は、請負人との契約で、3万ドルの資財とサー
ビスを供給した。その後、請負人は、売主に支払わないまま、プロジェクト
を放棄し、破産した。所有者と請負人の契約では、所有者は、供給者が支払
われていない場合にも、未払金銭を保持できることとされていた。この権利
を行使して、所有者は、請負人に対する支払いから2万5千ドルを保持して
いる。売主は、所有者に対して、本条にもとづき、2万5千ドルを回復でき
る。もし、所有者が、他の未払供給者の権利主張を予期する場合には、競合
権利確定手続（interpleader）で保護される。

［設例12］　地主は、レストラン建物を借主に賃貸した。借主は、所有者の
許可を得て、駐車場の再舗装を請負人にさせた。請負人は2日間で作業を終
え、その価値は2500ドルであった。借主は、請負人への支払いを怠り、建
物から退去し、行方不明となった。請負人は、所有者から、再舗装の費用を
回復しようとする。舗装作業は、疑いなく、所有者の利益であるものの、所
有者が、この時点で、作業をさせたかという証拠はなく、また、当該建物の
賃貸価値を高めたかも定かではない。請負人は、本条による回復はでき
ない。

［設例13］　建築業者は、所有者の家屋を増築し、その価値は2万5千ドル
である。この作業は、建築業者と、両親の家に常居する成人の娘との間で交
わされた。娘は、定収がなく、建築業者に支払いを怠り、作業完成後程なく
破産した。増築作業は、6カ月を超え、その間、所有者夫妻はずっと居住し
ていた。増築は、家屋の価値を1万5千ドル増加させた。建築業者は、所有
者に対して、本条により、1万5千ドルを回復できる（もし裁判所が、所有
者にとって強制交換となる点を考慮する場合には、回復は、エクイティ上の
リーエンの形式を取るかもしれない）。

［設例14］　所有者は、船を賃貸した。契約によれば、エンジンの維持は、
所有者が負担するとされた。エンジンが動かなくなり、取り替える必要がで
きた。借主は、所有者に相談することなく、供給者により新しいエンジンを
取り付けさせ、5万ドルの代金を負担した。借主は、供給者に支払うことが

第二部　英米法における事務管理に対応する機能

できず、破産した。供給者は、船の海事リーエンを実行しようとしたが、それは成立しないとされた。裁判所は、他方、作業は、所有者に、4万5千ドルを節約させたと認定した。供給者は、所有者に対して、本条により、4万5千ドル回復できる。

［設例15］　所有者は、Aとビル建設の契約をした。Aは一部をBに下請負させた。Bはさらに、その一部をCに下請負させた。Cは契約通り履行した。Bは履行せず、無資力となった。Cは、BからもAからも支払を受けていない。Aは所有者から全額の支払を受けているが、Aは、Cの作業部分について誰にも支払っていない。Cは、本条により、Aに対して、その履行価値の回復ができる。

［設例16］　所有者は、飛行機に広範な改修を加えるためにAと契約した。Aは、内装についてBに下請負させた。Bは、仕事に取りかかる前に、所有者から、プロジェクトの経済的確実性について保証を得た。Bは実行したが、Aは怠り、プロジェクトは未完成のまま断念された。Bは所有者を訴え、Aとの契約で負う額を回復しようとした。所有者は、Bとは、契約による責任はない。所有者の利益を算定することの困難が回復訴訟を二義的なものにするが、裁判所は、Bが仕事に着手するきっかけを与えながら、Bに支払うのを拒絶することの不公平さを認めた。Bは、所有者から、所有者がBの履行により利得した限りで回復義務を負う。

d.　回復の程度

［設例17］　丙地は低水準の石炭を含有していて、ある市場の条件下でのみ、露天掘りの収益が見込めるものであった。所有者は、採掘権を、賃借人に採掘1トンごとに2ドル50セント使用料を支払う条件で与えた。賃借人は、採掘人を雇い、採掘1トン25ドルで雇った。採掘人が8千トン採掘した後で、賃借人は所有者にも採掘人にも支払わないで、作業を中止した。石炭売却の計画は立ち消えとなり、石炭は採掘場で野積みとなっている。採掘人は、その作業の価値を所有者から回復しようとする。丙地は、理屈の上では、石炭八千トンの採掘で改良されたといえるけれども、現在、このレベルの石

272

[付録] 回復法リステイトメント（第三次）(2011) 第3章の設例

炭の市場が存在しない。採掘人の履行の、所有者にとっての将来価値も不確かである。採掘人は、本条による回復はできない。

［設例18］　所有者は、レストラン建物を賃借人に60カ月間、月5千ドルで貸した。この契約は、賃借人に、一定の改良を許容し、改良費用は、2万5千ドルを超えない限り、賃料から控除できると規定していた。賃借人は、建築人を雇い、許容された改良を2万5千ドルで施工させた。賃借人は賃料不払いとなり、所有者にも建築人にも支払わないで、破産した。所有者は、建物を他人に月4千ドルで再賃貸した。建築人の改良は、ほとんどの賃借人にとっての建物の価値を高めてはいない。建築人は、所有者に対して回復できない。

f.　競合する場合の優劣

［設例19］　商人は、債務者によって運営されるビジネスに定期清算勘定（open account）で商品を供給した。銀行は、債務者の活動に融資しており、債務者のすべての動産に担保を設定していた。債務者は営業を停止し、破産した。債務者の銀行に対する担保された債務額は、債務者の動産価値を上回っていた。債務者の商人に対する無担保債務額は2万5千ドルであり、商人は破産手続において、何ら回収できなかった。商人の、債務者への信用拡張の結果は、銀行が債務者の担保を売却して、さらに2万ドルを実現するということに終わった。商人は、本条により、銀行に請求できない。商人の損失での銀行の利得は、動産担保の設定を支配する法制度の予測され、許容された結果であるからである。

［設例20］　設例19と同様だが、銀行は、債務者の無資力化を予期していたが、銀行の担保を増やす意図で，商人による無担保信用の拡大を鼓舞していた。銀行が商人と債務者の取引に関与したことは、裁判所に、合意による優先権があるにもかかわらず、銀行が不当に利得したと判断させるかもしれない。たとえ、事実が不実表示やエストッペルによる責任を支持しないとしても。

273

第二部　英米法における事務管理に対応する機能

第 26 条（原告の財産の保護）関連

b. 分割所有権

［設例 1］　A と B は甲地の共同保有者である。この財産は抵当権に服している。A が占有している。B は追い出されたわけではなく、よそで住むことにしている。A は、抵当権手形を支払い、税、保険、必要な修繕の費用を払ってきた。A は、B にこれらの出費の分担を求めたが、B は拒絶した。B は、本条により、A の出費の分担割合について回復の義務を負う。共同保有状態が続く限り、A の救済は、甲地の B の利益の上へのエクイティ上のリーエンの実行に限定される。換言すれば、B の回復責任は、B の利益の価値を超えることはない。A が占有し、B がしていないので、B の責任が甲地の賃貸価値により調整される範囲は、当該地の物権法による。

［設例 2］　設例 1 と同様だが、A は、甲地に有益な改良を施し、B にその分担を求める。A は、共同保有が存続する限り、改良については、回復の権利を有しない。土地が後に売却された場合には、A の代金の取り分は、（i）A の改良価値か、（ii）費用のいずれか低い方を反映する。甲地が、分割される場合には、裁判所は、不当利得を避けるために、A の改良した部分を A に配分するだろう。いずれの回復も、本条のものというより、第 30 条第 2 項のルールによる。

［設例 3］　賃貸人がしないので、賃借人は、乙地に対する税を支払い、建築委員会により命じられた修繕を実行した。裁判所の認定では、この貸借は、必要な修繕は、賃借人の責任であり、税は賃貸人の責任とされた。賃借人は、賃貸人に対して、本条により、税務署の請求に代位して、税について回復できる。しかし修繕についてはできない。

［設例 4］　丙地は、A、B、C、D の同じ割合での共同保有である。銀行の抵当権に服している。抵当債務が不履行状態である。銀行は、すべての当事者に通知をした上で、実行手続を開始した。A は、他の保有者が何もしなかったので、丙地を銀行抵当から買い戻した。その後しばらく、B、C、D は、A の買い戻し費用の分担請求に服しつつ、丙地におけるそれぞれの利益を主張するオプションを有した。B は、合理的な期間内に A に通知した。C、D

274

は、丙地が突然価値を高めるまで、さらに1年そのことを無視した。以上により、Aは、Bの4分の1の持分に服する丙地を保有している。Bの持分は、B自身の、買い戻し費用の4分の1分担債務を担保するエクイティ上のリーエンに服する。C、Dは、Aの介入の利益を請求することにおける不当な遅延ゆえに丙地の権利を失う。

［設例5］　Aは、甲地の生涯保有者である。Bは残余権を保有する。市は、甲地について、道路と下水の改良について課税する。Aは、Bが拒絶したので、単独でこの税を支払った。Aは、Bの残余権の上に、Bの分担債務を担保するエクイティ上のリーエンを有する。

［設例6］　Aは乙地を所有している。Bの抵当権と、Cの賃借権がこの順で設定されている。Aは、抵当債務の支払いを怠り、Bは実行するそぶりをしている。Cは、自己の賃借権を保護するために、AのBに対する債務を支払った。Cは、Bの、Aと乙地に対する権利に代位できる。

［設例7］　Aは丙地を所有し、Bの賃借権に服する。Bの賃借権はCの抵当権に服する。Aは、Bに建築ローンを可能にするために、丙地に関する自己の復帰権をC抵当権に従属させることに同意した。Bは抵当債務の支払いを怠った。Aは、自己の所有権を確保するために、BのCに対する債務を支払った。Aは、Cの、Bと丙地に対する権利に代位する。

［設例8］　Aは、甲地の表面を所有し、Bは地下の鉱物を保有する。地表と鉱物は、課税目的で別々に評価され、しかし、未払税のリーエンは甲地全体にかかる。Bは、地下財産を保護するために、Aの未払税を支払った。Bは、本条により、Aのための税支払いを回復できる。地表に対する税リーエンへの代位を介して実行可能である。

［設例9］　Aは乙地にBのために抵当権を設定した。その後に、土地をCに生涯権として譲渡し、残余権をDに与えた。Cは、抵当利息も財産税も支払わなかった。Dは、自己の残余権を保全するために、利息と税を支払った。Dは、本条により、支払額を回復できる。税リーエンとB抵当権への代位により、Cの生涯権に実行可能である。

［設例10］　設例9と同様だが、Cは、所有権に関するすべての費用を支払っ

第二部　英米法における事務管理に対応する機能

た。加えて、Ｃは、Ｂ抵当権の元本も支払い、Ｃの生涯の債務も償還した。該当地の法によれば、税、保険料、抵当利息は、Ｃの責任であるが、元本支払いについては、ＣとＤの間で、Ｃの余命に応じて配分される。Ｃは、Ｄに対して、Ｄの残余権に対するＢのリーエンへの代位を介し実行可能な形でＤの元本債務の分担について回復できる。

［設例 11］　母は自分のために父の生命保険を締結した。もし母が長生きすれば、自分が受け取り、そうでなければ、子のＡ、Ｂ、Ｃが受け取る。母は、保険料の支払いができなくなり、Ａは、保険を有効に維持するため、支払いをした。さらに、母が父より先に亡くなるまで、保険料の支払いを続けた。父の死に際し、Ａは、本条により、Ｂ、Ｃに対して、Ａが支払った保険料の分担額を回復できる。

c.　隣接所有権

［設例 12］　Ａは、Ｂの隣接土地上に地役権を有する。地役権は、両者によって利用される通路に関する。いずれも、通路の必要な修繕の権利がある。修繕した者は、本条により、他方に対して、通路の利用度に応じて、出費の分担分について回復できる。

［設例 13］　Ａ、Ｂ、Ｃ、Ｄはある区画の隣接所有者である。おのおのがＥ土地上を通行できる地役権を有する。通路が荒廃したので、ＡとＢは、Ｅの同意の下で、ＣとＤの反対を制して、通路を舗装し拡張する改良を施した。ＡとＢは、本条により、ＣとＤに対して、必要な修理についての分担については請求できる。割合は、利用度による。しかし、共有者が同意しなかった、（修繕と異なる）改良費用については、回復できない。

［設例 14］　ＡとＢは、隣接する、川岸を所有している。氾濫が危惧されたので、ＡはＢに両地を保護する堤防を建築することへの参加を求めた。Ｂはそれを拒絶。Ａは堤防を建築し、それで両地は、洪水の際に保護された。Ａは本条によってはＢから回復することはできない。第 21 条［他人の財産の保護］によってもできない。ＡはＢの拒絶にもかかわらず実施したからである。もし、ＡとＢが共同保有者であれば、Ａは、本条により、分担分

［付録］回復法リステイトメント（第三次）(2011) 第 3 章の設例

の回復ができる。

d. エクイティ上の利益と限定された利益

［設例15］　A は、甲地の所有者であり、B、C、D に対する約束手形を担保
する抵当権がこの順で設定されている。B に対する手形が不履行となり、B
は実行を予告している。D は、自己の三番抵当権を保全するために、A の B
に対する債務を全額支払った。D は本条により A に請求でき、B の一番リー
エンへの代位により実行可能。代位は、同時に、D の損失での C の不当利
得をも阻止する。

［設例16］　所有者の船の抵当権者は、抵当権に優先する賃金リーエンの付
加を阻止するために、未払の乗組員賃金の資金を提供する。抵当権者は、所
有者に対して、本条により、抵当権者の介入がなければ生じたであろうリー
エンへの代位によって担保されつつ、融資資金を回復できる。

［設例17］　地主は乙地を賃借人に貸す。賃借人は、銀行から借財し、その
担保として、利用権に抵当権を設定する。賃借人は賃料支払いを怠る。地主
の復帰権に対して抵当権を保全するために、銀行は、賃借人のために賃料を
支払う。銀行は、本条により、賃借人に請求でき、地主の権利への代位を介
し実行可能である。

［設例18］　A は B に信用を与え、動産に担保を取っている。B が怠ったた
め、A は、担保動産について、税や保険料を支払う。A は、B に対して、本
条により、A の担保利益を保護するための合理的出費の回復ができ、動産に
対するリーエンによって実行可能である。

［設例19］　A は、丙地の税の支払いを怠る。B は、丙地を、滞税処分で取
得し、税を支払い続けた。法で認められた 1 年以内に、A は、丙地を B か
ら代金と法定利息で買い戻した。B は A に対して、本条により、売却後の
税を回復でき、税リーエンへの代位で実行可能である。

［設例20］　買主は、売主から甲地を購入したが、買主から売買を解消でき
る条件付だった。

　譲渡税は、売主が負担するが、売主はその支払いを怠った。法によれば、

277

第二部　英米法における事務管理に対応する機能

税は、買主の解消訴訟の前に支払われねばならなかった。自己の解消権を保全するために、買主は、税を支払った。買主は、税額を回収するために、売主に対して権利を有する。

e. 不確定な利益と争いのある利益

［設例21］　乙地は、抵当権が設定されているが、母によって生涯保有されていた。残余権は、母より長生きすれば、娘に、そうでなければ、いとこに与えられる。母が抵当手形を払うことができなくなった時、娘は、自己の不確定な残余権を保全するために、債務を支払った。娘は母よりも先に亡くなった。娘の遺産は、いとこに対して、いとこの残余権に帰しうる抵当元本の割合につき請求でき、遺産の請求は、抵当リーエンへの代位で実行可能である。

［設例22］　兄弟AとBは、共同生活について保険を掛け、生存者の財産に支払われる。兄弟は、共同生活中、保険を維持することで合意し、保険料を等しく分担した。数年後、Bは、保険料の分担を拒否した。Aは、その後も保険を維持するために全保険料を払い続けた。Bは先に亡くなった。Aは、Bの遺産に対して、Bの違約の日から死亡の日までの保険料の半分を回復できる。

［設例23］　AとBは、Aの名で登録されている、XYZ会社の株の保有について争っている。訴訟が始まった時、XYZは、発行株式を評価することで増資した。そうでない株式は会社によって額面で買い戻された。Aは、自己の利益を保全するために、争いのある株の評価を支払った。株式は、最終的にBの所有と判断された。Aは、本条により、Bに対して、評価の額について請求でき、Bの株式に対するエクイティ上のリーエンにより実行可能である。

［設例24］　AとBは、Aが占有している、甲地の所有を争っている。訴訟が係属している間、Aは、甲地の税を支払い、若干の改良を施した。裁判所は、権原はBにあるとした。Aは、本条により、Bに対して、支払った税を回復ができ、税リーエンへの代位で実行可能である。Aの税の請求は、A

[付録] 回復法リステイトメント（第三次）(2011) 第3章の設例

の利用価値と相殺されうる。甲地になされた改良は、Bの逆の要求を知りながらであり、本条による請求はできない。

第27条（原告の所有権取得の期待）関連

d. 契約もしくは所有権譲渡にもとづく期待

［設例1］　売主は買主に甲地を売却し、買主は、引き渡しを受け、税、修繕、改良の費用を出捐した。その後売主は、自己の法的無能力（第16条）を理由に移転を取り消した。買主は、売主に対して、本条により、税、必要な修繕、さらに、改良については、費用か価値の低い方を回復できる。

［設例2］　売主は、乙地を買主に売却し、買主は改良費を出捐した。その後、買主は、土地の現況が譲渡証書の記載と一致していないことを発見した。買主は、売主の善意不実表示を理由に、譲渡を取り消した。買主は、売主に対して、本条により、改良費用か価値の低い方を請求できる。売主に詐欺があれば、買主は、改良について、費用か価値の高い方を請求できる。

［設例3］　売主は、買主に、荒廃地を売却し、買主は、ここでホホバの木を商業生産する計画である。契約は、両者の誤った想定、すなわち計画実行のための水資源が十分得られるという想定の下で交渉された。買主は、25万ドルの改良のための出捐ののち、契約の取り消しを訴える。裁判所は、共通の錯誤による取り消しと回復を認めた。買主の、土地の再譲渡による、代金回復請求は、第34条による。買主の改良は、土地の価値を10万ドル高めていた。買主は、売主に対して、本条により、25万ドルの出費のうち、10万ドルを回復できる。

［設例4］　売主は、口頭で、買主に、乙地を売却する契約をした。売主の知らぬ間に、買主は、購入を予想して、土地を改良するために、5万ドルを費やした。買主の出費の効果は、乙地の価値を4万5千ドル増加させたことであった。その後、売主は、契約を否定し、乙地の譲渡を拒絶した。買主の、契約を強行する行為は、詐欺防止法で禁じられていたが、買主は、本条により、売主に移転された利益の回復ができる。売主の利得の程度は、売主が買主との契約を否定したことに過失があるか否かに依存する。もし、売主に過

279

第二部　英米法における事務管理に対応する機能

失がない場合には、回復は4万5千ドルを超えない。もしあるならば、裁判所は、買主の5万ドルを売主の利得とみることができる。

［設例5］　売主は、買主に、丙地を5万ドル、分割払いで売却した。買主は、引き渡しを受け、2万ドルの改良費用を出捐したが、代金の支払いをしなかった。売主は、買主が支払いの要求に応じなかったため、買主に退去を求めた。買主は、本条による回復の権利を有しない。継続的な占有の期待は、代金の支払いをしない場合には、合理的なものではないから。

［設例6］　農夫と牧場主は、丙地の売却についての（両者がそう考えた）拘束力ある契約を交わした。農夫は、1万ドルの費用の肥料を施すことで、耕作の準備をした。この出費は、土地を同額で増価させたが、それは、農地として利用される場合であった。意見の相違が生じ、当事者はお互いに相手を契約違反と訴えた。裁判所は以下のように判断した。どちらも違約に責任がない、そもそも彼らの想定に反し、合意は成立していなかったから。牧場主は、土地を売却する当てもなく、占有を再開した。牧場主は、丙地を農地ではなく、牧草地として利用し、土地改良は、牧場主に何らの価値をもたらさなかった。農夫による丙地の増価は、牧場主を利得させていないから、農夫は、回復できない。

［設例7］　賃借人は、甲地を、賃貸借が自分に購入オプションを与えると考え、改良した。地主は、賃借人に退去を求め、オプションの存在を否定した。賃借人はオプションの特定履行を求めた。あるいは、賃借人は、改良価値の回復を求めた。裁判所は、賃貸借が購入オプションを含んでいないと判断したが、賃借人の解釈は合理的なものだとした。賃借人は、地主に対して、本条により、改良に帰しうる甲地の増価の回復ができる。

［設例8］　債務者の財産である、乙地は、公売によって、5万ドルで、Aに売却された。Aは引渡を受け、1万5千ドルをかけて改良した。乙地売却を命ずる判決は、取り消され、Aに5万ドルが返済された。乙地は再度公売され、Bに6万ドルで売却された。第二の売買代金増加は、Aの改良の結果であった。Aは債務者に対して、本条により、売却代金から満足されるものとして、1万ドルの請求ができる。

［付録］回復法リステイトメント（第三次）(2011) 第3章の設例

［設例9］　夫は、妻への贈与として、妻の名義として、丙地を購入した。代金全額は、夫が雇用者から横領して得た資金で支払われた。資金の出所を知らない妻は、自己資金5万ドルを出捐して改良し、丙地の価値を4万ドル増加させた。事情を知って、雇用者は、擬制信託による丙地の所有を主張した。妻は、反訴で、本条により、丙地のエクイティ上のリーエンで担保され、4万ドルを請求できる。

［設例10］　受託者は、甲地を買主に売却した。買主は、この土地が信託財産であり、この売却が信託違反であることを知らなかった。買主は、2万5千ドルをかけて改良し、甲地を2万ドル増価させた。この取引が明るみになったとき、受益者は、買主を第17条［譲渡権限欠缺による取消し］により、甲地を回復するために訴えた。裁判所は、買主は、甲地を、受益者のための擬制信託として保有すると宣言した。裁判所は、買主は、受託者の無権限について、悪意ではないが、擬制悪意であり、善意有償買主とならないとした。買主は、受益者に対して、信託リーエンに優先するエクイティ上のリーエンに担保されて、2万ドルの回復ができる。

e. 表示にもとづく期待

［設例11］　父と母は、乙地の共同保有者であるが、息子と義理の娘に、この土地の一角に家を建てるよう勧めた。息子と義理の娘は、10万ドルの改良費を出捐し、5年後に婚姻が解消されるまで、乙地に居住していた。その後の訴訟で、義理の娘は、父と母は繰り返し、改良された土地は自分と夫に与えられるか、遺言によって残されると約束したと主張。父、母、息子は、すべて、そういう約束がなされたことを否定した。約束かどうかはともかく、改良は、父と母の知るところでなされ、改良された土地が自分たちのものとなるという合理的な期待の下でなされたことは認定された。息子と義理の娘が等しく寄与した、改良は、乙地を少なくとも10万ドル増価させた。義理の娘は、父と母に対して、本条により、乙地に対するエクイティ上のリーエンに担保されて、5万ドルの回復をなしうる。

［設例12］　母は息子に、もし自分の家に、増築するならば、そこで住むこ

281

第二部　英米法における事務管理に対応する機能

とを認め、死後は、所有権を譲渡すると言った。息子は、要求された改良を3万5千ドルで施し、同額の増価を与えた。母は、約束を破り、家を娘に1ドルで売却した。娘は息子を退去させた。母の譲渡するという約束は強行不可能であった。息子は娘に対して、本条により、家のエクイティ上のリーエンに担保されて、3万5千ドルの回復ができる。

［設例13］　売主と買主は、農場の売買について、長い交渉をしていた。買主は、引渡を受け、頭金を支払い、売主は、買主に農場経営を開始するよう勧めた。買主は、修繕、改良、植栽の費用を出捐した。交渉は袋小路となり、買主は、土地を退去した。売主は、買主が植えたものを収穫した。買主は、本条により、買主の出費の結果、売主において実現された利益について請求できる。

［設例14］　父は、息子と義理の娘と同居するために、甲地を購入した。父は、頭金5千ドルを支払い、手形を振り出し、代金について20年の抵当権を設定した。息子と義理の娘は、直接、税、保険、維持費を出捐し、抵当手形の満期額について、毎月父に支払いをした。父は、息子と義理の娘に以下の条件で土地を譲渡すると申し出ていた。すなわち、5千ドルの頭金の支払いと、未払い抵当債務の引き受け。しかしこの提示は一度も実行されなかった。14年後、義理の娘は退去した。父は、2カ月後、土地を売却し、抵当債務額を超える10万5千ドルを実現した。義理の娘は、この金銭を請求した。裁判所は、父親のよい条件で譲渡する提案は、契約にも贈与にもならず、損失をもたらす信頼を引き起こしてもいないとした。しかし、本条により、回復できるとした。息子と義理の娘が等しく寄与したこと、甲地の賃貸価値が税などの費用の総額と等しいという仮定の下で、義理の娘は抵当元本債務支払いの半分を回復できる。再売買の利益は、善意受領者としての父が回復責任を負わない、付随的利益である。

［設例15］　Aは乙地をBに譲渡し、抵当権で担保された手形を受け取った。Bは何度か遅延を繰り返した後、Aに、この債務を支払えないと連絡してきた。Bは債務の清算のために乙地を引渡すことを申し出た。Aは申し出を承認し、土地を引き取り、他の買主への売却を予期しつつ、修繕や改良を施し

282

た。Aは、権原がBに残っていることを知っていたが、Bが買い戻しの意図がなく、Aの実行に抵抗する意図もないと期待していた。実行の前夜に、事情を知るCがBの利益を名目的額で取得し、Aに買い戻しに必要な額を提供した。Cは買い戻しの権利があるが、事情を知るため、善意有償買主の地位は認められない。CはBの地位を取得するが、本条による、修繕、改良に関するAの請求に服する。

［設例16］　ある宗教運動の支持者たちが、人里離れた土地を取得し、リーダーによって管理される信託に譲渡した。支持者たちは、その後、信託から割り当てられた土地を占有し、改良した。その際の合意として、(i) 支持者は、土地に権原を有しない、(ii) 退去する場合は、改良についての権利を失う、(iii) 支持者は割り当て地に生涯居住できる、というものであった。運動の分裂が生じ、信託は、若干の支持者に退去を要求した。裁判所は、支持者の法的利益は、任意保有権に限定されていること、しかし、望む限り居住できる正当な期待があったと認定。信託の代表者が強行できる契約を結ばなかったとしても、支持者は、本条により、改良によって増加された価値について、信託に請求できる。

f.　既存の地位もしくは関係にもとづく期待

［設例17］　小作人は、甲地を、毎年更新して、20年間、耕作してきた。賃料についての定期的な調整条項を協定し、地主と小作人は、慣行的に、1月1日に始まる12カ月の賃貸を毎12月に締結してきた。小作人は、9月に、種、肥料、などに1万ドルをかけて、冬小麦を植え付けた。ところが、地主は、10月に亡くなり、甲地の権原は相続人に移転した。相続人は、法と契約に定められた通知をした上で、契約は更新されないことを小作人に伝えた。小作人は、12月31日に明渡した。相続人は、翌年の7月に小作人の最後の作物を収穫し、1万5千ドルを得た。小作人は、相続人に本条により、1万ドルを回復できる。

［設例18］　賃借人は、所有者甲から、鉱物を含む乙地の8分の1を賃借し、残りの8分の7をそれらの所有者から賃借した。賃借人が自己負担でこの土

地を探索したところ、有望なガス田を発見した。賃借人は、事務的な手違い
で、甲に対する適切な使用料を払うことを怠り、その結果、賃貸借は終了し
た。賃借人は、再貸与を申し入れたが、甲は同意しなかった。賃借人のガス
田の開発は、土地への改良であり、賃借人は合理的に、賃貸借の条項を維持
できると期待し得た。賃借人は、甲から、ガス田掘削の費用の分担額を回復
できる。

［設例 19］　妻は、夫の生命保険の受取人と指定されていた。夫は、契約当
事者であり、受取人指定を取り消す権利を有していた。夫が保険料の支払い
をしなくなってからは、妻は、自己のために契約を維持するために、払い続
けた。夫は、妻に知らせないで、受取人指定を取り消した。夫の死により、
保険金は、彼の遺産に支払われた。妻は、夫の遺産に対して、本条により、
自分が支払った保険料を、支払時からの利息も付して、回復できる。

［設例 20］　父母は、抵当権の負担のある丙地を、共同で保有していた。父
は、この家を去り、家族の扶養をしなくなった。数年後、母は子供たちに、
抵当債務の支払いを引き受けるよう求めたので、子供たちは、母の死まで定
期的に支払いをした。父は、丙地を生存者財産権により取得し、丙地を売却
した。子供たちが第 22 条第 2 項により父に請求できるか否かに関わりなく、
彼らの、両親の相続人としての丙地の利益は、抵当債務を支払うことを正当
化する。子供たちは、本条により、父に対して、売却代金へのエクイティ上
のリーエンにより担保されつつ、抵当債務支払分と利息を回復する権利が
ある。

g.　合理的期待

［設例 21］　売主と買主は、甲地（居住地であり、現在は、廃屋があるが、
買主はこれを取り壊し、新築しようと考えている）の売買についての強行で
きる契約を結ぼうとしている。契約の締結は長引いた。当事者は、何度も、
契約条項、すなわち代金、締結日、責任の配分などを修正した。9 カ月の後、
両当事者はお互いに相手が不履行と主張した。売主は、所有権移転を拒否
し、買主が有用な樹木を切り倒したことを非難し、これ以上侵害しないよう

［付録］回復法リステイトメント（第三次）(2011) 第 3 章の設例

警告した。両者に言い分があったが、買主による契約締結強制は成功するかに思われた。解決を待たずに、買主は、甲地に入り、家を取り壊し、新築のために 75 万ドルを投入した。裁判所は売主の有利に判断した。買主は、新築により売主に移転した価値の回復を求めた。買主は本条による請求を有しない。彼は、かような状況下での改良が、売主よりも自分に利益を与えると合理的に期待することはできなかった。買主による売主の財産権の無視は、エクイティ上、不利となる事実である（第 63 条）。

［設例 22］ 小作人は乙地を 5 年の期間で賃借している。不履行がない限り、存続期間中に買取オプションが行使できる条件付であった。2 年間耕作し、価値ある改良をした後、小作人は、賃料と税の支払いを怠った。地主は賃貸借を終了させ、小作人は明け渡した。小作人は、不履行にもかかわらず、買取オプションを行使しようとした。選択的に、貸借期間中に加えた価値の回復を求める。裁判所は、買取オプションは、貸借終了と同時に消滅したとした。小作人は、改良が、地主の過失なく、小作人が買取オプションを行使しなかった場合に、地主に帰属するというリスクを引き受けていたと。だから、小作人は、本条の請求を有しない。

［設例 23］ A は、丙地を滞納処分で購入し、改良した。管轄法は、以前の所有者 B に、課税証書発行後 3 年間の買い戻しの権利を与えている。B は期間経過前に買い戻した。A は B から改良価値の回復を求める。A は、B の買い戻し権を知っていたので、改良が他人を利するリスクを引き受けていた。A は、本条により、B に請求できない。

［設例 24］ A は丙地を B に譲渡するが、売買代金を担保するための売主リーエンを留保する。B は、A のリーエンが付いたままで、土地の一部を C に譲渡する。B は、C に、A のリーエンを解放することを約束する。C は土地を改良する。B は、A、C それぞれへの義務を怠る。A は自己のリーエンを実行し、C の利益を伴わない丙地を再取得する。C は、A に対して、改良による価値を回復しようとする。C は、権原の状態を知っていたから、自己の改良が他人を利するリスクを引き受けていた。C は、本条による請求を有しない。（C は、A の実行の際に財産を買い戻すことで、代位によって、A

285

第二部　英米法における事務管理に対応する機能

のBに対する権利を主張することで、自己の利益を保護できたかもしれない。）

第28条（婚姻していない共同居住者）関連

c. 不当利得

［設例1］　AとBは15年の婚姻の後に離婚した。1年後に彼らは再婚せずに、共同生活を再開した。これが、完全な別れとなるまで20年続いた。五人の子供が婚姻から生まれた。二人の子供が、非婚姻共同生活から生まれた。共同生活全期間にわたり、彼らは、社会に対しては、婚姻関係にあるものとして振る舞った。AとBは、出産の時期を除いては、正規に雇用されていた。Bは、より大きな収入を得ていたが、裁判所は、Aの労務を考慮して、当事者の、家庭の維持への寄与はほぼ等しいものとした。AとBが最終的に別れた時に、彼らの資産は、家、車、寄託証書であったが、いずれもBの名義であった。この管轄では、非方式婚は認められていない。また、以前に婚姻の当事者であったこと自体では、相互に経済的義務を生じない。裁判所は、家と車、寄託証書のエクイティによる分割を命じうる。学説は、さらに、本条によるAのBに対する請求を含める。

［設例2］　AとBは、Bの農場で、同性パートナとして10年間過ごした。Aは、よそでフルタイムの職をもっていたが、かなりの時間を、Bの農場の維持と、Bが経営するアンティクビジネスにつぎ込んだ。二つの事業は順調だった。関係終了に際し、Aは、Bに対し、不当利得にもとづき、Bの二つの事業に対する労務提供の補償を求めた。裁判所は、Aは賃料を支払っていないこと、税や家の負担を分担していないこと、Bは、Aの個人的出費、車の支払いやカードの支払いを負担してきたこと、Aは、Bの家族のメンバとして受け入れられており、祝日をともに過ごしたり、贈答品を受け取ったりしていたことを認定した。これらにもとづき、AのBに対する労務は無償と考えられること、Aによる利益は、関係の経過のうちで、自己の受けた利益で適切に補償されていたと判断した。Aは、Bから、本条により、回復することはできない。

[付録] 回復法リステイトメント（第三次）(2011) 第3章の設例

d. 被告の資産

[設例3] 56歳の酪農家Aは、30歳の妻の死後、40歳の学校教師Bに出会った。彼らは親密な関係を築いた。Aは結婚を申し込んだが、Bは拒絶した。しかし、この関係は続き、AはBが心変わりをする希望で多くの贈与をした。Bは、Aの口座にアクセスでき、許可を得て、かなりの額を引き出した。Aは、自分の財産がBに移転する遺言を書き、農場をBとの共同保有者とする譲渡証書も作成した。Aは農場に広範な変更を加え、Bに、農場の自分の持分を譲渡した。数カ月後、BはAを土地から追い出し、すべてを独占し、Aには300ドルの資産のみを残した。Aは、本条により、不相当な贈与とされたものに加え、自己の土地を回復できる。

[設例4] AとBは、5年の個人的関係の後、共通の家を建てることを決心した。おのおのが、代金について、2万5千ドルを分担し、共同保有者となった。Aは、技師として、新居をデザインした。Aは、前の住まいであったコンドミニアムを売却し、建築費用の3分の1にあてた。Bはその残余を分担した。Aはのちに、建物に対する自己の持分を放棄した。二人は、Bの新居に1年住んでいたが、BはAに退去するよう要求した。Aが拒絶した時、Bは鍵を替えることで追い出した。財産の価値は、60万ドルである。AはBに不当利得で訴えた。陪審は、Aは、Bに無条件な贈与をするつもりではなかったこと、むしろ生涯そこで暮らす期待で計画に寄与したことを認定した。Aは本条により、Bに対して、寄与の価値を回復できる。

[設例5] AとBは、婚姻せずに20年間暮らした。彼らは資産なく、賃貸住宅で暮らし始めた。二人とも正規に雇用されていた。のちに、数エイカーの土地上の移動住宅を取得した。友人などの助けを得て、Bは、同じ土地上に、ログハウスを建てた。土地への権原は、B名義であった。別れるに際して、Bはログハウスを9万ドルで売却した。どちらも目立った資産を有しなかった。契約があったという証拠はない。他方、裁判所は、Aの、自分の賃金からの家計費への寄与は、Bに、彼の収入を不動産取得に充てる余裕を与えたこと、Aの家事負担が、Bをしてログハウス建築の時間を生み出したことを認定した。結局、当事者は、等しく、この資産獲得に寄与していると。

287

第二部　英米法における事務管理に対応する機能

従って、同じ割合で、エクイティ上の所有者として扱われるべきだと。Aは、本条により、Bに対して、売却金に対するエクイティ上のリーエンに担保されつつ、4万5千ドルの請求を有する。

［設例6］　AとBは婚約した。BはAの甲地上の住居に移転した。そこは、202エーカーの土地で、ここでAは犬の飼育場を営んでいた。Bは、Aに、自分の用具を保管するために、ガレージを建築してよいか尋ね、許可を得て、Aによって指定された2エーカーの土地上に建築を開始した。Bが資金不足となった時に、Aは、抵当付き貸借ができるように、2エーカーをBに移転した。Aは、当該土地が、結婚後は、共通の物になる期待でそうしたのであり、甲地を分割する意図はなかった。Aは202エーカーについて税を払い続け、Bの2エーカーも個人の財産を保管したり、犬の訓練に使ってきた。Bは必要な借金を得た後、ガレージ建築を完成させ、移転し、Aを2エーカーから追い出し、婚約を破棄した。Aは、Bに対して、本条にもとづき、2エーカーの改良前の価値を回復できる。（別に、裁判所は、Bに増加価値を支払い、土地を回復することを認めることもできよう。）

［設例7］　AとBは、非婚姻共同生活者で、共同銀行口座から必要な費用を支払う、おのおのはそこに収入から寄与している。Aは、遺産から引き出して、Bに多額の貸与をした、Bの、離婚紛争や不動産購入を含めた目的のために。当事者は、この融資については、何ら返済の合意をしていない。関係の終了に際し、Aは、不当利得にもとづき、回復を求める。陪審の認定は、Bの富へのAの寄与は、取得された資産と免責された債務を考慮して、6万5千ドルとした。しかし、時折の贈与や費用への寄与の差は考慮しない。Aは、Bに対して本条により、6万5千ドルを回復できる。

［設例8］　AとBは、非婚姻共同生活者として、6年間生活してきた。半分の期間は、婚約をしていた。Aは正規に看護師として雇用され、Bは、フルタイム学生として、医学校に通い、修学を終えた。Aが共同生活期間の主たる収入源であった。その間に、Bの学生ローンの返済や、医学校の学費などに10万ドルを寄与した。婚約は終了し、Bが実習を開始し始めた時期に関係は終了した。Aは、Bに、不当利得で、Bの予期される収入を分割するこ

288

[付録] 回復法リステイトメント（第三次）(2011) 第3章の設例

とを求めた。これは、地位に基礎を置く物的債務という主張に由来していた。かような権利は若干の州法で認められているが、それはこのリステイトメントの範囲外である。本条によれば、Aは、10万ドルを回復できるが、Bの将来の収入の持分はない。

［設例9］　Aは、Bによって所有され経営されているテニスクラブに参加した。二人は親密な関係を結び、近くのコンドミニアムで共同生活を始めた。Aはクラブで働き、ついには、フルタイムの経営者となった。Bは、Aに時折、金を与えたものの、俸給としては何も受け取らなかった。Aが受け取った額は、同等の職の賃金よりかなり低いものだった。Aが、経営者として6年間働いた後に、二人の関係は破綻し、Aはくびになった。雇用契約の証拠は不十分であるが、Aは、本条により、Bに対して、Aの、補償されない労務について回復できる。

［設例10］　非婚姻共同生活者AとBは、それぞれが獲得していた資産を合わせて、乙地を購入した。購入時には、当事者は、乙地の共同保有者と考えていたが、権原は、Bの名で記録されていた。関係は悪化し、BはAを追い出した。Aは、本条により、代金への寄与に応じた、乙地の割合持分を請求できる。

e.　回復の程度

［設例11］　非婚姻共同生活者AとBは、同じ俸給で、Bが10年前に開始した会社に雇われている。Aは秘書として、Bは取締役として。会社は、後に法人化され、すべての株式はBに宛てて発行された。20年後、Aは、Bが、会社株をAの前婚の子に移転していることを発見した。AはBから去り、ビジネスの持分を要求した。二人に支払われた俸給は不自然に低かった。陪審は、Aの労務の価値は、俸給全体より、100万ドル高いと判断した。他方、ビジネスの価値は、5億ドルと評価された。Aの寄与は重要であるが、不確定な程度である。Bが約束をしていないのであれば、Aの回復は、100万ドルプラス利息を超えない。

［設例12］　AとBは、非婚姻共同生活者であり、10万ドルのコンドミニア

289

ムを購入した。抵当ローンの取得を容易にするために、名義はBとした。
それぞれは、2万ドルの頭金について、1万ドルずつ分担した。8万ドルの
ローンの元本と利息は、両者が収入を入れる共同銀行口座から支払われた。
二人は2年後に別れ、Bはコンドミニアムを売却した。売却価格は、12万
ドル、ローンの残額は7万6千ドルで、差額は、4万4千ドル。Bは、Aに
1万ドルプラス利息を提供し、Bは、これをAのローンの返済と性格づけた。
Aは、Bに対して、本条により、2万2千ドル回復できる。

［設例13］　設例12と同様だが、BはAに、当初の頭金の額を不実表示した。
Aは頭金に、1万ドルを分担したが、それは頭金の半額と考えていた。Bは
実際は、全く分担しなかった。9万ドルのローンの元本と利息は、同様に返
済された。売却価格は12万ドル、残債務は8万7千ドル、差は、3万3千
ドル。このうち、両者の家への投資は、1万3千ドルであり、Aは1万1500
ドルを寄与している。BはAに1万ドルプラス利息を提供し、Bは、これ
をAのローンの返済と位置づけた。Aは、Bに対して、本条により、2万
9192ドルの回復ができる。

f.　相続人によるもしくは相続人に対する請求
［設例14］　AとBは、賃貸アパートで過ごした後、共同で、家を購入する
こととした。名義は、Aがなお他人と婚姻関係にあることからのトラブルを
回避するために、Bとされた。当事者は、等しく頭金を分担し、後には、元
本、利息、抵当保険の保険料などを分担した。Aは2年後に離婚し、Bはそ
の後ほどなく亡くなった。抵当債務の残額は、保険金で支払われた。Aは、
本条により、Bの遺産に対して、家の半分の持分を主張できる。

［設例15］　AとBは、婚約していた。2年間の共同生活後、建築費用を分
担して、Bに属する土地上にログキャビンを作ることにした。建築作業は、
二人が別れる8年後まで続いた。Bは自殺を試みた。AはBの遺産から回
復を試みる。Aはキャビン計画に5万ドル寄与している、Bも同額。未完成
のキャビンは、土地を5万ドル増価させている。AはBの遺産に対して、
本条により請求できるが、2万5千ドルを超えない。

［付録］回復法リステイトメント（第三次）(2011) 第 3 章の設例

［設例 16］ A と B は、同性のパートナとして共同生活をしている。家は、A によって購入されたが、名義は B である。元本、利息、保険料などは、A が支払った。家は火災で滅失し、A がそのため亡くなった。A の遺産は B に対して、本条により、もし、家の購入が、B への贈与以外のものであると立証できれば、保険金の若干もしくはすべてを回復できる。

第 29 条（共同資金）関連

c. クラスアクション、結合した訴訟

［設例 1］ 原告らは公益事業を訴え、一定の顧客クラスの料金の違法性を主張した。法と規則は、勝訴原告による弁護士費用の回復の規定を有しない。原告は、事業が余分に取った料金 500 万ドルを影響のあるクラスに返金することを命じる判決を勝ち取った。原告弁護士は、報酬などを求める。原告は、相手である、事業から料金を取ることはできないが、彼らの介入の受益者に弁護士費用も含め、分担寄与を求めることはできる。裁判所は、弁護士に判決額から支払われる、50 万ドルの報酬を認め、450 万ドルが、顧客に配分される返金となる。

［設例 2］ 原告は、雇用者を、多くの被用者クラスのために訴え、不法な雇用差別を主張した。関連法によれば、雇用者が原告クラスに対して責めある者となれば、裁判所が決定する額で、原告弁護士の料金も支払う責めを負う。当事者の弁護士は、和解交渉を始め、雇用者は、4 千万ドルを弁護士費用も含め支払うものであった。訴訟が判決まで進んだ時、クラス弁護士は、千万ドルの料金を申し出た。和解を裁判所が承認することを求めて、弁護士は、千万ドルの料金もしくは共通資金の 25% が、クラスの不当利得を阻止するためには必要と主張した。しかし、クラス弁護士の料金は、裁判所が独自に判断されねばならず、若干の州法は、異なるガイドラインを適用する。もし裁判所が適切な料金を回復の 20% とすれば、報酬は、共同資金法理によれば、800 万ドルとなる。

d. 同様の地位にある者

291

第二部　英米法における事務管理に対応する機能

［設例3］　証券保有者は、信託証書により発行された不履行抵当証券を保有
している。抵当担保が、証書受託者によって濫用されたと考え、証券保有者
は、信託を実行する訴訟を起こした。10年の訴訟で、証券保有者は、100万
ドルの法的出費をした。彼は、信託のために5千万ドルを回復する判決を得
た。他の証券保有者は、この訴訟に参加せず、またすぐに個人の特定もでき
なかった。証券保有者は、承継受託者の手にある資金から100万ドルの求償
をする権利を有する。

［設例4］　受託者は、裁判所に、信託財産である甲地を100万ドルで売却す
る許可を求めた。二人の受益者、AとBは、別々に弁護士を雇い、申立て
に対抗した。Aは、鑑定人を、Bは会計士を雇い、受託者の甲地の評価を
争った。AとBの弁護士は、受託者と、将来の買主との交渉に入った。2年
後、甲地は、200万ドルで売却された。遅延費用と、AとBの反対に対応す
る信託の費用を考慮して、裁判所は、AとBの介入は、信託に65万ドルの
利益をもたらしたと判断。AとBは、本条により、信託から、この結果を
得る合理的な費用額（専門的相談者の料金も含め）を回復できる。しかし、
65万ドルを超えない範囲で。

［設例5］　A会社の株主は、A会社の役員に対して株主訴訟を開始した。A
会社とB会社の売買合意の交渉において、詐欺と信認義務違反があったと
して。合意によれば、A社は、B社に2500万ドルを負担することになって
いた。株主訴訟は、和解となり、BのAに対する権利は、AのBに対する
500万ドルの支払いで満足させることとなった。和解を承認する判決の中
で、裁判所は、A社に、原告株主の弁護士に合理的費用を支払うよう命じた。
和解の利益が費用を超える限りで、かような報酬は、本条によって認められ
る。回復訴訟は、訴訟株主もしくはその弁護士により直接、他の株主に対し
て主張された。会社に対する判決は、すべての株主による訴訟費用の割合分
担を命ずる。

［設例6］　少数派組合員は、多数派組合員に対して仲裁を開始した。組合財
産の不当な利用を主張して。仲裁は、多数派組合員に10万ドルの賠償金を
課す。仲裁を確認する命令の中で、裁判所は、この手続で少数派組合員が3

292

万ドルの合理的費用（弁護士費用も含め）を出捐したことを認定し、この額は、組合から彼らに償還されるよう命じた。これらは、本条によって正当化される。

［設例7］ 納税者A、B、Cは、税の合法性を争って、州を訴えた。判決は、課税は違法であり、時効期間内の課税は返還されるというもの（第19条）であった。85%は、将来の課税の軽減に適用され、州は残りを裁判所に現金で提出し、訴訟の費用に充てられることとされた。この命令は、A、B、Cと弁護士に、共同資金受益者からの回復を許し、本条で正当化される。

［設例8］ AとBは、以前の教会のメンバーであり、以前の司祭を訴えた。教会財産について、詐欺と横領の判決を求めて。救済は、損害賠償と、横領資金で司祭が得た財産に対する擬制信託である。訴訟の成果は、教会資産の承継者としての慈善団体に、弁護士費用を控除して配分される。控除は、本条により正当化される。この点は、効果としては、教会メンバーや慈善団体に対する回復請求である。

［設例9］ 遺言者の遺言は、ほとんどを、A、B、Cに等しい割合で、残余をD、Eに残すもの。A、B、Cへの遺贈は、同じ理由で無効であった。遺言執行者がこの点を決めるために、訴訟を起こし、すべての関係者を参加させた。A、D、Eは、弁護士によって出頭し、争った。B、Cは、現れなかった。彼らは通知されてはいたが、全く、AやAの弁護士と連絡を取らなかった。A、B、Cに対する遺贈は、無効とされた。執行者の費用は、遺産から支払われる。Aの弁護士は、A、B、Cに行く遺産部分から報酬を得る。

［設例10］ 丙地は、A、B、Cによって同じ割合で共同保有されていた。市は、50万ドルを提供して、収用手続を開始した。Aは弁護士を雇い、この評価を争い、多く得たものの3分の1を支払う約束をした。B、Cは、Aの訴訟への参加を拒絶。裁判所は、市場価値を65万ドルとして、収用価格を修正した。Aは、弁護士に5万ドルを支払い、B、Cに分担を請求した。Aは本条による請求ができる。裁判所が、報酬5万ドルを正当とするならば、収用価格分配前にAの求償も命じうる。

［設例11］ 無資力となった銀行の信託部の顧客A、は、銀行の管財人に対

第二部　英米法における事務管理に対応する機能

して、銀行の資産に対する自己の利益が寄託者のそれより優先することの確認を求めて、訴訟を起こした。Ａはその通りの判決を得た。管財人はそれにもとづき、銀行の信託顧客が同様の優先権をもつことを認めた。この結果、グループとしての信託顧客の資金は、100万ドルとなった。Ａは、本条により、他の信託顧客に分担を請求できる。回復は、100万ドルからの支払を命ずることで、獲得される。

［設例12］　債権者は、詐欺による譲渡を取り消すため、債務者と買主を訴えた。債権者は資産回復に成功した、裁判所は、債務者の債権者のために資産を売却した。さらに、債権者は訴訟費用を、売却代金から回復できた。これらは、―特に破産法典に規定があるが―本条により債権者からの回収が認められる。

［設例13］　被害者は、自動車事故で死亡し、未亡人と被害者の前婚からの三人の子が残された。合意ができず、未亡人と子供たちは、別々に、運転者に対する不法死亡訴訟を起こした。それぞれの弁護士に回復の3分の1を与えると合意しつつ。管轄法では、不法死亡訴訟は、単一の訴訟で遂行される必要があった。裁判所は、子供らの反対にもかかわらず、二つの訴訟の合一を命じた。未亡人は訴訟を100万ドルで和解した。子供らの法による分け前は、60万ドルである。未亡人の弁護士は、子供の分からも、3分の1報酬を得ようとした。裁判所は本条を用い、子供らは、有利に和解を得た点で、未亡人弁護士に支払う義務があるとした（この訴訟の制御は、法によれば、子供ではなく、未亡人に与えられていた）。他方、回復の程度は、未亡人との合意にも、子の弁護士との合意にも固定されず、裁判所が決定する。

［設例14］　病院が無保険患者のけがの治療をして、1万ドルの未払が残った。患者は弁護士を雇い、けがの原因である不法行為者に対する請求を提起し、成功報酬30％を合意した。法によれば、病院は、不法行為者から患者が得たものに料金のリーエンを有する。弁護士は、5万ドルで和解し、7千ドルでリーエンと残債務を満足させるよう提供した。本条によれば、弁護士は、病院に対して、請求できない。合意がないため、病院は、1万ドルを控除なく受け取る権利がある。弁護士の手中にある和解金が資金だとしても、

294

［付録］回復法リステイトメント（第三次）(2011) 第 3 章の設例

患者と病院は、異なる地位をもつ。第 29 条によれば、彼らの利益は共通で
はない。仮に、病院と弁護士が共通の受益者としても、彼は資金を生み出し
たわけではない。

e. 「共同資金」の重要性
［設例 15］　株主が、会社に対して、会社の訴訟を承認するための資料が連
邦法に反し、誤解を招くものであるとして訴訟を起こした。株主は、金銭も
しくはエクイティ上の救済を認められ、会社の資産からの法的費用の求償
も。会社からの回復は本条による。
［設例 16］　ABC 会社の株主は、その取締役に対して、株主訴訟を提起。
XYZ 社の一株 8 ドルの買取請求への反対が義務違反となるとして。XYZ 社
は、申込みを 11 ドルに上げ、その価格で ABC の全株を購入した。取得が
終了した後で、株主の弁護士は、ABC から一株について 3 ドル多く払わせ
たことについての報酬を求めた。弁護士は、本条によれば、請求できない。
訴訟費用を相手方に転嫁するものであるから。
［設例 17］　X 社は、州の税務官から税滞納の通知を受けた。X は、弁護士
を雇い、州の課税を争った。収入の規定が不適切に解釈されているとして。
X は勝訴し、弁護士は、同様の地位にある Y 社に接近し、同様の訴訟を代
理する提案をした。Y は拒絶し、しかし別の弁護士を雇い、同様に税を払い
戻させた。弁護士は、本条による請求はできない。弁護士は、X と Y に共
通する資金を作り出したわけではないから。

f. 不当利得
［設例 18］　被相続人は、遺産の半分を息子 A に、残りを息子 B、C、D に
与えた。A は遺言を検認（probate）に付した。B はその有効性を争う。争い
は成功し、遺言なしの状態で、A、B、C、D は、等しい割合で相続した。A
の法的費用は回復されない。B の法的費用は、A の割合が減じた額を超えな
い限度で、B、C、D に行く、遺産の 4 分の 3 から、本条により回復できる。
［設例 19］　名もないクラスメンバの弁護士が和解条項に反対するため、ク

295

第二部　英米法における事務管理に対応する機能

ラスアクションに現れた。その後、当事者は、多くの点で和解を修正し、裁判所が承認した。弁護士は料金を請求した。和解金の増加は、弁護士の介入の結果ではないので、本条による請求はできない。

［設例20］　弁護士は、未亡人のために不法死亡訴訟を開始した。回復の25％が合意。前婚からの娘が自分も代理するように求めた。弁護士は、利害が相反すると考え、断った。娘は訴訟に参加したが、積極的な活動はしなかった。裁判所は、和解金40万ドルを認めた。配分の際に、弁護士は、娘は何も受け取らないことを提案した。裁判所は、娘に和解金から4万ドル与えた。弁護士は、全体の25％の報酬を求めた。しかしこの申立ては拒否された。弁護士は、娘から回復する資格がない。

［設例21］　被相続人の最初の遺言は、32人の受益者に遺贈するもの。第二のものは、以前の弁護士に遺贈するもの。両遺言が検認にかけられた。ほとんどの受益者が遺言の争いに参加した。彼らはそれぞれの弁護士によって代理され、多様な条項で成功報酬を約束した。訴訟は、以前の弁護士に少し支払う形で和解となった。それにほとんどの受益者は分担した。判決は、第二の遺言の検認を否定するものとなった。5人の受益者を代理していた弁護士は、裁判所に遺産からの報酬を求めた。功績は認められたが、回復は認められなかった。本条は、受益者のほとんどが独立に代理されていた場合の回復を正当化しない。

［設例22］　弁護士は、未亡人のために、不法死亡訴訟を開始した。被害者の両親は、訴訟への参加を勧められたが、断った（法による分け前は受け取るが、訴訟には参加しないという立場だった）。弁護士による和解の承認申立て後、両親は、別に弁護士を雇い、より大きな分け前を求めた。しかし、この弁護士の使命は、共同資金の創設ではなく、配分の変更にある。元の弁護士の資金からの回復を妨げることはできない。

g.　請求が契約にもとづくべき場合

［設例23］　母が、無遺言で死んだ。財産は、二人の息子、AとBに帰した。三番目の息子Cは、弁護士を雇い、A、Bを訴えた。獲得したものの3分の

［付録］回復法リステイトメント（第三次）(2011) 第 3 章の設例

1 を与えると約束して。C の訴えに対して、A、B は、実は、まだ、二人の娘 D、E がいることを明かした。弁護士は、D、E と連絡を取ることをせず、そのための弁論もしなかった。裁判所は、遺産は五人で平等に分けるとした。弁護士は、3 分の 1 を要求した。D、E は、自分たちの分から報酬が支払われることに反対した。弁護士は、回復できない。代理できたのに、しなかったからである。

［設例 24］　被相続人は、ほとんどを救世軍に、残りをいとこの A、B に等しい割合で与えた。遺言の有効性に争いはなかった。A は弁護士に相談し、慈善遺贈にはなお無効とする法的根拠があると助言された。A は、B と連絡を取り、遺言を争うことに参加しないかと打診した。B は拒絶。弁護士は、提訴し、A が受けるものの 25％を報酬として合意。救世軍への遺贈は、死手法により無効とされ、A、B に来る遺産は 100 万ドル増えた。弁護士は、25 万ドルを要求。弁護士は、本条によれば、B に対する請求を有しない。

［設例 25］　叔父は母と晩年に結婚し、その後まもなく亡くなった。遺産は遺言により、甥と姪に残された。甥は、弁護士を雇い、叔父の婚姻を精神的無能力を理由に無効と主張。弁護士は、もし成功すれば、妻に行く分の半分を、成功報酬として代理。甥は姪に参加を打診。姪は拒絶。訴訟は成功で、妻の請求を 25 万ドルに減額した。甥は弁護士に合意額を支払い、姪から回復しようとする。もし、自己の財産権などの保護の必要で正当化される場合には、本条で回復が認められる。

h.　代位者

［設例 26］　所有者の事業不動産は、災害損失から 10 万ドル保険で担保されていた。不動産は不法行為者の過失による火災で甚大な損害を被った。保険者は、所有者の請求に対して、和解金 10 万ドルを支払った。約款によれば、保険者は、所有者の請求に代位する。所有者は弁護士を雇い、自己の不法行為者に対する請求を 30％の成功報酬で主張させる。保険者は弁護士に、代位の権利を主張することを通知。しかし、訴訟では積極的役割を演じなかった。弁護士は、財産損害 20 万ドル、事業中断損害 15 万ドルを得た。保険者

297

第二部　英米法における事務管理に対応する機能

は、代位により、10万ドルの求償。本条によれば、弁護士は、資金を確保した点で料金を請求できる。保険者によって支払われる弁護士料金は、所有者との合意に拘束されない。

［設例27］　運転者Aは、運転者Bの原因での事故で重傷を負う。AのC社との事故保険は、人身損害について5千ドルカバーする。Bは、D社との責任保険を有する。Cは、Aの医療費に5千ドル支払い、代位権を得る。Aは弁護士を雇い、Bへの人身損害請求を追及する。30%の成功報酬を合意。Cは、A、D、弁護士に通知し、Cは、代位請求をDと直接和解するつもりだと。Aは、Bを訴え、50万ドルを請求。DはCの代位とBの責任を認め、Aの責任額のみを争う。しかし、Cへの支払いは、AのBに対する和解まで、中止された。Aの訴訟は、35万ドルで和解。Dは、弁護士とA向けの、34万5千ドルの小切手を発行し、別の5千ドルの小切手を弁護士とC向けに発行した。弁護士は、Cに、この額のうち3500ドルを放棄するよう提案。Cは、全額の求償を要求。本条によれば、弁護士のCからの料金回復は、Cが弁護士の介入から利益を得たかに依存する。Dは、Cの請求に全額、訴訟を要せず、応じているので、弁護士はCから回復できない。

第30条（求められない介入）関連

b. 取引が必要な場合

［設例1］　AとBは、隣接する土地を所有している、それぞれが、石灰石採石場を含んでいる。採石場は、洪水で水につかり、作業ができなくなった。Aは、採石場の排水を計画し、Bに費用の分担を求めた。Bは拒絶。Aは自己の採石場の排水を実施。これで、Bの採石場も排水された。AもBも作業を再開。Aは、Bから回復できない。

［設例2］　AとBは隣接する囲繞地を所有していた。AはCが所有する隣接地を越えて通路を建設することで自分の土地を開発したいと考えた。通路設置を可能にする地役権は、法的手続によって可能であるが、Aの土地に到達するルートは、Bにも通行を認めるものであった。Aは、この計画の費用分担をBに求めるが、Bは拒絶。AにCから地役権を得させる法は、Bの

［付録］回復法リステイトメント（第三次）(2011) 第 3 章の設例

土地にも利益を与えることを要求していた。A は地役権を取得し、通路を建
設。A 地も B 地も価値を増した。A は B から回復できない。

［設例 3］　南部連合軍の北進を妨げるために、連邦は、鉄道が保有する橋を
破壊。戦いの過程で、近くの橋も南部軍によって破壊された。連邦は、両方
について、鉄道に賠償する法的義務はない。鉄道は、橋を再築する義務を負
わないが、自己の負担で再築した。作業が完成する前に、戦いの場が南進し
た。連邦は、自己の軍隊の進軍を容易にするため、まだ未完成の橋を、南軍
が壊したものも含め、再築した。政府による作業は鉄道に数百ドルもの出費
を節約させた。連邦は、鉄道から回復できない。

［設例 4］　A は、甲地内に、区画 1 から 9 を保有している。B は、区画 10
を保有している。両方とも未開発である。A と B は、区画全体の道路と下
水が市の要件を満たす限りで開発許可を得ることができる。しかし、開発を
選択しない限り、改良をする義務は負わない（甲地の町は、必要と判断した
場合には、改良をなし、費用を徴収する権限を有するが、町は改良が必要と
は考えていない）。A は、B に、改良費用を分担することを提案。B は拒絶。
A は区画 10 の購入を提案。B 拒絶。A は最終的に、自己の負担で改良を実
施。区画 10 は、明らかに増価したが、A は B に回復請求できない。

［設例 5］　設例 4 と同様だが、A と B は、町との合意で、一定の期日までに
改良を実施する義務を負っていた。A は、B に対して、A の改良が B に費
用を節約させた限度で、回復できる。

［設例 6］　A と B は、X 州で、隣接するクオーターセクションを保有してい
た。A は、B に、境界塀の費用分担を提案した。B 拒絶。A は境界に塀を建
設。B は、のちにこれを回りの境界壁と一体化させた。A は、本条による回
復を B に対して有しない。X 州のポリシーは、この種の土地の囲いを奨励
するので、法は、一定の条件下で、ある地主に、他の地主に対する境界壁の
費用の分担請求を認める。A の B に対する請求は、現物返還であり、これ
は、法が存在しないので、認められない。

［設例 7］　賃貸人は乙地を保有し、賃借人に 10 年で貸している。更新オプ
ションなし。改良補償条項もなし。賃借人は、50 万ドルの費用で改良。賃

貸期間終了時に、改良による増価は30万ドル。賃貸人は、期間延長を拒絶。賃借人は、回復請求できない。

［設例8］　夫は、丙地を、若い未亡人に生涯権として遺贈、残余権は相続人に与えた。未亡人は、丙地に自己の将来の生活維持に賃貸収入が役立つことを期待して、賃貸家屋を建設するためにかなりの自己資金を投入した。しかし、未亡人は突然死亡。未亡人は自己の財産を姪に遺贈。丙地は夫の相続人に移転。めいは未亡人の投資による丙地の増価について回復請求。裁判所は、めいの未亡人の権利承継は認めるが、回復請求は認めない。

c. 契約の予期

［設例9］　採掘者は、水道会社が、さらに水源を探していることを知った。採掘者は、頼まれないうちに、所有地内で掘削を続け、かなり水量のある水源を見つけた。会社に、25万ドルで売却する提案をした。会社は、2万5千ドルで回答。数年の交渉は成立に至らなかった。会社はのちに、掘削者の隣接地を購入して、提供された水源から百ヤード離れたところに水源を発見。掘削者は、会社に対して、自分が提供した情報を利用したとして、回復請求。掘削者は、回復できない。

［設例10］　視聴者がテレビ会社に、テレビシリーズのアイデアを提供し、採用するなら対価を払ってくれるよう提案した。会社は拒絶したものの、後に、そのアイデアの一部を利用し、ヒットとなった。この事実は、視聴者に会社に対する回復請求を与えない（視聴者の知的財産権の不正利用にもとづく回復は、第42条、第43条による）。会社による不法行為がないため、賠償請求は、約束にもとづくしかない。

［設例11］　AはBと、飛行機の売買とリースの交渉を続けていた。Aは、Bの事業にとって重要なデータを収集し、取引の税への影響について専門的アドバイスもした。これらは、成約に至るための努力であった。結局成立しなかったが、Bはその後まもなく同種の取引をCとの間で交わした。Aは、Bに対して、契約違反と出費についての回復を求めた。Aは回復請求できない。

[付録] 回復法リステイトメント（第三次）(2011) 第 3 章の設例

d. 強制交換を避ける回復

［設例 12］　A と B は、丙地を共同保有している。彼らは共同して、銀行に対して、約束手形と抵当権を設定し、個々の持分に応じて、手形を支払う合意をした。数年後、A は、別の事業活動のために、追加の融資を必要とした。銀行は、A が所有する甲地を担保に融資する提案をしたが、新規融資で、丙地のローン残額が完済されるという条件であった。A は、B に知らせずに、当初の手形を返済した（当初の手形が期限前なので、A は 23 条による請求はできない）。B が、月々の支払いが銀行ではなく、A に向けられていることに気づき、支払いを中止した。債権者の代位から B は不利益を被っていないから、A は、B に対して、A の介入が B を解放した限りで、回復できる。救済は、A は、手形と抵当権について銀行の B に対する権利を、B の残額分担の限りで代位する。

［設例 13］　A は、B が区画を保有する地域の開発者である。市は、建築許可が下りる前に通路と下水を設置せねばならないとする条例を施行している。さらに、続く 12 カ月以内に、改良が開発者によって実施されないと、市が替わって実施し、区画所有者に対して、フロントフィートで 100 ドルの割合で、課税するものとしていた。A は改良する義務は負っていなかったが、そうすれば、地域計画についてのより有利な融資を受けられ、取引の利益を増加させられるチャンスがあった。区画所有者との合意を得ないで、A は、市の条件に合う改良を実施した。B には、債権者の代位から明白な不利益はなかった。A は、B に対して出費の分担額か 100 ドルの少ない方を回復する権利がある。

［設例 14］　A と B は、甲地の共同保有者である。A は B の分担合意を得ないで、土地の改良を実施した。A は、B に、費用の分担を強いることはできない。

［設例 15］　設例 14 と同様だが、B の分担拒絶に応じて、A は、甲地の分割を請求した。もし裁判所が認めるならば、二つの方法がありうる。甲地の分割ならば、それが B に不利益を与えないものとして、A に、改良がなされている部分を与えるだろう。売却ならば、費用を超えない範囲で、A に、改

301

第二部　英米法における事務管理に対応する機能

良の分だけ多く与えるだろう。

［設例 16］　所有者は、乙地への第一番抵当で、新しい借主と再融資する合意を交わした。締結後 2 週間で、新貸主は、乙地が、既存の抵当権に対して、順位二番の判決債権者のためのリーエンに服していることを知った。新貸主は、取引を進めたが、判決債権者との順位変更の交渉に期待していた。新貸主は、判決債権者の不当利得を避けるために、代位による救済を受けられる。しかし、新貸主の合理的期待がその介入を正当化すること（第 2 条第 3 項）、判決債権者が新貸主の再融資（リファイナンス）と代位で不利益を被らないこと（第 50 条第 3 項）が、必要である。

第三部
日本の事務管理法

第一章

第三者弁済 ―介入の促進と本人保護の要請との調整―

▎第一節　問題の所在

まず、問題を具体化するために、若干の設例を提示した上で、検討する。

［設例1］[1] Ｐ電話会社の通話料請求書がＡの自宅に届こうとしたのは、彼が休暇地に出かけている最中だった。この請求書は、電話会社の担当者から隣人Ｂに託され、3日以内に支払われないと、電話回線は使用不能となり、かなりの過怠金を支払わないと、復旧されないと伝えられた。Ａは出かけたばかりであり、当分戻ってこないことがＢにはわかっていた。そこで、Ｂは、Ａが戻ってからとても困るだろうと考え、自ら直ちに立替払をした。ＡはＢに対していかなる請求が可能か。仮に、ＡとＢは普段から仲が悪く、ＡはＢに対して、他人ならばともかく、おまえだけからは親切は受けたくないと公言していたという事情がある場合はどうか。

［設例2］[2] ＣとＤは隣り合う二つの果樹園の所有者だった。Ｃは、ある年の春、専門家の助言を受け果実の成長を促進し、果実の品質もよくする化学薬品甲を自己の果樹園に投入した。その際に、ついでに隣のＤの果樹園にも同様に散布した。Ｄは当時長期の旅行中であった。以下の場合にそれぞれ、ＣはＤに対していかなる責任を負うか。

（1）化学薬品甲はかなり長く園芸で使われてきたが、それまで一般的には知られていなかった副作用により、Ｄの果樹がすべて枯死した場合

（2）Ｃが化学薬品甲の添付説明書を十分注意して読まないで、誤った投与の方法を用いたために、Ｄの果樹に損害を及ぼした場合

（3）Ｄの果樹園の果樹は、化学薬品甲の投与に適さないほど樹齢が高かったが、このことを知らないＤは、化学薬品甲を投与する予定でいたが、突

第三部　日本の事務管理法

然の旅行の必要ができたため、結局自ら投与するには至らなかった場合

　(4)　Dは化学薬品の投与については、効能を認めつつも、自分の主義として使わない方針であり、妻に常日頃公言していた。Cは、Dの妻は留守番で在宅していることを知りつつも、化学薬品甲の客観的効能によりDも同意してくれるだろうと信じつつ、投与について事前に問い合わせず、投与したが、甲の説明書の記載の不適切さにより投与方法を誤解したため、果樹の一部が枯死した場合

　[設例3][3]　Eは隣人Fが留守中に、隣人の敷地内の樹木が迫りつつある嵐で倒れ、Fの家屋に損害を与えると考え、切り倒した。ところが、専門家にあとで問い合わせたところ、樹木は嵐で倒れるほど弱ってはいないことが判明した。

　民法474条（第三者弁済）の要件につき、一般的な制約として、第1項但書において、債務の性質と当事者の反対の意思表示がある。さらに、第2項において、利害関係を有しない第三者は、債務者の意思に反して第三者弁済をすることができないとされている。

　後者の制限については、債務者の意思は、第1項が「意思を表示」とあるのに対し、単に「債務者の意思」とあるため、債務者の内心の意思状態と解釈されている。判例としては、大判大6・10・18民録23輯1662頁があり、不同意の表示と解した原審に対して、現行民法は旧民法を変更したものと説明しつつ破棄差戻している。学説は、第三者弁済を広く認める見地から、ここでの利害関係を（事実上の推定をも加味しつつ）広く認め、他方で、内心の意思と理解しつつ、その意思は客観的に認識可能なものである必要があると批判する[4]。

　ところが、第三者弁済という第三者の行動を事務管理という観点からみた場合、事務管理の要件については、内外において争いがあるが[5]、第702条第3項が本人の「意思」に反した事務管理の際に費用償還の範囲を現存利益に制限している。一見すると、ここでは、本人の（内心の）意思との一致の有無は[6]、事務管理（第三者弁済）の成立要件自体ではなく、費用償還とい

306

第一章　第三者弁済

う一法律効果の内容に影響するだけのようにみえる。委託を受けない保証人の求償権の範囲が、保証引受が主債務者の意思に反したか否かは保証の要件ではなく、求償の範囲を異ならせるにすぎない第462条もこれに関係する。

　第三者弁済という制度と事務管理という制度はイコールでないから、これでよいと考えればすむのだろうか[7]。例えば、設例１における、ＢのＡのためにする行動（立替払）は、第三者弁済の観点からは、Ａの真意との合致でその有効無効が決まり、他方では、事務管理の観点では、Ａの真意との合致は費用償還の範囲決定にのみ影響すると考えるべきなのであろうか。立法者は本当にそう理解していたのだろうか。両制度の関連はどう解するべきなのだろうか[8]。

　このような疑問は、第三者弁済という人の有意的行動を全体として評価する際に、第三者弁済、不当利得（求償利得）、事務管理、不法行為という諸制度とその要件効果に分解して分析する態度に対する疑問でもある。

　そもそも歴史的産物である法典に含められた法文や法制度を、その歴史的文脈から切り離して、抽象的に完結した制度相互の関係に還元して解釈する態度が色々な点で問題を生み出してきたことは、周知のことである。むしろ、「押しつけられた利得」という問題に典型的に現れるように、出捐者の行動・認識と受益者の具体的事情の下での財産計画・自己決定が要件効果を考える上で利益衡量的にせめぎ合う場における、不当利得（求償利得）法の中での事務管理法的処理を事態適合的に[9]考える視点が重要である。そのような視点から、個々の具体的制度に織り込まれた要件効果を再構成する必要があろう。第三者弁済は、法律効果である償還額のみならず、その要件自体に、償還権利者・償還義務者の行為態様が反映するという意味で格好の素材なのである。

第三部　日本の事務管理法

第二節　旧民法から現行民法へ

　旧民法に遡って、この点を確認してみたい。まず、旧民法はボアソナード
草案の修正という形で成立した。旧民法では、第三者弁済（利害関係がない
場合には債務者又は債権者の承諾が必要）、保証人の求償権（三分類）、事務
管理の求償権（本人の意思に反する場合は出訴日の現存利益）は、それぞれ
財産編 453 条・454 条、債権担保編 30 条、財産編第二部第一章第二節不当
ノ利得中の 363 条にあった。

財産編第二部第三章第一節第一款
453 条　利害ノ関係ヲ有スルト否トヲ問ハス第三者ノ為シタル弁済ノ有効ナ
ル為メニハ債権者ノ承諾ヲ必要トセス但作為ノ義務ニ関シ債権者カ特ニ債務
者ノ一身ニ著眼シタルトキハ此限ニ在ラス
　又債務者ノ承諾モ之ヲ必要トセス但利害ノ関係ヲ有セサル第三者ノ弁済ニ
付テハ債務者又ハ債権者ノ承諾アルコトヲ要ス
454 条　弁済シタル第三者ハ法律又ハ合意ニ依リ債権者ノ権利ニ代位シタル
場合ノ外其権ニ基キ下ノ区別ニ従ヒ債務者ニ対シ求償権ヲ有ス
　第三者カ委任ヲ受ケタルトキハ其権限ノ範囲内ニ於テ弁済シタル全額ノ為
メ求償権ヲ有ス
　事務管理ニテ弁済ヲ為シタルトキハ弁済ノ日ニ於テ債務者ニ得セシメタル
有益ノ限度ニ従ヒ求償権ヲ有ス
　債務者ノ意ニ反シテ弁済ヲ為シタルトキハ求償ノ日ニ於テ債務者ノ為メ存
在スル有益ノ限度ニ非サレハ求償権ヲ有セス

債権担保編第一部第一章第一節第二款
30 条　主タル債務ヲ弁済シ其他自己ノ出捐ヲ以テ債務者ニ義務ヲ免カレシ
メタル保証人ハ債務者ヨリ賠償ヲ受クル為メ之ニ対シテ担保訴権ヲ有ス但左
ノ区別ニ従フ

308

第一章　第三者弁済

　第一　保証人カ債務者ノ委任ヲ受ケテ義務ヲ負担シタルトキハ其債務者ニ
義務ヲ免カレシメ又ハ債務者ノ名ニテ弁済シタル元利、其担当シタル費用、
立替ヲ為シタル時ヨリ其利息其他損害アルトキハ其賠償ノ金額ヲ債務者ヨリ
償還セシムルコトヲ得（以下省略）

　第二　保証人カ債務者ノ不知ニテ義務ヲ負担シタルトキハ債務者ノ義務ヲ
免カレシメタル日ニ於テ之ニ得セシメタル有益ノ限度ニ従ヒ右ノ賠償ヲ受ク

　若シ保証人カ債務者ノ意ニ反シテ義務ヲ負担シタルトキハ保証人ノ求償ノ
日ニ於テ債務者ノ為メ存在スル有益ノ限度ニ非サレハ右ノ賠償ヲ受クルコト
ヲ得ス

財産編第二部第一章第二節

361 条　何人ニテモ有意ト無意ト又錯誤ト故意トヲ問ハス正当ノ原因ナクシ
テ他人ノ財産ニ付キ利ヲ得タル者ハ其不当ノ利得ノ取戻ヲ受ク

　此規定ハ下ノ区別ニ従ヒ主トシテ左ノ諸件ニ之ヲ適用ス

　第一　他人ノ事務ノ管理

　（以下省略）

363 条　本主ハ管理者カ管理ノ為メニ出シタル必要又ハ有益ナル諸費用ヲ賠
償シ及ヒ管理者カ其管理ノ為メニ自身ニ負担シタル義務ヲ免カレシメ又ハ其
担保ヲ為スコトヲ要ス

　若シ本主ノ意思ニ反シ管理ヲ為シタルトキハ管理者ハ出訴ノ日ニ於テ存在
スル費用又ハ約務ノ有益ノ限度ニ非サレハ賠償ヲ受クルコトヲ得ス

　ボアソナード草案（プロジェ）には、周知のように、旧民法成立前の旧版
と成立後の新版がある。以下に簡単に両者の内容の相違を確認した上で、原
文（n を付したものは新版）を掲記する。

　第三者弁済については、旧版[10]においては、三分類は存しないが、新版[11]
においては、旧民法と同様に、求償の三分類（委任、事務管理者、債務者の
意に反する場合（malgré le débiteur）か誤って自己の債務と考え支払った場
合）が付加されている。

第三部　日本の事務管理法

保証人の求償に関しては、旧版[12]新版[13]ともに、旧民法と同様に、三分類
（受任者として、債務者不知の間に事務管理者として、債務者の意思に反す
る場合）が採用されている。

不当利得の節の中の事務管理については、新版[14]では383条2項におい
て、旧民法と同様に、本人の意思に反する（contre la volonté du maître）場合
に利益の算定時期が償還請求訴訟提起に時点にずらされる。この意味につ
き、ボアソナードは、本人が禁止ないし抗弁したにもかかわらず（malgré la
défence du maître）と注釈していることが注目される。なお、本人の禁止の
有無と償還の範囲を対応させるこの箇所は、同様に事務管理を不当利得の枠
内で扱っている母法のフ民1375条には存在しない。

474. Le consentement du créancier n'est pas nécessaire à la validité du payement
fait par un tiers, intéressé ou non, à moins qu'il ne s'agisse d'une obligation de faire
dans laquelle la personne même du débiteur aura été prise en considération spéciale
par le créancier.

Il n'est pas nécessaire non plus que le débiteur consente au payement fait par un
tiers, même non intéressé ; toutefois, dans ce dernier cas, si, ni le debiteur, ni le
créancier, ne consentent au payement, il ne pourra avoir lieu.

475. Indépendamment des cas où le tiers qui a payé est subrogé par la loi ou la
convention aux droits du créancier, il a contre le débiteur un recours dans la mesure
du profit que le payement a procuré à celui-ci.

475 (n). Indépendamment des cas où le tiers qui a payé est subrogé par la loi ou la
convention aux droits du créancier, il a, de son chef, un recours contre le débiteur,
sous les distinctions suivantes :

S'il y a eu mandat : pour tout ce qu'il a payé dans la mesure du mandat, en
principal, intérêts et frais ;

S'il y a eu seulement gestion d'affaires : dans la mesure de l'utilité procurée au
débiteur au jour de payement ;

S'il y a eu payement malgré le débiteur ou si celui qui a payé a cru, par erreur,

310

第一章 第三者弁済

payer sa propre dette: dans la mesure seulement de l'utilité restant encore au débiteur au jour du recours.

1030. La caution qui a volontairement payé la dette principale, ou autrement procuré au débiteur sa libération par un sacrifice personnel, a contre celui-ci une action en garantie pour se faire indemniser, sous les distinctions ci-après:

1^0 Si elle s'est engagée en vertu d'un mandat du débiteur, elle se fait rembourser le montant du capital et des intérêts dont elle a libéré le débiteur ou qu'elle a payés en son nom, des frais qu'elle a dû supporter, des intérêts de ses avances, depuis qu'elle les a faites, et de tous autres dommages-intérêts, s'il y a lieu; audit cas de mandat, la caution peut même agir pour être indemnisée, dès qu'elle a subi condamnation en cette qualité;

2^0 Si elle s'est engagé à l'insu du débiteur et comme gérant d'affaires, elle obtient lesdites indemnités dans la mesure de l'utilité procurée au débiteur au jour de sa libération;

3^0 Si elle s'est engagée malgré le débiteur, lesdites indemnités ne lui sont payées que dans la mesure de l'utilités restant au débiteur au jour de son recours.

381. Quiconque se trouve enrichi du bien d'autrui sans cause légitime, volontairement ou sans sa volonté, par erreur ou sciemment, est soumis à la répétition de ce qui a indûment tourné à son profit.

La présente disposition s'applique, principalement, sous les distinctions faites ci-après:

1^0 A la gestion des affaires d'autrui;

383. De son côté, le maître doit indemniser le gérant de toutes les dépenses nécessaires ou utiles qu'il a faites pour la gestion, et le décharger ou le garantir des engagements qu'il a contractés personnellement au même titre.

383 (n). De son côté, le maître doit indemniser le gérant de toutes les dépenses

311

第三部　日本の事務管理法

nécessaires ou utiles qu'il a faites pour la gestion, et le décharger ou le garantir des engagements nécessaires ou utiles qu'il a contractés personnellement au même titre.

Si la gestion a eu lieu contre la volonté du maître, l'utilité des dépenses ou engagements ne s'examine qu'au jour de l'action en justice du gérant.

旧民法の修正として現行民法草案起草を企てた法典調査会は、第三者弁済の成立範囲を拡大させようとする方針であった。ところが、債権編の冒頭に近い審議において、穂積委員は債権の人的要素を重視し、また弁済後の効果も考慮して、私案として第三者弁済につき債権者及び債務者の承諾を必要とするという提案[15]を修正案404条として出したが、これは旧民法よりも成立要件の厳格化を図るもので、他の委員の支持を得られず、否決された[16]。

この際、梅謙次郎は、第三者弁済を認める実益のある例として、やむをえない事情で遠方に行っている間に本人が忘れていた債務の期限が到来したというケースを挙げる。また、穂積案のように制約を大きく設定する考え方は、事務管理の一般の規則と精神において矛盾するのではないかとも述べている[17]。

そこで、提案担当者である穂積委員は、原案481条但書として、利害関係を有しない場合には、債権者及び債務者が不同意を表した場合に弁済できない規定（但シ利害ノ関係ヲ有セサル第三者ハ債権者及ヒ債務者カ不同意ヲ表シタルトキハ弁済ヲ為スコトヲ得ス）を提案した[18]。これに対して、長谷川委員は当初、債務者の承諾と改める提案（長谷川第一提案）[19]、次に、原案の「債権者」のみ削除する提案（長谷川第二提案）[20]を提出し、会議は後者の修正案を可決した[21]。従って、債務者が不同意を表した場合にのみ利害関係を有しない第三者は弁済できないとなったのであるが、その後のある時点で、現行法のような「債務者の意思に反して」という表現に改められたと考えられる。

「民法修正案原稿　（確）第2号　明治27年12月29日配布、明治29年1月配布」（日本学術振興会）とある資料では、調査会の議決の結果が475条として載り、条数の「五」の部分が斜線で「三」と改められ、但書の部分が

第一章　第三者弁済

現行法に対応する表現にこれも一部を縦棒線で抹消した上でタイプ文字で改められている。

　明治 28 年 12 月 27 日開催の第 10 回民法整理会では、当時 470 条であったが、利害関係のない第三者に関する部分は但書から第 2 項に移され、現行法と同様の表現となっていたようであるが、穂積委員が以下に引用するように、答弁において第 2 項の「意思」についてなす説明は明らかになお「不同意」の意味であることは重要である。

　「債務者ガイカナイ、不同意ヲ表スルト云フノハ債務者ガ現ニ弁済シテ貰ヒタクナイト云フ意思ヲ表示スルカ又ハ債務者ノ不同意ナルコトヲ知ツテ居ナガラ弁済ヲスルト云フコトハ出来ヌト云フノデアッテ……」[22]。

　ちなみに、このあたりの審議に梅発言がないのは、病気による欠席によるためと考えられる[23]。原案作成や提案理由説明の担当でもないため、審議の延期や調整もされなかった。しかし、のちの民法要義[24]で梅は、債務者の意思に反するという意味を明らかに反対の意思を表示したにもかかわらずという、ボアソナードの意図に即した説明をしていることが注目される。

　現行民法にはないが、法典調査会においては、原案 482 条（債務者ノ意思ニ反シテ弁済ヲ為シタル第三者ハ其債務者ノ為メ利益ノ現存スル限度ニ非サレハ之ニ対シテ求償権ヲ有セス）が存在した[25]。これは、旧民法 454 条 4 項に対応するもので、債務者の意に反する弁済にもとづく求償を求償時における現存利益に制限するものである。第三者弁済に関するボアソナード草案の旧版と新版の相違としてすでに述べたように、おそらく保証人の求償や事務管理による求償の規定との調整からボアソナード草案旧版から旧民法起草の過程で付加されたと考えられるものである。

　担当の穂積委員は、前条である原案 481 条の修正を理由に、本条の提案を撤回すると説明した[26]。その意図は、前条で、原案は債権者かつ債務者が不同意の場合には第三者弁済ができないというものであったから、債務者のみ不同意の場合には第三者弁済は有効になしえたが、債権者の部分を削除する長谷川第二案が通ったため、債務者の不同意の場合にはそもそも第三者弁済は有効になしえなくなったから（ここでの債務者の意に反するを不同意と同

313

第三部　日本の事務管理法

義に関した上で）債務者の意に反する弁済の償還の問題は生じないと理解するもののようである。しかし、前条での場面は利害関係がない第三者に限定されている点が見落とされている。論理的には利害関係ありとしても償還のレベルで債務者の意思を問題とすることは可能である。

　奥田委員の、債務者の知らないうちに弁済をなし、債務者が不同意を表明できなかった場合で債務者の意思に反していた場合はどうなるかとの質問[27]に対する答弁は明確ではない。穂積委員は、ここでの意思は不同意の意味であり、もはや真意は問題とならないと述べる[28]。富井委員が真意に反していても全部求償ができると補足した[29]のに対して（なお、別の箇所で、不同意と意思に反することを区別した説明をしている[30]）、穂積委員は、そうするともとの意味と変わってしまうと反論しているが、審議はそのまま終わっている。

　不同意と真意に反することを区別する限り、富井委員の説明は（全部求償が出捐時の有益性を基準とするという意味であるとすれば）正しいと思われる。

　以上の経過を振り返ってみると、旧民法において「不同意」の意味で「意思に反する」を用いていたという（ボアソナード草案からの）翻訳のまずさに起因しつつ、両者の表現にいかなる意味を込めるかという点での混乱が生じた。これは、債務者ないし事務管理の本人の意思にどのような位置づけを与えるかの問題にもつながるものである。第三者弁済や事務管理において、本人の意思を成立要件において考慮するか、効果において考慮するか、両者において考慮するかなどの問題である。

　条文案がある時点で調査会の議決からさらに修正された事実は明らかであるが、第三者弁済、保証人、事務管理それぞれの求償において用いられる「意思」が、ボアソナード草案の不同意から内心の意思へとどのような理由でいつ変更されたかの手がかりはないといわざるをえない。にもかかわらず、その後の解釈が内心の意思を基準とするに至ったのは条文の文言の影響以外何があったのだろうか。その真相はともかく、不同意から内心の意思への視点の移行は、各制度の独立化により諸制度を分断的に考察する態度とあいまっ

314

て、第三者弁済等を結果のみに着目させ、弁済の前後の弁済者の行為、債権者や債務者との交渉などを全体として評価する態度を排除する方向へ向かわせるだろう。

ちなみに、ド民 683 条の（全額）費用償還の要件は事務管理の引き受けの時点での本人の推知しうる限りでの意思との一致である[31]。

▌第三節　近代法における事務管理法の変化と周辺の制度への影響

第二節の末尾で指摘した視点の移行の原因の一つは、近代法への移行の過程で、ローマ法源（それ自体ローマの具体的法制度という文脈に由来する）を一般的抽象的諸制度に転換した点が挙げられる。第三者弁済でいえば、ローマの強制執行制度の厳格さから執行債務者は死または奴隷化の恐れにおびえなければならず、第三者弁済が債務者の意思や利益に反する場面がそもそも少なかったため[32]、本人の禁止という限定的な例外（ローマ法源にもとづく普通法学説[33]）を認めれば足りたという事情である。これが、近代法への転換において[34]、そのような前提がなくなり、本人の意思ないし利益という抽象的基準が制度の中核となる素地が生まれた。

事務管理制度についても、同様な機能変化がある。もともと、本人の不在ないしそれに準ずる事態を基礎として生成してきたため、本人の意思や利益を問う必要や前提が存しない場合（現代の緊急事務管理に対応する）が中心的適用場面であったが[35]、社会の変化（通信手段の発達による、本人との連絡の容易化）や制度の整備により、介入する事態が一般化するとともに、不当利得法との緊張関係において、各事案類型における要件との対応が試行錯誤されることとなる。

第二に、それと同時に、諸制度が一般化抽象化することにより、債務者ないし本人の利益が異なった意味で前面化してきた。弁済代位制度などの弁済後の法律効果が債務者に及ぼす効果、最近では債務者の情報保護の観点も考慮すべき要素となる。利益促進的行動の保護と本人の財産や自己決定の保護

第三部　日本の事務管理法

の間のバランスを緻密にかつ一般的に衡量する基準が求められるに至る。

　ここで、債務者ないし本人の意思を、明示的不同意ないし承諾という外形的に明白な基準のみに頼るのではなく、内心の意思をも基準にするならば、その意思に関する介入者の配慮をどのように構成するかが問題となってくる。

　本人の内心的意思について調査探求する義務を措定し、真意探求義務と呼ぶならば、このような義務はどの時点で問題とすべきか（介入前にも考えるか否か、本人との事前交渉義務というような形に拡張するか否か、事務管理でいえば、通知義務、報告義務、善管注意義務が関連する）、義務違反の効果をどのように考えるべきか（義務違反を事務管理規定の適用の可否に直結するか否か、違反の効果を損害賠償義務と構成するのみか、償還の可否等にも押しつけられた利得禁止の観点から関連づけるか否かなど）という問題が出てくる。

　この点については、現行法 702 条（原案 711 条）の審議内容[36]が示唆的である。

　担当の穂積委員は、冒頭で、第 3 項（本人の意思に反する管理については費用償還が現存利益となる）につき、性質上事務管理の規定ではないとし、それは冒頭の規定（現行 697 条）により本人の意思に反する事務管理はできないはずで、これは不当利得の規定である、しかし本人の意思に反しても有益とはいえるので疑いを決するためこの規定があるとした[37]。

　穂積委員がここで理解する意思は、現行 697 条に関連づけている以上、管理者が善管注意義務を払ったならば認識可能な意思という風に理解されている。

　梅委員は、これに補足するように語る。

　不法の事務管理であり、管理者の保護は現存利益となるが、だからといって、通知義務、継続義務や委任の準用規定が適用がないとしては困ると[38)39)]。

　梅委員の制度理解は、本人の意思により法律効果が異なることは認めるが、反したからといって、事務管理制度の諸規定を全面的に不適用とすることの不都合を示唆している。事務管理規定の多くが、他人の意識的介入に対

316

第一章　第三者弁済

する本人の利益保護ルールとして機能するとすれば、事務管理の成立要件を厳格に解することは、そのような意識的介入に対する（不法行為法のみに解決を委ねた場合と比較して）より事態適合的な規範の適用の可能性を排除してしまう危惧が語られていると理解できよう[40]。

　なお、土方委員は、本人の禁止に反して管理行為をした場合でも不当利得となることの不都合を有難迷惑と述べ、あまり不当利得の成立範囲が広くなりすぎ、このような場合は贈与とみてもよいくらいで、第3項の削除を提案しているが[41]、梅委員により、保証人の求償や添付、占有者の費用償還などを援用しつつ、古いところではそういう考えはあったが、今日の多数の法律家はとらないと反論されているが[42]、土方委員の考えは、現在の押しつけられた利得禁止の観点からはありうる一つの選択肢である。

　まず、本人の意思を配慮する時点の問題がある。第三者弁済は弁済時、保証の引受は引受時であることは明らかだが、事務管理の場合には、介入行為の種類によって異なりうる。すなわち、介入の目的を決定し、それを実行に移す間に時間的間隔がないような行為と、その間の間隔が長い行為の区別がある。前者の場合には、決断と実行がほぼ連続してなされ、その間に当初の本人の意思が判明するという事態は起こりにくい。それに対して、後者の種類の行為では、実行に至る前に本人の意思が判明することがありうる。そうすると、それに応じて手段を変更する必要も出てくる。このような判断枠組は、契約や不法行為における債務者や加害者の、行為に際しての注意義務に近いものである。

　これらは、広くは介入前の本人の意思の調査義務、介入後の調査義務という形で連続するものとして考えられる。事務管理は、本人の意思や利益が契約締結という合意を介して一応前提できる委任と異なり、介入者は積極的に、その解明に義務づけられ、それに従い行動するか、抑止するかを義務づけられている。それは、他人の権利領域への介入開始の一時点で判断されるものではなく、介入の前後を通じて続く継続的配慮義務のようなものといえよう。ドイツ民法が定式化した、費用償還の要件判断時点としての事務管理の引受とその実行の区別[43]は批判にさらされている。介入の時点に不法行為

317

第三部　日本の事務管理法

的注意義務を尽くしたか否かと問うだけでは実は不十分[44]であり、引受過失と実行過失の双方が問題とされるというべきなのである。

　このような観点からは、設例2は、まずDの真意の探求義務違反の有無が、Dへの連絡の可否、Dの妻の在宅確認の有無などから判断されるべきことになろう。

　なお、このような事態を、第三者弁済、事務管理、不当利得、不法行為、所有者占有者関係規定などに分析（分解）して考える従来の立場は、それらの規範群が比較的詳細であり、相互にそれぞれ歴史的沿革による矛盾をもつドイツ法の下では、批判にさらされている[45]。

　ドイツ民法678条は、本人の意思に反することが予見可能な場合には、その管理から生じた損害の賠償義務を結果責任的に構成している。これは、通常の不法行為法では、故意の加害者に認められるような責任を、他人の権利領域への意識的介入行為という場面において、そのような事態に適合的に、介入については故意、本人の意思の認識可能性については過失のある者にも拡張していると理解できる。

　事務管理が、本人から介入者への直接訴権、介入者から本人への反対訴権、しかも前者が先行し、中心的役割を担ったモデルから近代法化する過程で、反対訴権に制度の独自性が求められ、事務管理の成立要件は、他人の権利領域への意識的介入という態様から再編成された。不当利得との分化の途上にあるフランス民法や、分化はしたが不法行為等の他の諸制度との調整が未完成であるドイツ民法は、さらに進まざるをえなかった。しかし、二つの訴権がもともと有していた機能や要件の非対称性、跛行性[46]は事務管理制度の法典上の独立化という現象の陰で忘れ去られていったという事情があろう。むしろ、現代の解釈において感ぜられるそごが、そもそも法典の構造自体に根ざした歴史的なものであることの現時点における（再）認識が重要だろう。

　後期普通法の展開において一応の到達点に達した事務管理制度の独自性・独立性が、現時点からみて、果たして破綻のないものであったか、理論的に問題の余地がなかったかが問題となろう[47]。すなわち、事務管理意思の要件としての一般化と、そこでの本人の意思の要件の（事務管理意思の顧慮の対

318

象としてと償還義務の成立要件としての二重の意味での）前面化によって、本人から管理者への直接訴権が事務管理意思を要せず事務処理という客観的事実から成立し、権利侵害の排除という観点で当初は、不法行為や不当利得に他ならない位置づけをされていたこと、本人の明示の禁止に反する場合が不法行為ないし不当利得という位置づけをされていたこと、有益的事務管理は、必要的事務管理と異なり、利得思想に依拠し、それも「優越かつ明白な利益」を要件とする立法例もあった（その際通説的理解は有益的事務管理を不法行為不当利得の相互関係と位置づけていた）ことなどの諸問題が、違法性排除（継続義務の正当化）や費用償還の利得不要という効果を一般的に伴う、事務管理制度の中に断片的規定に手がかりを残しつつ内在している。

　ドイツ民法学説が提唱し、定着している、事務管理の正当な場合と正当でない場合への二分類は、法的評価において優遇さるべき介入行為とそうでない介入行為を峻別し、前者にのみ事務管理規定を適用しようとする努力として評価することができようが、それは、（ドイツ民法にも流れ込んでいるところの）事務管理規定が歴史的に果たしてきた機能を一面視するものであり、本書が問題としてきた、事務管理の行為コントロール的機能が働く場を狭めるという見方もできる。

第四節　事務管理法の類型論

　「押しつけられた利得」という観点は、かつて有益的事務管理において論じられた論点やそれを規律する立法内容と多くは重なる。

　ドイツ法の費用償還の扱いからの示唆は以下のようなものである。

　賃貸借の有益費（ド民 539 条）では、事務管理規定への指示がなされ、悪意占有者の必要費（ド民 994 条）では、事務管理規定への指示がなされ、善意占有者の有益費（ド民 996 条）では、現存利益の償還が規定され、他方では悪意占有者の有益費では、償還の完全な否定が規定される。

　ここでは、費用償還と事務管理の観点の交錯が生じている。費用償還はも

第三部　日本の事務管理法

ともと物の維持保存や利用上の有益性増加といった客観的な基準を旨とする。しかし、賃貸借や悪意占有者のように、他者の物であるという前提が、契約を介してまたは占有者の悪意を介して、加わることによって、具体的なその他人が所有する物の管理という観点が加わってくる。ドイツ民法のすでに引用した諸規定は、かような事情を事務管理制度の活用という観点[48]で考慮していると評価できる。

　例えば、賃貸借の有益費では、当該有益費支出に際しての、賃借人の賃貸人との交渉可能性が前提とされる。悪意占有者の必要費では、所有者利益配慮可能性を前提として、必要費償還の可否基準が修正される。悪意占有者の有益費では、善意の場合の現存利益基準とは異なり、他人の権利領域（所有物）への意識的干渉禁止の観点が（政策的に）前面化している。この際に、賃貸借の有益費と同様の規律も可能なはずであるが、必要費でも、悪意占有者と賃借人とを異なって、すなわち契約関係がそもそもない当事者と契約関係にある当事者を異なって規律しようとする意図が明白である。

第五節　現行法の解釈のあり方

　それでは、日本民法の解釈として、第三者弁済、委託を受けない保証、事務管理、押しつけられた利得の問題をどのように解するべきか。

　第三者弁済[49]は、事務管理という観点からみると、利害関係の有無で法文上類型化されている。この類型に応じて、第三者弁済の有効性や弁済代位の要件が異なってくる。利害関係がない場合には、そもそも介入の動機の合理性が推定されないから、介入行為の有効性が狭く判断されることはうなずける。

　第三者弁済に関する現行法の立法過程からは、債務者の「意思」は不同意の意味と解すべきと思われるが、しかし、第三者弁済を事務管理の一種としての介入行為ととらえるならば、合理的な範囲において、債務者の明示の意思のみならず、潜在的意思をも弁済者は弁済に際し探求する義務[50][51]を負う

320

第一章　第三者弁済

と考えるべきである。この義務に反する介入、すなわち注意義務を尽くせば本人（債務者）の異なる意思が解明できたはずであった場合には、弁済者の介入自体が不法行為的性質を帯び、第三者弁済は無効とされるべきである。これは、最初に述べた、有力説に結果的に一致する。

　しかし、義務を尽くしても本人の意思が解明できなかったが、結果として意思に反していた場合が問題である。

　平田春二[52]は、ドイツの学説を参照しつつ、本人の意思との合致を事務管理の成立要件の一つとして考える立場から、認識しえなかったことに過失がない場合でも、事務管理は成立しないとする。Esser/Weyers[53]も、民法典は他人に奉仕する者の信頼の保護よりも、求めざる介入からの本人の保護を優先したと説明する。他方では、v. Bar[54]は、介入の要件を介入行為の合理的理由（reasonable ground）に求め[55]、介入の合理的理由を排除する消極的場合として、介入者が本人の希望を見いだす合理的機会がありながら、そうしなかった場合か[56]、介入が本人の希望に反していることを知りまたは知りうべきであった場合[57]を挙げる。後者において、管理者が本人の意思を無過失で知りえなかった場合にも、介入の正当性を排除しないとする。比較法的観点からは、介入者の行為を客観的注意義務から統一的にとらえるこのような立場が説得的なものとして現れるはずである。ドイツ民法学説における、正当な事務管理の観念が、なぜ一般不法行為の行為義務と異なって、すなわち、より加重された形で介入者の注意義務をとらえるのかは、説明が逆に困難だろう。

　根本的には、故意不法行為と他人の利益追求という形式をとる意識的介入行為をどう関係づけるかの立場の違いがあろう[58]。

　これには、二つの考え方がありうる。探求義務違反はないが結果として真意に反した場合に第三者弁済自体は一応有効とするが、その先の処理が異なってくる。一つは、出捐額そのままが求償額となる考えであり、今一つは、現存利益額に限定する考えである。462条1項2項や旧民法の分類では、本来、本人の明示の意思に反した介入の有無で区別されていたものである。

　近時の押しつけられた利得[59]の観点を導入するとすれば、求償は介入の可

321

第三部　日本の事務管理法

否という観点というよりは、生じた結果による本人の自己決定侵害の有無・程度という主観的観点であるから、その限りで出捐時と求償時のいずれの考え方にも関連づけえ、主観的利益算定による具体的利得額も事案により異なりうるものである。この観点は介入の正当性の観点と評価上、関連しうるものであり、個々の行為類型に応じて政策的に調整可能なものである。事務管理の一類型としてとらえた第三者弁済の場合には、第三者弁済の促進と抑制に、その有効性の範囲と求償の基準の観点から、どのように判断するかに依存しよう[60]。

　委託を受けない保証人の求償に関する 462 条も、従来は第三者弁済の規律とのアンバランスが指摘されてきたが、同様の観点から第三者弁済の要件と調和的に理解すべきである。旧民法以来、単に保証の引受が結果的に主債務者の意思に反していたか否かで異なる扱いをしていたのではないことはすでに触れた。明示の禁止を主債務者の意思一般に拡張することで、保証人（となろうとする者）は介入前から主債務者の意思の調査義務を課せられ、その知り得た結果に応じて、保証の引受の決断に反映させねばならず、それを怠った場合には、引受自体が他人の権利領域への介入としての不法行為的性質を帯びることになろう。

〔注〕

1）Stoljar, International Encyclopedia of Comparative Law, Volume X, Chapter 17 Negotiorum Gestio（1984）p. 55 et seq. の設例を修正したもの。

2）Batsch, Aufwendungsersatzanspruch und Schadensersatzpflicht des Geschäftsführers im Falle berechtigter und unberechtigter Geschäftsführung ohne Auftrag, AcP 171（1971）, 224 の設例を修正したもの。

3）Frauke Wernecke, Abwehr und Ausgleich „aufgedrängter Bereicherungen" im Bürgerlichen Recht（2004）S. 427 の設例を修正したもの。

4）我妻『新訂債権総論（民法講義Ⅳ）』（1964）245 頁（第三者が弁済する際に確定的なものであり、しかもこれを認識しうる客観的な事情も相当に顕著なものであることを必要とする）、於保『債権総論［新版］』（1972）354 頁（解釈論上、かなり調整する余地がありうるが、このことは必ずしも明白になされていないともいう）、奥田『債権総論［増補版］』（1992）496 頁、前田『口述債権総論第三版』（1993）443 頁、平井『債権総論第二版』（1994）187 頁、潮見『債権総論Ⅱ［第 2 版］』（2001）

第一章　第三者弁済

191 頁など。

　本文のような考え方は、最後に述べる私見と結果的に一致するが、事務管理にお
ける真意調査義務という構成に由来するものではない点が異なる。

　また、利害関係（学説は対立する、この点につき、倉田監修・要件事実の証明責
任債権総論 247 頁［春日偉知郎］）、債務者の意思に関する立証責任をどう解するか
にも依存する。判例は当初第三者が債務者の意思に反しないことを立証すべきとし
た（大判大 6・10・18 民録 23 輯 1662 頁）が、学説（前田・前掲 444 頁、潮見・前
掲 191 頁など。）には反対が多い。大判大 9・12・6 民録 26 輯 19 頁は、弁済をした
第三者が無効を主張した事案であるが、その前提として利害関係のない第三者の弁
済は原則として有効であるから、例外的に無効を主張する者が、債務者の意思に反
する点を立証すべきとした。前掲大正 9 年判決によって前掲大正 6 年判決の立場が
変更されたとする者が多い（我妻、旧『注民（12）』64 頁［奥田］）。その後の大判
昭 9・9・29 新聞 3756 号 7 頁は、債務者が弁済の有効性を争った事案で、反証がな
い限り、債務者の意思に反しないと認定することが相当としている。以上からする
と、判例は、第三者弁済の原則的有効性から出発し、弁済の無効を主張する者が債
務者の意思に反することを立証すべきとするようであるが、現在の判例の立場は明
確ではない。

5)『新版注釈民法（18）』（1991）131 頁以下［高木多喜男］。

6) 通説は、第 700 条から、成立要件は本人の意思との不一致が明らかではない点を
挙げるため、不一致が通常の注意で認識可能でない場合には本人の意思に反してい
ても事務管理は成立する。

7) 求償利得に事務管理規定の類推を示唆するものとして、藤原『不当利得法』（2002）
289 頁。

8) なお、前掲・新版注民 164 頁以下［高木］。

9) 要件事実的には、加藤雅信の提唱する統一的請求権論（『財産法の体系と不当利
得法の構造』（1986）523 頁以下）のように、各制度の要件効果が訴訟の各当事者の
主張の累積により、属性が重畳して決定されていくことになろうが。

10) G. Boissonade, Projet de Code Civil pour l'Empire du Japon accompagné d'un
commentaire, Tome. 2（1883）p.494. 以下は Projet として引用。

11) Projet, Nouvelle édition Tome. 2（1891）p.548.

12) Projet, Tome. 4（1889）p.64.

13) Projet, Nouvelle édition Tome. 4（1891）p.68.

14) Projet, Nouvelle édition p.295. 第 1 項の下線部が第 2 項とともに付加されている。

15) 法典調査会民法議事速記録三（商事法務研究会版）（以下、単に「速記録」とし
て引用）31 頁下段。穂積委員の考えによれば、両者の承諾を要件としたとしても、
両者の利益になる場合であれば、承諾するはずで、そうではない場合は、問題があ
るので、認める必要がないと述べた。

16) 速記録 37 頁下段。以上の経緯につき、〈史料〉債権総則（8）民商 82 巻 4 号 108
頁以下［松岡久和］。なお、編集の上で単行本化された『史料債権総則』（2010）が
ある。

17) 以上につき、速記録 33 頁下段から 36 頁下段。

第三部　日本の事務管理法

18) 速記録 232 頁下段。〈史料〉債権総則 (38) 民商 92 巻 4 号 140 頁以下［松岡久和］。

19) 速記録 240 頁上段。前掲・〈史料〉債権総則 (38) 147 頁下段［松岡久和］。この案に対して、井上委員は、それでは債務の弁済に限って事務管理ができないことになりそうだが、その理由がわからないと問い（速記録 248 頁下段）、穂積委員が、井上委員が挙げた例（債務者が外国に滞在中に履行期限が来て、差押とか競売になりそうだという場合）であれば、まだ審議前だが、たぶん緊急事務管理としてさらに例外が認められそうだと答弁している。

20) 速記録 249 頁上段。前掲・〈史料〉債権総則 (38) 153 頁上段［松岡久和］。

21) 速記録 250 頁上段。前掲・〈史料〉債権総則 (38) 153 頁下段［松岡久和］。

22) 民法整理会議事速記録（商事法務研究会版）257 頁上段。

23) この点は、福島正夫編・民法成立過程研究会『明治民法の制定と穂積文書』(1956) 69 頁の表から伺える。

24) 『民法要義巻ノ三債権編』（訂正増補第 33 版 (1912)・復刻版）236 頁。

25) 速記録 250 頁上段。〈史料〉債権総則 (39) 民商 92 巻 5 号 132 頁［平田健治］。

26) 速記録 250 頁下段。

27) 速記録 250 頁下段。前掲・〈史料〉債権総則 (39) 133 頁上段［平田健治］。

28) 速記録 250 頁下段から 251 頁上段。前掲・〈史料〉債権総則 (39) 133 頁上段から下段［平田健治］。

29) 速記録 251 頁上段。前掲・〈史料〉債権総則 (39) 133 頁下段［平田健治］。

30) 速記録 235 頁下段から 236 頁上段（原案 481 条と 482 条が衝突するのではないかとする横田委員の質問に対して、482 条は債権者が不同意を表しなかった場合一般に適用があり、その際債務者は不同意を表した場合と表しなかったが内心の意思に反した場合とがあるという趣旨を答弁している）。前掲・史料債権総則 (38) 582 頁下段［松岡久和］。

31) この要件の立法過程での議論については、第一部第一章第三節注 113)。

32) Wernecke, a.a.O., S. 447.

33) Windscheid-Kipp, Pandekten Bd. 2 9. Aufl. (1906) §430 Anm. 19 (S. 921)（管理者が本人の禁止に反して当該犠牲を供した場合にはあらゆる償還請求が脱落する、もっとも第三者弁済に触れる §342 4.a) (S. 425) では、債務者の同意は不要、反対すら第三者弁済の有効性を妨げず、債権者も第三者による弁済を拒絶できないとする。Brinz, Pandekten, Band. 2,1 2. Aufl. (1879) S. 448（第三者であるという理由での受領拒絶は遅滞責任を発生させるとする。); Stoljar, op. cit., p. 60.

34) Mugdan, Ⅱ (1899) S. 479 (Motive) は、現行ド民 678 条の審議において、本人の禁止という要件から本人の認識可能な意思への要件の一般化について触れている。なお、Batsch, AcP 171, 226 は、ド民 683 条の要件判断につき、本人の意思との合致の有無は客観的になされるべきで、管理者の認識可能性の有無は問題とならないというが、この理解は、立法者の説明と矛盾し、またのちの学説にも支持されていないようである。ここでの「客観的に」は、過失判断における管理者本人の注意レベルにはよらないという趣旨かもしれない。

35) Stoljar, op. cit., p. 20. このような場面に限れば、「事務管理の積極性は、原子論的社会観に根ざせる〔、〕かの法理念の現実の法秩序に於ける限界を指示する」（磯

村・不当利得論考（2006）112頁（〔　〕部分は筆者の付加））といってよい。

36）法典調査会民法議事速記録5（商事法務研究会版）142頁以下。

37）前掲・143頁上段から下段。

38）念頭に置いている場合は、本人の禁止がある場合のみならず、通知義務に言及することからすると内心の意思に反する場合も含めているようでもある。

39）前掲・145頁上段から146頁上段、148頁下段から149頁上段。

40）ここに、事務管理法の二大機能としての、代理関係と行為関係のうちの、後者の機能をみることができよう。不法行為法からも、先行行為にもとづく注意義務のような構成で同様の帰結を導くことは可能かもしれないが、そうなると、各制度のコアを何に求めるかという制度間の調整の問題となろう。

41）前掲・143頁下段から144頁上段。

42）前掲・146頁下段。

43）Batsch, AcP 171 (1971), 224.（引受と実行の区別は、内心の引受を外部化するものはすでに実行であるから、現実には十分なしえず、正当な引受を介入の正当化理由とするのは空虚な定式である、管理者は実行によって本人の権利領域に初めて介入する、引受に加えて実行も義務にかなってなす場合に正当化を語りうるというべきで、これは債権的権限に基く正当化という自明性に帰着する。）

44）現実には、費用償還と善管注意義務違反による損害賠償の間で調整されることになるが。このように考えていくと、従来漠然と前提とされてきた、事務管理における費用償還の独自性というものの中身も再検討を要しよう。

45）Wernecke, a.a.O., S.586 は、第三者弁済による求償利得を安易に認めると、事務管理法上の押しつけ保護が背後から崩されてしまうとする。

46）磯村・前掲書117-151頁における史的分析（早期普通法、プロイセン一般ラント法、オーストリア民法、後期普通法）に鮮やかである。本人の明示的な禁止に反する場合、緊急的事務管理に対比される有益的事務管理の場合につき、同書132頁以下。

47）もっとも、磯村・前掲書198頁以下に指摘されるように、これは、契約法をも含めた各制度相互の理解、それらのその後の歴史的展開にも依存するわけであるが。

48）フランス法でも状況は似ている。ブディエ判決による一般不当利得法理の判例上の承認前後を通して、事務管理意思が疑わしい場合にも事務管理の成立を承認する伝統があり（Bout, LA GESTION D'AFFAIRES en droit français contemporain, 1972, p.23 et suiv.）、また民法典は近時、個別に事務管理法規定を参照させる（例えば、一方配偶者が意思を表明できない場合の他方配偶者の代理権について219条2項、相続人の一人が意思を表明できない場合の代理権について815-4条2項、被保護成年者の死亡の際の418条）が、学説は、そこに便宜的、擬制的な拡張をみている（Carbonnier, Droit Civil 4 Les Obligations, 11ᵉ édition (1982) nᵒ 117 [THÉORIE JURIDIQUE], p.493 ; Malaurie, Aynès et Stoffel-Munck, DROIT DES OBLIGATIONS, 8ᵉ édition (2016), p.600.）。

49）民法（債権関係）改正法案第474条はその第2項、第3項において、債権者の知不知や債権者の意思を第三者弁済の有効無効を決める判断基準の一つとして取り込んでいる。

第三部　日本の事務管理法

50）ドイツ法の規範文脈の下ではあるが、事務管理者に通知義務を介し、本人の真
意探求義務を構成し、その違反の有無と求償の可否を結びつけるものとして、
Wernecke, a.a.O., S.427. 利得調整の要件として、事務管理者の前倒しされた通知
義務違反も、本人の意思評価義務の違反も存在しない場合を設定する。この要件を
満たさないと、本人の損害賠償請求権と除去請求権が根拠づけられ、同時に管理者
の本人に対する利益返還請求権の排除が生ずる。v.Bar, Benevolent Intervention in
Another's Affairs,（2006）が提案するヨーロッパルールも真意探求義務については同
様の方向にあるといえる。なお、有益的事務管理において、本人の承認（ないし追
認）を取りつける義務を課す ALR238 条、ABGB1037 条が参考となる。また、ド民
681 条第一文も実質的には有益的事務管理について、本人の判断を仰ぐ義務を課し
ていると解せよう。

51）民法 699 条の解釈としても、このような理解は有力である。例えば、四宮『事
務管理・不当利得・不法行為（上）』（1981）28 頁注（一）は、本条の趣旨からすれば、
本人の決定をまっても危険を生ずる恐れがない場合には、本人の回答をまつべきだ
と解しなければならない、とする。前掲・新版注民 249 頁も同旨。なお、第三者弁
済の要件を扱う大判大 6・10・18 の判例批評において、三潴・法協 36 巻 4 号 105
頁は、解釈論としては、債務者の内心の意思が基準とならざるをえないとしつつ、
立法論としては、第三者があらかじめ債務者に諾否を徴し、しかる後に弁済をなす
べきとすることによって、第三者と債務者の保護を同時にはかれるとしていたし、
睡道・京都法学会雑誌 13 巻 4 号 92 頁は、第三者弁済の要件の旧民法から現民法へ
の改正が債務者の利益と実際上の便宜を図るためなされたという背景から、その趣
旨に合致するのは原判決であるとし、債務者の内心の意思ではなく、それが外界に
表示された場合であると理解し、また立証責任も有効を主張する第三者ではなく、
無効を主張する債務者と解すべきとしていた。

52）「事務管理の成立と不法干渉との限界」『不当利得・事務管理の研究』（谷口知平
教授還暦記念）（2）（1971）248 頁。

53）Esser/Weyers, Schuldrecht Bd.2, Tb.2（2000）S.19.

54）v.Bar, op.cit., pp.121-122.

55）オランダ民法に範をとったとされる（p.152）。

56）1：101（2）（a）

57）1：101（2）（b）

58）前者は、他人の権利領域への意識的簒奪的介入に対する利益の吸い上げが議論
される準事務管理の問題と重なるのに対し、後者は、一応他人の利益追求の形式を
とる介入行為であるが本人の意思に反する点で本人の自己決定侵害となる場合であ
り、その侵害の認識可能性の有無でさらに分かれる。ド民 678 条が認識可能性があ
る場合に故意不法行為の効果に等しい結果責任を規定していることはすでに触れ
た。今問題としているのは、認識可能性がない場合である。利他的介入と自己決定
侵害という対立する要素の位置づけがまさに問題となる。

59）拙稿「ドイツ法における賃借人の費用償還請求権（一）～（三）」法学論叢 109 巻
5 号、110 巻 2 号、111 巻 1 号（1981－1982）。近時のものとして、Reimer, Die
aufgedrängte Bereicherung（1990）（損害賠償法の法理、とりわけ損益相殺や損害軽減

326

義務を押しつけられた利得の問題にも鏡像的に活用、客観的価値上昇の利得者の下での現実化の期待可能性という判断基準を提唱); Larenz/Canaris, Schuldrecht II/2, 13. Aufl.（1994）S. 286ff., JZ 1996, 344（財産増加現実化義務）; Lorenz, FS für Medicus（1999）S. 367.

60）物の加工のように、有形的結果が生じている場合（設例3も同様）には、結果除去の点について固有の難しさ（除去請求と費用償還請求相互をどう位置づけるか）があるが（前掲注47）参照）、弁済の場合には、無形的結果（弁済行為の法的帰属）であるから、処理は比較的容易である。

第二章

救助行為

　東日本大震災では、日常遭遇しにくい問題が起こった。津波によって、いろいろなものが流され、他人の土地上に残留した。敷地の所有者も土地上の残留物の所有者も被災して死亡していたり、避難していて、すぐに行動や連絡ができない場合が多かったと思われる。そもそも残留物の所有者が判明しない場合も多い。しかし、敷地の所有者にとっては、できるだけ早くがれきを撤去して、自宅の再築などに取りかかりたい場合もある。どうしたらよいか。不可抗力で他人の土地上に自分の物が紛れ込んだ時に双方がどのような権利を有するべきかというのは、民法の物権的請求権の学校設例である。敷地所有者ががれきを自己の負担で撤去したとする。その費用は、先の議論の結論に依存するが、がれき所有者に転嫁できる範囲で、償還あるいは賠償請求できるはずである。これは、本来、がれき所有者が自らの負担でなすべき仕事を敷地所有者が代わって実行したからである。現実には、地方自治体等が最終的に負担する場合が多いだろう。

　では、問題をもう少し一般化して、被災地において、被災者などに代わって、本来被災者がする仕事を代わってした場合はどうだろうか。例えば、屋根の修理をしたり、墓石を修理したりした場合を考えてみよう。実は、これは消費者庁の被災地における震災関連トラブル相談例に出てくるものである。勝手に修理をして高額な料金を請求するのは悪質商法の典型例だが、被災地でも他人の困窮につけ込む例は絶えないようである。依頼がない場合が典型であるが、依頼はしたがその方法が依頼と異なる場合や依頼していないで勝手にした部分を含む場合も同様に考えられよう。事務管理制度は、契約（合意）を介さない場合を想定するから、管理者の介入方法には、慎重な制約を課している。すなわち、本人の意思と利益に従った介入と継続が要件である（民法 697 条、700 条）。それらを判断するためには、管理者は本人の

第三部　日本の事務管理法

所在や本人の意向についてある程度の調査を課せられているとみるべきである（民法 699 条）。だから、先の例でいえば、修理が客観的にみて緊急に必要なものなのか、その実現方法が複数ある場合にどれを選択すべきか、本人に容易に連絡可能で、本人の希望もしくは判断を仰ぐことができるか否か、その余裕があるか否か、などに依存する。緊急性がない場合（墓石の修理は通常ここに含まれるだろう）には、本人との連絡を取り、その判断を仰ぐ余裕があるはずだから、そうしないで勝手にしたことは、物の勝手な送りつけ（この場合には特商法 59 条に規定がある）と同様に、通常の料金はおろか、実費すら償還されない場合が多いだろう（民法 702 条 1 項・3 項）。それに加えて、他人の財産領域への不適切な介入として損害賠償責任が生ずる場合もあろう。これは形式的には事務管理者の善管注意義務違反の効果だが、実質的には不法行為の性質を有すると考えられる。被災地の混乱につけいって、火事場泥棒的な活動も散見されたが、法は、決して、利他的行為の仮面をかぶった自利行為を承認するものではない。あくまでも客観的な利他性を評価し、優遇する制度である。もっとも、その利他性は純粋に崇高な利他性に限られる必要はなく、隣地のがれき崩壊の危険防止が自己の敷地の安全性確保につながるような場合のように、自利他利が並存する場合でもよい。他方、緊急性がある場合に、管理者は賠償責任を軽減される（民法 698 条）（後述）。

　このような事務管理者の有益な活動は、被災地の再生に協力するボランティア活動に類似する。もっとも、ボランティアは、無償の自発的活動と定義されるが、おおむね仕事の依頼に応じて団体で連携的に活動をするから、事務管理ではなく、無償契約（無償委任）に当たる場合がほとんどであろう。しかも、ボランティアの手引きでは、自己完結型（自分の衣食住は自分で確保）が基本とされ、ボランティア活動保険への加入が奨励されているから、報酬（民法 648 条）も費用償還（民法 650 条 1 項）も問題とならず、ボランティアの受けた損害の賠償請求（民法 650 条 3 項）は保険で処理されることとなろう。

　もう一つは救助行為、救命行為である[1]。往々、事務管理の一般的イメー

330

ジとして想起される場面である。法文上は、民法 698 条において、緊急事務管理として規定され、急迫の危害を避けるための介入により本人に生じた損害の賠償は重過失がない限り、免責される。緊急事態においては、介入者も本人も、適切な行動のための十分な情報を得るいとまがなく、また実際の行動も緊急性を有すること、すなわち適切な自己決定のための前提が欠ける状態が、とられた措置の適否や結果の成功不成功を一般の善管注意義務の基準で判断することを不適切なものとするからである。このような趣旨からは、「急迫の危害」の存在を介入者が無過失で誤信した場合にも、本条の適用ありと考えるべきだろう。

　東日本大震災では、津波にまきこまれるまで放送を続けた自治体職員などの犠牲的行動が報道された。このような場合の多くは、自衛隊員、警察官、消防隊員、地方自治体職員の職務活動と評価され、その職務活動遂行中の事故として、その服務規程に遺族に対する補償規定などが存在することが多いだろう（非常勤公務員としての消防団員については、共済原資の不足が問題となった、朝日新聞 2011 年 7 月 20 日付朝刊）。しかし、職務としてではなく、自発的な利他的行為により、介入者自身が生命を失う一方、本人は救助された場合に、本人は介入者の遺族に対して補償する義務を負うのか負わないのかという問題は、事務管理法の課題といえる。介入者（ないしその遺族）から本人に対する損害賠償ないし補償請求権の問題である。委任の 650 条 3 項に対応するような明文はないが、学説により、「費用」の拡大解釈によりある程度肯定されている。その救助行為に付随する定型的リスクの実現と評価される限り、賠償請求を肯定することができよう。しかし、そのような定型的リスクといえても、本人の経済的負担を考慮すると限度があり、介入者の死亡や重傷に伴うコストは被救助者個人ではなく、国家ないし社会が集団的に負担すべきだとするポリシーもありえよう。事実、警察官の職務に協力援助した者の災害給付に関する法律 2 条 2 項は、「前項の場合のほか、水難、山岳における遭難、交通事故その他の変事により人の生命に危険が及び又は危険が及ぼうとしている場合に、自らの危難をかえりみず、職務によらないで人命の救助に当たつた者（法令の規定に基づいて救助に当たつた者その他

第三部　日本の事務管理法

政令で定める者を除く。）がそのため災害を受けたときも、同項［国又は都道府県は、この法律の定めるところにより、給付の責に任ずる］と同様とする。」と定め、海上保安官に協力援助した者等の災害給付に関する法律第3条も同様の趣旨を定めている。このような公的給付との関係では、事務管理による損害賠償請求権は、補充的なものと位置づけられる。

　また、従来、山岳救助、海難救助（商法800条以下）の際の救助費用の問題がある。救助行為にインセンティブを与えるという意味で、その行為を優遇することは、民法698条にうかがえ、702条の費用償還請求権もその趣旨を含むが、さらに進めて、報酬請求権（これも基準の取り方で実費的なものから成功報酬的なものまでいろいろありうる）をどの程度どのような方法で付与するかどうかも従来から議論がある。介入へのインセンティブ付与の仕方次第では、救助行為の意味が変質しかねない場合がありうると思われ、慎重な対処が必要であるが、当該活動の定型的対価など合理的な制約の範囲で肯定することが、現代の要請であり、立法の趨勢であると思われる。

　実は、近隣社会の自発的相互援助関係が崩壊し、社会が市民から自発的援助行為・救助行為を期待しがたくなった状況を前提として、法が介入して、援助行為を（公）法的義務化し、その違反に対するサンクションを課す立法例が外国にみられ、その功罪についても議論がなされている。日本法においても、一定の状況において公法上の義務なり刑罰が私人に課される場合（軽犯罪法1条8号、船員法12条など）があるが、そのような発想をより広く認める考え方といってよい。利他的行為にどのようなインセンティブを与え優遇することが社会として望ましいかという広い問題として検討されるべきである。

〔注〕
　1）英米法での状況については、第二部第一章で検討した。

第三章

行政代執行

本章は、行政代執行が問題となる判決の事案において、民法の事務管理制度との関係理解を考えてみる。事案は、廃棄物の処理及び清掃に関する法律（以下では「廃棄物処理法」と略称）に直接の根拠をもたない調査費用について事務管理法理にもとづいて償還請求を認容したものである。

不法投棄産廃物の処理調査費を支出した市の産廃業者に対する事務管理としての費用償還請求（名古屋高裁平成 20 年 6 月 4 日判決─控訴棄却（確定）（平 20（ネ）151 号、事務管理に基づく費用償還請求控訴事件）判時 2011 号 120 頁）

［事案］

Y（被告・控訴人）は訴外 A 株式会社（昭和 61 年に有限会社として設立、昭和 62 年に産業廃棄物収集運搬業及び産業廃棄物処分業・中間処理の許可を受ける、平成 8 年に株式会社に組織変更）の実質的オーナーであったが、平成 2 年頃に土地を取得し、A に賃貸した。A は B 県知事に対して最終処分場設置届出書を提出し、埋立処分等を開始した。ところが、平成 6 年頃から産廃物の過剰保管状態となり、保健所がたびたびの指導を行っていた。平成 11 年 5 月に過剰保管廃棄物から火災が発生したことから、X 市（原告・被控訴人）は A に対して火災の再発防止にかかる改善勧告を発した。さらに同年 7 月に撤去及び適正な処分を命ずる改善命令を発した。平成 12 年 3 月には、同様の内容を命ずる措置命令を発した。同日に 30 日間の営業の停止命令を発した。平成 14 年 5 月、8 月、平成 15 年 6 月にそれぞれ最終処分場等で火災が発生し、その都度改善勧告を発した。X は平成 15 年 9 月 Y に対し、産業廃棄物の撤去及び適正に処理する措置を講じるとともに、改善計画書の提出を求める勧告を行った。同年 12 月、X は Y に対し本件措置命令（履行期限平成 17 年 8 月 1 日）を発した。Y が履行期限までに応じなかった

333

第三部　日本の事務管理法

ため、Ｘは本件調査及び本件措置工事を実施した。後者については、廃棄物処理法 19 条の 8 第 5 項、行政代執行法 5 条、6 条準用による徴収手続により、徴収手続を実施したが、前者については、同様の手続がないので、事務管理に基づく費用償還請求として本訴を提起した。

［判旨］

「民法は、義務なく他人のために事務を管理する行為について、社会生活における相互扶助の下、他人の合理的な利益を図ろうとする行為であることに照らして、これを適法な行為とするものであることからして、管理者の管理行為が本人の意思又は利益に反するような場合であっても、本人の意思が強行法規や公序良俗に反するなど社会公共の利益に反するときには、このような本人の意思又は利益を考慮すべきではなく（なお、この点は、民法 702 条 3 項においても同様に解される。）、当該管理行為につき事務管理が成立すると解するのが相当である（大審院大正 8 年 4 月 18 日第一民事部判決・大審院民事判決録 25 輯 574 頁参照）。

　ところで，本件では、前記認定のとおり、Ｙ主張に係る計画には実現可能性がないばかりか、Ｙは、Ｘに対し、Ａ及びＸの連名で、産業廃棄物を全量自主撤去する旨の上申書を提出しながらも、他方では、平成 17 年 7 月、Ｘが発したＹに対する本件措置命令が無効であることの確認を求める訴訟（名古屋地方裁判所平成 17 年（行ウ）第 30 号）を提起していたものである。加えて、本件過剰保管廃棄物の状況は、前記のとおり、すでに平成 6 年ころからその増加が問題となり、愛知県豊田保健所や被控訴人から再三にわたる指導が乙山になされていた上、ＹがＡの実権を握っていた平成 11 年 5 月 31 日には本件過剰保管廃棄物から火災が発生してＸから火災の再発防止に係る改善勧告を受け、更に同年 7 月 6 日には計画区域及び計画高さを超えた産業廃棄物及び保管施設以外に保管されている産業廃棄物を撤去し、適正に処分することを命じる改善命令を受け、次いで平成 12 年 3 月 21 日には本件過剰保管廃棄物の撤去及び適正処分を命じる措置命令（同年 5 月 20 日履行期限）を受けたにもかかわらず、代表者であったＹはＡをしてこれを履行させようとせず、一方で、代表者を辞任後も実権を握ったままで代表者を次々

334

と変更させ、本件過剰保管廃棄物の問題を放置若しくは先送りし続けていたのである。その後も、本件処分場においては平成14年5月29日及び同年8月15日並びに平成15年6月3日に繰り返し火災が発生し、そのたびにAは火災防止の改善勧告を受けていたものであるが、平成14年5月及び平成15年6月の火災はいずれも大規模なものであったため、ついにX市立上鷹見小学校からはXに対し、本件土地の過剰保管廃棄物及び度重なる火災につき撤去及び火災防止に関する要望書が提出されるまでに至っていた。さらに、平成13年5月15日付けで、環境省大臣官房廃棄物・リサイクル対策部産業廃棄物課長から各都道府県・各政令市産業廃棄物行政主管部（局）長あてに発せられた「行政処分の指針について（通知）」（環廃産第260号）と題する通知において、「不適正処分が依然として見受けられ、廃棄物処理に対する国民の不信を招く原因ともなっているのが現状である。」、「違反行為が継続し、生活環境保全上の支障を生ずる事態を招くことを未然に防止し、廃棄物の適正処理を確保するため……積極的かつ厳正に行政処分を実施されたい。」などとされているとおり、廃棄物の不適正処分に対する国民の意識においても非常に厳しい状況になっていたものである。以上のような事情を併せ考えれば、本件過剰保管廃棄物について、周囲の生活環境の保全等のためには、もはやXにおいて速やかに廃棄物の適正処理を確保する必要性が極めて高く、一刻の猶予もならない状況にあったものというべきであり、そのために本来Yが行うべきであった本件調査をXが行ったということができる。そして、本件調査を始めとするXによる廃棄物の適正処理を確保する行為は、本件処分場周辺の生活環境保全等のために高度に有益な行為で、正に社会公共の利益に適合するものであったといえるのである。従って、このような事情のもとでXが行った本件調査が、そもそも本件措置命令まで受けているYの意思又は利益に反するものとは直ちには認めがたいものがあり、また、仮にYの意思又は利益に反するものであったとしても、上記説示のとおり本件においてはこれを考慮すべきではなく、事務管理の成立は妨げられないというべきである。この点、Yは、Yが本件措置命令に沿った対応を執ることができなかったのは、Yが本件過剰保管廃棄物を搬出する費用

第三部　日本の事務管理法

を捻出するために担保として提供する予定であった土地を X が差し押さえ
たことによるなどと種々指摘するけれども、上記説示に照らせば、本件措置
命令に基づく自己の責任を等閑視した本末転倒な主張であって採用すること
ができない。」[1]

　一、これに関する先例・学説は以下のようである。
　本件事案は、私人の公法上の義務を行政官庁である地方自治体が果たし、
その求償を事務管理にもとづき私人に対して求めたものである。具体的に
は、本件では、被告である私人は、産業廃棄物処理会社の実質的支配者であ
り、会社も支配者も長らく、自治体からの、廃棄物処理法にもとづく行政処
分等に適切に対応せず、事態の悪化を放置したため、自治体自ら、調査の上、
支障の除去をしたものである。問題は、廃棄物処理法 19 条の 5、19 条の 8
などにおいて、措置命令や費用徴収の対象となる、生活環境の保全上の支障
の除去又は発生の防止のために必要な措置の範囲である。原告 X 市は、本
件調査費用を廃棄物処理法が定める徴収手続に依りえないものとして、事務
管理による求償として本訴を提起したものと考えられるが、果たしてそう考
えるべきだろうか。
　先例として、本件第二審も引用する大判大 8・4・18 民録 25 輯 574 頁があ
る。鉱業権公売の落札者が鉱業権移転登録のための登録税を納付しなかった
ため、移転登録の嘱託に支障をきたした国が立替払をした上で、落札者に償
還請求した事案である。原審が、このような場合に立替払ができる規定が存
在しないから行政上違法失当の処分であり、落札者も立替払に対し反対の意
思を表示している以上、事務管理も成立しないとして、請求を認めなかった
のに対し、大審院は、不動産強制競売の場合と異なり、鉱業権公売の場合に
は、職権をもって登録嘱託をすべきであり、落札者が納入せず登録嘱託に差
し支えが生じた場合には一時立て替え支弁をなすべきであると述べ、他方落
札者も解除等により落札者の地位を脱退しないかぎり、国税徴収法施行規則
等による落札者の登録税納付義務を認め、また事務管理の成立要件について
は、公的義務がある以上、本人の反対の意思は問題とならないとして、原審

336

第三章　行政代執行

を破棄自判して、事務管理にもとづく償還請求を認めた。

　我妻栄・民法講義債権各論下巻（1972）1911 頁は、前掲大判大正 8 年を、公の施設が市民の福祉をはかることを目的とするものではなく、特定の職務のためのものである場合には、その職務の遂行のために必要な関連事務を処理することは、事務管理となる一例として引用し、また本人の反対の意思は、通常の場合には、それが明らかである場合には、事務管理の成立を妨げるが、それが公序良俗に反する場合には、例外的に成立する一例としても引用する。

　二、まず、本件判例とその原審の判断内容について触れておく。いずれも、事務管理にもとづく本件調査費用（約 2491 万円）の償還請求を認容している。原審は、争点を、本件調査が被告の事務かという点と、本件調査が、被告の意思又は利益に反することが明らかであるかという点にまとめた上で、第一の争点については、まず、廃棄物処理法の規律内容を概観した上で、「以上の法の目的及び趣旨に鑑みれば、国民の生活環境を害する危険性の高い産業廃棄物を業として取り扱う者には、廃棄物処理基準等法令の規定を遵守してその業を執り行うことが強く求められているというべきであるから、これらに違反して環境汚染を招くような状況を自ら作出した者には、行政処分等によるまでもなく、そのような状況を解消する措置を自ら講じるのみならず、違反の程度に応じて、かかる違反状況により周囲の環境等に悪影響を及ぼしていないかどうかを調査した上、悪影響を及ぼしている場合には自らそれを防止あるいは改善するための措置を講じる積極的な義務があるというべきである。」として、違反事業者に積極的な作為義務を認め、その上で、本件調査はその内容、方法において特段問題となる点はなく、支障の除去等を行うために不可欠なものであったとして、本来被告 Y 自身が行うべき事務であるとした。被告が、自ら具体的計画を立てていたこと、本件調査が、当初の措置命令の内容である、全量撤去ではなく、掘削覆土、崩落飛散悪臭の防止の措置を前提としたものであると主張した点については、「本件過剰保管廃棄物の状況に照らし、これを全量撤去するためにかかる費用、生活環境保全上の措置の要急度等も考慮して、次善の措置として全量撤去以外の方法

337

第三部　日本の事務管理法

による生活環境保全上の支障の措置を講じることもやむを得ないのであり、本件措置命令の趣旨もこれと同様に解される。また、被告に本来全量撤去をすべき責任があるからといって、原告の行うべき措置が全量撤去に限られると解すべき理由はなく、地方公共団体である原告が行うべき措置の内容・程度は、生活環境保全上の支障の除去等の目的を達成するもので足りると解される。そうすると、当該目的を達成するため、もっとも低コストで目的を達成する方法を検討し、その方法により生活環境保全上の支障の除去等の措置を行うことは、むしろ合理的と評価できる。」と述べ、Y の計画も実現可能性がなくそれを前提として非難するのは失当として、斥けた。次いで、第二の争点について、環境保全のために速やかに適正処理を行う必要があり、かかる公共の利益が存する以上、本人の意思又は利益に反しても事務管理の成立は妨げられないとした。第二審は、第二の争点部分を前掲のように、前掲大判大正 8 年判決を引用しつつ、ふえんして述べた。

　官庁が私人に事務管理にもとづき費用償還請求をなす場合には、大別して、広義での救助活動の場合と、本件のように、私人が公的義務を負担していながら履行を怠る場合に、官庁が代執行した場合に分けられる[2]。いずれの場合においても、官庁の活動に関しては、公法における諸規定が存する場合が多く、当該官庁が当該活動について、権限を有するか義務を負う場合が多い。そのため、当該官庁の当該活動についての権限ないし義務の存在が、事務管理の成否に与える影響の検討が必要となる。従来より、救助活動のような公的サービスは基本的に、のちに請求するというような規定がないかぎり、私人への請求を排除するように解されてきた。他方では、代執行の場合のように、私人が何らかの公法上の義務を負担し、その怠りに起因して代執行がなされ、その費用が償還請求される場合には、事務管理の想定する場合に近似することとなる。ただ、前述したように、公法規定と事務管理規定の関係が問題となる。すなわち、公法規定が存する場合には、それへの考慮なくして、事務管理規定の適用をすると、当該公法規定が定める要件効果が容易に回避されてしまうこととなり、ひいては当該公法規定に立法者が盛り込んだ意図が無視されてしまう結果となること、逆に公法規定が存しない場合

338

に事務管理規定を適用すると、これも立法者がかような消極的態度で潜在的に示した評価が無視されてしまう恐れが生ずる。

　従って、上述した、規範的評価の（無意識的）回避という危険を避けるためには、廃棄物処理法の規定の解釈を通して解決すべきものである。具体的には、「当該支障の除去等の措置に要した費用」に本件調査費用が含まれると解釈することであったろう（その妥当性は、いずれにせよ施行規則15条の6における「費用の額の算定基礎を明示するものとする」で担保されている）。本件では、原告が事務管理構成で提訴したという事情はあるが、原審も本件判決も、廃棄物処理法の趣旨を事務管理法の文脈において十分考慮しており、上記の危険は結果としては回避されている。原審や本件判決が、調査を被告の事務とする理由として、生活環境保全上の支障の除去等を行うためには、本件過剰保管廃棄物による影響を調査し、その結果をふまえて実際の方策について検討することが不可欠であると述べるのは、そのような趣旨で理解できる。

　しかし、基本的に本人の意思と利益を判断基準とする、費用負担の転嫁というニュートラルな調整を目的とする事務管理法と比べると、廃棄物処理法、行政代執行法などの、本件で関係するルールは、環境保全という公共的利益を内在させる公法上の義務を悪質な態様で長期間懈怠してきた者に対するルールであり、両ルールを混在させて論じるのはやや無理があり、悪質事業者のかような先行行為を十分考慮できないうらみがある。原告が事務管理構成に依拠したために、被告からの、本人の意思ないし利益との不適合についての反論を招いているのはその一例であるが、廃棄物処理法にもとづき原告が被告に対して出した多くの行政手続（改善勧告、改善命令、措置命令、停止命令、許可取消処分など）は、廃棄物処理業者の利害を個々の行政命令に対する対応に応じた措置という形で、すでに廃棄物処理法の次元で繰り返しなしているのである。判決も詰まるところ、廃棄物処理法の立法目的から説き起こし、廃棄物処理業者の行為義務を定立したり、個々の規定との関連で論じたりしている。廃棄物処理法19条の8が定める代執行（生活環境の保全上の支障が生じ、又は生ずる恐れがあることを前提として、期限までに

第三部　日本の事務管理法

その命令に係る措置を講じないとき、講じても十分でないとき、又は講ずる
見込みがないとき（以上を第1号が定める））並びに費用徴収の要件はまさ
に、不適正処分者が環境保全という公共的利益を著しくかつ長期的な義務違
反を通して危殆化させている場合に対する緊急事務管理的なルールを詳細に
具現化しているといえるものである。つまり、解釈の軸足がどこにあるのか
を意識しないと、公法上の関連規定と民法の事務管理規定を解釈に際して同
次元で混在させて論じる危険が生ずるのである。このような観点からは、前
掲大判大正8年も本件原審判決や本件判決も、弁論主義の制約を考慮して
も、なお論理展開に改善の余地があると考えられる。ちなみに、事務処理が
本人の意思ないし利益に明らかに反する場合には事務管理は成立しないとい
う要件について、被告の具体的計画があったとか連絡がなかったなどの口実
に答えて、詳細な理由づけがみられる。しかし、すでに述べたように、廃棄
物処理事業者の不適正処理に端を発した環境汚染について、被告自身の公法
上の義務として幾多の行政処分を通して、その迅速な履行が勧奨され、また
計画の提出も求められてきたところである。従って、この経緯を事務管理要
件という一般的次元に戻して語るのではなく、まさに廃棄物処理法の諸規定
にもとづく諸行政処分が、そのような考慮を廃棄物処理という環境保全に関
連する事業活動の不適切さに対する対処として、まず当該行為者の自発的除
去・改善活動に期待し、それがとうてい期待できないと判断される状況にい
たってはじめて、代執行をかけたという事実が十二分に説明しているという
指摘で足りたのではないだろうか。筆者はかつて、他人の権利領域への介入
者としての事務管理者を本人の意思探求義務との関連で検討し、そこでは不
法行為法や損害賠償法との機能的重畳があると指摘した[3]。本件の事実関係
をあえて一般事務管理法の次元に引き直して語るとすれば、管理者は本人の
意思探求義務を負うという点では、廃棄物処理法が規定する諸手続におい
て、十分尽くされており、むしろ逆に、本人は単に任意の時期に任意の方法
で処理すべき事務を有していたというのではなく、廃棄物処理事業者として
の先行する諸義務に違反して、自ら自己の負担で迅速に処理すべき義務を
負っていたにもかかわらず、判決も指摘するように、それを長らく遅滞し、

340

第三章　行政代執行

見せかけの遵守などで真の履行を回避ないし先のばししてきたため、義務の中身が公共的利益を含むためにそのような事態を延引させないことに利害をもつ自治体が代執行という形で介入したわけである。このような意味ですでに民法制度としての事務管理に収まらない要素があった。四宮和夫・事務管理・不当利得・不法行為上巻（1981）22頁は、救助活動に関してではあるが、公法上の規定と合わせて、事務管理規定が補充的に適用されるべきと述べる。本件事案においても、まさにどのように「補充」されたのかを規範レベルで意識する必要があった。

〔注〕
　1）引用者により一部表記を変更した。
　2）ドイツの判例を分析の素材とするものとして、本書第一部第一章第二節Ⅱ。
　3）本書第三部第一章。

第四章

支出利得

第一節　はじめに

　以下の素材は、本来不当利得法で論じられるものであるが、しかしながら本書の視角からは、事務管理法と密接な関連性に着目することがこの類型の理解と解釈に重要であること、むしろ本類型は事務管理の現象形態ともいえるものであることから、ここで扱うものである。

　第三者弁済を典型とする場合を求償利得、占有者の物に対する費用出捐を典型とする場合を費用利得と呼び、まとめて支出利得、負担帰属法型利得などと呼ばれることが多い[1]。不当利得類型論のルーツであるドイツ法の状況も、本類型の独自性を否定し侵害利得を除いた非給付利得を一括する少数説[2]を除くと、同様である[3]。

　「支出」「求償」「費用」の表現を対比すると、二番目の「求償」だけが効果面に着目しているのに対し、残りの「支出」「費用」は、要件面に着目している。これは少し収まりが悪いと思われる。むしろ、支出負担帰属違反型利得（短縮形として支出利得）とまとめ、弁済求償型、費用出捐償還型と呼べば、長くはなるが、より実態に即するのではないだろうか。以下、さしあたり、この命名に従い、記述する。

　支出利得[4]（後述の広義と狭義の定義参照）は、(1) 弁済求償型、(2) 費用出捐償還型[5]に細分される。前者の典型は、第三者弁済（民法 474 条[6]）や保証人（民法 459 条、462 条）、連帯債務者（不真正連帯債務）、物上保証人などの弁済、後者の典型は、占有者等の費用償還請求（民法 196 条[7]、608条）、（損失者による付着に限定すれば）附合による償金請求（民法 248 条）などである。事務管理者の費用償還請求（民法 702 条）は、両者を含みうる。

343

第三部　日本の事務管理法

第二節　本類型の適用範囲

　本類型の特徴は、ある出捐とそれがもたらす効果が負担帰属法則に反することである。従って、あくまで出捐者自身の出捐行為による経済的負担・不利益が最終的なものとはとらえられない、言い換えれば一時的な負担の意味にとどまり、出捐者には回収の意図があることを意味する。この観点からは、民法705条が規定する狭義の非債弁済は、表見的自己債務の弁済であり、給付利得の一例となる。民法707条は、主観的には自己債務の誤想弁済であるが、客観的には他人の債務の弁済となった場合であり、善意受領債権者の保護のために、有効な弁済として扱われる場合に、例外的に、弁済者から債務者への求償が成立する[8]。

第三節　本類型の特徴、既存の制度との関係

　この利得類型の特徴は、負担帰属法則に反した[9]財産移動と特徴づけられる。広義で本人が負担すべき事務（本人が負う債務の弁済、本人が所有する物に関する費用出捐）が他人の出捐行為によってまかなわれている点に、不当利得としての調整が要請される根拠があるからである。この定義における、「他人の出捐」は、必ずしも契約を介したものではないため、その他人の有意的行為をどう評価するかで、法定債権関係の三種がいずれも関係しうる。すなわち、他人が本人の財産領域に侵害的に介入したと評価すれば、不法行為の観点が前面化するし、本人の財産領域に利他的・配慮的に介入したと評価すれば、事務管理の観点が前面化する[10]。支出利得は、この二つの評価から消極的に区別され、財産移動が客観的に負担帰属法則に反している点のみをさしあたり評価する観点である。類型論の立場からは、有意的行為が給付利得でいう給付と評価されず、また、侵害利得でいう侵害でもない点で消極的に区別される。その限りで、この三つの観点は競合しえ、契約法（合

344

意）との交錯ないし延長[11]を考えれば、それとも競合しうる[12]。

　一般法・特別法というとらえ方は、個別具体的な特別法、すなわち一般不当利得の類型からみれば個別具体化された特別法に内在化された（立法者が込めた）評価を抽出し、一般法の形成に寄与させるプロセス、逆に一般法で形成された評価を歴史的限界を伴う個別実定法規定に投げ返し、反映させるプロセス[13]を妨げる態度にもなりうる。つまり、法適用の段階では法条競合的態度をとるにしても、規範内容の形成の際には機能的な相互参照[14]が重視されるべきである[15]。

　契約と給付利得、あるいは物権的請求権と侵害利得の関係について、補完される制度、補完する制度というふうに位置づけ、前者の性格から後者の解答も導かれる[16]と考えることは可能であるが、支出利得の場合には、やや事情が異なるのではなかろうか。支出利得の場合には、補完される制度自体（民法に散在する個別規定）が、補完する制度自体と機能的に交錯する点に特色があるのではないか。だから、相互補完という表現がふさわしいのではないだろうか。このような立場からは、支出利得には、広義と狭義があり、前者には実定法規定がある場合をも含み、後者は、従来厳密な意味で支出不当利得を語った場合に指示される範囲[17]と定義することになる。

第四節　利得の押しつけ防止

　さきに、「さしあたり」と述べたのは、支出利得が契約を介さない他人の有意的行為をその発生原因とするため、そのような発生原因の特異性をどのように、支出利得の要件・効果に反映させるかの問題があるためである。いわゆる利得の押しつけ防止の問題である。本人の（仮定的）自己決定の尊重と出捐者の財産損失保護との調整問題である。

　この問題の前提は多様である。出捐者が事態を正しく認識しているか否かで異なるし、契約関係の有無で異なるし、また契約関係が出捐者の自己義務と直結する場合か否かでも異なる。

第三部　日本の事務管理法

　この問題は、他の類型でも問題となりうるが、典型的には、支出利得の類型、とりわけ費用出捐償還型において現れると考えられる。善意自主占有者の費用出捐は、錯誤による他人の債務弁済が例外的に有効となった場合の弁済者の債務者への求償（民法707条参照）に類似する事態であり、占有者（弁済者）の保護と所有者（債務者）の保護が最も先鋭に対立する。弁済求償型の場合には、弁済すべき義務としての債務が前提され、そこからの解放はさしあたり債務者にとっての利益と評価することが可能であるが、費用出捐償還型の場合には、必要費と評価できる場合は、弁済求償型と同様であるが、それ以外の費用の場合には、いわば緊急性、必要性がなく、受益者本人が自己の所有物にどのような改良等を施すかは所有者の自己決定に委ねられる事柄であり、心ならずも価値償還せざるをえない事態をできるだけ回避し（事前の調査などの注意、事後の処理方法に関する交渉等を介した、他のルールによる解決）、不可避な場合でも、想定される自己決定とのずれが損失者にも利得者にも評価的に帰責（転嫁）可能でない限りで、損失者の有意的惹起行為を考慮して、その償還額に反映させるべきであるからである。しかし、それ以外の分野でも議論されることがある。事務管理の分野で、伝統的に、「お節介的な干渉の防止」が語られてきたのは、まさに有意的介入という意味で、共通の機能と課題を共有することから由来すると考えられる[18]。

　さらに、近時、消費者契約の消費者による取消しないしクーリングオフにもとづく清算（すなわち給付利得）の場面で、利得の押しつけの観点を、清算過程における自己決定権保障への配慮という形に再構成して取り入れることで返還義務の範囲等を考えようとする動き[19]がある。

　また、侵害利得の分野でも、損失者の不作為が第三者の行為を介して利得者の受益を生じさせた場合には、押しつけられた利得と評価しうる事態[20]が生じうる。

　さらに、転用物訴権における受益内容を、流通性の有無で区別し、それがあれば客観的市場価値で、なければ当事者の主観的事情を加味して現実的に評価するとする見解[21]が主張される。

346

第四章　支出利得

第五節　横断的にみた、押しつけ防止の法的技術

　利得の発生が損失者の有意的行為に由来するという事情が、利得返還義務の成否・内容にいかなる影響を及ぼすかの問題は、既存の法制度の要件効果を振り返ることで示唆が得られる。

　例えば、第三者弁済は、第三者による弁済行為による介入とすれば、債務者からは、自らの弁済義務から頼まれずに解放され、求償や代位の形で、新たな債権者に直面させられる。そのために、民法は、介入の要件として、利害関係（正当な利益）の有無、債務者の意思を置いている（民法474条2項）。

　保証人の場合には、債権者との保証契約関係の存在が前提となり自己債務弁済となるから第三者弁済と異なり、保証契約が有効である限り、弁済の有効無効を論ずる前提がない。従って、効果において、主債務者からの委託（契約）の有無に応じて、償還の範囲に差を設けることしかできない（民法459条、462条）。委託を受けない場合（民法462条1項）には、求償権の範囲は、免責当時の主債務者の現受利益であり、主債務者の意思[22]に反する保証の場合（民法462条2項）には、求償時点での現受利益となる。これは、事務管理者の費用償還請求権を事務管理が本人の意思[23]に反したか否かで2種類に区別（民法702条1項、3項）していることと対応する。もっとも、事務管理の場合には本人の反対の意思が認識可能な場合には、事務管理の成立要件をそもそも満たさないものと解されている点が異なる。この点は、第三者弁済の要件である債務者の反対の意思を、学説が、判例と異なり、認識可能な反対の意思と理解するのに対応する[24]。

　占有者による費用償還では、必要費と有益費について、基準を異にさせ、さらに、有益費では、占有者の主観的態様で、悪意者には、期限許与という形で、償還義務者の保護を図る。賃借人の場合もほぼ同様である。

　費用償還の場合[25]には、それが有体物の付着の形を取る場合が問題である。付合の規定では、結合の程度のみが言及されているが、当事者の先行する主観的態様、分離の可否、分離の請求の有無などが、付着物の価値の実現

347

第三部　日本の事務管理法

可能性などと併せて考慮されるべきである[26]。

　事務管理でも同様に、本人の自己決定と介入者の利益保護の調整が問題となるが、それは、介入者の介入に際しての注意義務（本人の意思・利益の顧慮）、介入中の注意義務（通知義務[27]、継続義務）を通して、介入者の損害賠償義務、償還請求権の程度が決定される点に反映されている。

　効果についていえば、多くは、要件段階で成立を否定することをしないで、効果の段階で押しつけの有無を返還範囲や方法に反映させる方法をとっている。例外は、第三者弁済で、利害関係のない第三者が債務者の意思に反した弁済をした場合[28]であるが、この場合でも、弁済者から債権者（受領者）への不当利得返還請求（給付利得）は認められている。

　弁済求償型でいえば、求償方法について、債務者が当初から有していた抗弁の対抗や時効期間についてできるだけ変更のないように考慮することが提唱される。利得額を柔軟に考えれば、求償の範囲（額）の点でも考慮できないわけではないだろう。費用出捐償還型では、要件面で償還に値する費用かどうかで制限する方法と、効果面で現存利得に制限する方法がある[29]。民法196条などは、必要費→全額、有益費→支出額または増加額、という枠組で、費用の種類と効果を結合させた解決を採用している。また、償還時期について、196条は、まず善意悪意で、608条[30]は費用の種類で区別している[31]。言い換えれば、伝統的な費用の三分類（必要費、有益費、奢侈費）は、押しつけ防止を、費用の分類への当てはめにより、それぞれの効果（全額か増加価値か償還否定か、期限許与の可否など）を異ならせることで、実践していたといえる。費用の三分類は、押しつけられた利得防止との関係では、前者は後者を実現するための要件効果の客観的評価枠組を伝統的に提供してきたといえる。事務管理の償還規定も同じ枠組で考える必要がある[32]。

　不当利得法において、主観的利得、客観的利得という議論[33]がなされることがある。この論点自体は、利得算定の基準をめぐるより一般的なものであるが、押しつけ防止の議論を、利得算定の次元で自覚したものともいえる。

第六節　当事者の数による相違

　弁済求償型では、出捐者、債権者、債務者の三当事者が最低限、関係者として登場するが、第三者弁済の要件に現れるように、債権者と債務者それぞれの質的に異なる法的利害を第三者である出捐者がどのように配慮したかが考慮され、要件・効果に反映される。その結果、何らかの瑕疵がある場合に、その後始末は必然的に、三角関係ないし多当事者問題として現れる。

　費用出捐償還型では、二当事者の場合と三当事者以上の場合[34]が考えられる。前者の典型としては、出捐者と所有者が対峙する場合、後者は、他人物修理のように、契約を介して、請負人と所有者が対峙する場合[35]などである。二当事者の場合では、出捐者の財産の損失と所有者の自己決定利益という二項対立の図式に還元できるが、三当事者以上の場合では、両当事者の関係は、有効か無効かはともかく、契約によって連鎖していることが多く、契約債権、給付利得との調整が、契約自律の原則、担保的保護の観点とも相まって、あるべき処理の評価が分かれるところである。

1、第三者弁済の態様と瑕疵の態様の組み合わせ[36]

　本来の弁済が機能する場合には、求償権（広義の支出利得）が成立だけであるが、何らかの瑕疵がある場合には、三者のうちの、どの当事者間で調整がなされるかが求償に代わりもしくは並んで問題となる。その際、「給付」の理解の仕方により、支出利得[37]（あるいは侵害利得）と性質づけられたり、給付利得と性質づけられたりする。

(1) 本来型[38]（Ａ：弁済者、Ｂ：債務者、Ｃ：債権者）

　ＡのＣへの弁済が第三者弁済の要件を備えていれば、Ｂの債務は消滅し、Ａの、本来の負担者Ｂへの求償権が成立する（図1参照）。

　(i) 債務（ＢＣ）の無効もしくは不存在

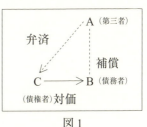

図1

そこで、仮にBのCに対する債務が存在しなかった場合はどうか。利益状況[39]を考慮して、A→B、B→CではなくAからCへ請求できると考えるのが多数説である。

(2) 債務者との契約型（弁済委託）[40]

BがAに弁済を委託する場合である。機能的には、指図、第三者のための契約と連続し、相互に区別するための基準が議論される。

（ⅰ）対価関係（BC）における債務の無効もしくは不存在

ここでは、①AはBから委託を受けており、仮にBC債務が不存在でも、それに直接関知しないAをまきこむべきではない（委託合意の効果維持、A→Bの支出利得）、②そうでないと、AはCの無資力リスクを負担することになるという理由で、BからCへの請求（原因欠缺の反映としての給付利得）に限定するのが多数である（参照、(1)(ⅰ)）。

（ⅱ）-1 補償関係（AB）における委託契約の無効もしくは不存在[41]

有効な委託が欠けることによって、効果帰属せず、AのCに対する請求となる。

（ⅱ）-2 補償関係（AB）における債務の無効もしくは不存在

ここでは、有効な委託による弁済が存在するため、BC間では効果帰属し、原因関係が欠けるAB間での調整となる。

（ⅲ）両債務がともに無効もしくは不存在

いわゆる二重欠缺ないし二重無効の状態になる。処理の考え方は分かれる[42]。

(3) 債権者との契約型（保証）[43]

正常に弁済された場合には、委託の有無に応じた求償権（民法459条、462条）が生ずる（図2参照）。

（ⅰ）保証債務（AC）の無効

AからCに給付利得が成立する。

（ⅱ）委託契約（AB）の無効もしくは不存在

保証債務の弁済には影響しないから、調整は

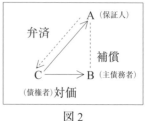

図2

AB 間でなされる。

（iii）主債務（BC）が無効もしくは不存在

iii-1 B の委託にもとづく場合：(2)（i）と同様に考え、A には影響を与えるべきではなく、調整は BC 間でなされる（A → B：支出利得、B → C：給付利得）。

iii-2 委託にもとづかない場合：(2)（ii）- 1 と同様に、調整は AC 間でなされる。

2、契約による出捐と費用としての評価[44]

転用物訴権類型では、請負人が修理物の所有者である賃貸人等に対して民法 196 条の費用償還、または一般的に不当利得（本書の分類でいえば、支出利得中の費用出捐償還型）にもとづき、未回収請負代金の回収を試みる場合がある。請求者と被請求者の間に中間者がおり、請求者、被請求者ともに、この中間者との契約関係（多くは、請負契約と賃貸借契約）があるのが通常であるため、これらの契約との関係が問題とされる。すなわち、請求者と被請求者の間に利益移動が観念されるにせよ、それは、三当事者の二つの契約を介しているからである。判例は、この点について、当初のやや無制約な定式[45]を実質的に変更し、中間者と被請求者との間の（賃貸借）契約の無償性[46]に（その判断は比較的厳格と解されるが[47]）請求の延長の根拠を求めているようである。同様の問題は、民法 196 条が本来適用可能な場面において、所有者が交代するなどで、当事者の変動が生じた場合（承継類型）にも起こる[48]。

第七節　残された課題

非給付利得の中での支出利得の独自性はどこに求められるべきか。確かに、少なくとも利得者とされる者との関係では非給付という点と損失者の利得者への意識的・積極的利益供与行為という点が、支出利得を給付利得と侵

第三部　日本の事務管理法

害利得とから消極的に限界づけ、そこに要件効果を分別して処理する意味がある。しかし、多当事者における支出利得の位置づけは明確ではない。これは、多当事者問題一般にも共通するが、そこで考慮されるべき要素が質的に多元化し、支出利得成立の基礎である負担帰属法則が、複合的考慮要素の評価の末に導出されざるを得ず、従って論者により、結論が分かれることが多い点に由来しよう。とりわけ、弁済求償型では、弁済者は受領者に対して給付をなすのであり、その効果帰属（あるいはその挫折）が、弁済者の、債権者、債務者との事前の法的関係に応じて、多様に判断され、給付利得の問題と重なる部分が大きい。支出利得が、給付利得、侵害利得と異なり、補完される制度と補完する制度という視点のもつ意味が異なる点、すなわち支出利得では、弁済求償型が給付利得と、費用出捐償還型が侵害利得とその基礎において親縁性をもちつつも、補完される実定法規定と補完する利得類型との関係では、単に実定化を経ているか否かの差にすぎず、機能的には共通することが上記の不明確さと関連する。

〔注〕
1）潮見佳男『基本講義債権各論Ⅰ契約法・事務管理・不当利得［第2版］』（新世社、2009）301頁・337頁以下。
2）Reuter/Martinek, Ungerechtfertigte Bereicherung (1983), S.378ff.
3）谷口知平＝甲斐道太郎編『新版　注釈民法（18）』（有斐閣、1991）27頁以下［磯村保］。Staudinger/Lorenz (2007) §812 Rn.2; Münchener Kommentar zum BGB, 5.Aufl (2009) Rn.296ff. (Schwab). 求償利得と費用利得を一括して独自の名称にまとめて呼ぶかの点は分かれる。また、ヨーロッパ不当利得法の構想の文脈において、給付利得を利得事象が損失者によってコントロールされた場合一般に拡張することで、支出利得を給付利得に分類する見解（Grundstrukturen eines Europäischen Bereicherungsrechts, hrg. von R. Zimmermann, (2005) S.41 [Zimmermann]）もある。Wieling, Bereicherungsrecht, (1993) S.89 は、第三者弁済を三当事者事例の中で扱う。
4）文献として、四宮和夫『事務管理・不当利得・不法行為（上）』（現代法律学全集10）（青林書院新社、1981）202頁以下、好美清光「不当利得の類型論」私法48号（1986）40頁以下・44頁以下、藤原正則『不当利得法』（信山社出版、2002）287頁以下、渡邊力『求償権の基本構造－統一的求償制度の展望』（関西学院大学出版会、2006）など。
5）文献として、平田健治「ドイツ法における賃借人の費用償還請求権」(1)～(3・完)

法学論叢 109 巻 5 号（1981）57 頁以下・110 巻 2 号（1981）62 頁以下・111 巻 1 号（1982）48 頁以下、藤原正則「アメリカ法における錯誤に基づく土地改良者の費用償還請求権－費用償還請求権の一断面」北大法学論集 39 巻 5・6 合併号上巻（1989）1461 頁以下。

6）第三者弁済制度は、弁済の要件のみが規定され、その法律効果の規定がないため、委託があれば、受任者の事務処理費用償還として、なければ、事務管理者の費用償還請求あるいは不当利得返還請求として理解される（渡邊・前掲注4）85 頁以下）。

7）加藤雅信『財産法の体系と不当利得法の構造』（有斐閣、1986）（初出の連載開始は法協 90 巻 7 号〔1973〕）365 頁は民法 196 条を一般法である帰属法的不当利得の特別法ととらえている。

8）文脈はかなり異なるが、ここでの給付利得と求償利得の関係について、ドイツ法での議論を検討するものとして、渡邊・前掲注4）193 頁以下。

9）従って、贈与意思ないし無償の出捐意思が認定される場合には負担帰属法則に反しないこととなり、支出不当利得は成立しない。他方、複数義務者が存在し、そのうちの一人が義務履行した場合の効果は、複数義務相互の関係の評価に依存する。この点の分析は、四宮・前掲注4）205 頁以下に詳しい。

10）事務管理制度は、管理者と本人の間の双方的権利義務関係であり、管理者から本人への出捐償還請求の側面と本人から管理者への損害賠償請求の側面があり、後者は、不法行為ないし債務不履行の特別法の意味をもつ。

11）給付利得に付随する支出利得。無効な売買契約の目的物に費用出捐した場合などが例として挙げられる。

12）具体的な制度により説明をふえんする先行業績として、谷口・甲斐編・前掲注3）164 頁以下［高木多喜男］、渡邊・前掲注4）130 頁以下・186 頁以下。

13）例えば、ドイツ法において、悪意占有者の有益費償還が否定される（ド民 996 条）という評価を一般不当利得法の競合を肯定することで緩和しようとする学説は、このような観点からみることができる。

14）個別の法規定は歴史性を帯びつつ固定化されたものであるが、一般的制度はその解釈により不断に精緻化されているからである。さらには、実定法規定が存在しないが、その場面での救済の必要が存在する場面で、支出利得は欠缺補充の機能を果たす。例えば、物上保証人の求償権。

15）これには、個々の制度が支出利得の観点から法典上必ずしも十分な形で規定されていない事情がある。例えば、第三者弁済は、弁済の有効要件について規定するのみであり、そもそも弁済者が債務者に求償できる根拠規定が存せず、学説は従来分かれてきた（渡邊・前掲注4）85 頁以下）。弁済求償型について要件効果についての統合を目指し、そこから個別制度、個別問題の示唆を得ようとする渡邊・前掲注4）15 頁も（個々の制度理解に問題を残すが）同方向にあるといえようか。

16）藤原・前掲注4）12 頁。同書 289 頁は、支出利得が事務管理を補充すると言いつつ、支出利得と事務管理規定との整合性ないし事務管理規定の支出利得への類推を語っている。

17）費用出捐償還類型では、その典型は、非占有者の費用出捐。

18）四宮・前掲注4）52 頁注（一）。

353

第三部　日本の事務管理法

19）丸山絵美子「消費者契約における取消権と不当利得法理」(1)(2・完)筑波ロー・ジャーナル創刊号（2007）109頁以下・2号（2007年）85頁以下。2008年改正により、特定商取引に関する法律9条5項も参照。

20）最判平19・3・8民集61巻2号479頁の事案。評釈として、平田・判例評論587号（判例時報1984号）18頁以下など。

21）加藤・前掲注7）721頁・727頁以下。

22）主債務者の真意。第三者弁済の判例から推測すれば、真意が保証人に認識可能である必要はないと解される。もっとも、我妻榮『新訂債権総論（民法講義IV）』（岩波書店、1964）494頁は、委託のない保証人の求償については、主債務者と保証人の間の負担分配の問題だからとして、第三者弁済についての有力説である認識可能説をとらない。また無効の場合に民法707条の類推適用を提案する（同・246頁［10刷時の訂正]）。なお、ボアソナード草案、旧民法には、本人の明示の禁止の場合についても規定があった。以上について、平田・後掲注23）567頁以下。

23）本人の認識不可能な真意。通説は、民法700条但書などを根拠に、認識可能な場合を除き、認識可能な場合には、事務管理の成立要件をそもそも満たさないものと解する。これに対して、ドイツの通説を参照しつつ、認識不可能な真意に反する場合にも事務管理を否定する説（平田春二「事務管理の成立と不法干渉との限界」谷口知平教授還暦記念『不当利得・事務管理の研究（2)』（有斐閣、1971）248頁）がある。第三者弁済、委託を受けない保証、事務管理における償還義務の要件効果を押しつけられた利得の観点から調和的に解釈しようとする試みとして、本書第三部第一章。PEL（v.Bar, Principles of European Law on Benevolent Intervention in Another's Affairs（2006））の立場は、日本法に近い。

24）例えば、民法702条3項が適用される場合でも、その関係が不当利得調整に尽きるわけではなく、事務管理の双方的権利義務関係の中で費用償還の効果がそうであるにすぎない。この点は、梅がこの規定を事務管理の節に置いておく意味について法典調査会で指摘したことであった（本書318頁以下）。他方、第三者弁済や保証人の弁済などでは、弁済行為自体の本人の意思等との合致や、基準時を異にする債務者の受益状態のみが定型的・限定的に問われるにすぎない。

25）比較法の分野で最近のものとして、Andrew Kull, Mistaken improvements and the restitution calculus（pp. 369-383［法と経済学的視点から、四つのルールを析出し、責任の基礎を不当利得と過失責任の複合的なものと理解]）; James Wolffe, Enrichment by improvement in Scots law（p. 384-430), both at : Unjustified Enrichment : Key Issues in Comparative Perspective, edited by David Johnston and Reinhard Zimmermann（2002）.

26）平田健治『不動産附合の判例総合解説』（信山社、2009）101頁以下。

27）通知義務を真意探求義務という形に再構成し、契約や不法行為における義務論との連携を図る試みとして、本書322頁以下。

28）民法（債権法）改正検討委員会「債権法改正の基本方針」【3.1.3.02】<3>は、このような場合に、弁済を有効としつつ、いかなる根拠をもってする求償権の成立をも否定しており、押しつけに対する防止を徹底する立場といえる。同編『詳解　債権法改正の基本方針III』（商事法務、2009）10頁は、第三者が「そのような解決を嫌うならば、債権者との間で保証契約を締結し、……委託を受けない保証人として

の求償権を取得することなどが考えられる」とする。しかし、本書の観点からは、弁済を有効としつつ求償権を否定するロジックは、正当化が困難と思われるし、特に第三者弁済と事務管理は部分的競合であるから、より慎重な検討が望まれる。関連文献として、堂園昇平「債権法改正における第三者弁済の論点」金法1912号（2010）4頁、田中豊ほか編『債権法改正と裁判実務—要件事実・事実認定の重要論点』（商事法務、2011）205頁。法制審議会民法（債権法）部会の審議の要約は、法務省民事局参事官室「民法（債権関係）の改正に関する中間的な論点整理の補足説明」（2011年5月）137頁以下。

29) 四宮・前掲注4）204頁注（一）。

30) なお、民法615条は、修繕が必要な場合にその旨を賃貸人に通知する義務を賃借人に課している。

31) ドイツ民法における占有者の費用償還規定の立法過程とその問題性については、平田健治「ドイツ法における請負人修理事例が日本法に与える示唆—転用物訴権の可否」阪大法学60巻3号（2010）467頁以下。

32) 必要費も含まれることには争いがない。逆に、必要的事務管理と有益的事務管理の要件効果の違いが条文上みえにくい問題がある。

33) 藤原・前掲注4）305頁以下。

34) 比較法的観点からのものとして、Peter Birks, 'At the expense of the claimant': direct and indirect enrichment in English law（p.493-525）, at: Unjustified Enrichment: Key Issues in Comparative Perspective, edited by David Johnston and Reinhard Zimmermann（2002）［英米法とりわけイギリス法を大陸法とりわけドイツ法との比較において分析。直接利得者を飛び越えて請求する根拠を二つ（property, causation）挙げ、それらを使えても、被請求者は、bona fide purchase あるいは change of position の抗弁を援用できる。］; Peter Schlechtriem, Restitution und Bereicherungsausgleich in Europa, Bd.2（2001）, S.285ff. ［後続取得者が無償の場合と悪意の場合に、例外的に貫徹請求が認められる。］

35) 民法（債権法）改正検討委員会「債権法改正の基本方針」【3.2.9.10】が提案する直接請求権にもかかわる。

36) 好美清光「不当利得法の新しい動向について（下）」判タ387号（1979）25頁以下、四宮・前掲注4）216頁以下、藤原・前掲注4）351頁以下。

37) Larenz/Canaris, Lehrbuch des Schuldrechts, II/2 13.Aufl.（1994）S.194 は、費用出捐償還型、弁済求償型と並ぶ、第三の支出利得の類型として、直接貫徹（Direktdurchgriff）型を挙げる。

38) 好美・前掲注36）26頁、四宮和夫「給付利得の当事者決定基準—三者不当利得の場合（3・完）」成城法学10号（1981）5頁、藤原・前掲注4）353頁。

39) 四宮和夫『四宮和夫民法論集』（弘文堂、1990）183頁以下（「給付利得の当事者決定基準—三者不当利得の場合」）。

40) 好美・前掲注36）25頁以下、四宮・前掲注38）6頁以下、藤原・前掲注4）351頁以下。加藤・前掲注7）491頁以下は、委託第三者弁済で、対価関係、補償関係の契約がいずれも無効であった場合を設定し、金員給付の場合とそれ以外の有体物の場合について論ずるが、給付関係、補償関係、対価関係のいずれかの法律関係の

第三部　日本の事務管理法

欠落に応じて、その欠落する関係の当事者間に不当利得が生ずることが原則という考え方が濃厚である。しかし、まさに、法律上の原因欠缺基準のみでは返還当事者を妥当に決定しえないところに三当事者関係の特質があるのではなかろうか。

41）我妻・前掲注22）998頁。藤原・前掲注4）352頁は、(ii)-1と(ii)-2の区別をせず、Aの、BとCへの請求を並存させるようである。なお、振込は指図の一例と解されているが、最判平8・4・26民集50巻5号1267頁は、誤振込は対価関係が不存在でも、有効とした。金融機関が運営する制度の安定性の要請を考慮すれば、一般の指図給付の場合と異なる無因的処理が正当化される場合であろうか。

42）近時改正のあった割販法における個別信用購入あっせんの場合には、販売契約と信用契約の経済的一体性をどう考慮するかの問題等がさらに加わる。この点については、平田健治「第三者与信型割賦販売契約の解消と清算方法」阪大法学61巻3・4号（2011）729頁以下。

43）四宮・前掲注38）8頁以下（同・前掲注39）206頁以下）、同・前掲注4）220頁以下、藤原・前掲注4）354頁以下。

44）清水元「費用償還請求権についての基礎的考察－三者関係を中心として（2・完）」民商98巻1号（1988）56頁以下は、第三者が介在する費用償還問題を、以下の四つの事案類型に区別した上で、個別に検討している。すなわち、①転用物訴権類型、②承継類型、③転貸借類型、④他人の物の売買類型、である。以下、この分類名称で言及する。

45）最判昭45・7・16民集24巻7号909頁。

46）最判平7・9・19民集49巻8号2805頁。

47）この平成7年判決（前掲注46））は、事案としてはかなり微妙なものであるが、最高裁は、無償性を否定し、利得請求を棄却している。

48）清水・前掲注44）62頁以下。最判昭46・2・19民集25巻1号135頁は、建物賃借人の有益費償還請求権は、原則として、新賃貸人に承継されるとする。ドイツ民法999条は、第1項で前占有者の償還請求権の当然承継を、第2項で、前所有者の償還義務の当然承継を規定する。

第五章

日本法の課題

第一節　立法論

日本の事務管理法改正の方向づけを以下の五点にまとめることができると考える。

1　事務管理制度を「事務管理意思にもとづく利他的活動」に関する一般的規範ととらえることをやめ、より事態に即した構成を目指すべきこと

2　（人命）救助行為に対応する必要的事務管理とそれ以外の有益的事務管理を区別して規律すべきであること

3　必要的事務管理では本人や管理人の意思に依存しすぎず、より客観化された判断基準を置くべきこと

4　有益的事務管理では本人の意思と利益を尊重した規律を徹底すべきこと

5　現在の時点における他の法分野の規範状況と比較して規範内容を相互調整すべきこと

以下に、その理由を説明しよう。

現在の民法における事務管理法の編成（管理義務、緊急時の責任軽減、通知義務、管理継続義務、委任規定の準用（報告、引渡し、金銭消費責任）、費用償還義務）は、基本的には継受元のドイツ民法の歴史性に制約されている[1]。事務管理という法制度を承認する法秩序か否かを問わず、この分野における法規範と運用のずれ、法が想定するモデルないし機能を何に求めるかの議論の多様な変遷は、まさにこの法分野が隣接ないし関連する分野との緊張・補完関係にあることを示し、まさにそれぞれの法秩序のそれぞれの時代の法発展の文脈に規定されてきた[2]。

357

第三部　日本の事務管理法

　現在の時点でみた、法定債権関係としての事務管理の他の分野に対する独自性の評価（それは積極的なものも消極的なものもありうる）に事務管理法改正立法の方向は依存すべきである。その場合に考慮すべきであるにもかかわらず、今まで議論が不十分であったと思われるのは以下の諸点にあると考える。

　他人の権利領域への介入という意味での不法行為との調整は十分か。例えば、緊急事態であることや本人の意思や利益を誤解した場合のリスクは本人が負担するのか介入者が負担するのか。不法行為的観点からは、介入者が負担すべきようにみえるが、利他的活動である点を強調すると本人が負担すべきようにもみえる。それとも、一般的には評価できず、まさに緊急の救助行為とその他の事務管理活動を区別すべきなのか。あるいは、緊急救助行為のコストは社会が集団的に負担すべきことなのか。同じことが、費用償還の成否ないし範囲にもどう影響すべきか。介入権限と費用償還における基準の関係はどう解するべきなのか。

　事務管理法が規定する通知義務・報告義務は、不法行為法や契約法といかなる関係にあるのか。利益発生の原因や態様を法律効果に反映させるという観点が不当利得で一般化（ドイツ不当利得法における類型論の浸透）している時点で、事務管理における費用償還の特殊性（管理事務の成功への非依存性）は本当に維持できるのか。事務の性質から、契約法における結果債務、手段債務の区別基準が参照でき、管理事務の成功への非依存性はこの有償契約における処理に類した分化がされるべきではないか。必需代理（イギリス法）、仮定的契約など、擬制的契約法理で処理できる部分はないか。

　救助行為にほぼ対応する必要的事務管理における、緊急事態での本人と管理者のいずれもが自己決定不可能状態であることを十分考慮した規律となっているか。緊急事態を本人が自招した場合に、その点を介入者の損害賠償請求権の成否に際し考慮すべきではないか。他方では、介入に対する防止・抑止・本人の利益・自己決定保護が重要な有益的事務管理を救助行為から明確に分別して別個の規律として扱う考えに対応できているか。その際に、通知義務・報告義務は、救助行為の場合と異なり、緊急性が欠ける結果、実質的

358

に機能しうる基礎があり、それにより本人と介入者双方の利益を調整するための道具として、不法行為や契約と分別するための道具として重視されるべきである。通知により承諾ないし同意が得られれば、契約に移行し、他方、義務を履行せずして介入を継続したり、本人の明示の異議を得つつも、それに反する介入を継続する場合は、不法行為に移行するはずだからである。

　以上の点は、従来、一般的な事務管理制度を前提としつつ、その中で、救助型と財産管理型の類型があり、その処理を要件・効果で異なって考えようという提案よりも、より根底的な分別提案のニュアンスを込めている。

　救助行為に対する優遇（インセンティブ付与）という立法コンセプトを是とする場合、法内容をそれに適合させるべきである。その際、救助介入者の保護は最低限 cost-neutral であるべき（介入したために介入しないよりも経済的にマイナスとなるべきではない、すなわち狭義の費用償還は承認されるべき）である。他方では、一般的報奨化は、samaritan（社会モラルのみで自発的に介入する性向を有する者）の内心の動機づけを害し、反インセンティブとなりうるが、しかし、そこまでに至らない程度の標準的対価付与は non samaritan（何らかの見返りがない場合には介入しない性向を有する者）の動機づけに働く意味がある[3]。このような、経済学・心理学・社会学などの観点からの立法政策の再検討も有用である。

　広くは、救助行為の義務づけとその違反に対するサンクションの問題がある（いわゆる good samaritan law の問題）。アメリカなどでは、具体的な事件に端を発し、州レベルでの立法化や心理学的、社会学的研究が進んでいるが、上と同様に、援助行為の法的義務化による弊害の検討が欠かせない。

　英米法などの事務管理制度を有しない法秩序があることはどう影響するか。極端な考えとして、法律効果を他の諸制度に分散することで十分ではないかと考えることも十分可能である。あるいは双方的債権関係という発想をそもそもやめるべきではないか。現在では双方的債権関係とされるところの事務管理の沿革的・歴史的跛行性、事務管理意思の存否に対する双方的義務それぞれの依存性の相違は必ずしも十分認識されていない。ドイツ法の正当な事務管理という構成ないし分類がもつ副作用を認識した上での拒否の必要

359

第三部　日本の事務管理法

がある。事務管理法は包括的排他的規範群ではなく、介入の態様・個々の介入行動・問題となる請求権の種類・方向に応じて、柔軟に構成されるべきである。事務管理法が独自の存在意義を有する確立した実定法制度であるようにみえ、また多くの人々によってそう理解されているが、決してそうではない。

　利他的意思（事務管理意思）要件は、緊急行為に問うことは意味がなく（客観的危難状況そのものに根拠）、有益的事務管理の場合に問うことも、緊急行為の場合と異なった意味で、あまり意味がない（義務の重畳の場合などにおけるドイツ判例からの教訓［求償におけるリスク配分問題の隠蔽化という副作用］）。いずれも異なった意味でより客観化された規律を目指すべきであろう（但し、有益的事務管理の場合の本人の意思・利益の尊重は重要である）。ただ、この考えを徹底すれば、必要的事務管理は特別立法で、有益的事務管理は他の諸制度諸規定に分散させる態度（ヤンゼン）[4]に至るだろう。例えば、本人の危難自招において介入者が損害を受けた場合の規律は不法行為に委ねる。報酬請求権は、契約法に含める。費用償還は不当利得法に委ねる。本人から介入者への請求権（いわゆる直接訴権）や介入者の代理権の問題は、総則に規定する（以上は、ヤンゼンの提案）ことが考えられる。

　民法典に分散し、立法時における相互の調整が不十分な規定の再編成（第三者弁済とその諸類型などの規定と事務管理・不当利得規定との調整）の必要もある。

　近時の立法例・草案（オランダ民法典、フォン・バール（v.Bar）のヨーロッパ民法典構想, フランス債権法改正）のうち、オランダ民法典は、介入権限の判断基準の客観化を従来の事務管理意思から介入の合理性に移した点に特色があり、前記のヨーロッパ民法典構想[5]にも継承されている。ヨーロッパ民法典構想は、それに加え、従来学説上で議論されてきた、介入者の代理権、損害賠償請求権、報酬請求権などの多様な法律効果の明文化を目指している。他方、フランス債権法2016年改正は、準契約構成を維持する中で、その一つとしての、事務管理の無償性を維持しようとする点で特色がある（判例も同じ）。

360

第二節　事務管理法の将来

一、事務管理法の将来を、立法論[6]、現行法の解釈論[7]をやや離れて考えるとすれば、どうであろうか。すでにみたように、ドイツ判例をめぐる議論は、事務管理法がややもすると実質的問題の解決手段として濫用されやすい側面をみせた[8]。すなわち、事務管理の諸要件充足の検討の衣装のもとに、真に問題となり意識されねばならない評価が隠れてしまうことである。

この点を歴史的に若干敷衍すると、事務管理人が第三者と契約締結した場合に、管理者に代理権を認めるか、管理人の契約相手方である第三者から管理人の背後の本人に直接請求を認めるかの問題に関しては、多様な説がみられる。そして、この分布は、後期普通法において、法源の枠づけ（付帯性訴権）への尊重と他の制度との限界づけの意識に支えられ、広義の事務処理関係に限定された転用物訴権の要件設定の議論[9]と対応する部分がある。すなわち、そこでは、転用物訴権を広義の事務処理関係に限定する、以下の四説が存在したとされる。第一説は、仲介者である事務管理者が本人に対して有する事務管理反対訴権の第三者への譲渡を擬制するもの（第三者が仲介者を事務管理者と認識する必要あり）、第二説は、第三者を事務管理者として転用物訴権とは事務管理反対訴権そのものと理解するもの（第三者は仲介者と契約する意思のみならず、本人のための事務管理意思を有する）、第三説は、事務管理者の本人に対する債務解放請求権の反射的効果としてその請求権が成立する限りで第三者が本人に対して直接請求できると理解するもの（その根拠を免責請求権で媒介された、事務処理関係における実質的債務負担者という客観的状況に求めるため、第三者が仲介者を事務管理者と認識する必要はない、従って、自己の名で締結した場合と本人の名で締結した場合のいずれにおいても、事務処理の有益性を要件として免責請求権が成立し、従って転用物訴権も成立する）、第四説は、転用物訴権を準支配人訴権（actio quasi institoria）と同様に、費用償還のみならず、契約履行も可能とするもの（第三者は契約に際し仲介者が管理者であることを告知される必要がある）、で

第三部　日本の事務管理法

ある。しかし、第一説に対しては、譲渡の擬制の根拠が明らかではなく、第二説に対しては、第一説よりは合理的な構成としても、そもそも第三者において事務管理意思の要件が満たされるかが問題とされ、第二説においては、事務管理意思を他人の利益において行為する意識と解して正当化する。

　また、上記の諸見解（事務管理的理解）が事務管理に関係づける結果、その独自の法律効果として利得の現存を要求しなかったことに対して、利得の現存を要求する不当利得的理解も存在した。ここでは、仲介者の事務管理意思を要件としつつも、管理者が自己の名で他人の利益において行為する場合が典型となる。しかしここでも、転用物訴権の付帯性の構造は維持されている。ちなみに、ドイツ民法部分草案 245 条（ある者が、他人が彼のために授権なくして管理者として第三者と締結し、追認されていない法律行為の結果として、第三者の財産から、これについて管理者に対しても権利を取得することのない、財産利益を取得した場合には、彼は第三者に対して利得の限度で責めを負う）は、事務管理の草案の末尾に、ドレスデン草案に依拠しつつ、仲介者が本人の名で行為した場合の第三者に対する本人の不当利得責任として転用物訴権を位置づけたが（起草者フォン・キューベルは、契約締結時に契約利益の本人への利用は客観的に認識可能となっており、管理者の意思のみが本人の利得の源泉を形成すると説明する）、第一次委員会の審議で、自己の名で行為した場合をも規律する提案とともに、削除された。原案削除の理由は、本人の名で締結した場合に関する原案については、不当利得の一般原則で処理できるから明文規定は不要と理解されたためであり、自己の名で締結した場合の提案については、適切な規律が困難と判断されたためであった。

　付帯性の構造を条文の体裁上ですでに払拭し不当利得的位置づけが鮮明なプロイセン一般ラント法のような立場を除けば、上述のように、当時の他の立法例や学説は、沿革としての付帯性構造の制約の中で、（直接代理と間接代理の分離の不鮮明な時代的文脈において）本人の名での事務処理の場合として論じる説と、自己の名での事務処理の場合として論じる説が混在しており、現在からみた整とんはかなり困難である。第三説は、管理者が顕名をし

362

たか否かで区別しないので、現代法の規律からみれば、自己の名で契約締結した場合に事務管理者に認められる免責求償権が、本人の名で契約締結した場合にも勿論解釈で付与されると解することになろうが、後者の場合には、事務管理意思と事務処理の有益性の要件充足の下で、無権代理人の責任の免責請求ということになろう[10]。

第二説が戦後ドイツでみられた Auch-Gestion 判例に示された構成に、第三説が、フォン・トゥール説に触発された（自己の名で締結した場合の）三宅説に、第四説が於保説に、おおよそ対応することが看取でき、従ってそれぞれの説の問題点を継承しているといえよう。かくして、本人との関連で利益追及を可能とする際に事務管理に関連づける構成は、大別すれば、一つは、仲介者を事務管理者と構成する方向、もう一つは、仲介者の契約相手方を事務管理者と構成する方向であったといえよう。いずれも管理者の事務管理意思が想定できるか否かの問題を伏在させていた。

フランス法においても、同様の状況が看取される[11]。すなわち、本人の義務を規律するフ民旧 1375 条（2016 年改正で 1301-2 条 2 項）は、管理者が本人の名において（2016 年改正後は「本人の利益において」）第三者と契約を締結した場合で有益性の要件を満たす場合には、本人の履行責任を定めているが、学説はこれを直接代理の関係と理解してきた。これは、上記の第四説と対応する。他方、管理者が第三者と自己の名で契約締結した場合には、第三者と本人の間に直接の関係が生ずるか否かは、第三者自身が、契約義務履行において、同時に本人の事務管理者たりうるかの問題であると解されている。これは、上記の第二説と対応する。

この後の転用物訴権に関する議論は、法系による構成の差はあるものの、転用物訴権の付帯性の構造を事務処理関係に移しつつ、直接代理と間接代理の効果とりわけ後者の議論に投影されるか、あるいは、物の改良事案を中心とする、契約リスクを例外的に修正する議論（日独仏判例）に分化していった。

二、他方、アメリカ法における救助行為についての議論は、最も事務管理の中心的適用例とみられる救助行為でさえ、法圏が異なれば、その基礎にあ

第三部　日本の事務管理法

る法的評価の相違が明らかにされる[12]と同時に、事務管理制度によらずに対処できることが明らかにされた。近時のリステイトメントにおける定式化[13]もこのような認識を傍証する[14]。また、第三者弁済制度[15]や支出利得類型[16]の検討を通じて、事務管理制度の基礎にある原理や思想が他の制度に多かれ少なかれ内在的に定着しており、後者の諸制度を体系上整合的に運用するために、事務管理制度は、制度自体のみならず、そこに含まれる原理的な要素が役立つことが明らかにされた。

　その一方では、日本における事務管理に関する判例は少ない[17]。その事実自体は、ドイツ判例のかつての状況[18]に照らすと、健全なものといえるだろう。事務管理法とは、契約法とは異なり、災害や戦争などに際して必要となる緊急的行為を法的に律しようとするために生まれたと考えられるからである。それは日常的ルールというよりは、そのような例外的社会事象に対処する、例外的、補充的位置づけのルールと呼ばれるにふさわしい。しかし、抽象的一般的制度として一旦確立すると、事務管理法を活用しようとする意識は、構成にまどわされ、誤った評価に導きやすいことをドイツ判例の動向が示したところであったし、また近時は学説の批判に応じた軌道修正もみられるところであった。

　一見、利他的活動の優遇としてこの制度は説明されうるようにみえる。確かに、人命救助などの緊急ないし必要的事務管理は、この説明の妥当性を有するようにみえる。もっとも、利他的意思を中核とするこのような理解さえ、行動心理学の観点からは必ずしも妥当とはいえない[19]。まさに、そのような意思ないし意識の有無を問わず、緊急救助行為を社会的に有用なものとして評価することが本来の趣旨だからである。それはともかく、沿革から、事務管理制度は、利他的活動の結果が本当に本人を益する場合から、介入者の主観的意図にもかかわらず、本人の客観的もしくは主観的利益に適合しない場合、果ては、介入者の自利的ないし搾取的介入に至るまでが、事務処理という抽象的概念の下にとらえられてきた[20]。近世以降、競合しうる諸制度の形成と安定化と並行して、事務管理制度もその本質の探究と適用範囲の明確化が種々試みられてきた。その痕跡は、近世の諸法典の多様な規律にみら

364

れるところである。

三、その試みで象徴的なものを挙げると、一つは、正当な事務管理論であり、もう一つは、準事務管理論である。

前者は、本人の意思ないし利益との客観的一致をそもそもの成立要件と解することで、事務管理制度を他人の権利領域への正当な（合法的な）介入制度ととらえるという、一見諸制度間の体系的限界づけとしてまっとうにみえる主張であった。しかし、沿革が与えるこの制度の輪郭は、本人と介入者の間で利益調整する諸権利を双方的に与えるものの、それは、売買のような双務契約とは異なる跛行性を有するものであった[21]。本人の意思ないし利益と一致しない場合でも、本人の介入者からの保護は要請される。その際に役立つ手段を事務管理は直接訴権として与えていた。正当な事務管理論は、事務管理制度の独立性を双務契約のような対称性の形で実現しようとするが、このような本人の介入者からの保護要請を、体系的限界づけの利益のために犠牲に供することになる。奇しくも同様の議論が日本法の起草時に行われていた[22]。ましてや、正当な事務管理論をとりつつ、その要件から外れる場合にも管理者の諸義務を準用する立場はそもそも評価矛盾をきたしているといえよう。

ドイツでは、事務管理制度を不法行為や不当利得などの他の制度からより明確に限界づけようとする問題意識（請求権競合問題の解決提案）のもとに、費用償還の成立要件（事務の「引受」の本人の意思ないし利益との一致、無過失での一致の誤信は含まれない）を事務管理の成立要件に持ち込み、その範囲でのみ違法性阻却の効果を生じさせる学説が生じ、（かつての）通説を形成した。日本でも、この潮流に影響を受け、同様の提案をする学説[23]も生じた。

高木多喜男[24]は、事務管理と違法管理を区別しようとする文脈において、本人の利益と意思への適合を成立要件とする説（第1説）と他人のためにする事務の管理をすべて事務管理とする説（第2説）を対比させ、優劣を検討しているが、その基礎には、ドイツにおけるかつての通説と当時の通説（正当な事務管理説）がある。しかし、日本法の文脈で対比されるべきは、(i)

365

第三部　日本の事務管理法

成立要件として本人の利益と意思への客観的適合を求めるか（正当な事務管理説）、(ii) 主観的適合で足りるか（700条但書の「明らか」を認識可能性として697条の成立要件に持ち込む通説）ではなかろうか。そして、梅説を第2説に位置づけるが[25]、後者の (ii) 説ではないだろうか。彼が調査会議事録153頁下段で、「初め管理を始めたる時に本人の意思に反してはならぬと云うことを極めたのではない。暗に意思の分らぬ時には斯う云うことにしなければならぬと云うことを法律が定めたに過ぎない。今事務管理の要素として本人の承諾否本人の意思に反せざると云うことが要素としてあるならば何故七百六条［現行法697条］なり何処かなりにそう云うことが言ってないか。何処にもそう云うことが言ってない。」という発言参照（傍点は引用者）。問題は、意思に反するか否かそれ自体ではなく、意思の認識可能性で足りるか否かであろう。さらに、成立要件と費用償還請求要件のどちらの議論をしているかであろう。これらの点が明確に区別されないために無用に議論が紛糾していることは、法典調査会の議論以来のものといえる。ここにも、事務管理制度を跛行的なものととらえるか、統一的要件で均質に双方的な権利義務を発生させる制度ととらえるかの対立が潜んでいる。

　しかし、現在のドイツでは、この学説は批判され、なお教科書類において維持されつつも、相対化されつつある[26]。判例実務に対する影響はそもそもない。その原因は、事務管理の体系の歴史的二面性、二元性の（再）認識にあるだろう。沿革が示すとおり、本人から管理者に向かう、管理者の義務を規律するいわゆる直接訴権と、管理者から本人に向かう、管理者の費用償還請求に典型的な、本人の義務を規律するいわゆる反対訴権の成立要件が異なっており、その差は、ドイツ法にも、日本法にも受け継がれている。前者は、本人保護を趣旨とした、管理者の管理態様をコントロールする諸義務であり、後者は、管理者の管理態様を考慮した上での、費用償還の側面での不当利得と比較した管理者の優遇である。

　正当な事務管理論の盛衰から示唆されることは、事務管理を一定の要件の下に統一的制度として理解しようとする態度そのものは無理からぬものとはいえ、事務管理が問題となる場面を正当に評価したものとはいえない。成立

第五章　日本法の課題

要件と法律効果における本人の意思ないし利益の異なる位置づけが正当とい
える。

　正当な事務管理論は、この後者の側面の要件を一般化しようとするものと
いえるが、それは、法規の構造を崩すものと意識されるようになった。この
点が最も鮮明に現れるのは、管理者の諸義務を規律するいわゆる直接訴権に
おいてであり、管理者を人類扶助的な観点で優遇する費用償還の要件を、直
接訴権に持ち込むことによって、管理者をコントロールする場面（善管注意
義務、引渡義務、計算義務、通知義務など）が、法規構造に反して、不当に
狭められてしまう問題である。また、この説が主張した違法性阻却も、本人
の意思と利益との一致で一律に判断できる法律効果ではないことが明らかに
された。むしろ、一定の要件の下に競合問題を一律に解決しようとする発想
が問題を引き起こしている。

　実は、この対立は、日本民法起草の段階での、法典調査会の審議での、梅
委員と、穂積委員ないしはその他の委員の対立でもあった。梅委員は、この
問題を正当にも指摘して、現行 702 条 3 項を削除するか不当利得の箇所に移
すべきだとする諸委員の意見に対して、原案の維持を主張した。

　四、他方では、この利便は、沿革上、介入者が最初から自利的介入の意図
をもつ場合にも準事務管理の一場合として適用されてきた（いわゆる準事務
管理）。しかし、先の場合が、利他的活動の結果的失敗のケースだとすれば、
意図的に最初から自利的活動をするようなこの場合をも、事務管理に含める
ことは、事務管理制度の限界を超えるというべきであろう。

　民法上は規定がないが、歴史上、事務管理の典型的な要件（事務管理意思
を伴う他人の事務の処理）を外れる場合に、どう適用するのかが、ローマ法
源にもとづきカズイスティックに議論された。ドイツ民法は、本人について
の錯誤（686 条）、他人の事務の自己の事務との誤信（687 条 1 項）、他人の
事務を自己の事務として意識的に無権限で処理（687 条 2 項）することにつ
いて明文を置いた。ドイツ法の立法過程では、第一草案では不法行為と性質
づけして、不法行為法の処理に委ねたが、第二草案以降は、利益引渡を損害
で根拠づけることの困難さを考慮して、現行の規律内容（意識的自己事務処

367

第三部　日本の事務管理法

理の場合でも、本人側の直接訴権は選択的に許容、本人が行使した場合には現存利得の限りで返還義務を負担）に変更された[27]。

　これら、とりわけ最後の場合の規定（687条2項）を参照して、日本法でも議論がある（古くは、共有船舶の一人の共有者による無断売却における代金引渡請求を、他の共有者の承認により事務管理にもとづいて認めた大判大7・12・19民録24輯2367頁を準事務管理によるものだと主張する学説[28]があった）。とりわけ、この場合は、不法行為と評価することもでき、体系上の位置づけが議論されてきた。引渡請求や報告義務を認めうる利点を挙げる肯定説に対して、否定説は、利他的意思を前提とする制度を準用するのは筋が違うとして、不法行為や不当利得における損害や利得の算定の工夫で対処すべきだ、他方では、介入者の特殊な才能や機会による部分は返還させるべきでない、無体財産権については特別法で対処せよとする説[29]、不法行為に対する制裁の効果として理解する説[30]、商法の介入権（商法555条など）にその基礎を求める説[31]、追認説[32]などがある[33]。

　近時、潮見佳男[34]において、最近の内外の議論展開をふまえた、現状認識が示された。そこでは、侵害し得の阻止の要請が高まっているとして、利益吐き出し法理の概観がなされる。利益吐き出しは損害なき損害賠償、侵害利得における違法性説などの構成で主張されるが、いずれも、侵害者が寄与した部分まで取り上げてしまう点での説得性や、損害や損失という法理の要件に由来する限界があるとする。最後に、利益吐き出しを独自の救済手段の一つとして認め、被侵害者の権利と侵害者の権利が比例原則に照らし振り分けられる方向性を示唆する。

　確かに、準事務管理構成だけにさしあたり限定すれば、この構成は、ドイツ民法の起草過程が示すように、事務管理の典型的場合ではないことを自覚しつつ、不法行為の損害構成が本人保護の障害となりうるという危惧を回避するための便法であった。そこでの取得物引渡義務は、事務管理意思を伴う他人の事務の配慮的処理にもとづき、委任の規定が準用される（681条二文、667条）ことによるのであり、意識的な他人の事務への自利獲得的介入行為に適用する内在的論理を欠いている。他人の事務への介入の意識を欠く、無

意識的自己事務処理ですら事務管理としての扱いを受けていない（687条1項）のである。にもかかわらず、本人の利益を不法行為的保護以上に柔軟に保護しうる規律としての直接訴権の行使の機会を不法行為と並ぶ選択肢として認めつつ、他方では、介入者の側の最低限度の保護としての現存利得返還請求で調整を図ろうとする、意識的自利的介入のための独自の法定事務処理関係とでもいうべき制度が意図されていることがみえてくる。ここから、発想としての、擬制信託との親近性も指摘される。

以上の事情にもかかわらず、利益の吐き出しを侵害者の主観的要件を故意以外の場合も含めて正当に扱うには、事務管理法の枠組や制約を離れた、独自の制度設計が必要とされると思われる。かくして、準事務管理構成は、そのために用いられるべきではないだろう。

このように、適用範囲を一方では狭め、他方では拡張しようとする、二つの相反するベクトルに事務管理制度はさらされてきたのである。筆者は、本書において、この二つの流れ両方に反対し、一方では拡げ、他方では制限することを主張してきた。この点に矛盾はないだろうか。すでに述べたように、前者では、成立要件として管理者の認識可能性の限りでの本人の意思との一致で十分か、それとも本人の意思利益との客観的一致まで要求するかが問題となり、後者では、そもそも事務管理意思のような利他的意思ではなく自利的意思の場合にまで適用範囲を拡げるかの問題であった。どちらも要件の問題ではあるが、その問題とされるレベルが異なるのであり、矛盾はないと考える。

五、現在の状況を前提とすれば、事務管理法が積極的に規範として活躍する余地は少なく、すでに述べたように、原理的、思想的基礎としての意味が大きいといえる。だとすれば、法制度としての存在意義はあるのだろうか。不法行為における行為義務の精緻化、不当利得法における利得概念の精緻化、利得事象の類型化、契約法における当事者義務の精緻化などに鑑みると、事務管理法が担う機能は他の法によっても実現できるものとして、その場を奪われつつあるとも評価できるのではないだろうか[35]。

契約における当事者間の義務に準じた義務をそうでない当事者間に課す

る、まさに準契約思想は、とりわけ本人の利益保護規範として一定の意味を有そう。しかし、それは、準事務管理の議論にあるように、その法律効果だけを転用する異物を生みやすい（ドイツ法やフランス法の規定にみられた、個別的な場面での事務管理法への指示規定、いわゆる応用事務管理の場合もその評価はともかく、ここに含めることができよう）[36]。契約関係がないにもかかわらず、事務管理意思と本人の意思と利益の結合を根拠に、契約関係があるかのような義務を設定して当事者を規律しようとする構想は、過剰な法律効果に導きやすい。委任法規定の準用（701条）に象徴されるように、実は、これが事務管理法の骨格ともいえる。しかし、むしろ断片的、個別的保護規範があるだけで十分と考えられる。この点は、アメリカ回復法リステイトメント[37]やDCFRにおける一般事務管理法構想とその批判[38]で傍証されるところであった。このような抑制的な考えは、ヤンゼンが主張した、事務管理解体論[39]と同様なものであり、このような考えを支持したいと思う。ただ、事務管理が周辺的、補充的制度として存在する意味、また仮に分散化されたとしても、それらに共通して内在する原理や思想はなお生き続けるだろう。そこに含まれる、本人と管理者の利益調整を両者の備える諸要素を考慮して実現する技術[40]を提供する制度として。行政代執行に関する特別法ないし特別規律を検討する際に、民法の事務管理が予定する像の参照が役立つことはその一例である[41]。

〔注〕
1）第一部第二章。
2）第一部第三章第二節。
3）第二部第一章。
4）第一部第三章第二節。
5）第一部第三章第一節。
6）第三部第五章。
7）現行法の逐条解説は、『新注釈民法　事務管理・不当利得・不法行為Ⅰ』の筆者担当部分を参照されたい。
8）第一部第一章。
9）磯村哲・論考153頁以下参照。転用物訴権に限られるわけではないが、とりわけ

370

転用物訴権のドグマ史においては、家長による支配と家子、奴隷の従属というローマの家族構成の下で成立した諸規範を、そういう諸前提をもたない社会の規範として調和的に理解し、適用しようとしたことから生ずる矛盾に常につきまとわれていたといえよう。このような認識の重要性を同様に指摘するものとして、Chiusi, FS für Knütel (2009), 197 (210).

10) 加藤（雅）説も同旨。

11) 磯村・論考 185 頁以下。

12) 第二部第一章、第三部第三章。

13) 第二部第二章。

14) Stoljar, INTERNATIONAL ENCYCLOPEDIA OF COMPARATIVE LAW, VOLUME X, RESTITUTION UNJUST ENRICHMENT AND NEGOTIORUM GESTIO, Chapter 17 Negotiorum Gestio, 1984, p.176 は、英米法でも、事務管理法はひそかに存在を認められていると指摘する。

15) 第三部第一章。

16) 第三部第四章。

17) 内田・大村編『民法の争点』(2007) 262 頁［平田健治］参照。

18) 第一部第一章。フランス法の議論は異なるようである。おそらく、体系化、他の制度との要件上の区別の意識がドイツ法に比べ弱いことによるのではないか。そのことは、さらに法典上の体系化の未成熟に由来しているのではないか。

19) 緊急事務管理の際に現れる救助行為は、公共精神（civisme）、自己の信念を貫徹する市民の勇気（Zivilcourage）というテーマで、社会学、心理学の方面から論じられている（DER SPIEGEL 11/2013 の特集）。

20) とりわけ、第一部第三章第二節。

21) 特に、第一部第二章、同第三章第二節（DCFR が前提とする正当な事務管理論に対するヤンゼンの批判）。

22) 特に、第三部第一章第二節。

23) 平田春二・『谷口還暦 (2)』233 頁以下（702 条 3 項を成立要件に類推適用）。

24) 『新版注民 (18)』137 頁以下。

25) 前掲書 137 頁。

26) Jansen, HKK Rn. 82 u. 106; Staudinger/Bergmann, Rn. 95-101; Münchner/Seiler, 6. Aufl. (2012) Vorbem. 12.

27) 第一部第二章。

28) 鳩山秀夫・法協 37 巻 7 号 1077 頁。

29) 我妻栄『民法講義 V_4』927 頁以下。

30) 好美清光『谷口還暦 (3)』427 頁。

31) 平田春二・名大法政論集 3 巻 2 号 29 頁。

32) 加藤雅信・大系 V26 頁（但し、事務管理意思も本人の追認で治癒するという考えを前提とする）。

33) 従来の議論の詳細は、新版注民 (18) 318 頁以下［平田春二］参照。アメリカ第三次回復法リステイトメントにおけるこの問題の規律については、櫻井博子「アメリカ法における違法に取得した利益に対する責任」都法 56 巻 1 号 737 頁以下。

第三部　日本の事務管理法

34)「著作権侵害を理由とする損害賠償・利得返還と民法法理」論叢 156 巻 5・6 号
　（2005）216 頁以下。
35）この認識はややドイツ法を前提としたものであり、フランス法の議論を考慮する
　と、このような認識の相対化が必要であろう。というのは、フランス法においては、
　法典において準契約の名称をなお維持しており、その影響が運用にもなお影響を及
　ぼしている。近時の改正後では、そこに、事務管理、非債弁済に加え不当利得を含
　めるに至り、他方、契約において、原状回復を規定した。原状回復と非債弁済がド
　イツ法でいう給付利得、不当利得が（転用物訴権的な色彩を帯びた）侵害利得にほ
　ぼ機能的に対応すると一応いえるとしても、なお、フランス法における不当利得法
　の体系化は途上にあるといえよう。なお、フランス法の流れを詳密にたどる、齋藤
　哲志『フランス法における返還請求の諸法理』（2016）が出た。
36）Dawson, NEGOTIORUM GESTIO, 74（1961）Harvard L.R., p.1127 は、事務管理法
　の比較法的検討の後、結論として、大陸法の事務管理法は委任法からの不要かつ不
　適当な借用機構を含んでいる、とする。
37）第二部第二章。
38）第一部第三章第一節、第二節。
39）第一部第三章第二節。
40）第三部第四章。
41）第三部第三章。

372

初出一覧

第一部

　第一章

　　第一節から第三節　「事務管理法の構造・機能の再検討—とりわけ事務管理意思にそくして—」民商法雑誌 89 巻 5 号 619-659 頁、6 号 777-799 頁、90 巻 1 号 36-68 頁（1984）に加筆修正

　　第四節　書き下ろし

　第二章　「事務管理法の規範構造を考える—ヤンゼン説とドイツ民法の編纂過程を示唆に—」阪大法学 62 巻 2 号（2012）239-265 を加筆修正

　第三章

　　第一節　「共通参照枠草案（DCFR）における事務管理法の検討」阪大法学 65 巻 2 号（2015）663-733 頁に加筆修正

　　第二節　「事務管理法の規範構造を考える—ヤンゼン説とドイツ民法の編纂過程を示唆に—」阪大法学 62 巻 2 号（2012）229-239 頁を加筆修正

第二部

　第一章　「英米法圏における救助義務の定位—事務管理法における緊急事務管理との比較を意識して—」阪大法学 63 巻 3・4 号（2013）785-826 頁を加筆修正

　第二章　「事務管理及び支出利得類型の比較法的定位—回復法リステイトメント（第三次）（2011）の比較法的意義—」阪大法学 64 巻 3・4 号（2014）689-752 頁を加筆修正

　［付録］　「事務管理及び支出利得類型の比較法的定位　その二—回復法リステイトメント（第 三 次）（2011 年）第三章の設例—」64 巻 5 号（2015）1359-1417 頁を加筆修正

第三部

　第一章　「求償利得における、他人の事務処理活動に対するコントロール原理としての事務管理法理の位置づけ—三種の法定債権相互の関係についての一視点—」阪大法学 57 巻 4 号（2007）565-590 頁を加筆修正

　第二章　「事務管理・無償契約（ボランティア）」法学教室 372 号（2011）31-32 頁

373

を加筆修正

第三章　「不法投棄産廃物の処理調査費を支出した市の産廃業者に対する事務管理としての費用償還請求」私法判例リマークス 39 号（2009）34-37 頁を加筆修正

第四章　「支出利得の位置づけ」ジュリスト 1428 号（2011）22-29 頁を加筆修正

第五章

　第一節　「事務管理法における利他的行為の位置づけをどう考えるか」椿ほか編『民法改正を考える』（2008）330-332 頁所収を加筆修正

　第二節　（書き下ろし）

主要引用文献

日本語

磯村哲「不当利得・事務管理・転用物訴権の関連と分化」（一）法学論叢 50 巻 4 号 320-342 頁、（二）5・6 号（1944）441-462 頁

同「仏法理論に於ける不当利得法の形成」（一）法学論叢 52 巻 3 号 151-168 頁、（二）4 号（1946）247-272 頁

同『不当利得論考』（2006）

加藤雅信『財産法の体系と不当利得法の構造』（1986）

四宮和夫『事務管理・不当利得・不法行為　上巻』（現代法律学全集 10）（1981）

前田監修『史料債権総則』（2010）

谷口編『注釈民法（18）債権（9）§§ 697〜708』（1976）

谷口・甲斐編『新版注釈民法（18）債権（9）§§ 697〜708』（1991）

『不当利得・事務管理の研究』（谷口還暦）(1)（1970）、(2)（1971）、(3)（1972）

『法典調査会民法議事速記録』（日本近代立法史料叢書 5）（商事法務研究会）

外国語

英語

v. Bar, Benevolent Intervention in Another's Affairs（Principles of European Law）（2006）.

Burrows, A RESTATEMENT OF THE ENGLISH LAW OF UNJUST ENRICHMENT, 2012.

Dawson, NEGOTIORUM GESTIO, 74 Harvard L. R. 817（1961）.

DCFR（Draft of Common Frame of Reference）, Volume 3（2009）, p. 2877-3081.

Epstein, A Theory of strict liability, The Journal of LEGAL STUDIES, vol. 2（1973）, 151-204.

Faure, Liability for Omissions in Tort Law: Economic Analysis, Journal of European Tort Law, vol. 2（2011）, 184-208.

Grush, The Inefficiency of the No-Duty-to-Rescue Rule and a proposed ″similar risk″ Alternative, University of Pennsylvania Law Review, vol. 146（1998）, 881-900.

Harel and Jacob, An Economic Rationale for the Legal Treatment of Omissions in Tort Law: The Principle of Salience, Theoretical Inquiries in Law Vol. 3（2002）, 413-451.

Harney and Marciano, Should I help my neighbor? Self-interest, altruism and economic analyses of rescue laws, European Journal of Law and Economics, vol. 28 (2009), 103-131.

Hasen, The Efficient Duty to Rescue, International Review of Law and Economics, vol. 15 (1995), 141-150.

Hyman, Rescue without Law: An Empirical Perspective on the duty to Rescue, Texas Law Review, Vol. 84 (2006), 653-737.

Kortmann, Altruism in Private Law: Liability for Nonfeasance and Negotiorum Gestio, 2005.

Landes and Posner, The Journal of LEGAL STUDIES, vol. 7 (1) (1978), 83-128.

Levmore, Waiting for Rescue: an essay on the evolution and incentive structure of the law of affirmative obligations, Virginia Law Review vol. 72 (5) (1986), 879-941.

McInnes, The Economic Analysis of Rescue Laws, Manitoba Law Journal, Vol. 21 (1992), 237-273.

Ratcliffe (ed.), The Good Samaritan and the Law (1966, Reprint 1981).

Restatement of the Law Third RESTITUTION AND UNJUST ENRICHMENT, Volume 1, 2 (2011).

Rubin, Costs and Benefits of a duty to resucue, International Review of Law and Economics, vol. 6 (1986), 273-276.

Scordato, Understanding the Absence of a Duty To Reasonably Rescue in American Tort Law, Tulane Law Review, Vol. 82 (2008), 1447-1503.

Stoljar, INTERNATIONAL ENCYCLOPEDIA OF COMPARATIVE LAW, VOLUME X, RESTITUTION UNJUST ENRICHMENT AND NEGOTIORUM GESTIO, Chapter 17 Negotiorum Gestio, 1984.

ドイツ語

Batch, Aufwendungsersatzanspruch und Schadensersatzpflicht des Geschäftsführers im Falle berechtigter und unberechtigter Geschäftsführung ohne Auftrag, AcP 171 (1971), 224

Gursky, Juristische Analysen 1969, 103

Helm, Geschäftsführung ohne Auftrag. in: Gutachten und Vorschlage zur Überarbeitung des Schuldrechts Bd. Ill (1983)

HKK (Historisch-kritischer Kommentar zum BGB)-Jansen, Bd. Ⅲ, 2 (2013) §§ 677-687 I

主要引用文献

Jakobs/Schubert, Beratung, Schuldrecht III (1983), S. 113-167.

Jansen, *Negotiorum gestio* und *Benevolent Intervention in Another's Affairs*: Principles of European Law? ZEuP 2007, 958-991.

Kohler, Die Menschenhülfe im Privatrecht, Jherings Jahrbücher 25 (1887), 1.

Münchner Kommentar-Seiler, Bd. III/2 (1980); 6. Aufl. (2012)

Mugdan, DIE GESAMTEN MATERIALIEN ZUM BÜRGERLICHEN GESETZBUCH FÜR DAS DEUTSCHE REICH, Bd. 2 Recht der Schuldverhältnisse (1899).

Rabel, Ausbau oder Verwischung des Systems? Zwei praktische Fragen, RheinZ 10 (1919), 89.

Reimer, Die aufgedrangte Bereicherung (1990)

Ruhstrat, AcP 32 (1849), 173

Ruhstrat, Ueber negotiorum gestio (1858)

Schubert, Der Tatbestand der Geschäftsführung ohne Auftrag, AcP 178 (1978), 425.

Schubert, Vorlagen, Schuldrecht Teil 2 (1980), S. 933-995.

Seiler, Der Tatbestand der negotiorum gestio im römischen Recht (1968).

Staudinger-Bergmann, (2015)

Staudinger-Wittmann, 12 Aufl. (1980)

Wernecke, Abwehr und Ausgleich "aufgedrängter Bereicherungen" im Bürgerlichen Recht (2004).

Windscheid-Kipp, Lehrbuch des Pandektenrechts, Bd. II, 9. Aufl. (1906).

Wittmann, Begriff und Funktionen der Geschäftsführung ohne Auftrag (1981).

Wollschläger, Die Geschäftsführung ohne Auftrag (1976).

Wollschläger, Geschäftsführung ohne Auftrag im öffentlichen Recht und Erstattungsanspruch (1977).

Zimmermann (hrg.), Grundstrukturen eines Europäischen Bereicherungsrechts, (2005).

フランス語

Bout, LA GESTION D'AFFAIRES en droit français contemporain (1972)

Boissonade, Projet de Code Civil pour l'Empire du Japon accompagné d'un commentaire, Tome. 2 (1883), Tome. 4 (1889); Nouvelle edition Tome. 2 (1891), Nouvelle edition Tome. 4 (1891).

Carbonnier, Droit Civil 4 Les Obligations, 11e édition (1982).

索　引

＜事項索引＞

ア行

アメリカ回復法リステイトメント第三次　209-

意思探求義務　318, 320, 321, 326, 340

委任　63, 89

違法な事務管理　→　事務管理

インセンティブ　111, 188, 359

ヴィットマン（Wittmann）　55-, 82-83, 86

ヴォールシュレーガー（Wollschläger）　51-, 79, 81

置き換え（substitution）行動　188-191

カ行

介入の合理的理由（reasonable ground）　116-, 321

介入の正当性　213

関係人のためにする事務管理
　　　　　　　　　→　事務管理

義務の不存在　57, 59, 61, 75, 211

求償利得　→　利得

救助義務　175-

救助行為　329-

キューベル（Kübel）　91-

共通参照枠草案（DCFR）　115-

共同資金　233

緊急事務管理　→　事務管理

行動心理学　204, 364

効用（utility）　178-

効率（性）（efficiency）　183-, 227

　カルドア・ヒックス――　196-200, 208

　パレート――　196-200, 208

コーラー（Kohler）　52, 72, 77

コルトマン（Kortmann）　114, 169, 204

サ行

ザイラー（Seiler）　83-86

錯誤事務管理　→　事務管理

自己決定　216, 345

自己事務管理　→　事務管理

支出利得　→　利得

慈善的介入　115-

事務管理　50-

　要件

　　――意思　57-, 74-75, 360

　　――意思の推定　9, 11, 14, 20, 23, 25, 27, 30, 32, 33, 35, 36, 58

　　――者の行為能力　44, 95, 98, 104

　管理者の権利・義務

　　――者の損害賠償請求権　108, 111, 121, 124, 158, 161, 163, 175, 206, 331,

379

358

——者の代理権　111-112, 123, 363

——者の注意義務　113, 321

——者の費用償還請求権　63, 121, 332

——者の報酬請求権　121, 215, 332

——の機能　10, 51-64

——の制度像　51-64

諸類型

違法な——　106, 112

関係人のためにする——　9, 46, 49, 75

緊急——　117, 175, 214, 215, 357-

錯誤——　95, 103

自己——　105-, 368

準——　367-

正当な（berechtigt）——　112, 321,
359, 365

必要的——　214, 357

不真正——　63, 101-

有益的——　319, 357

ローマ法における——　83-86

事務本人の損害賠償請求権　112, 113,
175, 316, 326, 329

シューベルト（Schubert）　54-

準契約　110, 369, 372

準事務管理　→　事務管理

真意　218, 313, 314, 316, 318, 323, 326,
354

人命救助　215-, 357

人類扶助（Menschenhilfe）　40, 51, 77, 80

正当な（berechtigt）事務管理
　　　　　　　→　事務管理

潜在的救助者　189, 190-192, 196,
201-203

潜在的被害者　184, 201, 202

全部求償　222

専門的救助　183, 215

タ行

第一草案　101-

第三者弁済　61, 218, 305-, 353

第二草案　78, 108

他人の事務　52-, 59-

　　——でもある事務（Auch-Gestion）
10-, 59-, 87

　　主観的——　62, 79, 88

直接訴権（actio directa）　93, 319

転用物訴権　17, 24, 66, 67, 72, 87, 88, 99,
107, 114, 221, 230, 346, 351, 356, 361

ドイツ民法の成立過程　91-

ドーソン（Dawson）　65, 74, 87, 90, 372

独立債務　225

ハ行

反対訴権（actio contraria）　72, 96, 99, 110

肥大化　9, 64

必要的事務管理　→　事務管理

不真正事務管理　→　事務管理

負担部分求償　222

普通法　ii, 9, 44, 61-64, 72, 74, 77, 86, 89,
90, 93, 96, 99, 110, 111, 114, 159, 160,

索 引

164, 165, 170, 232, 315, 318, 325, 361

不当利得 → 利得

部分草案 91-100

法定債権 i, 110, 112, 157, 158, 344, 358

本人性の拡大 9, 46-

マ行

ミクロ経済学 191, 207

ヤ行

ヤンゼン（Jansen） 156-

有益的事務管理 → 事務管理

よきサマリア人法（good samaritan law）

176, 178, 188, 359

ラ行

ラーベル（Rabel） 40-, 66, 72, 73, 76

ランデス・ポズナ（Landes-Posner）

182-

利他性 52, 59-

利得

——の押しつけ 307, 321, 345-

求償—— 41, 343-

支出— 237, 343

不当—— 62, 80

連帯債務 222

＜判例索引＞

ドイツの判例

ドイツ憲法裁判所

BVerfG（Beschluß） 1965.3.31（BVerfG 18, 429; FamRZ 1965, 308） 28

ドイツ連邦通常裁判所

BGH（V） 1951.1.12（BGHZ 1, 57） 75

BGH（Großer Senat, Beschluß） 1951.12.10 （BGHZ 4, 153） 73

BGH（III） 1952.6.19（BGHZ 7, 30） 73

BGH（II） 1954.12.15（BGHZ 16, 12） 69

BGH（IV） 1956.10.24（BGHZ 22, 72） 73

BGH（VII） 1958.11.20（BGHZ 28, 359） 25, 28

BGH（VII） 1959.6.4（BGHZ 30,162） 26, 28, 29

BGH（IV） 1959.12.9（BGHZ 31, 329） 81

BGH（VII） 1960.6.13（LM Nr.11 zu § 683） 28

BGH（VII） 1960.11.7（BGHZ 33, 243） 70

BGH（VII） 1960.11.7（BGHZ 33, 251） 31, 46, 48, 71, 82

BGH（VII） 1962.6.25（BGHZ 37, 258） 42

BGH（VII） 1963.1.31（BGHZ 39, 87） 42

BGH（VII） 1963.3.19（FamRZ 1963, 352） 28

381

BGH（VII）1963.6.20（BGHZ 40, 28） 11, 27, 82

BGH（VI）1965.3.16（BGHZ 43,188） 46

BGH（V）1966.3.22（NJW 1966, 1360） 75

BGH（VI）1967.2.3（BGHZ 47, 75） 13

BGH（VII）1967.9.25（BB 1968, 147） 43

BGH（VII）1968.4.29（BGHZ 50, 90） 74

BGH（IV）1968.6.26（BGHZ 50, 266） 81

BGH（II）1969.4.10（NJW 1969, 1205; VersR 1969, 562） 30

BGH（IV）1970.5.22（BGHZ 54, 157） 30, 47, 82

BGH（VII）1971.1.21（BGHZ 55, 207） 47

BGH（VII）1973.11.8（BGHZ 61, 359） 75

BGH（V）1974.3.1（BGHZ 62, 186） 70

BGH（VI）1974.10.15（NJW 1975, 47） 70

BGH（VII）1974.10.24（BGHZ 63, 167） 32, 69

BGH（IV）1975.5.7（BGHZ 64, 260） 82

BGH（VII）1975.12.4（BGHZ 65,354; NJW 1976, 619） 32

BGH（II）1975.12.15（BGHZ 65, 384; NJW 1976, 748） 32

BGH（VI）1976.12.14（NJW 1977, 628） 21

BGH（VI）1978.7.4（BGHZ 72, 151; NJW 1978, 719） 48, 71, 82

BGH（VI）1978.7.11（NJW 1978, 2502） 22

BGH（VII）1978.12.21（NJW 1979, 598） 40

BGH（III）1998.11.26（BGHZ 140, 102） 64

BGH（X）2003.10.21（NJW-RR 2004, 81） 64

BGH（VII）2004.4.15（NJW-RR 2004, 956） 64

BGH（VI）2011.6.28（VersR 2011, 1070） 64

BGH（III）2012.6.21（VersR 2013, 1538） 64

ライヒスゲリヒト

RG（RGZ 14, 197） 69

RG（IV）1907.2.7（RGZ 65,162） 37

RG（VI）1908.1.14（Grucht 53, 1028） 11, 37

RG（VI）1908.11.12（594/07） 72

RG（VI）1910.1.10（JW 1910, 186 Nr.9） 72

RG（VI）1910.12.22（RGZ 75, 188） 72

RG（VI）1911.1.30（RGZ 75, 276） 72

RG（VI）1911.6.15（RGZ 77, 193） 72

RG（VI）1911.10.2（JW 1911, 992 Nr.36） 72

RG（VI）1911.11.13（JW 1912, 81 Nr.27） 72

RG（VI）1913.4.26（RGZ 82, 206） 11,

38, 69

RG（VI）1914.4.20（RGZ 84, 390） 39

RG（VI）1915.1.14（RGZ 86, 96; JW 1915, 325） 39

RG（VI）1918.1.17（RGZ 92, 57; Recht 1918 Nr.370） 39

RG（VI）1931.5.26（RGZ 132, 223） 39

RG（VI）1932.7.4（RGZ 138, 1） 39

RG（VI）1941.5.7（RGZ 167, 85） 76

RG（V）1943.11.12（DR 1944, 287） 75

高等裁判所

OLG Hamburg（Seufferts Archiv 74, Nr.66） 69

OLG Kiel（OLG 36, 202） 69

OLG Stuttgart 1909.1.15（Recht 1909, Nr. 661） 75

OLG Hamm（DR 1945, 53） 69

OLG Tübingen 1949.10.13（MDR 1950. 160） 76

OLG Hamburg 1960.3.1（VersR 1960, 1132） 75

OLG Düsseldorf 1960.10.25（NJW 1961, 608） 39

OLG Celle 1961.10.16（NJW 1962, 51） 73

OLG Nürnberg 1966.3.30（JZ 1967, 61） 18

OLG Stuttgart 1966.9.9（Justiz 1966, 330） 13

BayObLG 1968.7.29（MDR 1968, 920） 29

OLG Düsseldorf 1972.10.4（VersR 1973, 64） 31, 48

地方裁判所

LG Berlin III 1909.4.28 66

LG Berlin III 1909.11.24

LG Berlin II 1910.4.2 66

Breslau（Rspr. 21, 216） 66

Colmar（Rspr. 23, 407） 66

LG Görlitz（DR 1943, 1107） 69

LG Göttingen（JZ 1952, 32） 69

LG München II（NJW 1953, 304） 69

LG Hamburg（FamRZ 55, 137） 15

LG Berlin（NJW 1957, 1324） 15

LG Berlin（NJW 1958, 831）

LG Hagen 1958.5.8（FamRZ 1958, 466） 16

LG Göttingen 1958.11.27（VersR 1959, 843） 40

LG Berlin 1960.3.28（NJW 1960, 1390） 12

LG Konstanz 1960.8.5（FamRZ 1960, 403） 12

LG Stuttgart 1961.2.8（NJW 1961, 972） 13

LG Köln 1962.6.28（MDR 1963, 677） 40

LG Düsseldorf 1963.5.29（NJW 1963, 1500） 43

LG Limburg 1965.4.14（MDR 1965, 742） 18

LG Bielefeld 1965.10.6（MDR 1966, 234）

383

13

LG Braunschweig 1965.11.9（NJW 1966,
1820） 18

LG Wiesbaden（Beschluß）1967.2.6（NJW
1967, 1570）

LG Wuppertal 1967.12.13（MDR 1969,
572）

LG Bonn 1970.1.28（FamRZ 1970, 321）
14

LG Saarbrücken 1971.4.16（NJW 1971,
1894） 14

LG Stuttgart 1972.1.7（VersR 1973, 517）
19

LG Stuttgart 1972.6.23（MDR 1973, 48）
20

LG München I 1974.4.4（NJW 1976, 898）
20

LG München I 1977.5.25（VersR 1978,
1076） 21

LG Frankfurt 1977.7.21（NJW 1977, 1924）
33

LG München I 1977.9.28（NJW 1978, 48）
22

簡易裁判所

AG Rixdorf 66

AG Düsseldorf 1966.7.20（JZ 1967, 62）
19

AG Lübbecke 1974.10.22（MDR 1975, 228）
21

AG Krefeld 1978.4.5（NJW 1979, 722） 68

日本の判例

大判大6（1917）・10・18民録23輯1662
頁 306, 323, 326

大判大7（1918）・12・19民録24輯2367
頁 368

大判大8（1919）・4・18民録25輯574頁
336

大判大9（1920）・12・16民録26輯19頁
323

大判昭9（1934）・9・29新聞3756号7頁
323

最判昭45（1970）・7・16民集24巻7号
909頁 356

最判昭46（1971）・2・19民集25巻1号
135頁 356

最判平7（1995）・9・19民集49巻8号
2805頁 230, 356

最判平8（1996）・4・26民集50巻5号
1267頁 356

最判平19（2007）・3・8民集61巻2号
479頁 354

名高判平20（2008）・6・4判時2011号
120頁 333

＜法令索引＞

ドイツ民法

677 条　35, 60

678 条　56

679 条　18, 21, 81

680 条　21, 22, 23, 47, 68

681 条　32, 43, 45, 67

682 条　104

683 条　35, 56, 60, 63, 77

684 条　74

686 条　9, 49, 59

687 条

1357 条　12-

部分草案

233 条　92, 101

234 条　94, 102

235 条　94, 106

236 条　95

237 条　95, 104

238 条　96, 104

239 条　97, 103

240 条　98

241 条　98, 103

242 条　98, 105

243 条　99, 112

244 条　96

245 条　99, 107, 112, 362

第一草案

749 条　101, 108

750 条　102

751 条　108

752 条　104

753 条　52, 109

754 条　103

755 条　103

756 条　108

757 条　103

758 条　105

759 条　52, 108

760 条　61, 68, 88, 108

761 条　109

日本民法

697 条　368

698 条　175-, 331

699 条　326, 330

700 条　366

701 条　370

702 条　306, 316

DCFR 第 5 編

1:101　116

1:102　117

1:103　118

2:101　118

2:102　119

2:103　120

3:101　121

3:102　121

3:103　121

3:104　122

3:105　123

3:106　123

フランス民法

1301-2 条 2 項（2016 年改正前の 1375 条）
　363

回復法リステイトメント（第三次）

2 条　211

9 条　212

20 条　215

21 条　216

22 条　218

23 条　222

24 条　225

25 条　229

26 条　232

27 条　232

28 条　233

29 条　233

30 条　235

平田 健治（ひらた けんじ）

昭和 51 年京都大学卒業。現在、大阪大学大学院法学研究科教授。
主著・主論文 『電子取引と法』（大阪大学出版会、2001）、『不動
産附合の判例総合解説』（信山社、2009）、『新版注釈民法 (4)』（第
4 節無効及び取消しの前注および 119 条から 125 条までを分担執
筆）（有斐閣、2015）、「「騙取金銭による弁済と不当利得」覚え書
き」阪大法学 58 巻 6 号（2009）、「第三者与信型割賦販売契約の
解消と清算方法—割販法改正による清算規定の位置づけ—」阪大
法学 61 巻 3・4 号（2011）、「「電子署名が付された電子データの
証拠力」覚え書き」阪大法学 62 巻 3・4 号（2012）、「観念的な占
有移転方法が即時取得においてもつ意味の再検討」阪大法学 65
巻 2 号（2015）。

事務管理の構造・機能を考える

発　行　日　2017 年 3 月 1 日　初版第 1 刷

著　　　者　平田 健治

発　行　所　大阪大学出版会

　　　　　　代表者 三成 賢次

　　　　　　〒 565-0871
　　　　　　吹田市山田丘 2-7　大阪大学ウエストフロント
　　　　　　TEL　06-6877-1614（直通）
　　　　　　FAX　06-6877-1617
　　　　　　URL：http://www.osaka-up.or.jp

印刷・製本　尼崎印刷株式会社

© Kenji Hirata　2017　　　　　　　　　　Printed in Japan
ISBN 978-4-87259-577-2 C3032

Ⓡ〈日本複製権センター委託出版物〉
本書を無断で複写複製（コピー）することは、著作権法上の例外を除き、
禁じられています。本書をコピーされる場合は、事前に日本複製権センター
（JRRC）の許諾を受けてください。